Die Erfahrung des Exils

Studien zur Jüdischen Geschichte
und Kultur in Bayern

Herausgegeben von Michael Brenner
und Andreas Heusler

Band 10

De Gruyter Oldenbourg

Andreas Heusler · Andrea Sinn (Hrsg.)

Die Erfahrung des Exils

Vertreibung, Emigration und Neuanfang.
Ein Münchner Lesebuch

De Gruyter Oldenbourg

ISBN 978-3-486-70479-2
e-ISBN (PDF) 978-3-486-85374-2
e-ISBN (EPUB) 978-3-11-039831-1
ISSN 2190-2070

Library of Congress Cataloging-in-Publication Data

A CIP catalogue record for this book has been applied for at the Library of Congress.

Bibliografische Information der Deutschen Nationalbibliothek

Die Deutsche Nationalbibliothek verzeichnet diese Publikation in der Deutschen
Nationalbibliografie; detaillierte bibliografische Daten sind im Internet
über http://dnb.dnb.de abrufbar.

Umschlaggestaltung: hauser lacour
Umschlagbild: Hilda Yohalem, New York
Satz: Maximilian Strnad, München
Druck: CPI books GmbH, Leck
∞ Gedruckt auf säurefreiem Papier

Printed in Germany

www.degruyter.com

INHALT

DIE ERFAHRUNG DES EXILS[1]

„Herkunft" und „Heimat" sind zentrale Merkmale der menschlichen Existenz. Sie bilden unverzichtbare Orientierungshilfen zur eigenen Standortbestimmung in zunehmend unübersichtlich werdenden historischen und sozio-kulturellen Lebenswelten. Sie dienen der Selbstvergewisserung, formulieren Identität, benennen gesellschaftliche Bezugssysteme, definieren die kommunikativen und kulturellen Handlungsräume des Einzelnen in kollektiv geprägten Systemen. Kategorien wie „Heimat" und „Herkunft" tragen dazu bei, Ordnung in das komplexe Chaos der Moderne zu bringen. Sie gewähren Stabilität und sorgen für Sicherheit, werden zu Kategorien des Vertrauens, vorausgesetzt, sie werden nicht durch abstrakte juristische oder konkrete politisch-militärische Interventionen in Frage gestellt.

Das 20. Jahrhundert, das inzwischen weitgehend unwidersprochen auch als „Jahrhundert der Flüchtlinge"[2] bezeichnet werden kann, das mit seinen unzähligen Ur- und Folgekatastrophen, durch regionale und internationale militärische Konflikte, durch massives Ausgrenzungs- und Vertreibungsgeschehen mehr Leid und Elend, mehr Verzweiflung und Hoffnungslosigkeit über die Menschheit gebracht hat als je zuvor, hat gezeigt, wie schnell die Vertrauen schaffende Kraft von Kategorien wie „Herkunft" und „Heimat" morsch und brüchig werden kann. Es ist schmerzhaft deutlich geworden, dass der Verlust dieser Sicherheit spendenden Koordinaten eine größere Wahrscheinlichkeit besitzt als ihr dauerhafter Bestand. Die Gegenbilder von „Herkunft" und „Heimat" sind „Flucht" und „Vertreibung" – meist ausgelöst durch Kriege und Verfolgungsmaßnahmen. „Flucht" und „Vertreibung" wiederum sind Phänomene, die sich mit beklemmender Wirkungsmacht in die Geschichte der letzten 100 Jahre eingeschrieben haben.

Statistische Erhebungen zum Migrationsgeschehen operieren gewöhnlich mit unterschiedlichen Begriffen und abweichenden Methoden. So bleibt letztendlich unklar, wie vielen Menschen durch die politischen Verwerfungen und militärischen Eskalationen des 20. Jahrhunderts ihr Grundrecht auf Heimat und Zugehörigkeit abgesprochen und entzogen wurde. Gleichwohl bleibt der Befund, dass dieses 20. Jahrhundert zu einem Jahrhundert der „Unwanted", der Ungewollten geworden ist.[3] Den Ungewollten gemeinsam ist in der Regel, dass sie nicht als Individuen gesehen werden, sondern als Angehörige einer stigmatisierten Gruppe, einer unerwünschten Gemeinschaft abgestempelt werden. Stereotype Zuschreibungen dominieren die Ausgrenzungsargumen-

[1] Die Herausgeber danken Brigitte Schmidt, Stadtarchiv München, für wertvolle Anregungen.
[2] Wingenroth, Das Jahrhundert der Flüchtlinge.
[3] Marrus, The Unwanted.

tation, über irrationale Schuldzuweisungen wird der Entzug von Zugehörigkeit, wird das Absprechen des Heimatrechts legitimiert. Und es sind oft auch gruppenspezifische Vorurteile und rassistische Ressentiments, die in potentiellen Aufnahmeländern verhindern, dass sich Willkommenskulturen etablieren und bedrängten, notleidenden, in ihrer Existenz gefährdeten Heimatlosen eine sichere Zuflucht eingeräumt wird.

Die Konfrontation mit Ausgrenzung und Vertreibung, das Erleben von Flucht und die oftmals verzweifelte Suche nach einem „sicheren Hafen" sind stets individuelle Erfahrungen. Zwar können Flüchtlingsbewegungen durchaus geographisch, soziologisch und statistisch erfasst werden. Sie können mit anerkannten wissenschaftlichen Methoden analysiert und eingeordnet werden. Die persönliche Erfahrungswelt der Ausgrenzungs- und Migrationsphänomene bleibt demgegenüber meist zurück. Dabei sind es gerade die Erlebnisse des Einzelnen, die Geschichte erst begreifbar und transparent machen. Über die individuelle Erfahrungsebene erschließt sich die dramatische, vielfach traumatische, aber stets folgenschwere Konsequenz von Ausgrenzung und Heimatverlust. Immer zwingen Flucht und Vertreibung zu Neuanfang und Integration in eine unbekannte, in der Regel fremde Lebenswelt. Immer sind Flucht und Vertreibung auch mit belastender Unsicherheit und Zukunftsängsten verbunden. Äußerst selten gibt es eine Rückkehr. Davon erzählt dieses Buch.

Zum historischen Hintergrund: 30. Januar 1933. Über Nacht ändert sich das politische und soziale Klima in Deutschland. Die Machtübernahme der Nationalsozialisten erweist sich für zahllose Deutsche als unheilvolles Datum, gleichbedeutend mit rechtlicher Ausgrenzung, sozialer Stigmatisierung und gewaltsamer Verfolgung. Mit großer Sorge beobachten viele Menschen die Ereignisse in Berlin und im Reich: die endgültige, mit atemberaubendem Tempo vollzogene Zerschlagung der rechtsstaatlichen Ordnung und demokratischen Praxis, die scheinbar unaufhaltsame Gleichschaltung des Lebens, die offene Gewalt gegen politisch Andersdenkende. Doch nicht alle erfüllt diese Entwicklung mit Unbehagen und Entsetzen. Eine beträchtliche Zahl der Deutschen setzt große Hoffnungen in die neue „nationale" Führung. Sie zeigen auf den Straßen unverhohlen ihre Begeisterung für das Regime. Der neue Reichskanzler gilt ihnen als lang herbeigesehnter Heilsbringer, als Erneuerer einer vermeintlich gedemütigten Nation, als Wegbereiter einer glorreichen Zukunft. Sie ergötzen sich an der aufdringlichen Inszenierung der „nationalen Revolution", an den martialischen Aufmärschen und Fackelzügen der uniformierten Hitler-Anhänger mit ihren derben Hassgesängen und Morddrohungen gegen Sozialdemokraten, Kommunisten, Gewerkschaftler und vor allem gegen Juden. Bald herrschen Polizei- und Justizwillkür. Die Entwicklungen zeigen in schmerzhafter Deutlichkeit, dass die Ausgegrenzten und Unangepassten jederzeit mit dem Schlimmsten zu rechnen haben. Manch einer unter den jüdischen Deutschen denkt angesichts der besorgniserregenden politischen Veränderungen bereits jetzt ernsthaft darüber nach, ob ihm dieses Land auch künftig Heimat sein wird, Heimat sein kann. Denn die antisemitischen, zutiefst menschenfeindlichen Hetztiraden, die im *Völkischen Beobachter*, im *Stürmer* und bei unzähligen öffentlichen Kundgebungen bislang meist nur „rhetorisch" Verbreitung gefunden haben, erhalten nun hoheitliche Legitimation. Ausgrenzung, Verfolgung und Terror werden zu Staatsaufgaben, die dank unzähliger willfähriger Helfer in Amtsstuben und Behörden höchst effektiv und bürokratisch-kalt in die Tat umgesetzt werden.

Am 9. März 1933 fällt auch in Bayern, dem letzten der demokratisch regierten deutschen Länder, die politische Führung. In der Nacht zum 10. März wird der langjährige Innenminister Karl Stützel[4], einer der aktivsten Nazi-Gegner der letzten Jahre, ein Mann, der der Hitler-Bewegung das Leben so schwer machte, wie er nur konnte, im Nachthemd und barfuß durch das nächtliche München geschleppt und im „Braunen Haus" an der Brienner Straße schlimm misshandelt.[5] Wenig später wird der jüdische Rechtsanwalt Michael Siegel von SA-Schergen blutig geschlagen, mit abgeschnittenen Hosenbeinen und einem demütigenden Schild um den Hals durch die Münchner Innenstadt gejagt – unbehelligt von Passanten, die betroffen und erschüttert zwar, aber ohne Einzugreifen das gemeine Spektakel beobachten oder sich empört abwenden. Ein Foto, das die Quälerei des angesehenen Juristen dokumentiert, geht kurz darauf um die Welt – und bleibt doch folgenlos.[6]

Vor allem die jüdischen Deutschen werden jetzt mit eilfertiger Systematik und atemberaubender Präzision zu gesellschaftlichen Außenseitern gemacht. Schon am 1. April 1933 verbreitet eine reichsweite „Boykottaktion" Angst und Schrecken unter der jüdischen Bevölkerung. Auch in München nehmen SA-Männer Aufstellung vor Anwaltskanzleien, vor Arztpraxen und vor Geschäften jüdischer Eigentümer. Kunden, Patienten und Mandanten werden beschimpft und vom Betreten der Gebäude abgehalten. Nur wenige Tage zuvor hat der neue Münchner Polizeipräsident Heinrich Himmler im nahegelegenen Dachau die Errichtung eines Konzentrationslagers angeordnet. Juden gehören zu den ersten Häftlingen, die hier ihr Leben verlieren. Das KZ Dachau wird zu einem nationalsozialistischen Musterbetrieb für Rechtlosigkeit, Demütigung, Gewalt. Dachau markiert den Auftakt einer Entwicklung, die mit einem bislang unbekannten Ausmaß an moralischer Niedertracht und mörderischer Bosheit weiter eskaliert.

Für Männer und Frauen, die sich im Kampf gegen den Nationalsozialismus exponiert, die in der politischen Arbeit viel riskiert haben, um die Herrschaft des braunen Ungeistes zu verhindern, sind Überlegungen zu ihrer Zukunft existentiell. Ein Verbleib in Deutschland wäre für sie lebensgefährlich, und so haben viele nur die Option der eiligen Flucht ins Ausland. Auch Intellektuelle

---

[4] Karl Stützel (1872–1944), deutscher Politiker der Bayerischen Volkspartei.
[5] Heusler, Das Braune Haus, 164ff.
[6] Vgl. dazu den Beitrag von H. Peter Sinclair in diesem Band (S. 174).

– Schriftsteller, Künstler, Musiker, Theaterleute, Filmschaffende, Wissenschaftler, Journalisten, Publizisten – müssen erkennen, dass nicht nur ihre berufliche Existenz, sondern auch ihr Leben in diesem „neuen Deutschland" in großer Gefahr schwebt. Insbesondere jüdische Bürgerinnen und Bürger sehen nicht nur ihre wirtschaftliche Existenzgrundlage gefährdet, sondern fühlen sich durch die neuen Verhältnisse akut bedroht. Im Jahr 1933 zählt die Israelitische Kultusgemeinde München offiziell 10.737 Mitglieder.[7] Die Zahl der in München lebenden Männer, Frauen und Kinder jüdischer Herkunft ist freilich deutlich höher. Denn nicht alle gehören zur jüdischen Gemeinde. Viele sind schon vor Jahren zum christlichen Glauben übergetreten oder bezeichnen sich als religionslos. Doch auch sie sind von den Maßnahmen des NS-Regimes betroffen und werden spätestens Ende 1935 durch die perfiden „Nürnberger Gesetze" zu Opfern der nationalsozialistischen Aggression. Diese antijüdische Politik sorgt bereits 1933 für eine erste größere Emigrationswelle aus München. Allein in diesem Jahr verlassen 565 jüdische Bürgerinnen und Bürger die Stadt.[8] Die meisten versuchen ihr Glück in Palästina – es sind vornehmlich Anhänger der zionistischen Bewegung, die auch schon in den Jahren der Weimarer Republik an eine Übersiedlung nach Eretz Israel gedacht haben. Das nationalsozialistische Bedrohungsszenario gibt ihren Auswanderungsplänen jetzt den entscheidenden Impuls. Wem die Ideale des Zionismus jedoch fremd sind, verlegt seinen Lebensmittelpunkt in die deutschsprachigen Nachbarländer Österreich und Schweiz; andere wandern nach England aus oder in die USA.

Die, die bleiben, klammern sich an die trügerische Hoffnung, dass das Hitler-Regime nur eine vorübergehende Episode sein werde, dass sich die Verhältnisse wieder normalisieren und vernunftbegabte politische Kräfte die Oberhand zurückgewinnen werden. Pogrome gegen Juden, enthemmte Gewalt und ungezügelter Mord scheinen in einem Land, das sich auf kulturelle Ikonen wie Bach und Beethoven, wie Goethe und Schiller beruft, unvorstellbar. Viele denken wie Emil Goldschmidt, ein erfolgreicher Münchner Kaufmann, der im Ersten Weltkrieg die deutsche Uniform getragen hatte und an vorderster Front schwer verletzt worden war. Er rechnet – trotz der aggressiven Rhetorik der NS-Machthaber – nicht damit, dass in dem Land, für das er sein Leben riskiert hat und das ihm Heimat ist, die Sicherheit seiner Familie gefährdet sein könnte. Erst spät entschließen sich die Goldschmidts zur Auswanderung.[9]

Anders als heute, wo dank weitreichender geographischer Mobilität und liberaler Reisegesetze die Staatsgrenzen meist eine hohe Durchlässigkeit besitzen, werden Auslandsreisen in den 1930er Jahren durch eine Vielzahl von nationalen Bestimmungen erschwert. Die „Fremde" ist kein exotisches Abenteuer wie im Zeitalter des Massentourismus, sondern eine besorgniserregende

---

[7] Staatsarchiv München, Polizeidirektion 7006.
[8] Nach Berechnungen des Stadtarchivs München.
[9] Vgl. dazu den Beitrag von Ruth Meros in diesem Band (S. 60).

Herausforderung mit vielen unbekannten Faktoren und schwer einschätzbaren Unsicherheiten. Über Fremdsprachenkenntnisse, die heute durch ein modernes Schulwesen zu einer Selbstverständlichkeit geworden sind, verfügen nur wenige Menschen. All dies lässt viele Verfolgte ihre Entscheidung, Deutschland zu verlassen, zunächst zurückstellen.

Doch die Nachrichten von ungeheuerlichen Maßnahmen gegen Juden, gegen politisch Andersdenkende, gegen Sozialdemokraten, Kommunisten und Gewerkschafter werden nicht weniger. Im Gegenteil: die brutale Rücksichtslosigkeit der neuen Machthaber ist schockierend und belehrt manchen zögerlichen Optimisten und vorsichtig Abwartenden eines anderen. Jahr für Jahr verlassen jetzt hunderte von jüdischen Münchnerinnen und Münchnern ihre Heimatstadt. Bis Ende 1939 sind annähernd 6.000 Personen ins Ausland emigriert und die jüdische Gemeinde hat mehr als die Hälfte ihrer einstigen Mitglieder verloren. Der damit verbundene soziale Strukturwandel der jüdischen Gemeinschaft ist gravierend und hinterlässt tiefgehende Spuren. Die Mehrheit der Emigranten sind leistungsfähige und gut ausgebildete junge Menschen. Für sie sind die Risiken einer ungewissen Zukunft in der Fremde leichter zu tragen als für die ältere Generation. Der nur schwer kalkulierbare Neuanfang in einem unbekannten Land erfordert Mut, Kraft, Optimismus und Durchsetzungsfähigkeit – Eigenschaften, die eher jungen Menschen eigen sind. Auch die möglichen Aufnahmeländer sorgen mit ihren strengen, zunehmend abweisenden Einwanderungsbestimmungen dafür, dass nicht nur Ältere, sondern auch Kranke, sozial Schwache und Vermögenslose von ihren Grenzen ferngehalten werden. Die Hürden für eine Emigration sind hoch und für viele nicht zu bewältigen. So steigt unter den Zurückgebliebenen in München der Anteil der Alten, der Kranken und der Unterstützungsbedürftigen. Hinzu kommt eine seit 1933 stark sinkende Geburtenrate, die die ohnehin schon dramatische Überalterung der jüdischen Gemeinschaft in der bayerischen Hauptstadt weiter verschärft. Das Wohlfahrtswesen der Gemeinde und die innerjüdische Solidarität werden durch diese Entwicklungen auf eine harte Probe gestellt, denn die finanziellen Ressourcen der von den NS-Behörden drangsalierten Kultusgemeinde reichen nicht aus, um eine Versorgung aller notleidenden Gemeindemitglieder sicherzustellen.

Doch auch die Auswanderer nehmen beträchtliche Opfer und Einschränkungen in Kauf, um dem Verfolgungsdruck und der zunehmenden Entrechtung, um der sozialen und wirtschaftlichen Marginalisierung zu entgehen, um frei von deutscher Polizei- und Bürokratiewillkür ein selbstbestimmtes und sicheres Leben im Ausland führen zu können. Zur Erlangung der Ausreisegenehmigung entrichten sie hohe Abgaben an den NS-Staat. Seit 1931 gilt in Deutschland eine „Reichsfluchtsteuer" zur Verhinderung von Kapitalflucht ins Ausland. Von der NS-Regierung wird dieses Instrument zur skrupellosen Ausplünderung der auswanderungswilligen Juden missbraucht. Jeder, der Deutschland verlassen möchte, muss ein Viertel seines Vermögens an die

Finanzbehörden abführen. Auch die zahlreichen Palästina-Auswanderer werden durch das Ha'avara-Abkommen[10], das zur Hinterlegung von mindestens 1.000 Pfund Sterling verpflichtet, zur Kasse gebeten. Damit nicht genug. Viele kommen nicht umhin, große Teil ihres Eigentums zu Dumpingpreisen an „arische" Interessenten zu verkaufen. Geschäfte, Kanzleien und Arztpraxen werden für kleines Geld an nichtjüdische Nachfolger, die von der Notlage der Emigrationswilligen profitieren, abgetreten. Diese zwischen 1933 und 1945 vollzogene „Arisierung" von Vermögenswerten aus jüdischem Eigentum ist zweifellos die größte staatlich legitimierte Raubaktion der neueren Geschichte.[11] Handelt es sich bei der wirtschaftlichen Verdrängung und existenzvernichtenden Ausplünderung jüdischer Bürgerinnen und Bürger zunächst um einen Vorgang, der ohne nennenswerte behördliche Regulierung abläuft, so übernimmt ab 1938 zunehmend der Staat als wichtigster Akteur und Profiteur die Federführung bei der „Arisierung". Die staatlich organisierte Vermögensverschiebung findet jedoch weitgehend unter den Augen der Öffentlichkeit statt. Die Begehrlichkeiten richten sich dabei nicht nur auf Geschäfte und Gewerbebetriebe, sondern auch auf private Vermögenswerte: Bankguthaben, Wertpapierdepots, Schmuck und Objekte aus Edelmetall, Kunstsammlungen, Bibliotheken, Möbel und Hausrat, Häuser, Wohnungen und Grundstücke werden den jüdischen Eigentümern nach und nach entzogen. Die günstigen Gelegenheiten bei der Verwertung des jüdischen Vermögens erzeugen bei vielen „Volksgenossen" eine Goldgräberstimmung. Nicht nur staatliche Institutionen und Parteidienststellen, sondern auch der normale Bürger entwickelt sich zum schamlosen „Schnäppchenjäger". Der perfide Vermögenstransfer begünstigt unzählige Münchner Bürger, Firmen, Institutionen und Verwaltungen, die den Prozess der Enteignung jüdischer Nachbarn, jüdischer Firmen und jüdischer Konkurrenten aktiv vorantreiben oder wissend davon profitieren.

Die jüdische Emigration wird seit 1933 entscheidend vom Verfolgungsdruck des nationalsozialistischen Regimes beeinflusst. In der Emigrationsstatistik bildet sich die dramatische Zuspitzung und mörderische Eskalation der NS-Judenpolitik unübersehbar ab. Wie die Machtübernahme im Jahr 1933 und die staatlich gelenkte „Boykott-Aktion" im April des Jahres[12] führt auch die Verabschiedung der „Nürnberger Gesetze"[13] zu einem graduellen Ansteigen der Auswanderung. Am stärksten wirkt jedoch die Zuspitzung der Gewalt durch die „Reichskristallnacht" im November 1938. In den Monaten nach den Pogromen verlassen so viele Menschen wie noch nie das Land. 1939 kehren

---

[10] Barkai, German Interests. Vgl. dazu auch den Beitrag von Hermann L. Klugmann in diesem Band (S. 24).
[11] Baumann/Heusler (Hg.), München „arisiert"; Selig, „Arisierung" in München.
[12] Ahlheim, Deutsche kauft nicht bei Juden!
[13] Essner, Nürnberger Gesetze.

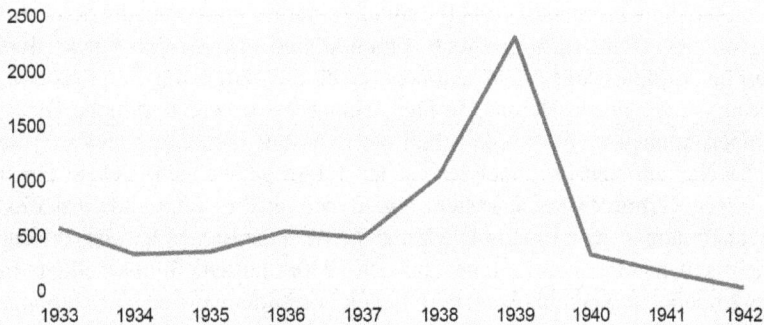

Emigration aus München 1933–1942

annähernd 2.300 Männer, Frauen und Kinder ihrer Heimatstadt München, die ihnen nicht länger Heimat sein will, den Rücken.[14]

Die Emigranten retten zwar ihr Leben, und doch verlieren sie viel. Durch die Flucht aus Deutschland lassen sie nahezu ihr gesamtes soziales und kulturelles Bezugssystem hinter sich. Das Verlassen des eigenen Kulturkreises geht einher mit einem weitgehenden Verstummen der Muttersprache. Besonders schmerzhaft wird dieser Verlust von Dichtern, Publizisten und Wissenschaftlern empfunden. Denn Sprache begründet nicht nur Identität, sondern ist auch Ausdrucksmittel und ein unverzichtbares Instrument der professionellen Kommunikation. Vor allem die Tätigkeit des Schriftstellers lässt sich in kaum einer anderen als der Muttersprache ausüben. Für Schalom Ben-Chorin, den 1913 als Fritz Rosenthal in München geborenen und 1935 nach Palästina emigrierten Dichter und Religionsphilosophen, ist dies der entscheidende und vor allem ernüchterndste Aspekt seiner Flucht: „Ein Land kann man verlassen, mit dem Volk die Beziehungen abbrechen, aber die Sprache ist so sehr Teil unserer eigenen Existenz, dass es hier keine Trennung geben kann. [...] Aus der Sprache bin ich nie ausgewandert, und ich schreibe auch heute diese Erinnerungen in der Sprache, die mir nicht welkte."[15] Obwohl das NS-Regime die jüdischen Deutschen so rasch wie möglich loswerden möchte, erschweren zermürbende bürokratische Schikanen die Ausreisebemühungen der Emigrationswilligen. Unzählige Behördengänge sind zu absolvieren, Anträge zu stellen, Formulare auszufüllen, Nachweise zu erbringen. Eindringlich schildert in diesem Band

---

[14] Nach Berechnungen des Stadtarchivs München. Vgl. dazu auch die aufschlussreiche statistische Analyse von Cahnman, The Decline of the Munich Jewish Community, 1933–1938.

[15] Ben-Chorin, Jugend an der Isar, 185f.

der angesehene Chemiker und Nobelpreisträger Richard Willstätter die müh-
samen und kraftzehrenden Vorbereitungen seiner Emigration in die Schweiz.[16]

Trotz der Unterstützung durch Freunde und Angehörige sowie durch
jüdische Wohltätigkeitsorganisationen bleibt die Sorge um die Existenzsi-
cherung in der neuen Heimat. In Deutschland erworbene berufliche Qualifikationen können nicht in jedem Fall den Neustart garantieren. So sind beispielsweise Juristen im angelsächsischen Raum gezwungen, sich in ein für
sie wenig vertrautes Rechtssystem einzuarbeiten; dies setzt zudem perfekte
Sprachkenntnisse voraus. Ein Blick auf die Anzeigenseiten der „Bayerischen
Israelitischen Gemeinde-Zeitung" aus den 1930er Jahren offenbart ein vielfäl-
tiges Angebot an Sprachkursen, beruflichen Fortbildungen und Umschulungen
sowie der Vermittlung von Kenntnissen, die sich in der neuen Umgebung als
nützlich erweisen können. Das Spektrum der Möglichkeiten ist sehr breit
angelegt. So bietet ein „New York teacher" in München noch Mitte Oktober
1938 „United States English and American Stenography instruction" an, während in derselben Ausgabe auch zahlreiche andere Sprachkurse, ein sechsmo-
natiger „Ausbildungskurs für Radiotechniker" und – als „Auslands-Existenz
für Damen" – eine Ausbildung in „Masskorsetten anfertigen" sowie ein Intensivkurs in „Ondulieren, Wasser- und Dauerwellen" sowie in Maniküre inse-
riert werden.[17] Zwei Wochen später werden wiederum Sprach- und Konversa-
tionskurse, Koch- und Backkurse, eine „Ausbildung in Kunstgewerbe, Metall,
Holz, Leder", „Zuschneide- und Nähkurse" offeriert.[18]

In diesem Zusammenhang gilt es an zwei Einrichtungen zu erinnern, die
Ende der 1930er Jahre für viele Münchner Auswanderungswillige von existen-
tieller Bedeutung sind: Die *Kochschule Albert Schwarz* und die *Jüdischen
Anlernwerkstätten*. Beide machen es sich zur Aufgabe, Jugendlichen und
Erwachsenen Grundfertigkeiten in gefragten Berufen nahezubringen und
diese so auf einen beruflichen Neuanfang im Ausland vorzubereiten. Albert
Schwarz[19], der Gründer der Kochschule, hat bis zur Jahreswende 1937/38 in
der Schlosserstraße ein koscheres Restaurant geführt. 1938 stellt er beim städtischen Schulreferat einen Antrag auf Genehmigung eines Back- und Koch-
kurses für jüdische Teilnehmer. Obwohl die Behörden neue jüdische Einrichtungen grundsätzlich ablehnen, wird dieser Antrag doch genehmigt, weil man
hofft, dass die Ausbildungsmaßnahmen die jüdische Auswanderung begünsti-
gen.[20] Denn viele Aufnahmeländer lassen jüdische Emigranten nur mit einer

---

[16] Vgl. den Auszug aus Richard Willstätters Lebenserinnerungen auf S. 114.

[17] *Jüdisches Gemeindeblatt für den Verband der Kultusgemeinden in Bayern*, 15. Oktober 1938, 318.

[18] *Jüdisches Gemeindeblatt für den Verband der Kultusgemeinden in Bayern*, 1. November 1938, 334.

[19] Albert Schwarz, geb. 1880 in Linz; 1942 von Prag nach Theresienstadt deportiert,
ermordet in Maly Trostinec.

[20] Stadtarchiv München, Judaica-Varia 69 (Kochschule Schwarz, Nachlass Eble).

„Lehrlinge" der Kochschule Schwarz während einer Pause, 1938

entsprechenden beruflichen Qualifikation einreisen. Während Schwarz den Lehrbetrieb leitet, übernimmt der ehemalige Wirtschaftstreuhänder Richard Baum[21] die Geschäftsführung. Baum ist zudem stiller Teilhaber der Schule. Im April 1938 wird der Lehrbetrieb eröffnet. Trotz erheblicher Unterrichtskosten ist die Nachfrage enorm. Nicht nur aus München, sondern aus ganz Deutschland kommen Ausbildungswillige. Allein für September und Oktober 1938 haben sich 240 Personen angemeldet. Das Kursangebot der Schule besteht aus je einem Kochkurs für kalte und warme Speisen, zwei Konditoreikursen, einem Pralinenkurs, einem Servier- und Kellnerkurs, einem Metzger- und einem Backkurs, sowie aus einem Eisbereitungskurs, der jedoch nur im Sommer abgehalten wird. Die Kursgebühren schwanken zwischen 50 RM für den Kurs zur Zubereitung kalter Speisen und bis zu 95 RM für den Kochkurs. Nach der „Reichskristallnacht" wird die Kochschule von Amts wegen geschlossen. Unter einem nichtjüdischen Treuhänder, dem Rechtsanwalt Dr. Eduard Eble, kann der Betrieb jedoch noch einmal reaktiviert und für eine gewisse Zeit weitergeführt werden. Trotz widriger Umstände und behördlicher Schikanen bemüht sich Dr. Eble, die Kochschule im Geiste ihrer Gründer zu führen und ermöglicht so noch vielen Auswanderungswilligen den Erwerb gastronomischer Kenntnisse.

Auf den überlieferten Kurslisten der Kochschule findet sich auch der Name Werner Cahnmann. Der 1902 in einer großbürgerlichen Kaufmannsfa-

[21] Richard Baum, geb. 1881 in München, gest. 1941 in München.

milie geborene Cahnmann studiert in Berlin und München Volkswirtschaft, Geschichte und Soziologie und wird 1925 in München promoviert. Seit 1930 ist er als Syndikus für den *Centralverein deutscher Staatsbürger jüdischen Glaubens* tätig. In der Israelitischen Kultusgemeinde München ist Cahnmann einer der wichtigsten Mitarbeiter. Neben seiner wissenschaftlichen Arbeit als Nationalökonom und Soziologe ist er u. a. für die Gemeindestatistik verantwortlich und betreut das Archiv der IKG. Mehrfach gerät Cahnmann ins Fadenkreuz der NS-Behörden; im Zuge der „Reichskristallnacht" wird er schließlich gemeinsam mit mehreren Hundert jüdischen Männern aus München einige Wochen im KZ Dachau interniert. Um seine Emigrationsmöglichkeiten zu verbessern, besucht der Intellektuelle und Wissenschaftler Cahnmann nach seiner Freilassung aus der KZ-Haft im Frühjahr 1939 einen Konditorei-Kurs der Kochschule Schwarz. Im Juni 1939 emigriert er über England in die USA. Nach zermürbenden Anlaufschwierigkeiten gelingt ihm nach seiner Berufung im Jahr 1960 – Cahnmann ist inzwischen weit über 50 Jahre alt – eine zweite Karriere an der angesehen Rutgers University in Newark. Die in der Kochschule Schwarz erworbenen Fertigkeiten muss Werner Cahnmann glücklicherweise nicht mehr zur Sicherung des Lebensunterhalts einsetzen. Auch H. Peter Sinclair, dessen Erinnerungen in diesem Band zu lesen sind, absolvierte in der Kochschule Schwarz einen Kurs.[22]

Insbesondere für eine Auswanderung nach Südamerika sind handwerkliche Fähigkeiten von großem Nutzen.[23] Anders als etwa in England oder den USA sind hier Fertigkeiten als Schlosser, Elektriker, Tischler oder Kenntnisse in anderen Handwerksberufen gefragt. Daher beantragt der *Verband Bayerischer Israelitischer Gemeinden* bereits im Sommer 1936 die Einrichtung einer „Unterrichtsanstalt zur Ausbildung jüdischer Jugendlicher als Handwerker" in einer aufgelassenen Lederfabrik am Biederstein. Trotz fehlender behördlicher Genehmigung wird der Lehrbetrieb im August 1937 aufgenommen. Die Ausstattung der Arbeitsräume ist gut. Moderne Maschinen zur Metall- und Holzverarbeitung sind vorhanden, ebenso ein reichhaltiges Materiallager. Die Lehrlinge erhalten neben ihrer praktischen Ausbildung 12 bis 15 Wochenstunden theoretischen Unterricht in Rechnen, Werkzeug- und Materiallehre, Fachzeichnen, Buchführung, Geschäftskorrespondenz und Wirtschaftskunde. Im Schuljahr 1938/39 besuchen 91 junge Leute die Anstalt. Neben den Lehrlingen werden auch ausreisewillige Erwachsene in Schweißtechnik und Möbelherstellung unterwiesen. 1939 werden das Gebäude beschlagnahmt und die Anlernwerkstätten geschlossen. Auf Anweisung der Münchner Stapoleitstelle wird die Einrichtung in die während der „Reichskristallnacht" verwüstete ehemalige Synagoge an der Reichenbachstraße verlegt. Hier erhalten in den

---

[22] Vgl. dazu den Beitrag von H. Peter Sinclair in diesem Band (S. 174).
[23] Vgl. dazu die Erinnerungen von Erika Gabai (S. 134) und Hanns Peter Merzbacher (S. 238) in diesem Band.

Jüdische Auszubildende in den Anlernwerkstätten in der Reichenbachstraße 27, ca. 1941

zwei folgenden Jahren noch etwa 100 jüdische Jugendliche eine Ausbildung. Anfang 1942 wird die Einrichtung durch die Gestapo aufgelöst; Werkzeuge und Maschinen werden einer HJ-Schule überlassen.

Eine Übersicht der Zielländer der Emigration aus München ergibt ein aufschlussreiches Bild. Annähernd die Hälfte aller jüdischen Münchner Emigranten sucht den neuen Lebensmittelpunkt in Europa. Das wichtigste europäische Aufnahmeland ist Großbritannien, wo allein 17,6 Prozent aller Münchner Emigranten eine vorübergehende oder dauerhafte Heimat finden. Diese bemerkenswert hohe Zahl ist vor allem auf die „Kindertransporte" zurückzuführen, mit denen die britische Regierung und diverse Hilfsorganisationen nach den Gewaltexzessen der „Reichskristallnacht" die Rettung von minderjährigen Verfolgten in Angriff nehmen. Große Bedeutung für die Emigration aus München haben auch die USA. Erschwert wird hier die Beschaffung von Visa und Quota-Nummern durch den Umstand, dass die Münchner Emigrationswilligen beim Stuttgarter US-Konsulat vorsprechen müssen, was zeitraubende und kostspielige, oft auch vergebliche Fahrten nach Württemberg nach sich zieht. Immerhin gelingt es 27 Prozent aller Auswanderer, die strengen amerikanischen Einreisebestimmungen zu erfüllen.[24] Auch in Palästina sorgt die restriktive Einwanderungspolitik der britischen Mandatsmacht für einen stark regulierten Zustrom von verfolgten deutschen Juden. Erwartet werden von den

[24] Vgl. dazu die Erinnerungen von Charlotte Haas Schueller (S. 278) und Gerhard J. Haas (S. 46) in diesem Band.

Zuwanderern vor allem landwirtschaftliche bzw. hauswirtschaftliche Kenntnisse und die Beherrschung der hebräischen Sprache, so dass viele an Palästina interessierte Emigranten ohne den Besuch entsprechender *Hachschara*-Kurse kaum Aussichten auf diese Option haben. Aus München können sich immerhin 12 Prozent aller Emigranten in Palästina niederlassen. Eindrucksvoll spiegeln die Schilderungen von Agnes Mathilde Wolf und Ruth Meros die Erfahrungen des schwierigen Neuanfangs in Palästina wider.[25]

Was die Übersicht[26] (S. 13) nicht zeigt, ist die Tatsache, dass kaum ein Ausreisewilliger sein Emigrationsziel selbst bestimmen kann. Vor dem Hintergrund der stetig steigenden Auswandererzahlen aus Deutschland verschärfen viele Länder ihre Einreisebestimmungen und legen Aufnahmequoten fest. Wer nur bescheidene finanzielle Mittel besitzt, wer keine Verwandten oder Kontaktpersonen als Bürgen oder Gewährsleute in den Emigrationsländern benennen kann, wer alt ist, gebrechlich oder nicht über die von den Zielländern geforderten beruflichen Qualifikationen verfügt, ist mit großen, bisweilen unüberwindlichen Schwierigkeiten bei der Beschaffung der erforderlichen Einreisedokumente konfrontiert. Für annähernd 3.000 jüdische Münchner blieb so das rettende Ausland unerreichbar.[27] Sie werden von November 1941 an in Konzentrations- und Vernichtungslager deportiert. Für andere ist die Flucht ins europäische Ausland nur eine Rettung auf Zeit. Für viele Münchner ist die Sicherheit in Frankreich, Belgien, den Niederlanden oder in Italien lediglich eine Illusion. Der Einmarsch deutscher Truppen und die willfährige Kollaboration der einheimischen Verwaltungen mit den Besatzern bedeutet für zahllose exilierte deutsche Juden das Todesurteil.

Für diejenigen, die Zuflucht in einem sicheren Drittland finden, bekommt der Begriff „Heimat" eine neue Qualität. Die Bitterkeit, mit der man sich an die eigenen Wurzeln und an die Zeit vor der Ausstoßung aus Deutschland erinnert, ist vielfach eng verknüpft mit einer als schmerzhaft empfundenen Sehnsucht nach jenem Ort, der einmal „Heimat" war. Mit großer emotionaler Kraft fasst Schalom Ben-Chorin die biographische Zäsur und den Verlust dieses vertrauten Ortes in lyrische Worte:

„Immer ragst Du mir in meine Träume
Meiner Jugend – zartgeliebte Stadt,
Die so rauschende Kastanienbäume
Und das Licht des nahen Südens hat."[28]

---

[25] Vgl. dazu die Erinnerungen auf S. 154 und S. 60 in diesem Band.
[26] Nach Berechnungen des Stadtarchivs München. Genannt wird in dieser Tabelle das erste Emigrationsziel; in vielen Fällen erfolgte später noch eine Ausreise in ein Drittland.
[27] Vgl. dazu Strnad, Zwischenstation „Judensiedlung".
[28] Auszug aus dem Gedicht „München" von Schalom Ben-Chorin (1937); das Gedicht ist in diesem Band komplett abgedruckt (S. 293).

USA	1.729	Ungarn	48
Großbritannien	1.124	Jugoslawien	38
Palästina	767	Australien	34
Schweiz	429	Bolivien	25
Italien	322	Schweden	24
Frankreich	269	Luxemburg	21
Niederlande	206	Kolumbien	20
Tschechoslowakei	126	Türkei	20
Argentinien	119	Liechtenstein	18
Belgien	117	Spanien	17
Shanghai	111	Chile	16
Österreich	94	Ecuador	13
Brasilien	90	Rhodesien	13
Polen	76	Neuseeland	12
Südafrika	70	Paraguay	12
Uruguay	54	Sonstige	302
Kuba	52	**Insgesamt**	**6.388**

Emigrationsziele jüdischer Münchenerinnen und Münchner 1933–1942

Die Auseinandersetzung mit der früheren Heimat erfolgt jedoch keineswegs nur auf literarischer Ebene. Der sich immer weiter ausbreitende Krieg in Europa und die damit wachsende Angst um Verwandte und Freunde, die (noch) nicht aus Deutschland hatten entkommen können, belastet viele jüdische Deutsche im Exil. Ebenso wie nichtjüdische Emigrantinnen und Emigranten verfolgen viele von ihnen die aktuellen Entwicklungen in der früheren Heimat mit Skepsis und Sorge, betonen zugleich jedoch aufgrund der erlebten Ausgrenzung, der Vernichtung der materiellen Existenz und der erlittenen Entrechtung und Entwürdigung im Vaterland, nie wieder deutschen Boden betreten zu wollen.[29] Es sind sehr wenige, die trotz oder gerade wegen ihres persönlichen Schicksals entscheiden, aktiv an der Bekämpfung der Nationalsozialisten mitzuwirken. Sie melden sich freiwillig zum Militär und kehren als Soldaten oder Geistliche bzw. Feldrabbiner mit den alliierten Armeen nach Deutschland zurück.

Das Ende des Krieges im Mai 1945 markiert einen erneuten Einschnitt im Leben der deutschstämmigen Emigrantinnen und Emigranten: Nach dem alliierten Sieg über das Hitler-Regime ist einer der Hauptgründe, für viele sogar die alleinige Ursache für die Flucht ins europäische Ausland oder nach Übersee verschwunden. Eine Rückkehr in die alte Heimat liegt auf einmal wieder im Bereich des Möglichen. Die aus München geflohenen jüdischen Bürgerinnen und Bürger sehen sich dadurch mit einer ungewohnten und zunächst verunsichernden Situation konfrontiert, die eine erneute Positionierung erfordert. Sollte nun, kurz nach Ende des Zweiten Weltkriegs, eine Rückkehr in die alte Heimat erfolgen? Konnte man als ehemals Ausgestoßener nach all dem, was

---

[29] Benz, Das Exil der kleinen Leute, 7–37; Krauss, Heimkehr, 42–49.

passiert war, den Deutschen wieder trauen und in das zerstörte Nachkriegsdeutschland zurückkehren? Oder gab es gar eine Verpflichtung für die im Exil
Ausharrenden, die durch ihr Weggehen entstandenen Leerstellen zu füllen und
einen Beitrag zum Aufbau demokratischer Strukturen im Deutschland nach
1945 zu leisten?

Aufgrund der Individualität der Einzelschicksale und fehlender statistischer
Erhebungen lassen sich keine exakten Angaben präsentieren, wann, warum
und wie viele Juden aus dem Exil in ihre Heimat zurückkehrten. Dass viele
der ehemals Verfolgten nach den Erfahrungen im Hitler-Regime eine tiefe
Abneigung gegenüber jeder Form von Registrierung mit deutschen Behörden
empfanden und diese wenn möglich vermieden, ist ein entscheidender Grund,
warum keine zuverlässigen Daten über die Rückwanderung jüdischer Deutscher in die zwei 1949 gegründeten deutschen Staaten vorliegen. Realistische
Schätzungen beziffern die Anzahl der jüdischen Emigranten aus deutschsprachigen Ländern auf ca. 280.000 Personen. Von ihnen kehren bis zu Beginn
der 1960er Jahre wohl nicht mehr als vier Prozent, also etwa 10.000, in das
Land ihrer Vertreibung zurück.[30] Die Orte, aus denen sie wiederkehren, sind so
zahlreich wie die zur Erklärung angeführten Argumente der Zurückkehrenden,
warum er oder sie sich für einen Neuanfang in der früheren Heimat entschied.
Neben Alter und schlechtem Gesundheitszustand gehören Sprachprobleme
sowie wirtschaftliche und berufliche Schwierigkeiten im Exil, politische
Gründe und schließlich ein allgemeines, selten zugegebenes Heimwehgefühl
zu den wichtigsten Beweggründen.[31]

Neben Angehörigen der alliierten Armeen und Mitarbeitern internationaler
Hilfsorganisationen erhalten zunächst vor allem Dolmetscher, Juristen und
Journalisten, viele von ihnen spätere Mitarbeiter in den Nürnberger Prozessen[32], die Erlaubnis zur Einreise in die alliierten Besatzungszonen. Erst 1946,
im Anschluss an eine Phase, in der das illegale Überschreiten der Grenzen die
erfolgversprechendste Variante der Rückkehr von Zivilisten darstellte, erleichtern Regelungen der neu etablierten Landesregierungen die Einreise von Rückkehrwilligen. Ungeachtet dessen haben Emigrantinnen und Emigranten, die
vom Ausland aus ihre Wiedereinbürgerung beantragen, in der Praxis enorme

---

[30] Harry Maòr ermittelt bis 1959 etwa 9.000 jüdische Remigranten, d.h. weniger als
zwei Prozent der Emigranten (Maòr, Über den Wiederaufbau, 31–50, hier 32). Die
Annahme von höchstens vier Prozent jüdischer Remigranten bezieht sich auf die Juden,
deren Rückkehr von den jüdischen Gemeinden in Deutschland verzeichnet wurden.
Vgl. Richarz, Juden, 19; Strauss, Introductions, bes. XV und XX–XXII.
[31] Lissner, Den Fluchtweg zurückgehen, bes. 23–72; Webster, Jüdische Rückkehrer.
[32] Die Nürnberger Prozesse umfassen den Hauptkriegsverbrecher-Prozess, der vom 20.
November 1945 bis zum 30. September 1946 unter Verantwortung der vier Hauptsie-
germächte stattfand, und zwölf unter US-Verantwortung stehende Nachfolge-Prozesse.
Diese fanden zwischen dem 25. Oktober 1946 und dem 14. April 1949 im Justizpalast
Nürnberg statt.

bürokratische Hindernisse zu überwinden und erfahren Schikanierungen von Seiten der deutschen Botschaften und Konsulate, die ihnen verdeutlichen, dass sie zwar nicht unerwünscht, aber auch nicht willkommen sind.[33]

Nicht selten sind die Wiederbegegnungen zwischen Rückkehrern aus dem Exil und denen, die während des Zweiten Weltkriegs im Hitler-Deutschland zurückgeblieben waren, von Vorurteilen und Feindseligkeit geprägt. Für die Daheimgebliebenen verkörpern die einst ins Ausland Geflohenen vor allem das schlechte Gewissen und erinnern sie kontinuierlich an die deutsche Niederlage und ihre mangelnde Voraussicht, die sie ein rechtzeitiges Verlassen der Heimat nicht hatte erwägen lassen. Auch im Hinblick auf Reparations- und Wiedergutmachungsansprüche stellt sich die Situation für diejenigen, die zur Emigration gezwungen worden waren, scheinbar besser dar als für jene, die den Krieg in Deutschland durchgestanden hatten: Die Verfolgten sind nicht länger die Opfer, sondern treten plötzlich als Ankläger und Anspruchsberechtigte in Erscheinung.[34]

Da jüdische Remigrantinnen und Remigranten gleichzeitig als Juden und Rückkehrer aus dem Exil wahrgenommen werden, ist ihre Position in der deutschen Nachkriegsgesellschaft eine ganz besondere. Die Deutschen verorten sie in erster Linie auf der Seite der Sieger, d. h. des früheren Feindes, und fürchten vielfach die Rache der Juden, die übrig geblieben sind oder zurückkehren und von Generation zu Generation über Verfolger, Opfer und Überleben Zeugnis ablegen.[35]

Beispielhaft veranschaulicht der 1949 im Berliner Marmorhaus uraufgeführte Film *Der Ruf* (international: *The Last Illusion*) zahlreiche der administrativen Herausforderungen und zwischenmenschlichen Provokationen, die deutsch-jüdische Emigranten im Falle einer Rückkehr in die frühere Heimat erwarten. Der Film portraitiert Professor Mauthner, der nach 15 Jahren im Exil aus den USA nach Deutschland übersiedelt und dort seine frühere Tätigkeit wieder aufnimmt. Enttäuscht stellt er fest, dass die verinnerlichten nationalsozialistischen Ansichten nach wie vor das Verhalten der ihn umgebenden Menschen prägen und stirbt im Kampf gegen diese Einstellungen. Drehbuchautor dieses zentralen zeitgeschichtlichen Dokuments zur jüdisch-akademischen Rückkehr nach Deutschland ist der jüdische Remigrant Fritz Kortner, der zugleich die Hauptrolle des Professors Mauthner spielt.[36]

[33] Von zur Mühlen, Rückkehr unerwünscht?, 130; Stern, The Historic Triangle, 57–61.
[34] Bergmann, „Wir haben sie nicht gerufen", 20–22; Lehmann, Rückkehr, 39–70; Winstel, Über die Bedeutung der Wiedergutmachung, hier bes. 204f; Von zur Mühlen, Rückkehr unerwünscht?, 135.
[35] Stern, Jews; Geis, „Ja, man muß seinen Feinden verzeihen,…"; Geis, Übrig sein, hier bes. 207–237.
[36] Fritz Kortner, geb. als Fritz Nathan Kohn (1892–1970), österreichischer Schauspieler, Film- und Theaterregisseur. Der seit 1910 in Deutschland wirkende Kortner zog angesichts der sich zuspitzenden politischen Situation 1932 nach Italien. Später emi-

Mit diesem im Film dokumentierten Widerspruch zwischen Erwartung und Wirklichkeit sehen sich viele Emigrantinnen und Emigranten konfrontiert, die nach dem Aufenthalt im Exil in ihr Heimatland zurückkehren. Die Hoffnung, alles wiederzuerlangen, wonach er oder sie sich gesehnt hatte, steht im krassen Gegensatz zu der vorgefundenen Realität. Nicht nur Menschen, Dinge, Gewohnheiten und Moden haben sich verändert; auch Straßen und Häuser, Beziehungen und Bindungen und nicht zuletzt die Sprache erscheinen vielen von ihnen fremd. Letztlich muss alles neu aufgebaut werden – ein Prozess, der Zeit braucht und nicht ohne emotionale Konflikte zwischen den Zurückkehrenden und den damals im Herkunftsland Zurückgebliebenen erfolgt.[37]

Zu einer der wenigen Gelegenheiten, bei der deutsche Politiker die Rückkehr von Emigrantinnen und Emigranten thematisieren, gehört die im Juni 1947 in München stattfindende Ministerpräsidentenkonferenz: Im Zuge dieser Zusammenkunft verfassen die Regierungschefs der westdeutschen Länder einen Aufruf an die deutsche Emigration, in dem sie ihre Freude über die erwartete Rückkehr ausdrücken und insbesondere jüdische Emigrantinnen und Emigranten auffordern, diesen Schritt in Erwägung zu ziehen.[38] Man teilt in dieser Runde die Meinung, dass das „andere Deutschland"[39] die Hilfe und Unterstützung der Deutschen im Exil beim Wiederaufbau und der Verbesserung seines Ansehens in der Welt braucht. Zugleich warnen die Unterzeichnenden die Rückkehrwilligen jedoch vor Illusionen angesichts des Massenelends und der wirtschaftlichen Not, welche sie im Nachkriegsdeutschland erwarten. Diese Erklärung bleibt abgesehen von einzelnen individuellen Rückrufen, die sich gezielt an Politiker, Akademiker und Schriftsteller – nur wenige von ihnen jüdisch – richten, bis auf weiteres der einzige offizielle Appell staatlicher Stellen an die Flüchtlinge des Dritten Reichs.[40] Erst einige Jahre später, nach Gründung der Bundesrepublik, finden sich andere Entwicklungen, z.B. die Verabschiedung der Bundesgesetze zur Entschädigung für Opfer der nationalsozialistischen Verfolgung (1953 und 1956), welche die politische Befürwortung der Rückkehr deutscher und deutsch-jüdischer Emigrantinnen und Emigranten zum Ausdruck bringen und das Phänomen der Remigration als positiven und willkommenen Prozess charakterisieren.[41] Die auf Grund dieser Gesetze ermöglichten Wiedergutmachungsverfahren sind oft langwierig und für die Betroffenen emotional sehr

---

grierte er über England in die USA, von wo er im Dezember 1947 nach Deutschland zurückkehrte. Vgl. Asper, Fritz Kortners Rückkehr und sein Film *Der Ruf*.

[37] Grinberg, Psychoanalyse der Migration und des Exils, 218.

[38] „Aufruf an die deutsche Emigration", in: Institut für Zeitgeschichte (IfZ), Signatur 145/149.

[39] Sattler, An unsere Emigranten.

[40] Alle weiteren offiziellen Verlautbarungen hatten im Wesentlichen die Wiedereinbürgerung zum Gegenstand, die schlussendlich im Grundgesetz der Bundesrepublik geregelt wurde (Art. 116, Abs. 2). Vgl. Von zur Mühlen, Rückkehr unerwünscht?, hier bes. 128f.

[41] Vgl. hierzu Mendel, The Policy for the Past.

belastend. Bemerkenswert ist, dass es häufig ins Exil geflohene Rechtsanwälte sind, die sich auf Fragen der Wiedergutmachung spezialisieren und die Interessen der jüdischen und nichtjüdischen Anspruchsberechtigten vor deutschen Gerichten vertreten. In seinen Erinnerungen berichtet der in Folge des Entzugs seiner Zulassung als Anwalt im Mai 1934 nach Frankreich ausgewanderte François Jacques Herzfelder ausführlich über die mit diesen juristischen Verfahren einhergehenden Herausforderungen.[42]

Insgesamt kehren während dieser „Epoche der Wiedergutmachungsverhandlungen"[43] etwa 44 Prozent der jüdischen Emigrantinnen und Emigranten für unterschiedlich lange Zeitspannen nach Deutschland zurück. Die sogenannten „Rückkehrer auf Zeit", die mehrheitlich nach dem Abschluss ihrer persönlichen Wiedergutmachungsverfahren in das Land des Exils zurück reisen, prägen diese Phase nachhaltig. Vielen der dauerhaften Rückkehrer dienen die finanzielle Absicherung durch Entschädigungszahlungen und die seit 1956 an jüdische Rückkehrer gezahlte „Soforthilfe" in Höhe von 6.000,- DM als Anreiz und Grundstock für die Gründung einer neuen Existenz. Diese letztgenannte Gruppe besteht vor allem aus den nach Palästina bzw. Israel ausgewanderten Juden, die aus unterschiedlichen Gründen mit der Situation in dem neu gegründeten Staat Israel nicht zurechtkommen und verstärkt nach 1956 in ihre deutsche Heimat zurückkehren. Die jüdischen Remigrantinnen und Remigranten, besonders allerdings die Rückkehrer aus Israel, unterliegen verstärkt dem Rechtfertigungszwang, warum sie es wagen, im „Land der Mörder" zu leben.

In der bayerischen Landeshauptstadt hat sich bereits am 19. Juli 1945 eine neue jüdische Gemeinde konstituiert, die zu den frühesten Neugründungen innerhalb Deutschlands gehört. Im März 1946 hat die Israelitische Kultusgemeinde ungefähr 2.800 Mitglieder und wird zur Anlaufstelle für jene Münchnerinnen und Münchner, die den Fluchtweg zurückgehen.[44]

---

[42] Vgl. dazu den Beitrag von François Jacques Herzfelder in diesem Band (S. 220).

[43] Dieser Zeitraum wird in der Forschung mehrheitlich als zweite Phase der jüdischen Remigration bezeichnet und erstreckt sich vom Abschluss des Wiedergutmachungsvertrages zwischen Israel und Deutschland im Jahr 1952 bis ungefähr dem Jahr 1960. Die dritte Phase der jüdischen Remigration, die 1960 einsetzt, dauert immer noch an. Bis heute kehren nach wie vor vereinzelt Emigranten nach Deutschland zurück. Unter ihnen befinden sich vor allem ältere Menschen, die ihren Lebensabend in Deutschland verbringen möchten. Zu den drei Phasen der jüdischen Rückkehr vgl. z.B. Krauss, Heimkehr, 13f. und 127; Lehmann, Rückkehr, 58–61.

[44] 1946 waren unter den Mitgliedern der Gemeinde 796 Personen, die bereits vor dem Krieg der Gemeinde angehört hatten. Die Mehrheit von ihnen waren Überlebende der nationalsozialistischen Konzentrationslager. Die Anzahl der jüdischen Holocaustüberlebenden osteuropäischer Herkunft oder Displaced Persons, die sich in München aufhielten, wurde im April 1946 auf zwischen sechs- und siebentausend Personen geschätzt. Kauders/Lewinsky, Neuanfang mit Zweifeln (1945–1970), 185f. Zur Remigration vlg. Sinn, Rückkehr aus dem Exil.

Das Fortleben und Wiederhervortreten antisemitischer Stimmungen, die sich vor allem in rassistischen Ausschreitungen gegen Juden, Friedhofsschändungen sowie Drohungen und anonymen judenfeindlichen Briefen an Zeitungen und Einzelpersonen entladen, erschwert es diesen Menschen, sich im ungewohnten Alltag der Nachkriegsgesellschaft zurechtzufinden und stellt eine Hürde für die von manchen angestrebte Integration der jüdischen Überlebenden in die nichtjüdische Mehrheitsgesellschaft dar.

Zudem wird die Entscheidung von jüdischen Münchnerinnen und Münchnern, nach Deutschland zurückzukehren, nicht selten von ihren Glaubensgenossen im Ausland in Frage gestellt, die eine Rückwanderung in jenes Land verurteilen, das die Ermordung von fast sechs Millionen Juden geplant und ausgeführt hatte.[45]

Im Verlauf der 1950er und 1960er Jahre wird das Thema der Emigration immer seltener diskutiert und vormals negative Reaktionen werden durch Gleichgültigkeit ersetzt. Es dauert jedoch noch bis zum Ende der 1960er Jahre, bis die Aussagen im Sinne der NS-propagierten negativen Konnotation der Emigration nach 1933 aus den deutschen Zeitungen und der Öffentlichkeit verschwinden. Keineswegs geht mit diesen Veränderungen jedoch ein Ende der Ressentiments gegenüber Juden einher, die bis heute in der ganzen Breite der Gesellschaft anzutreffen sind. Angesichts der schwierigen Umstände im Nachkriegsdeutschland und einer häufig gelungenen Integration im Aufnahmeland, von dem viele Beiträge in diesem Band berichten, erscheint es verständlich, warum nur ausgesprochen wenige jüdische Emigrantinnen und Emigranten nach dem Untergang des Dritten Reiches den Fluchtweg zurückgehen. Der 1913 in München geborene Hans Lamm, der von 1970 bis zu seinem Tod 1985 als Präsident der Israelitischen Kultusgemeinde München und Oberbayern wirkt, gehört zu den wenigen jüdischen Emigrantinnen und Emigranten, die ihren Lebensabend in ihrer Geburtsstadt beschließen.[46] Frei von Zweifeln, ob er mit dem Schritt zurück in die alte Heimat die richtige Entscheidung getroffen hat, ist aber auch er nicht.[47] Seine persönlichen Reflexionen über seine Ansichten, Gefühle und Gedanken zu dem Thema führen die Folgen der von den Nationalsozialisten erzwungenen deutsch-jüdischen Emigration für München und das in der Bundesrepublik neu gewachsene jüdische Leben besonders anschaulich vor Augen und stehen deshalb am Ende dieser Anthologie.

Andreas Heusler
Andrea Sinn

---

[45] Vgl. hierzu Geller, Jews, 62; Shafir, „Der Jüdische Weltkongress", 214f.
[46] Zur Biographie vgl. Sinn, „Und ich lebe wieder an der Isar"; Sinn, Rückkehr aus dem Exil.
[47] Vgl. z.B. StadtAM, NL Lamm, Akt 322, Hans Lamm, „Gedanken eines zurückgekehrten Juden", 3.

ZUR EDITION

Anfang der 1990er Jahre begann das Stadtarchiv München mit dem Aufbau einer „Judaica"-Sammlung, die heute einen beachtlichen Umfang aufweist. Über 3.000 Fotografien von Personen, Familien und Orten aus der zweiten Hälfte des 19. Jahrhunderts bis in die Gegenwart vermitteln spannende Einblicke in Familienleben und Alltag ehemaliger Münchnerinnen und Münchner. Privates personenbezogenes Material unterschiedlicher Provenienz, Korrespondenzen und Tagebücher, Nachlässe und Schenkungen von Überlebenden und Nachkommen ehemaliger Münchner ermöglichen neue Perspektiven auf die Vielfalt jüdischer Lebenswelten und dienen als wichtige Quelle für die Rekonstruktion von Alltagswirklichkeit und Verfolgungsschicksal jüdischer Bürgerinnen und Bürger in München während des nationalsozialistischen Regimes. Dokumentiert werden auch jüdische Einrichtungen in der bayerischen Landeshauptstadt vor 1945.

Grundlage für dieses Editionsprojekt sind die seit mehr als zwei Jahrzehnten gesammelten Erinnerungen ehemaliger Münchnerinnen und Münchner. Diese autobiographischen Zeugnisse thematisieren Kindheit und Jugend in München zu Beginn des 20. Jahrhunderts, erinnern an die Zeit der Ausgrenzung, Diskriminierung und Verfolgung während der NS-Herrschaft und beschreiben die Jahre der Emigration und des Neubeginns im Exil. Auf ganz unterschiedlichen Wegen fanden die handschriftlichen Manuskripte, Schreibmaschinentexte und – in den letzten Jahren – digitalen Memoiren ihren Weg ins Stadtarchiv. Einige Münchner Emigrantinnen und Emigranten oder deren Nachkommen veranlasste ein Besuch in der früheren Heimat oder Gespräche mit den im Stadtarchiv tätigen Mitarbeitern zum Verfassen ihrer persönlichen Erinnerungen. Andere verspürten bereits früher an ihrem Zufluchtsort das Verlangen, ihre Erfahrungen für Kinder und Enkel in englischer Sprache festzuhalten. Viele bedienten sich auch der vertrauten deutschen Muttersprache, um das Erlebte für die Nachwelt aufzuzeichnen. So verschieden wie die im Stadtarchiv verwahrten Memoiren, so vielfältig sind auch die in diesem Band versammelten Beiträge: Sie sind unterschiedlich lang, die thematischen Schwerpunkte sind breit gestreut und je nach Zeitpunkt des Erlebens und des Alters der Verfasser unterschiedlich stark gewichtet.

In der vorliegenden Edition sind 24 Erinnerungen ehemaliger jüdischer Münchnerinnen und Münchner vollständig oder – im Fall von umfangreichen Manuskripten – in Auszügen wiedergegeben. In ihrer Vielfalt stehen sie stellvertretend für das breite Spektrum individueller Erfahrungen. Sie geben sehr persönliche Einblicke in die Stimmungen in den Familien und beleuchten die Empfindungen der Verfasser. Die Erfahrung von Heimatverlust, Flucht und Vertreibung und die Ankunft in der Fremde spiegeln sie alle auf ihre sehr eigene Art und Weise. Vor unseren Augen entsteht anhand dieser Lebensbeschreibungen ein neues, differenzierteres Bild von der verlorenen Heimat, der Rettung in die Fremde und der schwierigen Erfahrung des Exils. Die drei Kapitel dieses Buches – *Vertreibung*, *Emigration* und *Neuanfang* – greifen diese thematischen Schwerpunkte auf.

Eingeleitet werden die acht Zeugnisse eines jeden Kapitels mit einer biographischen Skizze, die den Lebensweg des Verfasser bzw. der Verfasserin nachzeichnet und – soweit bekannt – den Entstehungszeitraum und -zusammenhang der Memoiren erläutert. Die Memorien selbst sind chronologisch aufsteigend nach dem Geburtsdatum der Verfasser angeordnet. Redaktionelle Eingriffe in die Texte wurden nach Möglichkeit vermieden. Um die besonderen Charakteristika und Eigenarten der Autobiographien nicht zu beeinträchtigen, wurden lediglich offensichtliche Rechtschreibfehler korrigiert. Die Orthographie wurde weitgehend so belassen wie im Originaltext. Daraus erklärt sich unter anderem die unterschiedliche Schreibweise von Eigennamen und Feiertagen sowie von fremdsprachigen Begriffen. Hier soll ein Glossar am Ende des Buches dem Leser entsprechende Informationen an die Hand geben. Ergänzende Erläuterungen finden sich im Anmerkungsapparat.

Elf der hier abgedruckten Texte wurden ursprünglich in englischer Sprache verfasst[1]; dies belegt eine bemerkenswerte sprachliche Integration der Verfasser in die neue Heimat. Mit dem Abdruck von zwei Memoiren im englischen Original soll diesem Aspekt Rechnung getragen werden[2]; die übrigen englischsprachigen Texte wurden ins Deutsche übersetzt.

Soweit nicht anders vermerkt, stützen sich die Erläuterungen zu Personen, die in den Texten erwähnt werden, auf die vom Stadtarchiv München geführte Datenbank zum „Biographischen Gedenkbuch der Münchner Juden 1933 bis 1945". In einigen Ausnahmefällen wurden im Text erwähnte Personennamen von den Herausgebern zur Wahrung von Persönlichkeitsrechten anonymisiert. Detaillierte Informationen zu den veröffentlichten Memoiren und Bildmaterialien sowie Hinweise auf Übersetzungen und Urheberrechte sind im Quellenkommentar und Bildnachweis am Ende dieses Buches zusammengefasst.

In Anbetracht der aus der bayerischen Hauptstadt emigrierten 8.000 jüdischen Bürgerinnen und Bürger nimmt sich die Zahl der im Stadtarchiv München überlieferten Memoiren – es handelt sich um insgesamt 55 autobiographische Zeugnisse – gering aus. Eine breite Repräsentativität wird man daher auch der hier abgedruckten Auswahl von Emigrantenbiographien nicht zusprechen können – sind doch die allermeisten Emigrantinnen und Emigranten stumm geblieben, haben allenfalls im familiären oder freundschaftlichen Umfeld über

---

[1] Bei den englischsprachigen Erinnerungen handelt es sich um die Memoiren von Fred Bissinger, Erika Gabai, Jo Ann Glickman, Gerhard J. Haas, Charlotte Haas Schueller, Ernest B. Hofeller, Peter E. Roland, Pesach Schindler, Karl Stern, Harry Uhlfelder und Agnes Mathilde Wolf.

[2] Vgl. dazu die Erinnerungen von Charlotte Haas Schueller (S. 278) und Agnes Mathilde Wolf (S. 154) in diesem Band.

ihre bitteren Exilerfahrungen berichtet. Einer breiten, auch wissenschaftlichen Öffentlichkeit bleiben diese Lebensgeschichten verborgen. Gerade dies unterstreicht freilich die Bedeutung der in diesem Buch veröffentlichten Memoiren. Diese individuellen Erfahrungsberichte, persönlichen Momentaufnahmen und subjektiven Einschätzungen und Bewertungen lenken unsere Aufmerksamkeit auf einen lange Zeit zu Unrecht marginalisierten Aspekt der Verfolgungsgeschichte: die Erfahrung des Exils.

VERTREIBUNG
VERLUST DER HEIMAT

Mein Leben in Deutschland vor dem 30. Januar 1933

Von Hermann L. Klugmann

Dr. Hermann Löb Klugmann wurde am 22. März 1885 in Wiesenbronn, einem 900-Seelen-Dorf bei Kitzingen am Main in Unterfranken, als sechstes Kind seiner Eltern, des Viehhändlers Löb Klugmann und seiner Ehefrau Hannah, geboren. Nach dem Durchlaufen der Volksschule kam Hermann Klugmann in die jüdische Präparandenschule in Höchberg bei Würzburg, da er sich dem Lehrerberuf widmen wollte. Nach erfolgreichem Bestehen der Abschlussprüfung setzte er seine Ausbildung von 1901 bis 1904 am Lehrerseminar Würzburg fort. In den folgenden Jahren wirkte er als Hilfslehrer in Kleineibstadt (1904–1906), war Lehrer an der jüdischen Präparandenschule in Burgpreppach (1906–1908) und nahm eine Anstellung als Präfekt an der jüdischen Waisenanstalt in Fürth (1908–1909) an. Von 1909 bis zum Zuzug nach München 1919 wirkte er erneut als Lehrer an der Präparandenschule in Burgpreppach (1909–1917). Diese Tätigkeit unterbrach er von 1912–1914, um an der Universität München das vorgeschriebene Hochschulstudium in Chemie, Mathematik und Physik zu absolvieren. Nach Abschluss der Prüfung für das Lehramt an Lehrerbildungsanstalten promovierte er in Würzburg in Pädagogik, Psychologie und Philosophie (1915–1917). Im Mai 1917 wurde Hermann Klugmann eingezogen und kämpfte bis 1918 an der Westfront. Nach Kriegsende zog er nach München, wo er am 10. Juli 1919 Dora Bloch heiratete und als Studienprofessor am Mädchenlyzeum an der Luisenstraße (heute: Städtisches Luisengymnasium) tätig war, bis er am 31. Dezember 1937 zwangsweise in den Ruhestand versetzt wurde. Angesichts der fortschreitenden Ausgrenzung, Diskriminierung und Verfolgung von Juden in Deutschland schickte Hermann Klugmann seinen im Juni 1920 in München geborenen Sohn Alfred zum weiteren Studium in die Schweiz. Zur Zeit des Novemberpogroms hielt sich auch Hermann Klugmann mit seiner Frau in Zürich auf, wohin beide zur Beerdigung eines nahen Familienangehörigen gereist waren. Angesichts der Ereignisse in ihrer Heimatstadt emigrierte die dreiköpfige Familie am 9. November 1938 nach New York. Hermann Klugmann wurde am 31. Juli 1939 die deutsche Staatsbürgerschaft aberkannt. Er starb im Dezember 1974 in Brooklyn, Massachusetts. Das Manuskript seiner Autobiographie verfasste Hermann Klugmann nach seiner Emigration in die USA im Rahmen eines wissenschaftlichen Preisausschreibens der Harvard-Universität. Abgabeschluss war der 1. April 1940.[1]

---

[1] Zum Hintergrund des Preisausschreibens und der Geschichte der eingereichten Texte siehe Bartmann/Blömer, Einleitung.

Hermann L. Klugmann, 1933

[…]

Reallehrer und Studienprofessor in Muenchen: 1919–37
Ich kam in meine Wirkungsstaette, die meine zweite Heimat wurde, in einer politisch sehr bewegten Zeit. Es war kurz nach der Revolution, die das Bayerische Koenigshaus weggefegt hatte[2]. Der verlorene Krieg, die schweren Waffenstillstandbedingungen, die einen duestern Ausblick auf die Friedensbedingungen gaben, die Knappheit an Lebensmitteln, die immer staerker in Erscheinung tretende Entwertung des Geldes, der innere Kampf der politischen Richtungen um die Herrschaft, das waren die charakteristischen Merkmale jener Tage. Ich fand zunaechst als Lehrer fuer juedische Religion an der Staedtischen Hoeheren Knaben-Handelsschule[3] Verwendung und trat als einziger Jude in einen Lehr-

[2] Gemeint ist hier die Revolution in Bayern 1918/1919, herbeigeführt durch eine kleine Schar von Linksoppositionellen um den unabhängigen Sozialdemokraten Kurt Eisner (1867–1919), die den bayerischen König Ludwig III. (1845–1921, reg. 1912/13–1918) am 7. November 1918 stürzten. Erst die gewaltsame Zerschlagung der in Bayern etablierten zentralen Rätegremien Ende April/Anfang Mai 1919 beendete die Revolution.
[3] Am 12. Oktober 1868 nahm die städtische Handelsschule für Knaben, damals „Handelsschule der kgl. Haupt- und Residenzstadt München" mit 173 Schülern ihren Betrieb

koerper von ca. 20–25 Lehrern ein. Diese vertraten alle politischen Richtungen, vom radikalen Kommunisten bis zum ueberzeugten Deutsch-Nationalen. Die Mehrzahl der Lehrer stand in ihrer politischen Anschauung der schon mehrfach erwaehnten Bayerischen Volkspartei[4] nahe. Diese Verschiedenheit der politischen Meinungen hat indessen, soweit ich mich erinnern kann, niemals zu einem ernsten Disput unter den Lehrern der Anstalt gefuehrt. Mein Verhaeltnis zu den Kollegen gestaltete sich sehr gut, insbesondere verband mich bald eine aufrichtige Freundschaft mit meinem Fachkollegen, dem katholischen Geistlichen Roetzer; auch die in jenen Wochen beginnende intensive nat.-soz. Propaganda mit ihrer bisher unbekannten massiven Judenhetze hat dieses gute Einvernehmen mit meinen Kollegen nicht gestoert.

Wenn die Leistungen der juedischen Schueler, die etwa 10 % der Gesamtzahl von ungefaehr 500–600 Schuelern ausmachten, oder deren Verhalten zu Beanstandungen Anlass gab, haben mich die betreffenden Lehrer davon unterrichtet und wir versuchten gemeinsam auf den Schueler einzuwirken. Auf orthodoxe Schueler, die am Sabbath nicht schrieben, wurde entsprechend Ruecksicht genommen. Auch ausserhalb des Dienstes kam ich mit einem Teil der Kollegen gesellschaftlich zusammen. Freilich waren nicht alle vom gleichen duldsamen Geist gegen die Juden erfuellt. Die nat.-soz. Propaganda nahm in den folgenden Jahren einen immer groesseren Umfang an. An den Anschlagsaeulen der Stadt leuchteten die grellroten Plakate der Partei und brandmarkten die Juden in hemmungsloser Weise als die einzige Ursache des ganzen politischen und wirtschaftlichen Verfalls und forderten die Bevoelkerung auf die nat.-soz. Versammlungen zu besuchen. Diese Propaganda verfehlte ihre Wirkung auf manchen Kollegen nicht. So kam es zu einem Zusammenstoss zwischen dem protestantischen Geistlichen unserer Schule, Meyer, und dem Kollegen S. einerseits und mir andererseits, als der erstere im Lehrerzimmer antisemitische Behauptungen eines solchen nat.-soz. Plakats aussprach und ich mich dagegen zur Wehr setzte. Die Folge der ernsten Auseinandersetzung war, dass wir ausser einem formellen Gruss kaum mehr ein Wort gewechselt haben, obwohl wir noch Jahre hindurch dem gleichen Kollegium angehoert haben. Ich muss indessen im Interesse einer objektiven Berichterstattung sagen, dass Kollege S. seine betont antisemitische Einstellung seinen juedischen Schuelern nicht entgelten liess. Er hat dieselben zwar sehr streng, aber gerecht beurteilt, wie mir meine Schueler wiederholt sagten. Von deren Seite kamen indessen ver-

---

auf. Im Jahr 1916 wurde der Schule der Name „Städtische Höhere Handelsschule für Knaben" verliehen. Siehe hierzu Schul- und Kultusreferat, Fachabteilung 1, Berufliches Schulwesen, Anlage 1 zur Satzung der Landeshauptstadt München über die Zulassung zur Städtischen Friedrich-List Wirtschaftsschule, Beschluss des Schulausschusses des Stadtrats vom 4. Februar 2003 (VB). Öffentliche Sitzung, S. 4, in: http://www.ris-muenchen.de/RII/RII/DOK/SITZUNGSVORLAGE/299577.pdf (16. März 2015).
[4] Die Bayerische Volkspartei (BVP), der bayerische Arm des politischen Katholizismus, existierte in Bayern von 1918 bis 1933.

einzelte Klagen ueber antijuedisches Verhalten ihrer Mitschueler; ich bin diesen Beschwerden nachgegangen und habe in den meisten Faellen sowohl bei unserem Direktor [...] als auch bei den betreffenden Klassleitern Verstaendnis gefunden.

Es ist infolgedessen oefters Veranlassung gewesen, mit meinen Kollegen ueber das ganze juedische Problem zu sprechen. Manche haben mir offen gestanden, [...], dass sie den Radauantisemitismus mit seinen Verallgemeinerungen wohl verurteilten, einige Behauptungen des Nat.-Soz. indessen fuer berechtigt halten, insbesondere die unverhaeltnismaessig grosse Zahl von Juden als Fuehrer des internationalen Sozialismus. Ich habe aus diesen Unterhaltungen, die in absolut objektiver Weise gefuehrt wurden, den Eindruck gewonnen, dass selbst hochgebildete Kreise speziell ueber das Wesen der juedischen Religion oft erstaunlich mangelhaft unterrichtet waren, was natuerlich zu manchem Fehlurteil fuehren musste. Die nat.-soz. Bewegung griff infolge der staendig wachsenden Unzufriedenheit jener Jahre (1920–23) immer weiter um sich. Sie war hauptsaechlich verursacht durch die Geldentwertung, die insbesondere den Mittelstand schwer betraf. Ich sehe heute noch eine Nummer des „Voelkischen Beobachter", des Organs der Nazi,[5] vor mir, mit der Riesenueberschrift auf der 1. Seite: „Ein Dollar – 40 000 Mark". Die Versammlungen der Partei, oft mehrere an einem Abend, waren ueberfuellt; fast jeden Tag leuchteten die grellroten, schwarz bedruckten Plakate von den Anschlagsaeulen, die ganze Lehre des Naz.-Soz. in kurzen Saetzen verkuendend; der Kampf gegen das „verderbliche" Judentum aber fehlte nie. Den Juden selbst aber war der Zutritt zu diesen Versammlungen verboten, in denen bald der Talmud, bald der Schulchan Aruch (ein juedischer Religionskodex) mit ihrem angeblich unmoralischen und christenfeindlichen Inhalt, bald die Machenschaften des internationalen Judentums und so viele Themen aehnlicher Art von „Kennern" behandelt wurden. Als wieder einmal ein Redner der Bewegung, Rechtsanwalt Rutz,[6] im Hofbraeuhauskeller einen Vortrag ueber den Talmud angekuendigt hatte, beschloss eine Gruppe des Bundes Juedischer Frontsoldaten[7], diese Versammlung trotz offenkundiger Gefahr zu besuchen und zur Diskussion zu sprechen. Zu dieser Gruppe gehoerten unter anderen

---

[5] Von Dezember 1920 bis zum 30. April 1945 war die Zeitung *Völkischer Beobachter* das publizistische Parteiorgan der NSDAP.

[6] Gemeint ist vermutlich der in München lebende Rechtsanwalt Dr. Ottmar Rutz (1881–1952), der als Antisemit bekannt war.

[7] Der *Reichsbund jüdischer Frontsoldaten* (RjF) wurde im Februar 1919 von Hauptmann Leo Löwenstein (1879–1956) gegründet und 1938 aufgelöst. Mitte der zwanziger Jahre umfasste der Verband etwa 40.000 Mitglieder. Nach Ende des Ersten Weltkriegs machte es sich der Verband zur Aufgabe, den antisemitischen Behauptungen völkischer Gruppierungen, die Juden trügen aufgrund von „Drückebergerei" und innerer Zersetzung der Heimat die Hauptschuld an der deutschen Niederlage, akkurate Informationen entgegenzusetzen und darüber zu informieren, dass von den ca. 85.000 jüdischen Frontkämpfern im Ersten Weltkrieg 12.000 den „Heldentod fürs Vaterland" starben.

mein Freund Baerwald[8], Rabbiner der Hauptgemeinde Muenchen, und ich. Der Besuch dieser Versammlung war ein Erlebnis, das mir in meinem ganzen Leben unvergesslich sein wird. Der von Biergeruch und Tabakgeruch erfuellte Saal war mit Menschen aus allen sozialen Schichten angefuellt von Parteimitgliedern in Uniform oder mit dem Parteiabzeichen, von Maennern und Frauen allen Alters, von katholischen Geistlichen, an ihrer Kleidung als solche kenntlich. Wir wurden mit duestern und forschenden Blicken gemustert und ahnten nichts Gutes. Nachdem der Vortragende seine Rede beendet hatte, in der er die unglaublichsten Anschuldigungen gegen den Talmud vorgebracht hatte, sagte der Vorsitzende, dass sich verschiedene aus der Versammlung zu Wort gemeldet haetten, darunter auch der Rassejude Baerwald. Er frage die Versammlung, ob sie ihn sprechen lassen wolle. Darauf brach ein ungeheurer Laerm los, ein Johlen und Pfeifen, Ja- und Neinrufe hallten durcheinander. Es dauerte eine Weile, bis es dem Leiter der Versammlung gelang, sich Gehoer zu verschaffen. Dann sagte er, er habe an Baerwald Fragen zu stellen, die dieser lediglich mit „Ja" oder mit „Nein" zu beantworten habe. Als er dann an unsern Kameraden die Frage richtete, ob der Talmud gebiete, nichtjuedische Frauen zu schaenden und Baerwald mit einem energischen „Nein" antwortete, erhob sich wiederum ein ungeheurer Laerm. Ein Haufen stuerzte sich auf uns und schlug wie wild auf uns ein, waehrend wir unser Heil in schleuniger Flucht aus dem Saal suchten, was uns nur mit Muehe gelang. Zum Teil ohne Hut und Mantel haben wir uns spaeter in der benachbarten Maximilianstrasse wieder getroffen und wir haben nie wieder versucht, in die Diskussion einer nat.-soz. Versammlung einzugreifen.

Ich hatte mich inzwischen im Sommer 1919 [in München] verheiratet und ein Jahr spaeter ist uns unser Sohn Alfred geboren worden.[9]

Der wirtschaftliche Verfall Deutschlands machte weitere Fortschritte, die Geldentwertung nahm immer groteskere Formen an und schuf nie erlebte Situationen. So wusste man nicht, ob der Gehaltsteil, den man heute ausbezahlt bekam, morgen noch fuer die notwendigsten Anschaffungen ausreichen wuerde. Hand in Hand damit ging eine wachsende Unzufriedenheit, die immer weitere Kreise dem Nat.-Soz. in die Arme trieb, weil er versprach, alle die herrschenden Missstaende zu bekaempfen, innen- wie aussenpolitisch, Marxismus und Judentum, Frankreich als den Erbfeind, das internationale juedische Kapital, die Weimarer Republik und vieles andere mehr. Die bayerische

---

[8] Dr. Leo Baerwald (1883–1970) war seit 1918 Rabbiner der Israelitischen Kultusgemeinde München; er emigrierte 1940 in die USA.

[9] Dora Klugmann, geb. Bloch, wurde am 22. Dezember 1893 als Tochter von Salomon Bloch, Güterhändler in Zürich, und seiner Frau Lina (geb. Rosenthal) in Gailingen geboren und starb am 1. Februar 1975 in Brooklyn, Massachusetts. Sohn Alfred (Fred) erblickte am 20. Juni 1920 in München das Licht der Welt.

Regierung, an deren Spitze Ministerpraesident von Kahr[10] stand als Exponent
der herrschenden Bayerischen Volkspartei, nahm dem Nat.-Soz. gegenueber
eine sehr unklare Haltung ein. Einerseits war ihr die Betonung des vaterlaen-
dischen Gedankens im Parteiprogramm des Nat.-Soz. sehr willkommen und
sie sah in der Partei einen Verbuendeten gegen den drohenden Marxismus.
Sie hat deswegen auch deren Kampf gegen das Judentum, obwohl gegen
die Verfassung verstossend, in keiner Weise verhindert, betrachtete ihn viel-
mehr als eine Ablenkung. Sie ahnte damals nicht, dass auch sie einmal das
Kampfobjekt werden koennte. Andererseits fuerchtete sie innenpolitisch die
wachsende Macht der Partei als gefaehrliche Konkurrenz und sie schuf eine
eigene Wehrorganisation, die sogenannte „Einwohnerwehr"[11], die ebenfalls
dem Kampf gegen den Kommunismus dienen sollte. Auch ich gehoerte dieser
Organisation an; wir hatten unsere regelmaessigen Vortragsabende und Waf-
fenuebungen und ich kann noch heute das aeusserst unangenehme Gefuehl
nachempfinden, das mich bei jeder Zusammenkunft erfuellt hat und das durch
die zwiespaeltige Haltung der Regierung verursacht war. Ich war inzwischen
hauptamtlich an das Maedchen-Lyceum und Gymnasium an der Luisenstrasse
versetzt worden unter gleichzeitiger Befoerderung zum Studienprofessor.
Meine Lehraufgabe bestand in Mathematik und juedischer Religion. Bevor
ich indessen ueber meine Taetigkeit in meinem neuen Wirkungskreis berichte,
die sich bis zum Jahre 1937 erstreckte, moechte ich erst kurz die politische
Entwicklung jener Wochen und die dadurch bedingten Erlebnisse skizzieren.
Die schwankende Haltung der Regierung Kahr fuehrte schliesslich dazu, dass
Hitler am 9. November 1923 einen beruehmten Putsch[12] wagen konnte, nachdem noch am Abend vorher eine gemeinsame Versammlung der beiden Parteien stattgefunden hatte, in der neben Hitler und Kahr auch einige Vertreter
der Wehrmacht gesprochen haben. Ich war als Mitglied der Einwohnerwehr
ebenfalls zu dieser Versammlung eingeladen worden, hatte es aber infolge der
sehr gespannten Stimmung jener Tage vorgezogen, zu Hause zu bleiben. Es
ist bekannt, dass infolge der ploetzlichen Umstellung Kahrs und der Regie-

[10] Gustav Kahr, seit 1911 Ritter von Kahr (1862–1934), deutscher Jurist und Politiker;
vom 16. März 1920 bis 11. September 1921 bayerischer Ministerpräsident und Außenminister.
[11] Die erste bayerische Einwohnerwehr entstand im Mai 1919 in Rosenheim; in Bayern
waren diese Selbstschutzverbände aus dem Konzept der Bürger- bzw. Volkswehr her-
vorgegangen. Ihre Auflösung erfolgte auf Druck der Alliierten am 27. Juni 1921.
[12] Durch den Putsch in der bayerischen Landeshauptstadt München (auch Hitlerputsch,
Hitler-Ludendorff-Putsch, Bürgerbräu-Putsch, Marsch auf die Feldherrnhalle) versuchte Adolf Hitler, Parteivorsitzender der NSDAP, am 8./9. November 1923 gemeinsam mit Erich Ludendorff und weiteren Putschisten die Regierungsmacht an sich zu
reißen. Der am Morgen des 9. November 1923 von Hitler und Ludendorff angeführte
Marsch wurde gewaltsam gestoppt und Hitler in einem juristisch fragwürdigen Hoch-
verratsprozess im Februar 1924 zu fünf Jahren Festungshaft verurteilt, jedoch bereits
Ende 1924 „wegen guter Führung" vorzeitig aus der Haft entlassen.

rung dieser Putsch am Morgen des 9. November blutig niedergekaempft und
Hitler als Hochverraeter nach anfaenglicher Flucht festgenommen wurde. Ich
werde jenen Morgen nicht vergessen. Als ich in die Schule kam, herrschte
dort infolge der naechtlichen Ereignisse grosse Aufregung; das Standrecht war
verhaengt, der Kampf gegen Preussen angesagt. Unser Direktor […] lief mit
schneeweissem Gesicht herum; ein Kollege, […] ein begeisterter Nazi, rief
freudestrahlend aus: Jetzt weiss ich auch, warum mein Sohn die ganze Nacht
nicht nach Hause gekommen ist. Ein anderer Kollege […] lobte die Massnahmen der provisorischen Regierung als sehr wirkungsvoll, wohingegen
ein dritter Kollege […] mit lauter Stimme das Ganze als einen „ungeheuren
Bloedsinn" bezeichnete; das musste nach Lage der Sache als ein Zeichen von
Mut aufgefasst werden. Nach kurzer Zeit wurden die Schuelerinnen entlassen,
da in der Stadt Unruhen ausgebrochen waren. Ich ging nach Hause und hoerte
am nahen Odeonsplatz die Schuesse, mit denen die Regierungstruppen[13] den
von Hitler und Ludendorff[14] angefuehrten Zug der National-Sozialisten empfingen. Natuerlich hat der Zusammenbruch des Putsches in der Bevoelkerung
je nach der Einstellung verschiedene Aufnahme gefunden. Ich erinnere mich
sehr deutlich, wie ich an jenem Morgen vor einer Anschlagtafel stand. An ihr
war eine Bekanntmachung der Regierung zu lesen, welche besagte, dass der
Putsch zusammengebrochen sei und als Hochverrat betrachtet werden muesse.
Eine sehr gut gekleidete Dame hat, als sie dies gelesen, ihrer grenzenlosen
Enttaeuschung Ausdruck verliehen. – Mit der Verurteilung Hitlers trat eine
Ruhepause in der Entwicklung der Partei ein; die gleichzeitige Stabilisierung
der Waehrung und die damit verbundene Beruhigung der wirtschaftlichen Verhaeltnisse, die Auslandsanleihen und die dadurch bedingte scheinbare Bluete
der Wirtschaft waren der nat.-soz. Bewegung nicht guenstig. Dann aber setzte
Ende der 20er Jahre infolge der wirtschaftlichen Depression und Verarmung
Deutschlands, bedingt durch die riesigen Zahlungen gemaess dem Friedensvertrag[15], die nat.-soz. Propaganda von neuem ein.
    Doch moechte ich zunaechst etwas ausfuehrlicher ueber meinen neuen Wir-
kungskreis berichten. An der Schule waren etwa 50 Lehrer und Lehrerinnen
taetig bei einer ungefaehren Schuelerinnenzahl von 900–1000; darunter waren
ca. 60–70 juedische Schuelerinnen. Auch in diesem Kollegium war ich der
einzige Jude und auch hier gestaltete sich das Verhaeltnis zwischen uns sehr
gut. Ich habe mir im Laufe der folgenden Jahre einige sehr gute Freunde

---

[13] Die Putschisten wurden von Einheiten der bayerischen Landespolizei aufgehalten.
[14] Erich Friedrich Wilhelm Ludendorff (1865–1937), deutscher General und Politiker;
führender Kopf in der völkischen Bewegung und prominenter Teilnehmer am Kapp-
putsch 1920 sowie am Hitlerputsch 1923.
[15] Gemeint ist der Friedensvertrag von Versailles, der die Kampfhandlungen des Ersten
Weltkriegs formal beendete und von den Deutschen aufgrund der darin festgeschrie-
benen Bedingungen unter Protest am 28. Juni 1919 im Spiegelsaal von Versailles unterzeichnet wurde.

erworben, [...] mit denen ich auf dem Duzfuss stand [...]. Das Verhaeltnis zu meinen nichtjuedischen Schuelerinnen war ebenfalls sehr gut: ich kann mich nicht erinnern, dass mir aus meinem Judesein jemals eine Schwierigkeit erwachsen waere. Eher das Gegenteil: am Ende eines Schuljahres haben die Schuelerinnen einer Klasse, in der ich unterrichtete, an unsern Direktor Dostler, mit dem ich auf besonders gutem Fuss stand, einen Brief geschrieben und ihn gebeten, mir den Mathematikunterricht im kommenden Schuljahr wieder zu uebertragen. Auch an dieser Schule habe ich mit saemtlichen Kollegen und Kolleginnen alles besprochen, was die juedischen Schuelerinnen betraf und wir haben einmuetig zusammengearbeitet. Auch das Verhaeltnis zwischen den nichtjuedischen und den juedischen Schuelerinnen der Schule war ein ausgezeichnetes; juedische Schuelerinnen haben an den Weihnachtsvorstellungen mitgewirkt und nach Massgabe ihrer Begabung zu den eigentlichen Schuelerfesten beigesteuert. Die Absolventinnen unserer Schule hatten sich zu einer Organisation zusammengeschlossen, in der auch Juedinnen eine fuehrende Rolle innehatten. Ich habe wiederholt in Vertretung von Klassleitern deren Klassen bei Ausfluegen gefuehrt, nie ist ein Misston zu verzeichnen gewesen und wiederholt haben diese Klassen den Wunsch geaeussert, sie wieder zu fuehren. Natuerlich hat es auch unter den Lehrkraeften unserer Schule einige gegeben, die den Gedankengaengen des Nat.-Soz. und auch seinem Antisemitismus sympathisch gegenueberstanden. Zu diesen Lehrern gehoerte in erster Linie der schon oben [...] genannte Kollege V., ueber dessen antisemitische Bemerkungen im Unterricht sich meine juedischen Schuelerinnen haeufig beklagten. Eines Tages beschwerten sich die juedischen Schuelerinnen seiner 6. Lycealklasse darueber, dass er die Judenverfolgungen im Mittelalter als einen Akt der Notwehr dargestellt habe. Ich habe ihn daraufhin in einer sehr ernsten Unterredung gebeten, die geschichtlichen Tatsachen nicht so zu entstellen. Er hatte indessen nicht den Mut zu seinen Behauptungen zu stehen, sondern sagte mir, dass ihn die Schuelerinnen falsch verstanden haetten. Auch die Kolleginnen B. und S. haben aus ihrer Sympathie fuer den Nat.-Soz. keinen Hehl gemacht. Erstere hat dann nach 1933 eine fuehrende Rolle in der Betreuung der Hitlerjugend unserer Schule uebernommen, letztere ihrem Antisemitismus freien Lauf gelassen. Auch der neue Direktor unserer Schule [...] hat sich gelegentlich zu Aeusserungen hinreissen lassen, die auf eine antisemitische Einstellung schliessen liessen; das war insbesondere dann der Fall, wenn das Verhalten einer juedischen Schuelerin besprochen wurde, das zu Tadel Veranlassung gab. In seinem Verhalten mir gegenueber war er immer korrekt; in zahlreichen Gespraechen, die wir ueber die Judenfrage fuehrten, hat er zugegeben, dass in der Verallgemeinerung, mit der der Nat.-Soz. diese Frage behandele, der Unschuldige mit dem Schuldigen leiden muesse. Wiederholt hat er die Frage aufgeworfen, warum denn der „anstaendige, bodenstaendige und nationaldenkende" Jude nicht von dem „landfremden, internationalen und revolutionaer gesinnten" abruecke. Er behauptete, dass der Nat.-Soz. nur den

Juden der zweiten Kategorie bekaempfe, eine Behauptung, die sich als absolut irrig erwiesen hat, wie die Entwicklung nach 1933 sehr deutlich gezeigt
hat. Diese Anschauung unseres Direktors aber war typisch fuer die damalige
Zeit; ich bin ihr sehr oft begegnet in den zahllosen Unterhaltungen, die ich in
jener Zeit mit Nichtjuden, darunter sehr viele wohlmeinenden, gefuehrt habe.
Immer wieder konnte ich in diesen Gespraechen hoeren: Der Nat.-Soz. meint
nicht dich, den vaterlaendisch eingestellten und anstaendigen Juden; ja, wenn
alle Juden so waeren wie du, dann gaebe es keinen Antisemitismus. Und auch
die Kreise, die den Antisemitismus der Partei verurteilten, haben in vielen
Faellen dies nicht aus moralischen Gruenden getan oder aus Gruenden, die
dem Begriff der Demokratie entsprangen, sondern aus Utilitaetsmotiven, wie
etwa, der Antisemitismus schade dem deutschen Volk aussenpolitisch oder der
Export werde dadurch beeintraechtigt. Andere Kreise wieder, auch solche, die
Juden zu ihren persoenlichen Freunden zaehlten, suchten eine Erklaerung oder
Berechtigung fuer den Judenhass der National-Sozialisten darin zu finden,
dass der Jude Erich Eissner[16] als Fuehrer der sozialistischen Arbeitermassen
das Bayerische Koenigshaus gestuerzt hatte oder die Juden [Ernst] Toller[17],
[Erich] Muehsam[18] und [Eugen] Levine[19] als Fuehrer der Arbeiter- und Sol-
datenraete kurz nach dem Krieg eine Rolle spielten oder andere wieder in
einzelne Korruptionsskandale der Nachkriegszeit verwickelt waren (Barmat,
Kutisker[20]). Und wenn ich dann die Gegenfrage stellte, warum ich, warum
Tausende von Juden, die von dem Bewusstsein erfuellt sein duerften, jederzeit

---

[16] Gemeint ist hier der sozialistische deutsche Politiker Kurt Eisner (1867–1919). Der
in Berlin geborene Journalist, seit 1917 Mitglied der Unabhängigen Sozialdemokraten
(USPD), hatte die Arbeiter kurz vor Ende des Ersten Weltkriegs zum Streik aufgerufen,
um der Forderung nach Frieden Nachdruck zu verleihen. Bekanntheit erlangte er als
Anführer der Novemberrevolution von 1918 in Bayern. Am 21. Februar 1919 wurde
Kurt Eisner auf dem Weg in den Bayerischen Landtag, wo er nach einer bitteren Niederlage seiner Partei bei den Wahlen im Januar 1919 seinen Rücktritt verkünden wollte,
von Anton Graf von Arco auf Valley erschossen. Specht, Zerbrechlicher Erfolg, bes.
138–141.
[17] Ernst Toller (1893–1939), deutscher Schriftsteller, Politiker und Revolutionär; nach
der Ermordung Kurt Eisners zeitweilig Vorsitzender der USPD; Akteur der Münchner
Räterepublik. Er emigrierte 1932 in die Schweiz und wanderte 1937 weiter in die USA.
1939 nahm er sich das Leben.
[18] Erich Kurt Mühsam (1878–1934), Dichter, Anarchist, Publizist und Antimilitarist;
als politischer Aktivist an der Ausrufung der Münchner Räterepublik beteiligt. Er
wurde 1933 von den Nationalsozialisten verhaftet und am 10. Juli 1934 im KZ Orani-
enburg ermordet.
[19] Eugen Leviné (1883–1919), KPD-Politiker, Revolutionär und führender Kopf der
Münchner Räterepublik. Er wurde am 4. Juni 1919 wegen Hochverrats zum Tode verurteilt und einen Tag später im Gefängnis Stadelheim in München erschossen.
[20] Sowohl Iwan Baruch Kutusker (1873–1927) als auch die Barmat-Brüder Julius
(1887–1938) und Henry (Herschel) (1892–verst.) waren in zwei Korruptionsskandale
verwickelt und wurden hierfür vor Gericht gestellt. Vgl. Klein, Korruption und Korruptionsskandale.

als loyale Buerger ihre Pflicht gewissenhaft gegenueber dem Staat erfuellt zu haben, unter dieser Judenhetze zu leiden haben, dann wurde mir oft mit einem bedauernden Achselzucken gesagt, dass darin gewiss ein Unrecht liege, dass eben der Unschuldige mit dem Schuldigen leiden muesse. Ich kann mich aber nicht entsinnen, dass mir einmal (ausser von meinen Freunden) klipp und klar die Antwort geworden waere, etwa: „Ich verurteile den Judenhass aus moralischen Gruenden, weil er gegen die fundamentalsten Gesetze der Sittlichkeit verstoesst; weil der Jude ein Mensch ist wie der Nichtjude auch, behaftet mit den gleichen Fehlern und Schwaechen, weil daher jede Verallgemeinerung ein Unrecht ist. Es mag sein, dass einzelne Juden sich in den letzten Jahren als Fuehrer von politischen Parteien, die die Revolution nach dem Krieg herbeigefuehrt, betaetigt haben. Diese wenigen aber waren eine verschwindende Ausnahme gegenueber den Tausenden von Juden, die dem Vaterland genau so begeistert gedient haben wie wir auch." – Meinem Direktor aber und vielen andern Gespraechspartnern konnte ich auf deren Anregung, dass das „bodenstaendige" Judentum von dem „landfremden" abruecken solle, erwidern, dass das immer geschehen sei und immer wieder geschehe, indem die massgebenden fuehrenden juedischen Kreise jede Gelegenheit benuetzen, um ihre Glaubensgenossen darauf hinzuweisen, wie das ungesetzliche Verhalten des einzelnen Juden stets der Gesamtheit zur Last gelegt wuerde. Ich konnte die folgende Tatsache als besonders gewichtigen Beweis anfuehren: Als nach der Revolution in Bayern im Jahre 1918 der Jude [Kurt] Eisner Ministerpraesident wurde, hat ein prominenter Muenchner Jude, Kommerzienrat [Sigmund] Fraenkel[21], in einem offenen Brief an den Ministerpraesidenten, veroeffentlicht in der fuehrenden Zeitung, in den „Muenchner Neuesten Nachrichten"[22], diesen aufgefordert, im Interesse des Judentums sein Amt niederzulegen.[23] Auf diesen Brief hat Eisner erwidert, dass er sein Amt nicht als Jude, sondern als Sozialist fuehrte. –

Ende der 20er Jahre vermehrte sich die Zahl der Arbeitslosen infolge der wirtschaftlichen Depression sehr stark und erreichte in den folgenden Jahren mehrere Millionen; zur Unterstuetzung derselben mussten neue Steuern eingefuehrt und Gehaltskuerzungen vorgenommen werden; die Unzufriedenheit der Bevoelkerung wuchs und die Gefahr des Kommunismus wurde immer drohender. Da setzte die Propaganda des Nat.-Soz. von neuem ein und zeitigte stets neue Erfolge. Vergeblich bemuehten sich die verschiedenen Regierungen

---

[21] Der deutsch-jüdische Kaufmann und Politiker Sigmund Fraenkel (1860–1925) war langjähriger Vorsitzender des orthodoxen Synagogenvereins Ohel Jakob. 1921 wurde er zum Vorsitzenden der Jüdischen Volkspartei gewählt und gehörte zu den Gründern des bayerischen Gemeindeverbandes.
[22] Die Tageszeitung *Münchner Neueste Nachrichten* erschien von 1848 bis 1945.
[23] Der Brief ist abgedruckt in Lamm, Vergangene Tage, 373f.

(Bruening[24], Schleicher[25]), der wirtschaftlichen Krise und des Nat.-Soz. Herr zu werden. Dessen intensive Werbetaetigkeit erfasste immer neue Kreise, die Organisation der Partei wurde straffer; das Schlagwort jener Tage: „Die Strasse frei den braunen Bataillonen" uebte seine Anziehungskraft aus; jeden Abend konnte man das Marschieren der SA. hoeren. Ein Erlebnis aus jener Zeit wird mir unvergesslich bleiben: Als ich eines Freitags Abends aus dem Gottesdienst aus der Synagoge in der Herzog-Max-Strasse kam, marschierte eine Truppe SA vorbei und ich hoerte eines ihrer Marschlieder singen: „Wenns Judenblut vom Messer fliesst, geht's nochmal so gut." Ich habe damals nicht geglaubt, dass das jemals mehr als ein bramarbasierender Kriegsgesang sein wuerde. – Die Partei hatte Wahlerfolge zu verzeichnen. Ich erinnere mich noch sehr genau, wie ich in meinem Freundeskreis die Aussichten der bevorstehenden Wahlen besprach und wie das Ergebnis derselben jedesmal unsere pessimistischen Schaetzungen uebertraf. Bange Ahnung fuer die Zukunft hat mich damals erfuellt. Mein Tagebuch, das sich bei meinem ganzen, von den Nazibehoerden beschlagnahmten Hab und Gut befindet, koennte davon mehr erzaehlen. – Die grossen Wahlerfolge der nat.-soz. Partei fuehrten schliesslich dazu, dass deren Fuehrer Hitler am 30. Januar 1933 vom Reichspraesidenten v. Hindenburg[26] mit der Bildung eines Kabinetts beauftragt wurde, ein Ereignis, das fuer das Schicksal Deutschlands von ungeheurer Bedeutung werden sollte.

Bevor ich mich der Behandlung dieser Periode meines Lebens zuwende, moechte ich noch Folgendes einfuegen. Ich habe in all diesen Jahren von 1918–1933 mit meiner Familie einen Teil meiner Ferien in meiner Heimat Wiesenbronn bei meinen Eltern verbracht. Ich konnte so feststellen, wie in den Jahren vor Hitlers Machtuebernahme, die nat.-soz. Propaganda auch das kleine Dorf erfasst hatte. Auch in Wiesenbronn gab es eine uniformierte SA-Gruppe, die an Sonntagen und oft auch an einem Abend unter der Woche militaerische Uebungen machte. Auch unter der uebrigen Bevoelkerung hatte die Partei Mitglieder gewonnen. Der SA Gruppe gehoerte auch der Sohn eines Tageloehners meines Vaters und Schwagers an […] der bis dahin staendig fuer sie gearbeitet hatte und stets aeusserst freundlich gewesen war. Seit er Mitglied der SA war, hat er mein Elternhaus nicht mehr betreten und uns alle keines Blickes mehr gewuerdigt. Die aelteren Einwohner des Ortes standen dieser Organisation mit gemischten Gefuehlen gegenueber; waehrend sie einerseits die militaerische Erziehung als einen Vorteil betrachteten, haben sie dass arrogante, jedem Gefuehl der Ehrfurcht bare Verhalten der jungen Menschen verurteilt. Natuer-

---

[24] Heinrich Brüning (1885–1970), deutscher Politiker (Zentrum) und vom 30. März 1930 bis zum 30. Mai 1932 Reichskanzler. Er floh 1934 in die USA, wo er bis zu seinem Tod lebte.
[25] Kurt von Schleicher (1882–1934), deutscher Offizier und Politiker; vom 3. Dezember 1932 bis 28. Januar 1933 deutscher Reichskanzler.
[26] Paul von Hindenburg (1847–1934), deutscher Generalfeldmarschall und Politiker; von 1925 bis 1934 Reichspräsident.

lich habe ich [...] mit unserem Tagelöhner [...] ueber das Verhalten seines Sohnes gesprochen und die bezeichnende Antwort erhalten: „Die jungen Leut von heutzutag fragen nichts mehr nach unsereinem." Das Verhaeltnis zu unsern Nachbarn [...] wurde durch die neueste Entwicklung nicht beruehrt [...].Von jeher hatten Christen und Juden hier in Eintracht zusammengelebt und nun soll auf einmal dieser Friede gestoert werden. Das sei ein grosses Unrecht: das etwa war der Tenor ihrer Anschauung ueber die Judenpolitik der National-Sozialisten, die indessen bei einem Teil der Bevoelkerung und insbesondere bei der Jugend mehr Anklang gefunden hat. Ich merkte es an dem Gruss der Einwohner, der nicht mehr der gewohnte freudliche war; und wenn ich insbesondere an Sonntagen ueber die Strasse ging, konnte ich aus den Gruppen der dort versammelten halbwuechsigen Dorfjugend manch schmeichelhaften Zuruf, wie: „Ei, der Itzig" und andere mehr vernehmen. Es ging meinen Angehoerigen nicht besser, selbst mein Vater, damals schon ein Siebziger, blieb von diesen Frechheiten nicht verschont. Er hat unendlich schwer unter dieser Entwicklung gelitten und ich darf wohl mit einer gewissen Berechtigung sagen, dass sie sein Leben verkuerzt hat.

[...]

Lebenserinnerungen

Von Harry Uhlfelder

Harry (Heinz) Uhlfelder wurde am 14. September 1913 in München geboren. Sein Vater Max Uhlfelder war Kaufmann und seit dem 26. Mai 1923 Gesellschafter des Kaufhauses Heinrich Uhlfelder GmbH im Rosental 12–13 (Filiale Rosental 9), das im August 1938 etwa 450 Angestellte beschäftigte. Harry Uhlfelder war seit 1933 als Leiter der Herrenabteilung in besagtem Kaufhaus tätig, das in der Pogromnacht vom 9. auf den 10. November 1938 zu den ersten Zielen des nationalsozialistischen Zerstörungswahns wurde. Der Geschäftsbetrieb wurde eingestellt und die Firma durch die Deutsche Allgemeine Treuhand AG abgewickelt, ein Prozess der erst 1943 vollständig abgeschlossen war. Der gesamte Grundbesitz der Heinrich Uhlfelder GmbH wurde von der Löwenbräu AG erworben. Obwohl sein Vater aufgrund einer Denunziation bereits am 9. März 1933 verhaftet und drei Tage festgehalten worden war, bemühte sich Harry Uhlfelder erst seit 1938 um eine Emigrationsmöglichkeit in die USA. Zur Vorbereitung dieses Vorhabens besuchte er die „Jüdischen Koch- und Konditorei-Kurse Albert Schwarz". Wie sein Vater wurde er am 9. November 1938 „Aktionshäftling" im KZ Dachau. Mit viel Mühe und mit Unterstützung eines indischen Studenten der Zahnmedizin gelang es Gretchen Uhlfelder (geb. Prölsdorfer), Ehemann und Sohn aus Dachau frei zu bekommen. Harry Uhlfelder emigrierte wenig später, am 18. April 1939, über Bombay nach Dallas. Hier änderte er seinen Namen und verblieb in den USA, wo er eine Familie gründete. Er starb am 5. Februar 2000 im Alter von 86 Jahren in Aspen, Colorado.

Max Uhlfelder flüchtete mit seiner Ehefrau und Tochter Annie über die Schweiz nach Indien und wanderte später in die USA ein, wo er sich als Importeur und Exporteur betätigte. Am 4. Juni 1949 remigrierte er nach München und lebte ab 1952 wieder in seiner alten Heimatstadt. Aus gesundheitlichen Gründen konnte er sein Kaufhaus nicht wieder aufbauen und verkaufte den Grund an die Stadt München, die dort die Erweiterung des Stadtmuseums verwirklichte.

Harry Uhlfelder schrieb seine Memoiren auf Bitten seines Sohnes Mark Nathan Uhlfelder nieder.

[...]

Mein Vater, Max[27], war ein typischer ‚Bürger', das heißt ein bodenständiger, gediegener und erfolgreicher Geschäftsmann. Er war als einer der führenden

---

[27] Max Uhlfelder (1884–1958), Inhaber des renommierten Kaufhauses Uhlfelder; emigrierte im Juli 1939 mit seiner Frau Gretchen (Greta) Uhlfelder über die Schweiz und Indien in die USA.

Harry (Heinz) Uhlfelder, 1939

erfolgreichen Geschäftsleute Münchens anerkannt. Er war zu der Zeit ein recht
junger Unternehmer. Er mochte München, seine Heimatstadt, so sehr, dass er
sogar im Sommer, wenn seine Familie, seine Frau Gretchen[28], Sohn Harry
und Tochter Annie[29], am See Urlaub machten, zu Hause blieb und sich um das
Geschäft kümmerte.

Vaters Liebe und Leidenschaft für sein Kaufhaus machte es zum beliebtesten Kaufhaus der Gegend. Weihnachten war die arbeitsreichste Jahreszeit und
brachte ein Drittel des Jahresbruttoeinkommens. Während der Weihnachtssai-
son wurden sogar polizeiliche und Feuerschutzmaßnahmen notwendig, um
Unruhen in der Menge vorzubeugen. Sogar der Nikolaus füllte seinen Sack
mit Spielzeug von Uhlfelder. Spielsachen und Geschenke wurden eingepackt
und armen Kindern geschenkt, damit sie auch Weihnachten feiern konnten.

---

[28] Gretchen (Greta) Uhlfelder, geb. Prölsdorfer (1891–1954) war seit dem 14. Oktober
1912 verheiratet mit Max Uhlfelder (1884–1958); emigrierte mit ihm im Juli 1939 über
die Schweiz und Indien in die USA.
[29] Annie Uhlfelder wurde am 21. März 1922 in München geboren. Gemeinsam mit
ihren Eltern floh sie 1939 nach Indien, wo sie Fritz Levi heiratete, mit dem sie eine
gemeinsame Tochter hatte. Sie zog von hier weiter in die USA.

Das Kaufhaus entwickelte sich, während mein Vater Geld verdiente und unserer Familie ein Leben in großem Stil ermöglichte. Es wurde das zweitgrößte Kaufhaus Münchens, und zum Entzücken der jungen wie auch der älteren Kunden installierten wir die erste technische Neuheit, eine Rolltreppe. Und bis zum heutigen Tag kommt es gelegentlich vor, dass jemand, der den Namen Uhlfelder hört, zu mir sagt: ‚Ich habe als Kind auf Ihrer Rolltreppe gespielt.'

Nachdem Hitler an die Macht gekommen war, änderte sich vieles – langsam, aber sicher. Und, merkwürdigerweise, wuchs das Kaufhaus weiter, und die Menschen ignorierten die Tatsache, dass die Uhlfelders Juden waren. Da Juden an den Universitäten nicht mehr zugelassen wurden, schlug mir mein Vater vor, der Belegschaft des Kaufhauses beizutreten. Ich wurde Chef der Herrenabteilung. Das war im Jahre 1933, und ich erlebte jede Phase des Kaufhauses in den nächsten 5 Jahren.

Die berühmten roten Hemden
Zu dieser Zeit war Handelsware nicht leicht erhältlich, und ich schlug vor, die Orte, an denen Strickwaren hergestellt wurden, aufzusuchen und mir anzuschauen. Ich reiste in eine kleine Stadt, und mir wurde gesagt, es gebe keine Strickhemden zum Verkauf. Überraschenderweise traf ich auf eine Person, die zufällig eine Zugladung mit roten Strickhemden hatte und mir gern die gesamte Ladung zu einem Bruchteil der Selbstkosten verkauft hätte.

Also sah ich mir die Hemden an und vereinbarte, sie alle zu einem Stückpreis von fünfzig Pfennig (oder etwa 0,25 Dollar) zu nehmen. Mein Vater dachte, ich hätte den Verstand verloren. Sie waren jedoch nicht nur ein Verkaufserfolg; da sie für eine Mark das Stück verkauft wurden, verdoppelten sie sogar unser Geld. Noch Jahre danach fragten die Kunden immer wieder nach der Möglichkeit, weitere rote Hemden zu bekommen.

Als Chef der Herrenabteilung traf ich zufällig eine junge Frau, die bekümmert und deprimiert zu sein schien. Sie hieß Wilhelmina Kraft. Sie war eine junge Mutter mit einem nichtehelichen Kind. Ihr Verlobter war Kommunist und einer der ersten Häftlinge von Dachau; das kleine Bauerndorf Dachau wurde später zum berüchtigten Konzentrationslager mit demselben Namen.

Da sie mit der Betreuung ihres Kindes große Schwierigkeiten hatte, beschloss ich, sie mit Dingen des täglichen Bedarfs wie Lebensmittel und Kleidung zu unterstützen – unter der Bedingung, dass sie zu niemandem auch nur ein Wort darüber verlieren würde. Die sogenannten Nürnberger Gesetze waren erlassen worden, und unter Androhung der Todesstrafe durfte kein männlicher Jude sich mit einer nichtjüdischen Frau anfreunden.

Es war das Jahr 1938. Ich hatte eine beginnende Erkältung, und die Welt erwartete Krieg. Ich hatte entschieden, dass es Zeit wurde, Europa zu verlassen und in Amerika Zuflucht zu suchen. Ich versuchte alles Mögliche, ein Visum für eine Reise durch die USA zu bekommen, was nicht einfach war, denn viele versuchten dasselbe, und deshalb waren die Grenzen so gut wie geschlossen.

Im November dieses Jahres wurde in der sogenannten ‚Kristallnacht' unsere Existenz als stolze Besitzer unseres Kaufhauses vernichtet. Die Nazis schickten Gangsterhorden in die Straßen, die jüdisches Eigentum zerstören und plündern sollten. Die meisten Fenster unseres Kaufhauses wurden zerschlagen, und die Waren wurden weggeschafft.

In derselben Nacht kamen die Nazis, nahmen meinen Vater fest und brachten ihn nach Dachau. Ich selbst war am Abend zuvor festgenommen und in ein Gefängnis in München gebracht worden. Ich wurde geschlagen, und ich sollte die Stelle eines Wandsafes in unserer Wohnung nennen. Ich hatte keine Ahnung von irgendeinem Safe. Doch sie schlugen mich weiter und warfen mich die Treppe hinunter, sodass ich eine offene Wunde am Kopf davontrug. Draußen vor der Polizeiwache wartete ein Mannschaftswagen, der mich später nach Dachau brachte.

Eines Abends während unseres Aufenthalts in Dachau rief man nach Max und Heinz Uhlfelder. Vater und ich trafen einen freundlichen jungen Mann an, der die Aufsicht in unserer Baracke hatte. Er war auch Gefangener und, als Kommunist, war er einer der ersten Insassen von Dachau. Aufgrund eines merkwürdigen Zufalls war er der Verlobte von Wilhelmina Kraft, der jungen Frau in unserem Kaufhaus, der ich geholfen hatte. Jetzt wollte er uns helfen! Er sorgte dafür, dass man meinen Vater in der Buchhaltung arbeiten ließ, und ich wurde Hilfseinkäufer in der Kantine. Während der nächsten drei Monate behielten wir diese Posten im Gefangenenlager Dachau.

Eine Randbemerkung zu einem Erlebnis in Dachau: Viele Jahre später war ich mit meiner Frau, Naomi Schwartz Uhlfelder[30], in Deutschland und hatte plötzlich Lust auf Stollen, das deutsche Weihnachtsgebäck. Es ist ein Hefekuchen mit getrockneten Früchten, mit Puderzucker oder Glasur überzogen. Sie ging in die Geschäfte, die wegen ihrer Stollen berühmt waren, aber jedesmal, wenn ich den Kuchen probierte, sagte ich, es sei nicht genau der Kuchen, an den ich mich erinnerte. Sie sagte: ‚Wo hast du diesen köstlichen Kuchen gegessen?' Ich antwortete: ‚Dachau'. Wir hatten heimlich einen Wachmann bestochen, uns diese Kuchen zu kaufen. Mein Cousin hatte einen 100-Mark-Schein in seinen persönlichen Sachen versteckt, und wir gaben einen Teil dieses Geldes für die Kuchen aus. Zurückblickend weiß ich, dass uns dies große Schwierigkeiten hätte bereiten können, aber das schien uns nicht bewusst zu sein, oder es kümmerte uns nicht. Der verbotene Kuchen, den wir in unserer Notlage aßen, war unbeschreiblich köstlich. Ich habe nie wieder einen so guten gegessen.

Zurück zu München: In der Zwischenzeit hatte ein indischer Student der Zahnmedizin namens Vyas am Morgen nach der Plünderung unseres Kauf-

30 Naomi Schwartz Uhlfelder wurde am 9. Mai 1920 in Amsterdam geboren. Die Pianistin hatte in der Schweiz Zuflucht gesucht (Ankunft 1942) und besaß bei ihrer Ankunft in den USA 1948 die niederländische Staatsangehörigkeit.

hauses an die Türe meiner Mutter geklopft. Vyas bot seine Hilfe an, nachdem er die Zerstörung unseres Eigentums gesehen hatte. Sie bat ihn herein, denn sie fürchtete um ihre Sicherheit und die ihrer Tochter. Sie bat ihn, ihr dabei zu helfen, ihren Ehemann und ihren Sohn aus Dachau frei zu bekommen und auch, bei der Emigration der ganzen Familie aus Deutschland behilflich zu sein. Mutter sagte Vyas, dass sie Visa benötigte, um uns alle aus Deutschland hinaus zu bekommen und unsere Einreise nach Britisch-Indien zu ermöglichen. Drei Monate später gelang es Vyas, die notwendigen Dokumente zu besorgen, um meinen Vater und mich frei zu bekommen. Als wir aus Dachau entlassen waren, bereiteten wir uns auf die Fahrt nach München vor, um meine Mutter und meine Schwester wiederzusehen.

Die Jahre in Indien
Einige Monate später kam ich über Paris, Frankreich, mit dem Dampfer *Victoria* in Bombay, Indien, an. Dieses Schiff wurde später, während des Krieges, versenkt. Es war ein luxuriöses Schiff, und die Reise war wunderbar. Einen oder zwei Monate später kam auch die übrige Familie nach. Bei der Ankunft wartete ich im Hafen von Bombay auf Vyas, der aber niemals auftauchte. Von unserem Wohltäter haben wir nie mehr etwas gehört oder gesehen. Ich saß im Hafen auf einem leeren Fass und wartete. Der Platz war menschenleer, bis auf Verkehrspolizisten, die den nicht vorhandenen Verkehr regelten. Es war heiß, drückend heiß, besonders für Mitteleuropäer, die nicht an extreme Klimabedingungen gewöhnt waren. Nachdem ich stundenlang in dem verlassenen Hafengelände gesessen und auf das Meer geschaut hatte, kam ein Herr auf mich zu und fragte, was ich dort machte. Ob ich auf jemanden wartete. Ich erklärte ihm die Geschichte von Vyas und meiner Mutter und wie er uns geholfen hatte, Visa zu bekommen. Dann sagte er, er komme von der Jewish Relief Association[31] in Indien. Seine Aufgabe war es, Neuankömmlinge anzusprechen, und er wollte den Namen des Mannes erfahren, auf den ich wartete. Er sagte, jemand von der Jewish Relief Association werde mich zu gegebener Zeit kontaktieren, aber ich solle nun sitzenbleiben und warten und auf das Beste hoffen. Er sagte, sie würden mir weiterhelfen, mir Geld leihen und versuchen, mir ein Zimmer oder eine Wohnung zu beschaffen. Er beschaffte mir ein Zimmer.

Kurze Zeit nach unserer Ankunft sprach mich mein zukünftiger Schwager, Fritz Levi, an und sagte, er habe von einem besonderen Plan der Indian Railway gehört, und zwar sollte eine voll klimatisierte Busverbindung nach Nord-

---

[31] Die *Jewish Relief Association* (JRA) war 1934 von elf Juden aus Bombay gegründet worden und hatte ihren Hauptsitz in Bombay. Als mildtätige Einrichtung widmete sie sich der Unterstützung europäischer Juden, die als Opfer nationalsozialistischer Verfolgung mittellos in Indien angekommen waren. Vgl. hierzu Roland, The Jewish Communities of India, 177f.; Hodes, From India to Israel.

indien eingerichtet werden. Von dort konnte man aus der Provinz Ladakh[32], die ein Teil Indiens war, nach China hineinschauen. In Lahore, einer Stadt im Norden Indiens, konnten wir weitere Pläne machen.

Wir waren jung. Ich war erst fünfundzwanzig, und die Zukunft sah düster aus und, gelinde gesagt, zweifelhaft. Wir hatten keinen Plan, was wir tun oder wohin wir gehen wollten, aber wir waren jung und gesund und unbekümmert. Also bat ich Fritz, uns Fahrscheine zu besorgen, damit wir diese Reise antreten konnten.

Wir kamen in Nordindien an, wo die Möglichkeit bestand, eine Expeditionsausrüstung zusammenzustellen und eine Exkursion in den Himalaya zu machen. Dieses Gebiet hieß zu der Zeit Ladakh. Später wurde es eine indische Provinz; damals war es unabhängig, aber von Indien begehrt. Es war möglich, ein Zelt zu mieten und Leute anzuheuern, die mit den unwegsamen Bergen vertraut waren, die drohend direkt über uns lagen.

Am nächsten Tag begannen wir, das Gepäck zusammenzustellen; es bestand aus einem Zelt, Klappbett, Bettzeug, Heizmaterial und weiteren Utensilien, die wir benötigten, um uns ins Umland des Himalaya zu wagen. Am Fuß des Gebirges lag ein riesiger See, der Hausboote und alle Annehmlichkeiten präsentierte, die man in einem Hotel oder Motel zu angemessenem Preis erwarten würde. Unser Problem war nur, Einheimische zu finden, die den See kannten und für uns kochen und andere Arbeiten erledigen konnten. Wir brauchten auch einen Vorrat sauberen Wassers. Die Fremdenführer nahmen das Wasser aus dem See, obwohl wir sie angewiesen hatten, dies nicht zu tun. Es ging das Gerücht, der See sei voll mit Bakterien, die sehr gefährlich seien. Aufgrund dieses Verhaltens wurde einer unserer Begleiter sehr krank und wäre fast gestorben. Aber wir waren jung und zuversichtlich und setzten unsere Tour fort.

Am nächsten Tag kam jemand, der uns sagte, es sei zu schwierig, zu Fuß in die Berge zu gehen, die einzige angemessene Art des Transports sei der zu Pferde. Obwohl ich zugeben muss, dass ich nicht gut reiten konnte, bot sich hier eine gute Gelegenheit, und wir waren alle bereit zu einem Abenteuer. Zum Glück haben wir alle überlebt und kehrten wohlbehalten zurück. Um zu beschreiben, wie schwierig die Reise war und wie rückständig die Region: Am zweiten Tag sprach uns ein Einheimischer an und bat uns um Tabletten. Ein Mädchen in dem Dorf hatte furchtbare Zahnschmerzen, und sie hatten kein Schmerzmittel, nicht einmal ein Aspirin. Wir gaben ihm ein paar Aspirintabletten, und einige Tage später erfuhren wir, dass sich das Mädchen von ihren Zahnschmerzen erholt hatte. Dies war eins der Erlebnisse auf unserer Tour in die Berge, in unwirtliches Gebiet, das noch nicht viele Menschen betreten hatten, das ich für erwähnenswert halte. Für uns schien es damals allerdings nichts Besonderes zu sein. Man reiste entweder zu Pferde oder mit dem Zug nach Srinagar.

---

[32] Das einstige buddhistische Königreich, auch bekannt als Klein-Tibet und heute ein Teil von Indien und Pakistan, liegt zwischen den Gebirgsketten des Himalaya und des Karakorum und dem oberen Tal des Indus.

Eine weitere Begebenheit ist von Interesse und passt in diese Zeit, denn am zweiten Tag unserer Reise brach der Krieg aus, und die Briten erhielten den Befehl aus London, einige von uns festzunehmen und alle deutschen Staatsangehörigen als potentielle Nazis zu internieren. Das war Teil der Ironie des Schicksals, dass ein Jude von den Briten interniert wurde, weil er vermeintlich ein Nazi war.[33]

Ich hatte einen Pass, der von der Nazi-Behörde vor meiner Abreise nach Indien ausgestellt worden war, und darin stand ein großes rotes ‚J' für ‚Jude'.[34] Als die Polizei kam, um uns festzunehmen und uns in das Lager auf dem Land zu bringen, wiesen wir darauf hin, dass wir ein ‚J' in unseren Pässen hatten, was offensichtlich ‚Jude' bedeutete, dass wir also keine Nazis sein konnten. Sie antworteten, das sei nicht sicher, und sie müssten jeden festnehmen, bis sie hundertprozentig sicher wären, dass sie die richtigen Leute hätten. Tatsächlich wurde damals in London ein Komitee eingerichtet, das ‚Sir Darling Committee'[35], und sie schickten Leute in alle Welt, die feststellen sollten, wer echter Nazi war und wer nicht.

Wir wurden also festgenommen und unter schwerer Bewachung durch die indische Militärpolizei aufs Land befördert. Wir wurden in ein ehemaliges Militärlager gebracht, das nicht ausreichend ausgestattet war, uns aufzunehmen. Es gab keine Lebensmittel, und für die Übernachtung gab es primitive Feldbetten aus Metall ohne Matratzen. Wir schliefen natürlich nicht besonders gut. Tatsächlich wurde uns nach wenigen Tagen mitgeteilt, dass im Lager die Cholera ausgebrochen war, und wir sollten alle möglichen Vorsichtsmaßnahmen treffen, um dieser gefährlichen Krankheit nicht zu erliegen. Wie die meisten Anderen habe ich überlebt, obwohl die Überlebenschance gering war.

Am zweiten oder dritten Tag meines unfreiwilligen Aufenthalts wachte ich sehr früh morgens auf und fand die Haut einer großen Schlange unter meinem Feldbett. Ich hasse Schlangen, ganz besonders große Schlangen. Sie erschrecken mich zu Tode. Aber unter den damaligen Umständen änderte sich meine Einstellung. Ich drehte mich einfach um, entfernte die Haut und schlief weiter. Wir überlebten eine weitere unvorhergesehene Gefahr.

Die Situation im Lager war unter anderem durch den Mangel an Lebensmitteln gekennzeichnet aufgrund der völlig unzureichenden Belieferung durch das Militär, sodass die meisten Internierten ständig Hunger hatten, unter ihnen auch mein Vater, der mit mir interniert war. Ich lernte, nachts zur Küche zu

---

[33] Am 1. September 1939 waren 1520 Deutsche in British India registriert; 850 von ihnen wurden bei Ausbruch des Krieges vorübergehend als „enemy aliens" (feindliche Ausländer) interniert. Roland, The Jewish Communities of India, 220.

[34] Auf Grundlage der „Verordnung über Reisepässe von Juden" vom 5. Oktober 1938 brachten deutsche Behörden in Reisepässen jüdischer Deutscher einen Stempel in Form eines roten „J" an. Siehe RGBl. I, S. 1342 / GblÖ, S. 2268.

[35] Gemeint ist das „Darling Interrogation Committee", dessen Vorsitzender der britische Verwaltungsbeamte in Indien und Spezialist in Fragen der Landreform Sir Malcolm L. Darling (1880–1969) war.

schleichen und ein paar Brocken Essbares zu stehlen. Möglicherweise hat mein Vater nie etwas von diesen Vorgängen bemerkt.

Die Episode „Zement nach Ceylon"

Um zum Thema Indien zurückzukommen und zu unseren Bemühungen, unseren Lebensunterhalt zu verdienen: ich hatte nicht die geringste Ahnung, was ich tun wollte oder konnte. Ich war in Deutschland ein guter Schüler gewesen, aber ich war nie aufgefordert worden, Geld zu verdienen oder alleine zu leben, geschweige denn, irgendein unternehmerisches Wagnis einzugehen.

Mir fiel damals ein, dass ich einen Kameraden [...] in Ceylon (heute Sri Lanka) hatte, und ich schickte ihm eine kurze Nachricht, um herauszufinden, ob er irgendwelche Ideen zum Überleben hätte. Dann kam die Antwort von meinem Freund aus Colombo, dass man eine Menge Geschäfte tätigen könne, wenn man die richtigen Produkte fände. In seinem ersten Schreiben erwähnte er, dass auf der Insel Sri Lanka Zement dringend benötigt werde, dass man Schiffsladungen des Materials brauche, die man nicht bekommen könne.

Da standen wir nun, hatten die beste Gelegenheit, ein Geschäft einzuleiten und durchzuführen, was uns vollkommen fremd war, und wir hatten keine Ahnung, wie wir vorzugehen hatten und was zu tun war. Daher ging ich zum Markt, um mich über Zement zu informieren, d.h. über Verpackung, Sortierung und Versand, usw. So war es uns möglich, ein Geschäft mit einem Handelsgut abzuwickeln, mit dem wir vorher noch nie gearbeitet hatten. Ich stellte fest, dass es im Grunde eine einfache Transaktion war, und ich teilte meinem Freund in Ceylon mit, dass ich ausfindig gemacht hatte, was man über den Handel mit Zement wissen musste.

Zement wurde in 100 Pfund-Säcken gehandelt, und es war für uns nicht schwierig, die Ware mit der Hilfe von Spediteuren in Bombay zu transportieren, die sehr kooperativ waren. Sie waren einigermaßen überrascht, wie einfach es war, mit einer Ware zu handeln, mit der sie noch nie zu tun gehabt hatten. Es ergab sich, dass wir – ohne größere Schwierigkeiten der einen oder anderen Art – ein ziemlich bedeutendes Geschäft aufbauten. Mein Partner in Colombo war begeistert über den erfolgreichen Handel mit einer Ware, die uns bis dahin unbekannt war.

Die Episode „Schiefertafel"

Dies war nur der Anfang unserer geschäftlichen Unternehmungen in Indien. Bald kam eine Fortsetzung unseres Unternehmens; sie bestand darin, Schiefertafeln zu besorgen, die in Ceylon dringend benötigt wurden. Das Problem bestand darin, dass Exportbeschränkungen von Indien auch Schiefertafeln betrafen, die nicht erlaubt waren, weil sie als ‚Büromaterial' klassifiziert wurden. Es kostete daher erhebliche Mühe und ‚monetäre Überredung', die Klassifizierung als Büromaterial revidieren zu lassen und den Export von Schie-

fertafeln zu ermöglichen. Es ergab sich, dass wir immense Bestellungen von
Händlern auf der Insel Sri Lanka erhielten; wir stellten nicht nur unsere Kunden zufrieden, sondern machten auch einen stattlichen Gewinn.

Die Episode „Trinkbecher"
Es gab noch ein Handelsgut, dass vom Markt übersehen worden war. Es
herrschte ein akuter Mangel an Trinkgläsern, der darauf zurückzuführen war,
dass sie aus leichtem Material waren und dennoch als ‚Schwergut' klassifiziert wurden. Wir lösten dieses Problem, indem wir einen Spediteur aus
Ceylon fanden, der in den Hafen von Bombay gefahren war. Er sah aus wie
ein Pirat, trug einen Turban und schien nicht vertrauenswürdig zu sein. Wir
ergriffen jedoch die Gelegenheit, und alle Trinkgläser wurden auf sein Schiff
geladen.

    Nach erheblichen Schwierigkeiten überzeugten wir die Leute von der Royal
Insurance, dass wir mit der normalen Seetransportversicherung zufrieden sein
würden; der Notabwurf war eingeschlossen, d.h. dass Fracht über Bord geworfen wird, um die Ladung leichter zu machen, und das Risiko des Verlustes der
Fracht bei schwerer See wurde übernommen. Nun konnte das Country Craft,
ein überdimensionales Segelboot, nach Colombo segeln, und – zu unserer Ver-
wunderung – kam es dort unbeschädigt an; und es kostete uns nur einen Bruchteil der regulären Frachtkosten. Unsere Probleme waren zur Zufriedenheit aller
Beteiligten gelöst.

    Später entdeckten wir, dass unsere wertvolle Fracht aus mundgeblasenen
Trinkgläsern bestand, manche waren ungleichmäßig geformt und konnten
nicht einmal stehen! Trotzdem waren die Käufer der Gläser froh, diese Ware in
ihren Läden anbieten zu können. Wir hätten alles verlieren können, und trotz
allem verloren wir nie unsere Begeisterung oder unsere Lebensfreude.

Vom Talg
Von großem Interesse für den Handel mit Kerzen und Farbe war die Ver-
fügbarkeit von Talg. Dieser war auf der Insel Sri Lanka Mangelware. Ich
stellte fest, dass diese Ware in Australien zu bekommen war, aber die Briten
hatten im grenzüberschreitenden Warenverkehr für diese Handelsware ein
Embargo verhängt. Nach erheblichem Aufwand, wobei ich mich auch an
den Handelskommissar von Ceylon wandte, konnte ich glücklicherweise
sieben große Schiffsladungen zusammenstellen. Eine weitere erfolgreiche
Transaktion im Warenhandel, die bis dahin in Handelskreisen unbekannt
war.

Über Indien
Sprechen wir über Indien – dieses Land wird heute in Filmen und Theater-
stücken glorifiziert, um uns den Eindruck einer exotischen und wunderbaren
Kultur zu vermitteln; ich möchte jedoch festhalten, dass damals in ganz Indien

Krankheiten verbreitet waren. Auf den Titelseiten der Times of India[36] wurde täglich über neue Krankheitsausbrüche berichtet. Um es noch deutlicher zu beschreiben: die armen Leprakranken saßen vor dem Telegrafenamt, zeigten ihre offenen Wunden am ganzen Körper und baten um ein paar Pennies.

Meine eigene Nichte, Scarlett, wurde in einem der Krankenhäuser in Bombay geboren, und meine Schwester, Annie, wurde deutlich gewarnt, das Baby nicht alleine zu lassen, da Ratten möglicherweise das Baby anfressen würden, und niemand würde die Verantwortung übernehmen können! Menschen wurden auf den Straßen gezeugt, lebten auf den Straßen und starben auf den Straßen.

Aber dies waren die 40er Jahre. Wir hoffen, dass es heute anders ist.

---

[36] *The Times of India* (TOI) wurde am 3. November 1838 als *The Bombay Times and Journal of Commerce* gegründet; sie wird von Bennett, Coleman & Co. veröffentlicht und gilt als größte englischsprachige Tageszeitung Indiens.

Lebenserfahrungen. Odyssee eines Naturwissenschaftlers

Von Gerhard J. Haas

Gerhard Julius Haas wurde am 1. April 1917 in München als Sohn von Dr. Alfred und Elsa Haas geboren. Sein Vater war ein angesehener Chirurg mit einer eigenen Klinik unweit des Königsplatzes. Die Mutter war die Tochter des bekannten Münchner Brauereibesitzers Joseph Schülein. Mit seinen Eltern und der fünf Jahre älteren Schwester Charlotte verbrachte Gerhard seine Kindheit und Jugend in einem großbürgerlichen Umfeld in der Richard-Wagner-Straße. Gerhard J. Haas emigrierte 1938 nach England, wo er in Cambridge Chemie studierte. Im Juli 1939 wurde ihm die deutsche Staatsangehörigkeit entzogen. Von seinem „Gastland" England wurde er an Pfingsten 1940 als „feindlicher Ausländer" (enemy alien) interniert und nach Kanada deportiert. Erst im Mai 1941 erwirkte sein Vater seine Freilassung, was ihm die Ausreise nach Kuba ermöglichte. Dort wartete er auf eine Einreisemöglichkeit in die Vereinigten Staaten, die sich schließlich 1943 ergab. In Kuba hatte Gerhard J. Haas die Gelegenheit, mit George Rosenkranz zusammenzuarbeiten, einem Mitgründer der Syntex Corporation, der maßgeblich an der Entwicklung der Anti-Baby-Pille beteiligt war. In den USA war Gerhard J. Haas als Mikrobiologe und im Bereich der Lebensmitteltechnologie sowohl für die Industrie wie für die Forschung tätig. Er war Inhaber zahlreicher Patente. Bis in das Jahr 2012 wirkte der hochbetagte Wissenschaftler als Dozent und Forscher an der Fairleigh Dickinson University in Teaneck, New Jersey.
Gerhard J. Haas ist am 1. Mai 2013 gestorben. Seine Erinnerungen hat er 1995 im Selbstverlag publiziert. Die detailreichen, oft sehr liebevoll formulierten Schilderungen des Münchner Alltagslebens und der kulturellen Besonderheiten zeigen die enge Verbindung mit seiner Heimatstadt.

[...]

Nach unserer Rückkehr von der Reise gab es eine große Überraschung. Die Eltern[37] entschieden, dass man in politisch unsicheren Zeiten besondere Vorkehrungen treffen müsse, damit es uns möglich wäre, Deutschland zu verlassen, falls das notwendig wäre. Und sie hatten gute Gründe: ein verlorener Krieg, eine Verkleinerung des Staatsgebiets, Verlust der deutschen Kolonien, Inflation und Staatsbankrott, eine kommunistische Erhebung, der ein Ende gemacht wurde, Hitlers nationalsozialistischer Putsch, der niedergeschlagen wurde, und hohe Arbeitslosigkeit und große Armut. Vater wollte nicht in einem Land bleiben, das einen Krieg verloren hatte; er hatte nach Kenia emigrieren

---

[37] Alfred Haas (1878–1978); Else Haas (1886–1982).

Gerhard J. Haas, um 1950

wollen, wurde aber von Mutter und der übrigen Familie davon abgebracht. Dies alles erfuhr ich erst später. Die Eltern entschieden, dass die ganze Familie und vor allem wir Kinder Englisch lernen sollten, um in vielen Ländern leben zu können. Daher besorgten sie mit großen Schwierigkeiten eine Arbeitserlaubnis für eine Englisch sprechende Hauslehrerin. Sie hieß Miss Kirwan und war irisch; sie kam durch Vermittlung einer speziellen Arbeitsagentur. Sie erfüllte ihre Aufgabe, uns die Grundlagen des Englischen beizubringen, hervorragend, indem sie die Methode der totalen Immersion anwandte, wobei der gesamte Unterricht auf Englisch abläuft. Uns Kindern gefiel das nicht, aber wir lernten viel. Während der Mahlzeiten sprachen wir alle nur Englisch, und wir machten schnelle Fortschritte. Diese vorausschauende Entscheidung meiner Eltern half uns allen wirklich, als wir wegen Hitler ein neues Leben beginnen mussten. Ich verbrachte viel Zeit mit Miss Kirwan. Unsere Kinderfrau, Emmem, erhielt eine Umschulung für eine Stelle als Physiotherapeutin an der Klinik; in dieser Eigenschaft blieb sie bei uns, bis wir das Land verlassen mussten; so konnte sie Sozialversicherung erhalten – darüber später mehr. Miss Kirwan brachte mir einfache Kartenspiele bei, aber auf manchen Gebieten wusste sie nicht viel; immer, wenn sie etwas nicht wusste, antwortete sie: „Oh, oh, das weiß ich leider nicht." Nach 10 Monaten bekam sie Heimweh und ging fort;

ihre Nachfolgerin war Miss Sinclair, die viel intelligenter war. Sie setzte den
Englischunterricht fort, und unsere Sprachkenntnisse wurden beachtlich. Sie
beeinflusste unser Leben noch in anderer Weise. In ihrem Haus in Schottland
hatte sie immer Pekinesen gehabt, und Mutter interessierte sich dafür. Also
importierten wir einen solchen Hund aus Schottland. Er hieß Rex Papi, war
reinrassig und hatte entsprechende Papiere zum Nachweis. Wir nannten ihn
Bobby, Mutter pflegte sein Fell jeden Tag, und er war ihr Stolz und ihre Freude.
Sie zeigte ihn sogar einmal auf der Hundeausstellung in der großen Ausstellungshalle auf der Theresienwiese, und er gewann den ersten Preis, sehr zum
Ärger der professionellen Hundeführer und Züchter.

[…]

Aber zurück zu meinen frühen Schuljahren: Ich habe schon erwähnt, dass wir
aus der Klinik auszogen und dass diese erweitert wurde; Räumlichkeiten für
fünfzehn Patienten wurden hinzugefügt, und die medizinische Praxis nahm
immer weiter zu. Vaters Patienten kamen aus allen Schichten der Münchener
Bevölkerung; er hatte viele Patienten aus dem Brauereigewerbe, aus Kreisen der
Kunst, der Oper, der Technischen Universität und Bauern aus den Umlandge-
meinden. Sein Können, seine menschlichen Qualitäten und seine Bescheiden-
heit trugen zu seinem exzellenten Ruf bei. Da Vater so viele Patienten hatte,
wuchs sein Einkommen, und er hatte viele Hobbies, die er nun weiter entwi-
ckeln konnte. Zunächst beschlossen die Eltern, Bernried zu erweitern.[38] Es stand
kein Land zur Verfügung, aber Vater konnte Herrn Scharrer (den Ehemann von
Frau Wilhelmina Busch[39]) überreden, ihm einen 50-jährigen Pachtvertrag für ein
angrenzendes Grundstück auf der anderen Seite unserer Schlucht zu geben. Es
war etwas mehr als 1 Morgen. Eine Autobrücke wurde über die Schlucht gebaut
und eine Garage und ein Stallgebäude mit einer Wohnung für einen Wildhü-
ter und Gärtner und einem Zimmer für einen Stallmeister. Ein Herr Fabro, ein
ortsansässiger Bauunternehmer, führte die Arbeiten aus; vermutlich waren die
Kosten extrem hoch, aber die Bauten überstanden viele Jahre ohne Schaden. Wir
hatten Ställe für fünf Pferde und einen Reitzirkel, um die Pferde zu trainieren.
Ich werde auf das Reiten, Jagen und Angeln in einem eigenen Kapitel eingehen.

Als ich etwa neun Jahre alt war, begann ich mit dem Schachspiel. Vater
brachte es mir zuerst bei. Aber nach zwei Spielen war ich ihm überlegen. Dann
spielte ich mit Großvater Schülein[40]. Er war viel besser als Vater, der nur die
Züge kannte, aber nach einigen Monaten konnte ich mit Großvater mithal-
ten. Ich las Schachbücher und war in den nächsten fünfzehn bis zwanzig Jah-

[38] In Bernried, einer kleinen Gemeinde am Starnberger See, befand sich das Sommer-
haus der Familie Haas.
[39] Wilhelmina Busch war die jüngste Tochter des Mitbegründers des amerikanischen
Brauereikonzerns Anheuser-Busch.
[40] Joseph Schülein (1854–1938), Brauereibesitzer; Eigentümer der Unionsbrauerei und
von Löwenbräu; Münchner Wohltäter.

ren sehr begeistert, aber, obwohl ich ziemlich gut war, kam ich über einen
bestimmten Punkt nie hinaus. Ich übersah immer irgendetwas und dachte nicht
weit genug voraus.

Seit einer Diphtherie war ich sehr dünn und untergewichtig gewesen. Als ich
acht Jahre alt war, erreichte ich mein normales Gewicht und wurde sogar etwas
übergewichtig; bis auf kurze Phasen ist es dabei geblieben. Ich wurde auch stärker und machte nicht nur mit den Mitschülern Ringkämpfe, sondern auch mit
unseren Hausmädchen, die sich dafür nicht zu gut waren. Als ich neun Jahre alt
war, wurde ich stärker als Lotte[41]; während wir vorher als Geschwister gekämpft
hatten und ich mich unterlegen gefühlt hatte, kämpften wir danach nicht mehr.
Sie ist 5 Jahre älter als ich, und ich verstand ihre Bedürfnisse und Aktivitäten
in dem Alter nicht. Sie nahm Unterricht in Französisch und Kunst – Dinge, die
mich nicht interessierten, und sie fuhr gern mit Onkel Fritz[42] nach Garmisch und
zum Eibsee. Ich dachte immer, dass nichts besser sei als Bernried. Ich fuhr einige
Male dorthin, und wir fuhren mit der Seilbahn zum Kreuzeck hinauf, einem Berg
bei Garmisch, und dort oben wanderten wir den Höhenweg entlang. Trotz der
landschaftlichen Schönheit war dies für mich dennoch nicht zu vergleichen mit
anderen Tätigkeiten: Schwimmen, Zusammensein mit meinen Haustieren und
Naturbeobachtung. Und wenn ich Vater zur Jagd begleiten oder mit ihm zum
Angeln gehen konnte, war ich im siebten Himmel. Lotte und ich entwickelten
unsere Beziehung erst viel später: in den letzten Jahren in München und vor
allem, als wir beide in England und dann in den USA lebten.

Kurz nach meinem dreizehnten Geburtstag hatte ich meine Bar Mizwa
in der jüdischen Tradition. Bevor ich dieses Ereignis beschreibe, muss ich
unsere religiöse Orientierung erklären. Obwohl jüdischen Glaubens, waren
wir extrem assimiliert. Meine beiden Großväter gingen so gut wie nie in die
Synagoge; mein Vater ging nie und arbeitete an allen Feiertagen; er verwies
darauf, dass er als Arzt diese Pflicht habe, da Krankheit keinen Feiertag kennt.
Aber Vater wusste viel über die Religion, da Großvater Haas dem Urgroßvater
Haas versprochen hatte, er werde seinen Sohn in der jüdischen Tradition erzie-
hen. Er verbrachte seine Kindheit in St. Ingbert; in dieser kleinen Stadt gab es
kein Gymnasium, daher musste er nach Zweibrücken fahren, das etwa dreißig
Kilometer entfernt war; er fuhr mit dem Zug dorthin, bekam sein Mittagessen
beim ortsansässigen Rabbi und lernte viel über jüdische Kultur und Bräuche.
Mutter und Großmutter hatten Plätze in unserer Münchner Synagoge. Das
war ein ziemlich gut eingerichtetes und beeindruckendes Backsteingebäude,
in dem Männer und Frauen getrennt saßen; als Junge habe ich die Begrün-
dung dafür nie ganz verstanden und fand es merkwürdig. Gelegentlich ging
ich an hohen Feiertagen mit Mutter hin, aber ich verstand kein Hebräisch; in

---

[41] Charlotte Haas, Schwester von Alfred Gerhard J. Haas, s. S. 278 in diesem Buch.
[42] Fritz Schülein (1885–1963), Sohn von Brauereibesitzer Joseph Schülein; emigrierte
1939 in die USA.

dieser Sprache wurde ein großer Teil des Gottesdienstes gehalten. Ich konnte nur wenig von dem verstehen, was vor sich ging. Die Synagoge wurde durch den Verkauf von Plätzen unterhalten, und diese Plätze wurden von Generation zu Generation weitergegeben. Ich ging gewöhnlich an den hohen Feiertagen Rosch ha-Schana und Jom Kippur nicht in die Schule, aber niemand in meiner Familie fastete, außer Großmutter Schülein[43], bevor sie an Diabetes erkrankte.

Auf jeden Fall wussten wir, dass wir jüdisch sind und zuckten zusammen, wenn wir antisemitische Bemerkungen hörten. Wir betrachteten das Judentum als eine Religion und nicht als eine Rasse. Und es hinderte uns nicht, an christlichen und katholischen Festen teilzunehmen. Wir hatten einen Weihnachtsbaum, tauschten Geschenke zu Weihnachten mit allem Drum und Dran, und Mutter kaufte jedem Angestellten ein eigenes Geschenk; da wir in der Klinik und im Haushalt etwas mehr als fünfzig Angestellte hatten, war es ein rechter Aufwand. Jeder reichte eine Wunschliste ein, und wir Kinder taten das auch. Es war unvorstellbar, und ich weiß nicht, wie Mutter das geschafft hat. Jeder musste beim Einpacken der Geschenke helfen. Wir nahmen auch an der Weihnachtsfeier in der Klinik teil, wo Geschenke verteilt wurden, der Baum angezündet wurde und Weihnachtslieder gesungen wurden. Alle Geschenke lagen, säuberlich in Weihnachtspapier eingewickelt und mit Etiketten versehen, unter dem Weihnachtsbaum, und wir Kinder nahmen sie an uns und trugen sie zu der Person, für die sie bestimmt waren. Wir hatten unsere eigene Weihnachtsfeier in Bernried in ähnlichem Stil, und unser Baum war wunderschön geschmückt. Wir feierten auch den Nikolaustag am 6. Dezember, an dem die Kinder Geschenke bekommen. Einige Jahre war Vater als Nikolaus verkleidet, in späteren Jahren war es unser Chauffeur Michl, aber als wir noch klein waren, haben wir nicht erkannt, wer in dem Kostüm steckte. Ostern suchten wir im Garten versteckte bunte Eier und aßen traditionelle Speisen, gewöhnlich Lamm oder Schinken. Wir sahen keinen Konflikt darin, Feste zweier Religionen zu feiern. Vater hatte viele Patienten aus dem Klerus, besonders aus dem Kloster St. Bonifaz, das in der Nähe lag.

Aber zurück zu meiner Bar Mizwa. Die notwendige Einweisung erhielt ich in meiner Religionsklasse und auch von Oberrabbiner Baerwald[44]. Ich wurde zum Passahfest und Seder in sein Haus eingeladen; es war der einzige Sederabend, an dem ich in Deutschland teilnahm. Zur Bar Mizwa-Feier muss man bestimmte Textpassagen in Hebräisch lesen, aber ich hatte nie gelernt, Hebräisch zu lesen. Aus mehreren Gründen wehrte ich mich dagegen, es zu lernen. Erstens hatte ich immer Probleme beim Schreiben, sowohl in deutscher als auch in lateinischer Schrift, und auch das Zeichnen mit dem Lineal in Geometrie machte mir Schwierigkeiten; denn das Lineal kann wegrutschen, der

---

[43] Ida Schülein, geb. Baer (1861–1929) war seit 1881 mit Joseph Schülein verheiratet.
[44] Dr. Leo Baerwald (1883–1970), seit 1918 Rabbiner der Israelitischen Kultusgemeinde München; er emigrierte 1940 in die USA.

Bleistift kann abbrechen, und die Finger können Abdrücke hinterlassen. Ich war Experte in all diesen Pannen. Zweitens war ich der Meinung, dass es eine tote Sprache sei und keinen erkennbaren Nutzen hätte. Später wurde mir das Gegenteil bewiesen, als Israel das Hebräische wiederbelebte und zur Landessprache machte. Der dritte Grund war ein Mangel an Motivation, denn es gab so viele interessantere Dinge zu lernen und zu tun. Daher schrieb ich alle Passagen nach dem Klang in deutscher Schrift auf und las von diesem Skript ab.

Als der wichtige Tag sich näherte, erhielt ich einen besonderen dunklen Anzug maßgeschneidert für den Anlass, gemäß der Tradition. Wie schon im vorigen Kapitel erwähnt, brach ich mir den rechten Arm acht Tage vor dem Ereignis und trug dann einen großen Gipsverband. Was war zu tun? Das Datum zu verschieben, wäre als nicht glückbringend angesehen worden. Also musste der Ärmel des nagelneuen Anzugs aufgeschnitten werden. Mutter entschloss sich, dies zu tun, und so konnte die Feier stattfinden. Sogar Vater und Großvater gingen zur Feier in die Synagoge, und ich erinnere mich, dass sie faltbare Zylinder zu diesem Anlass trugen. Nach der Feier verbrachten wir den ganzen Tag in der Familie, und alle gaben mir Geschenke: mehrere goldene Stifte, viele Bücher und von meinen Eltern eine 16-mm-Filmkamera, Projektor und Leinwand. Es kamen entfernte Verwandte, von denen ich viele noch nie gesehen hatte und die ich danach zum Teil nie wieder gesehen habe.

Der 13. Geburtstag und Bar Mizwa, dies ist für einen jüdischen Jugendlichen der Zeitpunkt, um ins Mannesalter einzutreten und am Gottesdienst teilzunehmen. Während dies weniger religiöse Bedeutung für mich hatte, schien es sich mit meiner geistigen Reifung zu überschneiden. Von jetzt an diskutierten meine Eltern alles vor mir und mit mir; das betraf auch finanzielle Angelegenheiten, moralische Fragen, Politik und Gerüchte. Zu dieser Zeit fiel mir auch plötzlich die Schule leichter, und ich wurde in mehreren Fächern sehr gut. Ich erweiterte meine Lesetätigkeit und begann, mich auf vielen Gebieten kundig zu machen, unter anderem in den Naturwissenschaften.

In diesem Jahr kam Griechisch als zweite Fremdsprache in der Schule dazu, und ich musste die griechische Schrift und ein vollkommen neues Alphabet lernen. Im Deutschunterricht begannen wir, die Klassiker zu lesen und auch eine Menge Dichtung; vieles mussten wir auswendig lernen. Mir fiel es leicht, die Gedichte auswendig zu lernen, aber noch schneller hatte ich sie vergessen. Nach etwa sechs Wochen waren sie aus meinem Gedächtnis so gut wie verschwunden. Mein ganzes Leben lang war das Erinnern für mich viel schwieriger als das Erlernen.

In dieser Zeit dachte ich auch viel darüber nach, was ich mit meinem Leben anfangen würde – was die Erwerbstätigkeit oder die akademische Laufbahn betraf. Vater stellte eindeutig klar, dass er die Medizin für die ideale Laufbahn hielt, und meine Onkel und Großvater waren Geschäftsleute. Die Medizin zog mich an, stieß mich aber auch ab, weil Vater oft deprimiert war, wenn er einen Patienten nicht retten konnte; der lebensbedrohliche Zustand eines

Patienten hat Vater so in Anspruch genommen, dass man nicht einmal mit ihm sprechen konnte. Auch setzte ich Medizin mit Chirurgie gleich, und dafür brauchte man Geschicklichkeit, die ich nicht besaß. Ich dachte immer, dass ich die Verantwortung, die die Chirurgie wegen der unmittelbaren Wirkung auf Leben oder Tod hat, nicht auf mich nehmen könne. Ich las ein Buch von William Foster, die Übersetzung des englischen Titels „The Romance of Chemistry"[45] ins Deutsche lautete „Welt und Wunder der Chemie". Nachdem ich dieses Buch gelesen hatte, entschloss ich mich, Chemiker zu werden. Wenn man das mit Naturwissenschaft gleichsetzt, so bin ich immer dabei geblieben. Sie weckte meine Neugierde, setzte meine Begabung für Mathematik ein, bot immer neue Entwicklungen und Wege an und bringt der Menschheit Nutzen. Und, im Unterschied zur Chirurgie, kann jedes Experiment wiederholt werden. Ich hatte mich entschlossen und habe jahrelang nicht darüber nachgedacht, ob meine Entscheidung wirklich richtig war. Ich glaube, Vater erwartete, dass ich es mir anders überlegen würde und Arzt werden würde; nach der Emigration und dem Verlust der Klinik wurde ihm dies jedoch weniger wichtig.

Als ich in München aufwuchs, hatte die Stadt 740.000 Einwohner und war die dritt- oder viertgrößte Stadt in Deutschland. Berlin stand an erster, Hamburg an zweiter Stelle, und Köln war in derselben Größenordnung wie München. München ist die Hauptstadt Bayerns und die Residenz der Wittelsbacher, die ungefähr siebenhundert Jahre lang die Herrscher Bayerns gewesen waren, bevor die Monarchie 1918 abgeschafft wurde. Die Farben Bayerns waren Blau und Weiß, und das Wappentier Bayerns war der Löwe. Es gibt bis heute einen besonderen bayerischen Dialekt, der dem österreichischen ähnlich, aber doch ein wenig anders ist. Die Münchner waren sehr stolz darauf, bayerisch zu sein, und zwar mehr als darauf, deutsch zu sein. Tatsächlich gab es eine regelrechte Abneigung zwischen Bayern und den Norddeutschen, besonders den Preußen.

Auch das Essen war anders. In Bayern aß man hauptsächlich Fleisch, Kartoffeln und Salat. Das beliebteste Fleischgericht war gekochtes Rindfleisch, aber Kalbshaxe, Schweinefleisch und viele verschiedene Arten von heißen Würstchen und Aufschnitt waren ebenfalls beliebt. Kartoffeln wurden gewöhnlich als Bratkartoffeln gegessen, aber es gab auch sehr häufig gekochte Kartoffeln, in Petersiliensauce und Essig geschmorte Kartoffeln (Kartoffelgemüse) sowie Kartoffelsalat; Kartoffelpuffer gab es jedoch nur im Norden. Als Gemüse gab es oft Spinat, Sauerkraut und Blaukraut. Tomaten, Auberginen und Zucchini waren praktisch unbekannt. Die Fischauswahl war begrenzt; es gab Süßwasserfische oder Hering. Lachs war eine Delikatesse, und die gewöhnlichen Meeresfische wurden wegen des unangenehmen Geruchs gemieden, der aufgrund der unzureichenden Kühlung während des Transports entstand. Es gab vielfältige und köstliche Nachspeisen: eine besondere Art von frittierten Krapfen, Zwetschgenkuchen mit italie-

---

[45] Die erste Auflage des Werkes *The Romance of Chemistry* von William Foster (1869–1937), Chemie-Professor der Princeton University, erschien 1927.

nischen Zwetschgen der Saison, und viele spezielle Plätzchen in der Weihnachtszeit, besonders Marzipanplätzchen, Vanillekipferl und Pfeffernüsse.

Mutter war sehr erfahren im Kuchen- und Plätzchenbacken. Es war Tradition, seinen ganzen Stolz an die Zubereitung der Mahlzeiten und die Bäckerei
zu setzen. Mutter hatte als junges Mädchen eine Kochschule besucht und war
hervorragend. Sie hatte ein eigenes Kochbuch mit vielen außergewöhnlichen
Rezepten; auch beide Großmütter und Tante Mimi (Mutters Schwester) hatten
Bücher mit Rezepten. Als sie starben, erbte Mutter die Kochbücher und kochte
nach den besten Rezepten aus allen diesen Büchern. Unsere Küche war einzig-
artig, und Mutter leitete alle Köche an. Mutter hatte auch Nähen und Handarbeit
gelernt. Sie wurde sehr geschickt und interessiert. Sie konnte einen Damen-
oder Herrenschneider anleiten; an ruhigen Abenden in Bernried arbeitete sie
an Tischdecken oder Kissenbezügen mit Kreuzstickerei, und sie erwartete von
allen anwesenden Frauen, dass sie halfen. Ich wurde von all dieser Handarbeit
so angesteckt, dass ich im Alter von 6 bis 9 Jahren lernte, Knöpfe anzunähen
und Socken zu stopfen, und dies hat mir mehrere Male im Leben geholfen.

Dass Mutter diese Kenntnisse hatte, bedeutete jedoch nicht, dass Kleidung
zu Hause geschneidert wurde. Es gab wunderschöne Geschäfte, und Mutter
kaufte gern in den elegantesten Geschäften ein – sowohl für sich selbst, als
auch für ihren Mann und die Kinder. Ich bin nie gern mitgegangen und fand es
langweilig; wie schon erwähnt, war ich an Kleidung nicht interessiert, obwohl
ich immer einen guten Blick für Damenkleidung gehabt habe, sowohl für den
Schnitt als auch für die Farbe. Mir fällt es leichter, mich an die Kleidung von
Personen zu erinnern als an ihre Gesichter, da ich ein Defizit der räumlichen
Wahrnehmung und des Gedächtnisses habe.

Andere Geschäfte interessierten mich viel mehr, und München hatte großartige Einkaufsmöglichkeiten: Tietz (jetzt Hertie), ein riesiges Kaufhaus, Hugen-
dubel und Jaffe, zwei exzellente Buchhandlungen, Erbshäuser mit den besten
Süßigkeiten und Backwaren und Dallmayer[46] mit Feinkost. Dallmayer ist weltberühmt geworden, aber damals hatte es eher lokale Bedeutung; es öffnete mir
eine neue Welt: es gab lebende Langusten und Forellen; ich sah dort zum ersten
Mal eine Pampelmuse, Ananas und Langusten, und das Angebot an Tee und Kaffee (zum selber Mahlen) war beeindruckend. Nebenan war der Bäcker Seidl, wo
man die besten Roggensemmeln kaufen konnte (für 2 1/2 Pfennige) und Laugen-
stangen. Das gewöhnliche Brot in Bayern war das Roggenbrot, und weißes Brot
wurde viel weniger gegessen. Zu Dallmayr und Seidl gingen wir nur gelegentlich, die meisten Einkäufe machten wir in der Nähe unseres Hauses. Wir kauften
oft bayerische Brezen, wie schon erwähnt, die besonders lecker und halbweich
waren, und es gab oft kalten Aufschnitt. Wenn wir beim Metzger einkauften,
bekam ich zu meiner großen Freude immer ein Stück zum Probieren.

---

[46] Korrekt: Dallmayr.

In der Nähe des Münchner Stadtzentrums lag der Viktualienmarkt, ein großer Lebensmittel- und Blumenmarkt. Es war ein sehr malerischer Platz; die Bauern kamen direkt hierher, um ihre Produkte zu verkaufen, aber es gab immer auch importierte Waren. Die Blumen, sowie die Früchte und Gemüse, wurden schön dargeboten. Die Pilze waren sehr interessant; es gab fünf oder sechs Arten, die im Freien gesammelt wurden, und sie waren damals schon ziemlich teuer. Vor einigen Jahren habe ich den Markt wieder besucht, und er hat sich tatsächlich nicht verändert; es lohnt sich, hinzugehen.

Zur Weihnachtszeit, etwa vier Wochen vor dem Fest, gab es einen besonderen Christkindlmarkt. Ich ging gerne dorthin, sah mir die Christbäume an, die zum Verkauf angeboten wurden, und einige, die zur Demonstration mit echten Kerzen besteckt waren, die brannten. Es gab lebende Bäume mit echten Kerzen; ein Eimer mit Wasser stand unter dem Baum, zur Vorsicht. Auf dem Markt gab es auch kleine Puppen aus Pflaumen, anderen Trockenfrüchten und Nüssen. Sie waren lustig, und wir kauften jedes Jahr eine. Dann gab es die Auer Dult im Stadtteil Au. Es war ein Flohmarkt, über den viel gesprochen wurde, aber ich bin nur ein- oder zweimal dort gewesen.

München liegt am Fluss Isar, der in den Bayerischen Alpen (bei Mittenwald) entspringt und in die Donau fließt; diese mäandriert durch einen sehr großen Teil Europas und fließt schließlich ins Schwarze Meer. Die Donau ist der größte europäische Fluss, wenn man von Russland absieht. Die Isar ist in München ein ziemlich großer Fluss; wenn es im Gebirge geregnet hat, oder bei Schneeschmelze, fließt sie schnell. Früher floss sie immer schnell, bevor eine große Wassermenge zur Elektrizitätserzeugung weggenommen wurde: vor allem aus der Loisach, einem der wichtigsten Nebenflüsse der Isar, für das Walchenseekraftwerk, dann wieder unterhalb von München für die Kraftwerke Mittlere Isar. Die Konstruktion schien ziemlich gut geplant zu sein und war mit der Landschaft verträglich; gewöhnlich fließt genügend Wasser, und die Ableitung ist nicht spürbar. Tatsächlich haben die Dämme der Mittleren Isar viele interessante Wasservögel angelockt, die vorher kaum in München zu sehen waren.

Das Stadtzentrum Münchens ist der Marienplatz mit dem Rathaus, einem imposanten neugotischen Gebäude mit Arkaden und vielen Restaurants und schönen Geschäften auf Straßenebene. Jeden Tag um 11 Uhr ist das Glockenspiel im Turm zu sehen. Es ertönen Glockenschläge, Figuren treten heraus, die Ritter im Turnierkampf darstellen und den Schäfflertanz vorführen, den Tanz der Böttchergilde (dies wird später erklärt). Immer, wenn ich zur richtigen Stunde dort war, blieb ich stehen und sah es mir an. Aber ich war nicht der Einzige; alle Bewegung auf dem überfüllten Platz hielt inne, und die Menschen reckten ihre Hälse, um die Figuren zu beobachten. Stadtzentrum und Altstadt hatten sich innerhalb eines Radius von 1 km um den Marienplatz entwickelt. In diesem Bereich lagen der Markt, der Dom, das Wahrzeichen Münchens, die meisten der wichtigen und eleganten Geschäfte, fast alle kunstgeschicht-

lich bedeutenden Kirchen, das Hauptpostamt und die Polizeiinspektion. Dieser
Bereich ist noch immer an drei Punkten durch die bogenförmigen alten Stadt-
tore markiert: das Karlstor, das Sendlinger Tor und das Isartor. Im weiteren
Umkreis von einem Kilometer lagen die Universität, die Technische Universi-
tät, einige der schönen kleinen Parks, einige der renommierten Firmensitze, die
Hotels, die bedeutendsten Museen, der Hauptbahnhof und weitere Geschäfte.
In einer Entfernung von drei oder vier Kilometern lagen die größten Wohn-
bezirke, die größeren Parkanlagen, Sportstätten und Ausstellungsflächen,
Künstlerkolonien und auch die Brauereien. Die wenigen Fabriken, die es gab,
– München war keine Industriestadt – lagen am Stadtrand. Die Skizze stellt nur
eine grobe Beschreibung dar, denn es gab viele Abweichungen.

Wir wohnten nur etwa 2 Kilometer vom Zentrum entfernt, und es machte uns
nichts aus, zu Fuß zu Dallmayr zu gehen, das genau in der Stadtmitte lag, obwohl
die Straßenbahn eine sehr gute Verkehrsverbindung bot; sie war gewöhnlich
sauber, und man bekam einen Platz. Sie war natürlich weiß und blau, wie die
bayerischen Farben. Unsere Straße, die Richard-Wagner-Straße, lag am Rande
von Schwabing und galt als Wohngebiet von höchster Lebensqualität. Schwabing war vor allem Wohngebiet und beherbergte einen großen Teil der Künstler;
sowohl Maler als auch Schauspieler lebten hier, neben kleinen Nachtklubs und
Kunstgalerien, in denen ihre Arbeiten gezeigt wurden; insbesondere war die
Kunst der Avantgarde in Schwabing vertreten. München hatte auch großartige
Kunstmuseen: die Alte Pinakothek ist eine Gemäldegalerie von Weltrang, die
sich durch Werke von Dürer, alten deutschen und holländischen Malern und
italienische Gemälde auszeichnet; die Neue Pinakothek war bedeutend wegen
ihrer Impressionisten und der modernen Malerei, während die Glyptothek sich
auf Skulpturen spezialisierte. Im Glaspalast wurde zeitgenössische Kunst ausgestellt, aber er brannte Anfang der 30er Jahre nieder, es war ein furchtbares
Feuer; nichts wurde gerettet.[47] Das Feuer hat mich sehr beeindruckt; zum ersten
Mal sah ich ein vollkommen ausgebranntes Gebäude.

Das Deutsche Museum war ein hervorragendes Wissenschaftsmuseum – und
ist es noch; es wurde auf einer Insel in der Isar gebaut. Großvater Schülein war
im Gründungskomitee; ich glaube, es wurde kurz vor dem Ersten Weltkrieg
erbaut.[48] Es hat unterirdische Kohle- und Salzbergwerke mit authentischer
Ausstattung, ein großartiges Planetarium und Observatorium, eine sehr gute
Ausstellung von Transportmitteln und eine Menge Geräte und Apparate, die
man selbst betätigen kann. Es war wunderbar, dieses Museum zu besuchen,
und ich habe es oft getan; es ist weltberühmt geworden und ist eine der international bekannten Hauptattraktionen Münchens.

---

[47] Der Glaspalast wurde 1854 für die Erste Allgemeine Deutsche Industrieausstellung
errichtet. Im Juni 1931 wurde das Gebäude durch einen Brand nahezu komplett zerstört. Die Brandursache blieb ungeklärt.
[48] Das von Oskar von Miller geplante Technikmuseum wurde erst 1925 eröffnet.

Die Akademie der Wissenschaften hatte eine sehr gute Insektenausstellung, und als Insektensammler besuchte ich sie oft und versuchte, ihre Exemplare mit meinen zu vergleichen. Ich besuchte auch häufig den Zoo und den Botanischen Garten. Beide lagen ziemlich weit draußen am Stadtrand, waren aber erstklassig. Der Zoo gab den Tieren mehr Freiraum in größeren Gehegen und war in dieser Hinsicht anderen zoologischen Gärten der Zeit weit voraus. Der Botanische Garten hatte wunderschöne Blumen, besonders Dahlien.

Etwa einen Kilometer vom Bahnhof entfernt lag ein großes Feld, die Theresienwiese, und dahinter ein Hügel mit dem Tagungszentrum und der Ausstellungshalle und der riesigen Bronzestatue der Bavaria; die weibliche Bronzefigur ist das Symbol Bayerns. Man konnte in ihr hochsteigen und hatte einen grandiosen Blick über München. Sie war von Ferdinand von Miller gegossen worden, einem Bekannten meines Großvaters Schülein.

Auf der Theresienwiese fand das Oktoberfest statt. Der Name ist tatsächlich irreführend, denn der größte Teil fand im September statt, und so ist es heute noch. Es dauerte zwei Wochen und endete am ersten Wochenende im Oktober. Die Leute nannten das Oktoberfest auch „Die Wiese" – von Theresienwiese. Eine ganze Zeltstadt wurde für diese zwei Wochen auf ein riesiges Areal gebaut. Es gab viele Attraktionen. Zunächst hatte jede Brauerei ein großes Zelt für schätzungsweise eintausend Gäste. München hatte sechs oder sieben große Brauereien; sie alle konkurrierten miteinander, welche das schönste und größte Zelt in der besten Lage hätte, und die beste Kapelle, die ununterbrochen spielte. Ein besonderes Bier wurde gebraut, das Oktoberfestbier, das etwas stärker war als das normale Bier, und man konnte nur Krüge in zwei Größen bestellen: „Eine Mass" war ein Liter, und „Eine Halbe" ein halber Liter. Die Kellnerinnen waren sehr kräftig; sie konnten leicht etwa sechs Mass in jeder Hand tragen (das entsprach 15 Pfund mit den Krügen). Das Bier wurde in Fässern angeliefert, die in großen Pferdewagen transportiert wurden; sie wurden von großen prächtigen Pferden im Viergespann gezogen. Als ich zehn oder zwölf Jahre alt war, wurde das Münchner Bier noch zum großen Teil in Pferdewagen transportiert, aber später wurden diese Pferde von den Brauereien nur für den Einsatz am Oktoberfest gezüchtet und gehalten. Natürlich wurde, bevor es Lastwagen gab, in der Stadt alles mit Pferden transportiert. Das Oktoberfest und die Tatsache, dass der Schäfflertanz im Glockenspiel des Rathauses gezeigt wird, zeigen deutlich die große Macht und den Einfluss der Brauereien auf das Münchner Leben.

[...]

Während des Oktoberfestes und auch in den Brauereizelten gab es Spezialitäten: gegrillte Schweinswürstl, Hühnchen vom Spieß, auch Fisch vom Spieß, und ebenso Rindfleisch, da ein ganzer Ochse am Spieß gebraten wurde. Natürlich gab es Brezen. Genug vom Essen und Trinken – auch wenn es auf dem Oktoberfest eine der Hauptbeschäftigungen war. Es gab vielfältige Unterhaltungsangebote. Da waren zunächst die Schaubuden. Vor dem Zweiten Weltkrieg hatte

Bayern eine äußerst homogene Bevölkerung. Sie war zu 80 % katholisch, und es waren nur sehr wenige Fremde darunter. Tatsächlich hatte ich in meiner Jugend kaum jemals einen Farbigen dort gesehen, außer in den Schaubuden, und selbst Inder und Orientalen waren selten. Daher gab es immer schwarze Stammesangehörige und manchmal amerikanische Indianer zu sehen. Ich erinnere mich lebhaft an eine Gruppe von Schwarzen in einer Show, denen große Scheiben in die Unterlippen eingefügt waren und die sehr befremdend aussahen; ich weiß nicht, wie sie essen konnten, und es muss auch ihr Sprechen behindert haben. Auch waren Menschen mit Drüsenstörungen in den Shows zu sehen: die dickste Frau, der größte Mann, Kleinwüchsige etc. Wenn ich heute daran denke, dann hinterlässt dies wirklich einen üblen Nachgeschmack; von dieser provinziellen Einstellung ist es nicht weit zu der elitären Gesinnung, mit der man auf jeden, der anders war, herabschaute, die sich in Deutschland unter Hitler verbreiten sollte. Auch Tiere wurden gezeigt, Tiger, Pythons und andere, die man als gefährlich für den Menschen darstellen konnte. Alle waren in sehr kleinen Käfigen erbärmlich untergebracht. Es gab verschiedenste Fahrgeschäfte, eine große Achterbahn, vor der ich Angst hatte, und Karussells, mit denen ich häufig fuhr, als ich klein war. Beliebt waren Schießbuden mit Teddybären als Preise und ein Gerät mit Hammer und Amboss, wo meist junge Bauern vom Land ihre Freundinnen mit ihrer Kraft beeindrucken konnten. Unzählige Händler verkauften alles von Luftballons bis Zuckerwatte. Und der Platz war immer überfüllt. Die Münchner Bürger besuchten ihr Oktoberfest wirklich häufig, und jeder ging mehrere Male während der zwei Wochen hin. Schüler und Schülerinnen gingen nachmittags, und die Erwachsenen abends, um sich zu amüsieren. Viele Besucher aus dem bayerischen Hinterland waren deutlich erkennbar; es gab viel Kameraderie, oder – besser gesagt – bayerische Gemütlichkeit, das heißt, man fühlte sich wohl und ging freundlich miteinander um. Es gab sehr wenig Kriminalität und so gut wie keine Taschendiebe. Manchmal wurden Leute laut und ungestüm beim gemeinsamen Singen der beliebten Lieder in den Bierzelten. Es war üblich, beim Singen auf Tische oder Stühle zu steigen und zu schunkeln. Das Oktoberfest war eine ausschließlich Münchner und bayerische Angelegenheit; der große Zustrom der Touristen zu diesem Ereignis hat sich tatsächlich erst nach dem Krieg entwickelt.

[…]

Das zweite der bedeutenden Feste in München war der Karneval, der gewöhnlich „Fasching" genannt wurde. Er hatte Ähnlichkeit mit dem Karneval in Rio, war aber dem bayerischen Temperament und Klima angepasst. Während ich in den Jahren vor Hitler etwas zu jung war, um die Tänze und Bälle zu genießen, bei denen Kostüme zu bestimmten Themen getragen wurden, sah ich, dass meiner Schwester Lotte das gefiel, und die Tanzveranstaltungen dauerten bis 4 Uhr morgens oder länger. Es war üblich, dass jeder jeden zum Tanz auffordern konnte. Auch wenn die Ausmaße von Rio nicht erreicht wurden, beobachtete ich doch, dass Hemmungen weitgehend gelöst wurden. Der Verlust

der Hemmungen konnte während dieser Bälle – bei einzelnen Personen unterschiedlich – weit gehen. Respektable Bürger wie meine Eltern gingen auch
hin; einige dieser Bälle waren ziemlich kostspielig und sehr elegant. Vater
ging jedoch nicht gerne hin; er konnte nicht tanzen. Eine Illustrierte berichtete: „Als der bekannte Chirurg Dr. Alfred Haas gefragt wurde, wie es ihm
gefallen habe, antwortete er: Ich würde lieber eine schöne Blinddarmopera-
tion machen." Der Bericht war wahrheitsgemäß. Ich besuchte später nur drei
Bälle mit einer der Sekretärinnen der Klinik, die halb jüdisch war. Damals war
Hitler an der Macht, und es stellte sich nicht dieselbe spontane Fröhlichkeit
ein, denn als Jude musste man aufpassen, mit wem man sprach, wenn die Person vom anderen Geschlecht war. Ich sah mir aber mehrmals die Festzüge an,
die jedes Jahr am Faschingsdienstag stattfanden. Wir sahen vom Balkon der
Galerie meiner Tante am Lenbachplatz aus zu; hier kam der Festzug vorbei.[49]
Es waren sehr kunstvoll gestaltete Umzugswagen dabei, und alle Teilnehmer
waren verkleidet als irgendeine Figur oder als Tier. Die Zuschauer warfen
Luftschlangen oder Gummiballpusten, und alle waren sehr vergnügt. Es gab
auch Kinderfeste, aber ich erinnere mich nur, dass wir Luftschlangen warfen.
Am Aschermittwoch war die Heiterkeit plötzlich zu Ende, weil die Fastenzeit
begann. Aber es war der Beginn eines neuen Vergnügens: es gab Bockbier, ein
besonders starkes und würziges Gebräu. Der Ursprung des Namens Bock war
unklar, aber nach übereinstimmender Meinung geht er auf die Stadt Einbeck in
Norddeutschland zurück, wo das erste Bockbier gebraut wurde.

In München war der Stammsitz des größten deutschen Zirkus, des „Zirkus
Krone"[50]. Das feste Zirkusgebäude lag auf dem Marsfeld, gegenüber meiner
Schule, dem Wittelsbacher Gymnasium; Vater, der auch gern in den Zirkus
ging, nahm mich ein- oder zweimal im Jahr mit. Ich war begeistert und gehe
heute noch gern in den Zirkus. Heutzutage habe ich allerdings nur selten Gelegenheit dazu. Der Zirkus damals war weitgehend wie der heutige; in der Rei-
terei gibt es heute vielleicht Verbesserungen wegen des großen Einflusses der
Spanischen Reitschule in Wien auf alle Reitschulen. Außerdem gab es Tier-
nummern, akrobatische Kunststücke, Clowns und alles, was dazugehört.

Der größte Park in München war der Englische Garten, der nach dem Muster
englischer Parkgestaltung angelegt wurde. Er erstreckte sich von der Innenstadt nach Norden bis Freimann und hatte eine Länge von etwa acht Kilometern. Beliebt waren die wunderschönen Wege, die Reitwege, der Kleinhes-
seloher See zum Schlittschuhlaufen im Winter, mit Schwänen im Sommer;
ein großes Restaurant, in dem man drinnen oder draußen essen konnte, am
sogenannten Chinesischen Turm; der Monopteros, ein kleines tempelähnliches

---

[49] Es handelte sich um die renommierte Galerie Heinemann. Die Inhaberin, die Kunst-
historikerin Franziska Heinemann (1882–1940), war eine Tochter von Joseph und Ida
Schülein. Sie emigrierte 1939 über die Schweiz in die USA.
[50] Korrekt: Circus Krone.

Gebilde, von dem ich ein Bild habe, und viele Radwege. Am Rande des Parks lagen Tennisplätze, wo Herr Stock, ein Profi-Tennisspieler, Lotte und mir das Tennisspielen beibrachte. Am Rande des Englischen Gartens lag die Getreidemühle Tivoli, deren Besitzer Großvater mit seinem Partner, Herrn Zeckendorf, war. Wir gingen oft im Englischen Garten spazieren, Vater machte Ausflüge zu Pferde, wir fuhren Schlittschuh, wie schon erwähnt. Im Stadtgebiet lagen kleine Parks, wie z.B. der Hofgarten und der Alte Botanische Garten und einige am Isarufer. Im westlichen Stadtgebiet lag das Nymphenburger Schloss mit einem ausgedehnten Park, vielen künstlichen Seen, Wasserfällen und vielen Arten von Wasservögeln. Nymphenburg war ein prachtvoller Bau. Werner Wulf, über den ich geschrieben habe, und Walter Thoma, ein weiterer Schulkamerad, lebten in der Nähe, und wir wanderten manchmal durch den Park.

Auch die Produktionsstätten der Porzellan Manufaktur Nymphenburg und die Verkaufsräume lagen hier. Nymphenburger Porzellan ist ausgezeichnet und wird in ganz Deutschland hoch bewertet, damals höher als Rosenthal. Es ist auch in den Porzellansammlungen der meisten Museen zu finden, z.B. im Fitzwilliam-Museum in Cambridge, England, und im Smithsonian in Washington. Allerdings erscheint es selten in Auktionen, da es wenige US-amerikanische Sammler gibt. In München war es besonders beliebt; Mutter sammelte Nymphenburger Porzellanfiguren, und unser gesamtes Essgeschirr war aus Nymphenburger Porzellan. Lotte und ich fingen auch an, kleine Porzellanfiguren zu sammeln, und später erbten wir alles, was nicht verloren gegangen oder gestohlen worden war. Wir erfreuen uns beide jeden Tag an der Schönheit des Designs und am Aussehen des Porzellans. Der Konzessionsverkäufer der staatlichen Porzellanfabrik, ein Herr Bäuml, war ein Patient von Vater; immer, wenn Mutter den Laden aufsuchte, gaben sie sich große Mühe, sie gut zu bedienen.

Auf der anderen Seite der Isar lag Haidhausen. Es war eins der Stadtviertel, in denen Arbeiter wohnten, unter ihnen auch unser Chauffeur Michl und seine Familie. Heute ist das Viertel aufgewertet und hat gute Wohnlagen. Solln, Grünwald und Planegg, etwa 16 Kilometer vom Stadtzentrum entfernt am südlichen Stadtrand gelegen, waren schöne Wohngegenden, jedoch viel weniger dicht bebaut als heute; sie waren durch Trambahnen mit der Innenstadt verbunden.

Eins der wichtigen Gesprächsthemen in der Schule war Fußball, aber ich habe mich nie für Mannschaftssport begeistert und habe nur ein Spiel angeschaut. Eishockey war für mich interessanter, und ich habe mir mehrere Spiele angesehen, eins in Garmisch und drei oder vier in St. Moritz. Skispringen war eine sehr faszinierende Sportart, und ich habe mehrere Male, sowohl in den Bayerischen Alpen als auch in der Schweiz, bei Wettkämpfen zugeschaut. Ein weiterer Publikumssport war das Autorennen auf Eis. Es fand jedes Jahr, soweit das Wetter es erlaubte, am Eibsee statt, den ich schon erwähnt habe, denn er gehörte zu Lottes Lieblingsausflugszielen, und ich war auch einige Male dort.

[...]

Protestiert habe ich erst später, in meinen Träumen

Von Ruth Meros

Ruth Meros wurde 1922 als Tochter von Emil und Alice Goldschmidt in München geboren. Ihr Vater war ein angesehener Kaufmann, der in der Landwehrstraße 63 einen Großhandel mit Weißwaren (Posamentierwaren, Knöpfe, Stickereien, Spitzen) führte. Nach dem Besuch der jüdischen Volksschule in der Herzog-Rudolf-Straße wechselte Ruth auf das private Küspert-Lyzeum in der Bürkleinstraße, wo sie von antisemitischen Lehrerinnen und Schülerinnen schikaniert wurde. Der geplante Besuch eines Kindergärtnerinnenseminars blieb ihr verwehrt; sie half stattdessen einer befreundeten Familie im Haushalt und hospitierte im jüdischen Kindergarten. Über die Schweiz gelangte Ruth mit ihren Eltern im Dezember 1939 nach Palästina. Die Mutter verdiente im Wesentlichen den Lebensunterhalt mit Näharbeiten. Ruth besuchte eine Haushaltungsschule und arbeitete in den unterschiedlichsten Berufen, zuletzt als Polizistin. 1963 kam sie sie nach München, ihre Eltern lebten bereits seit Juli 1953 wieder in der bayerischen Hauptstadt.
Die Erinnerungen von Ruth Meros entstanden 1993 im Rahmen des städtischen Geschichtswettbewerbs.

Ich bin 1922 in der Universitätsfrauenklinik in München geboren, ebenso wie mein Bruder zwei Jahre zuvor. Wir haben in der Steinsdorfstraße im Lehel gewohnt. Mein Vater hatte ein Großhandelsgeschäft in der Landwehrstraße. Er war geschäftlich viel unterwegs – hauptsächlich in Bayern, aber auch in der Schweiz. Dort hat er auch meine Mutter kennengelernt. Ihre Eltern hatten ein Hutgeschäft in Zürich, und er belieferte sie mit Bändern und anderem Zubehör. Meine Mutter hatte teils daheim, teils in einem Internat in der französischen Schweiz alles gelernt, was eine Tochter aus gutem Haus können musste. Dazu gehörten Fremdsprachen, aber auch Nähen, was später sehr wichtig war. 1919 haben meine Eltern geheiratet. Ihr religiöser Hintergrund war unterschiedlich. Meine Mutter stammte aus einem traditionell-frommen, wenn auch nicht orthodoxen Haus. Mein Vater kam aus einer liberalen Familie. Er hat sich nie als religiöser Jude gefühlt. Aber er hat meiner Mutter zuliebe alles mitgemacht, er hielt die Feiertage ein und ging an den hohen Feiertagen auch in die Synagoge. Der Haushalt war koscher geführt.

Mein Vater stammt aus Nürnberg, kam aber schon vor 1910 nach München, wo er dann 1910 sein Geschäft gegründet hat. Er hat im Ersten Weltkrieg in Frankreich und Russland an vorderster Front gekämpft, ist schwer verletzt worden und hat das Eiserne Kreuz[51] bekommen. Er war stolz darauf, dass er

---

[51] Das Eiserne Kreuz (EK), eine ursprünglich preußische, später deutsche Kriegsauszeichnung. Von 1813 bis 1918 gehörte die obere Klasse des Eisernen Kreuzes zu den

Ruth Goldschmidt als
Polizistin in Israel, 1949

sich einsetzen konnte für sein Land. Er war halt in seiner Art sehr deutsch
und sehr verwurzelt. Mein Vater hatte so viele christliche Freunde, die immer
gesagt haben: „Es wird gar nichts weiter sein, und dir wird schon nichts passieren!" Das war kurzsichtig. Die polnischen Juden zum Beispiel sind früher weggegangen. Sie waren weitsichtiger, aber höchstwahrscheinlich waren
sie nicht so stark verwurzelt. Er dagegen hatte hier sein Geschäft aufgebaut.
Außerdem war mein Vater damals nicht mehr der Jüngste.

Als Kleinkind ging ich in einen privaten Kindergarten in der Steinsdorfstraße.
Dort waren etwa 15 jüdische und nicht-jüdische Kinder. Die Kindergärtnerin,
die Tante Lilly (Lilly Mayer), war außer meinen Eltern, meinem Bruder und
dem Kindermädchen eine der ersten wirklich wichtigen Bezugspersonen für
mich. Ich mochte sie sehr gern und sie mich auch. Wir haben wunderschöne
Sachen gebastelt oder geturnt. Sie hat uns aber auch beigebracht, Ordnung zu
halten, was ja für kleine Kinder nicht unwichtig ist. Ich habe mich bei ihr sehr
wohl gefühlt, es war eine schöne Zeit. Bei ihrer Schwester, Tante Martha, habe
ich Ballett gelernt. Welche Religion ein Kind hatte, war kein Thema. Darüber
hat man nicht gesprochen.

höchsten preußischen Kriegsauszeichnungen.

Danach bin ich in die jüdische Volksschule gekommen. Die war in der Herzog-Rudolf-Straße neben der Synagoge. Nach der vierten Klasse habe ich gewechselt. Mir ist es 1933, kurz nachdem Hitler an die Macht kam, noch gelungen, in das Küspert-Lyzeum in der Bürkleinstraße, nicht weit vom St.-Anna-Platz, zu kommen. Das ging meistens nur noch bei Kindern, deren Väter Kriegsteilnehmer und Frontkämpfer gewesen waren. Ich muss allerdings heute sagen, es wäre besser gewesen, ich hätte diese Schule nicht besucht.

Außer mir gab es nur noch ein anderes jüdisches Mädchen, Ruth Wainschel. Ihre Eltern waren aus dem Osten, sie selbst war auch nicht hier geboren. Sie ist nur das erste Jahr mit mir in die Schule gegangen, weil sie und ihre Eltern dann ausgewandert sind.[52] Sie konnte sehr gut Klavier spielen. Durch Zufall habe ich erfahren, dass sie später in New York eine Damenkapelle gegründet hat; ich habe sogar ein Bild von ihr und ihrer Kapelle in New York geschickt bekommen. An ein Erlebnis kann ich mich besonders gut erinnern, das ich mit ihr hatte: Wir waren beide gut in Deutsch. Aber plötzlich bekamen wir beide ganz schlechte Noten in unseren Aufsätzen. Daraufhin ist Ruths Mutter in die Schule gegangen und hat die Lehrerin nach dem Grund gefragt. Da hat die Lehrerin geantwortet: „Das ist doch ganz klar, dass die Juden in Deutsch keine gute Note kriegen können!" Das war die Antwort!

An manche Lehrerinnen kann ich mich noch genau erinnern. Da gab es eine ganz fanatische Nationalsozialistin, die hieß Mändl. Sie hat sehr für Hitler geschwärmt. Wir hatten sie in Biologie und in Chemie und zuerst auch in Deutsch. Persönlich hat sie mir zwar nichts angetan, aber über die Juden im allgemeinen hat sie sehr schlecht geredet. Und sie hat mit uns Hitlers Buch „Mein Kampf"[53] durchgenommen. Als das Judenkapitel dran kam, bin ich aufgestanden, weil ich es einfach nicht ertragen habe, und bin in den Korridor gegangen. Dort habe ich gewartet, bis die Stunde zu Ende war. Nachher hat niemand etwas zu mir gesagt, keines der Mädchen und die Lehrerin auch nicht.

Dann hatte ich eine Turnlehrerin, die vor dem Turnen immer antisemitische und nationalsozialistische Hetzreden gehalten hat. Mich hat sie schikaniert und angebrüllt. Weil ich das einfach nicht mehr ausgehalten habe, bin ich zur Direktorin gegangen. Ich habe sie gebeten, mich vom Turnunterricht zu dispensieren. Das hat sie freundlicherweise gemacht. Ich hatte ganz großen Respekt vor ihr, dass sie den Mut dazu hatte.

Die Englisch- und Französischlehrerin dagegen hat sich mir gegenüber fantastisch verhalten. Ihr war klar, was ich mitmachen musste und wie schlecht es mir ging. Einmal, 1936 war das, hat sie deshalb auf dem Heimweg auf mich gewartet und mich zu ihr nach Hause eingeladen. Und aus dem einen Mal sind

---

[52] Die Familie Wainschel emigrierte im September 1938 über Prag in die USA.
[53] Die Erstausgabe des ersten Bands der zentralen Programmschrift der nationalsozialistischen Weltanschauung Adolf Hitlers (1889–1945) erschien am 18. Juli 1925, die des zweiten Bandes am 11. Dezember 1926.

viele Male geworden. Bevor wir Deutschland verlassen haben, 1939, hat sie mir noch eine riesige Bonbonniere geschenkt. Die Freundschaft mit ihr war wirklich ein Lichtblick in dieser traurigen Zeit, in der ja keine Mitschülerin mit mir gesprochen hat. In der Pause stand ich immer allein da, während sich alle anderen unterhalten haben und lustig waren. Im Grunde hatte ich überhaupt keinen Kontakt zu meinen Mitschülerinnen. Mit ein paar jüdischen Mädchen war ich von der Volksschule her oder über unsere Eltern befreundet. Aber das waren verhältnismäßig wenig, und etliche von ihnen sind dann bald ausgewandert.

Es gab eine Mitschülerin, die mir sympathisch war und mit der ich gern befreundet gewesen wäre. Sie hat aber in der Schule nicht mit mir gesprochen, höchstens mal am Telefon wegen der Hausaufgaben. Einmal hat sie mir gesagt, warum. Auch sie fand mich nett, aber ihr Vater war ein höherer Beamter und er hätte Schwierigkeiten bekommen können, wenn seine Tochter eine jüdische Freundin gehabt hätte. Ich war so verletzt – niemals mehr hätte ich jetzt von mir aus jemanden angesprochen. Nur eine verkrüppelte Mitschülerin hat mit mir geredet. Sie war eine gute Schülerin; wenn ich einmal gefehlt habe, konnte ich sie anrufen. Hin und wieder, aber ganz selten, haben wir uns auch besucht. Aber es war eben eine Verkrüppelte, wir waren beide „Verkrüppelte".

Es gab so viele kleine Gemeinheiten von den Mitschülerinnen. Eine zum Beispiel – sie saß eine Reihe vor mir – hat einmal ein großes Schwein auf ein Stück Papier gemalt und ganz groß „Judensau" oben drauf geschrieben. Das hat sie so hingeschoben, dass ich es lesen musste. Ich kann gar nicht sagen, wie demütigend das war.

So vieles, was für die anderen selbstverständlich war, kam für mich nicht in Frage: der Schachunterricht, Schulausflüge beispielsweise oder auf der Abschlußfeier nach dem Einjährigen-Examen mit einem Lehrer zu tanzen, das wäre ja „Rassenschande" gewesen! Immerhin der katholische Religionslehrer, der zugleich Pfarrer des St.-Anna-Kircherls war, wusste wohl recht genau, dass es mir nicht gut ging, und er hat versucht, mir Mut zu machen. Er hat mich zu einem Gottesdienst in seiner Kirche eingeladen, und ich bin hingegangen. Während seiner Predigt ist unsere Klassensprecherin, evangelisch, BDM-Führerin, fanatische Antisemitin und Nationalsozialistin mit ein paar anderen Mädchen aus der Klasse, alle in BDM-Kluft, in die Kirche marschiert. Sie haben Nazi-Lieder gesungen und die Predigt gestört. Die ganze Zeit hat mich der Pfarrer fest angeschaut. Schließlich musste der Gottesdienst abgebrochen werden.

Ab 1936 wurden viele Dinge schwieriger. Ich war zum Beispiel ein großer Opernfreund. Schon mit 12 Jahren bin ich ins Nationaltheater gegangen. Aber dann kam das Gesetz, das Juden den Zutritt zur Oper und anderen kulturellen Einrichtungen verbot. Eines Tages, kurz vor der Auswanderung, sprach mich ein junger SA-Mann in Uniform auf der Maximilianstraße an: „Mein Fräulein, ich muss sie kennen, und zwar von der Oper." Da habe ich gesagt: „Das kann nicht sein, denn ich bin eine Jüdin und darf gar nicht in die Oper gehen." Da wurde er knallrot, stammelte ein paar Worte und ist abgehauen.

Wir durften auch nicht mehr verreisen, weil an den meisten Hotels „Juden Zutritt Verboten" stand. Unsere letzte Fahrt ging in den Schwarzwald, und tatsächlich fanden wir ein Hotel, vor dem noch kein solches Schild hing. Dabei sind wir früher viel gereist und in die Berge gegangen. Meine Eltern haben Bergwanderungen geliebt, und auch ich habe die bayerische Natur sehr gern gehabt.

Als ich einmal am Prinzregentenplatz war, konnte ich Hitler ganz nah sehen. Denn er wohnte da und sein Auto stand dort. Sein Chauffeur hat auf ihn gewartet. Es standen mehrere Leute vor dem Auto und ich stellte mich auch dazu. Als Hitler kam und in das Auto stieg, haben alle „Heil" geschrien. Und da hat es mich durchzuckt: „Was wäre, wenn du den jetzt ermorden, erschießen würdest?" Ohne jemanden anzuschauen – er hatte einen ganz starren Blick – stieg Hitler ins Auto und fuhr davon. Ich fühlte mich sehr bedrückt und einsam.

Die Schulzeit war extrem schwer für mich. Es waren eigentlich die wichtigsten Entwicklungsjahre im Leben eines Menschen. Trotzdem bin ich geblieben, ich wollte ja einen Abschluss machen, um dann in Berlin auf das Kindergärtnerinnen-Seminar gehen zu können. Ich habe das Einjährige-Examen 1938 bestanden, obwohl in der mündlichen Prüfung auch SS- oder SA-Leute in Uniform dabei waren. Ich war so irritiert, dass ich kaum ein Wort herausgebracht habe.

Mit meinen Eltern konnte ich nicht reden, beide waren wenig zu Hause. Sie wussten nicht, wie schlecht es mir ging, sonst hätten sie mich vielleicht von der Schule genommen. Ich habe mich eigentlich mehr anderen Leuten anvertraut, besonders Dr. Cahnmann.

Dr. Werner J. Cahnmann war Soziologe und Vorsitzender des jüdischen Centralvereins.[54] Mit seinen Eltern und vier Geschwistern wohnte er in einer Villa in Nymphenburg. Es war ein sehr kultiviertes Haus. Dr. Cahnmann war überzeugter Zionist, er wusste viel über das Judentum und er sprach Hebräisch. Kennengelernt habe ich ihn auf einem Fest im jüdischen Turnverein, wo er mich angesprochen hatte. Wir hatten einen guten Draht zueinander und haben uns über alles mögliche unterhalten. Nachdem ich vom Zionismus oder von Palästina keine Ahnung und mich bis dahin auch nicht dafür interessiert hatte, lud er mich für Samstagnachmittag zu sich nach Hause ein. Daraus wurden regelmäßige Treffen, ein-, zweimal die Woche. Ich habe angefangen, Herzl, Dubnow, Pinsker und andere Schriftsteller zu lesen. So bekam ich allmählich einen gewissen Zugang zu jüdischem Denken und jüdischer Kultur. Er führte

---

[54] Dr. Werner J. Cahnmann, geb. 1902 in München; Syndikus für den *Centralverein deutscher Staatsbürger jüdischen Glaubens*; nach der „Reichskristallnacht" im KZ Dachau interniert; im Juni 1939 Emigration über England in die USA; dort Professor an der Rutgers University in Newark, New Jersey.

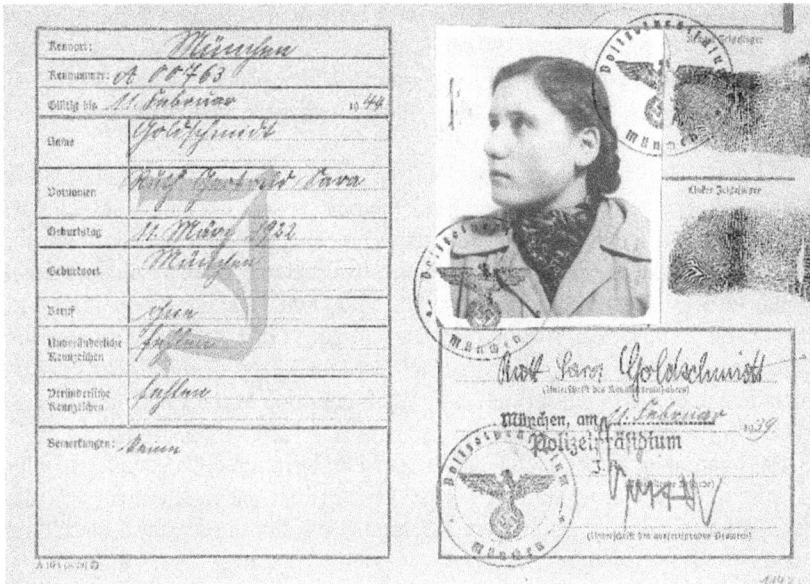

Kennkarten-Doppel von Ruth Goldschmidt, 1939

mich aber auch in europäische und vor allem deutsche Literatur ein. Wir gingen zusammen in Konzerte des jüdischen Kulturbundes oder in Museen.

Mir haben diese Treffen sehr viel bedeutet. Sie waren zumindest ein kleiner Ausgleich für all das Schlechte, das ich hauptsächlich in der Schule mitgemacht habe. Obwohl mir Dr. Cahnmann über einiges hinweggeholfen hat, habe ich mich mehr und mehr in mein Schneckenhaus verkrochen. Gott sei Dank habe ich wenigstens die Zeit nicht mehr erlebt, in der die Juden den Stern tragen mussten und in der es all die Verbotsschilder für Juden auf Parkbänken oder in Geschäften gab. Aber das andere war schon schrecklich genug. Wie ich das überstanden habe, weiß ich eigentlich nicht. Ich habe verdrängt, so gut es ging. Erst später, in Palästina, ist dann alles rausgekommen. Jetzt habe ich mich aufgelehnt, in meinen Träumen habe ich protestiert. Diese Alpträume waren fürchterlich.

Nach der Schule konnte ich nicht, wie geplant, an das Kindergärtnerinnenseminar. Ich habe deshalb einige Kurse in Stenographie und Schreibmaschine gemacht. Dann bin ich zu einer befreundeten Familie gegangen, um ein bisschen Haushalt, Kochen, Backen zu lernen. Es waren Freunde meiner Eltern, die in der Nähe gewohnt haben. Die suchten jemanden für den Haushalt, weil die Frau krank war. Ganz kurze Zeit war ich dann Praktikantin im jüdischen Kindergarten, in der „Kristallnacht" 1938 wurde ja alles – Synagoge, Kindergarten – angezündet und zerstört. Ich erinnere mich noch genau an diesen Tag. Ich wollte gerade zur Arbeit, zu den Kindern, da war die Synagoge schon oder

noch in Brand. Der Platz direkt vor dem Haus war abgesperrt, überall standen Feuerwehrmänner oder SS- und SA-Leute. Weiter hinten war eine Menge
Leute, die hämische Bemerkungen gemacht haben. Manche waren auch ganz
stumm und haben einfach nur geschaut. Ich war ganz aufgelöst, als ich dies
gesehen habe.

Nach dieser Nacht stand an vielen Lebensmittelgeschäften: „Juden Zutritt
Verboten". Die Mutter von einem Mädchen, das vis-à-vis wohnte, das ich aber
nur so vom Sehen kannte, hat mir dann ein Zeichen gegeben, dass ich ins
Treppenhaus runterkommen soll. Da kam sie mit einem großen Einkaufsbeutel
voller Lebensmittel und hat gesagt: „Ich bitte Dich, sage das niemand, bringe
das Deiner Mutter; das ist von mir, ich will kein Geld dafür, ich möchte nur
gelegentlich die Tasche zurückhaben." Darüber habe ich mich sehr gefreut,
nicht nur über die Lebensmittel, mehr noch über den Mut dieser Frau. Wenigstens ein Lichtblick in dieser Zeit…

1938 kam mein Vater nach Dachau. Auch da weiß ich noch genau, wie alles
gewesen ist. Es war gegen halb sechs Uhr früh, wir haben alle noch geschlafen. Es hat geklingelt, und unsere Köchin hat die Tür aufgemacht. Ich bin im
Morgenrock hingegangen, weil ich ja wissen wollte, wer da so Sturm läutet.
Zwei Männer in Zivil standen vor der Tür und haben gesagt, sie wollten meinen Vater abholen. Die Köchin hat noch protestiert, aber sie standen schon im
Schlafzimmer, wo meine Eltern noch im Bett lagen. Meine Mutter, sie war
resolut, hat gesagt: „Vielleicht lassen Sie meinen Mann sich ankleiden und
noch eine Kleinigkeit frühstücken!" Das haben sie ihm tatsächlich erlaubt und
dann sind sie mit ihm weggegangen. Den Grund für seine Verhaftung haben
sie nicht genannt. Dass er nach Dachau gebracht wurde, haben wir erst später
erfahren.

Mein Vater kam nach fünf Wochen wieder, weil er im Lager auf einen Teil
seines Vermögens verzichtet hatte. Außerdem hatte mein Großvater in Zürich
dafür gebürgt, uns aufzunehmen, wenn wir emigrieren. Deshalb haben sie
meinen Vater und auch meinen Onkel freigelassen. Aber einige, zum Beispiel
ein Vetter meines Vaters, sind dort ermordet worden. Ich hatte einen besonders guten Kontakt zu ihm, er war ein sehr feiner und sehr gescheiter Mann.
Manche wurden auch schrecklich misshandelt und sind nur noch als Krüppel
rausgekommen. Aber mein Vater hat irgendwie Glück gehabt. Er hat dort ein
paar Leute kennengelernt, Kommunisten wahrscheinlich, die auch eingesperrt
waren. Die haben ihm Zeitungspapier gegeben, damit er sich das unter die
Jacke stopft, gegen die Kälte; es war doch sehr kalt, denn es war ja schon
November. Und irgendwie hat er sich so durchgeschlagen, er ist nicht so schikaniert worden wie viele andere. Er durfte sogar eine Karte an meine Mutter
schicken. Er musste schreiben, es ginge ihm gut und sie sollte ihm 15 Mark
pro Woche überweisen. Wie es wirklich war, haben wir erst hinterher erfahren.
Als er freigelassen wurde, haben wir ihn kaum wiedererkannt! Sie haben ihm
die Haare abrasiert, und dann war er sehr abgemagert und hatte Bartstoppeln.

Ebenfalls 1938, noch vor der „Kristallnacht", wurde die Hauptsynagoge in der Herzog-Max-Straße abgerissen.[55] Da wussten wir nun endgültig, wie schlimm die Lage geworden war. Ich war dabei, als diese Synagoge zerstört wurde, aber ich konnte es nicht lange mit ansehen. Ich habe geweint und war außer mir, voller Hass auf Hitler. Ich fand die Hauptsynagoge wunderschön. Meine Eltern hatten dort Plätze, und schon als ganz kleines Kind bin ich mit meiner Mutter oft dorthin gegangen. Für mich war die Synagoge ein heiliger Ort, es war ruhig dort, eine heilige Ruhe. Irgendwie habe ich mich dort Gott nahe gefühlt. Die Synagoge, die Gemeinde, das war ein richtiges Zuhause.

Ich erinnere mich auch noch gut an den Rabbiner Baerwald.[56] Meine Eltern waren gut mit ihm befreundet, und ich kannte ihn seit meiner frühesten Kindheit. Er und seine Frau haben jeden Freitagabend junge Leute zum Essen eingeladen – Freitagabend ist ja etwas Besonderes –, und auch ich war ein paar Mal zu Gast. Wir hatten nach unserer Emigration losen Kontakt miteinander, er in Amerika und ich in Palästina. Auch in München bin ich ihm noch einmal begegnet, bei einem Empfang und Mittagessen im Rathaus ihm zu Ehren, bei dem ich auch eingeladen war. Neben der Synagoge war die Israelitische Kultusgemeinde mit der Bibliothek. Kurz vor dem Abriß hatte ich zusammen mit Dr. Cahnmann die Bücher in Kisten gepackt. Wohin sie gekommen sind, weiß ich nicht. Aber vorerst waren sie gerettet. Gerettet werden konnte auch die Orgel der Synagoge.[57]

Vor diesem Hintergrund [Erfahrung der „Reichskristallnacht"] hat meine Mutter dann alle Hebel für unsere Emigration in Bewegung gesetzt. Der erste Gedanke war Amerika, weil Geschwister meines Vaters schon dorthin ausgewandert waren. Wir haben uns deshalb um ein Visum in die USA beworben. Bekommen haben wir aber nur eine Wartenummer, die viel zu hoch war. Mit dieser Nummer ein Visum zu erhalten, war schier unmöglich. Auch Frankreich war im Gespräch. Daraus wurde aber zum Glück nichts, denn da wären wir wahrscheinlich auch umgekommen, wie mehrere Freunde und Verwandte von uns. Palästina kam dann erst in Frage, weil Verwandte sich für uns einsetzten, die schon dort wohnten.

Zuerst konnte ich mir gar nicht vorstellen, nach Palästina zu gehen. Es wäre leichter gewesen, wenn ich, wie viele andere, eine richtige Zionistin gewesen wäre. Selbstverständlich war ich froh, als ich erfahren habe, dass wir gehen können, denn ich habe gesehen, was geschieht bzw. schon geschehen ist. Was in den KZs passierte, wusste ich von meinem Vater und von Dr. Cahnmann.

[55] Die 1884/1887 im neoromanischen Stil von Albert Schmidt errichtete Hauptsynagoge wurde im Juni 1938 auf persönlichen Befehl Hitlers von der Münchner Baufirma Leonhard Moll abgerissen.
[56] Dr. Leo Baerwald (1883–1970), seit 1918 Rabbiner der Israelitischen Kultusgemeinde München; er emigrierte 1940 in die USA.
[57] Die Orgel der Hauptsynagoge fand eine neue Heimat in der katholischen Pfarrkirche St. Korbinian, wo sie gegen Ende des Krieges bei einem Luftangriff zerstört wurde.

Aber auf der anderen Seite war es uns weh ums Herz, denn ich war ja sehr verwurzelt in München, weil wir hier so viele Freunde und Verwandte hatten. Etliche von ihnen lebten 1939 noch in der Stadt. Wir mussten sie zurücklassen, die allermeisten wurden getötet. Nur ganz wenige konnten sich, wie meine beste Freundin, retten. Sie wurde als Hausmädchen nach England geschickt; das war gerade noch möglich; aber ihre Eltern und ihr Bruder sind umgekommen.

Nach einem achtmonatigen Aufenthalt in Zürich, wo ich nochmals in einem Kindergarten als Praktikantin gearbeitet habe, kamen wir im Dezember 1939 in Palästina an. Wir waren bettelarm, denn wir durften ja nur 10 Mark aus Deutschland mitnehmen. Unsere Möbel waren zum überwiegenden Teil in München geblieben, sie wären ohnehin zu groß gewesen für unsere kleine 2-Zimmer-Wohnung. An Wertgegenständen oder Schmuck hatten wir praktisch nichts mehr – die Juden hatten ja alles abgeben müssen, ob sie nun emigrierten oder nicht. Als wir unseren Container packten, war jemand dabei, um zu überwachen, dass nicht doch etwas Verbotenes mitgeschmuggelt wurde. Aber der Kontrolleur hat sich anständig benommen. Er hat manchmal mit Absicht weggeschaut, und meine Mutter hätte an und für sich mehr mitnehmen können, als ihr erlaubt war. Aber da sie das meiste von den wertvollen Dingen schon abgegeben hatte, blieb nicht viel übrig. Etwas Schmuck – das, was sie an den Händen hatte – hat sie retten können, aber alles andere war verloren.

Im Wesentlichen hat meine Mutter den Lebensunterhalt verdient mit Näharbeiten, sie hatte ja Nähen gelernt im Schweizer Internat. Manchmal kamen Care-Pakete aus Amerika vom Bruder meines Vaters, aber oft genug wusste Mutter nicht, was sie uns zum Essen hinstellen sollte. Dann gab es nur Butterbrot und Kaffee.

Mein Vater war damals schon über 60 Jahre alt, ohne Arbeit und Sprachkenntnisse. Er hat Mutter beim Einkaufen geholfen, hat die fertige Ware ausgeliefert und kassiert. Er war oft sehr niedergeschlagen. Einmal ist er mit dem Autobus in Tel Aviv gefahren und hat dem Busfahrer auf Deutsch gesagt, wo er hinfahren will. Der hat ihn auf Iwrit (Hebräisch) angefahren: „Sprich Iwrit!" Und mein Vater hat geantwortet: „Wenn du nach China kommst, ganz plötzlich, kannst du Chinesisch?" Da haben die Leute gelacht, die das verstanden haben. Es gab aber viele Leute, die nicht mehr Deutsch sprechen wollten, obwohl sie es konnten.

Unser Leben in Palästina konnte man mit dem in München überhaupt nicht vergleichen. Bis Anfang der dreißiger Jahre waren wir gut situiert gewesen. Wir führten ein schönes Leben. Gerade Mutter hat sich jedoch enorm umgestellt, aus der verwöhnten Dame ist eine hart arbeitende, bescheidene Frau geworden, von der nie ein Wort der Klage kam. Ob sie Heimweh hatte, kann ich nicht sagen. Wir haben niemals über die Vergangenheit gesprochen. Außerdem war ich mit meinen 17 Jahren zu sehr mit mir selbst beschäftigt und insgesamt in einer schrecklichen psychischen Verfassung. Mir hat München oder die bayerische Natur am Anfang sehr gefehlt – Palästina ist landschaftlich ja vollkommen anders. Und natürlich die vielen Menschen, die zurückgeblieben waren. Ob man sie wiedersehen würde, war mehr als ungewiss. Doch andererseits waren wir glücklich und froh, all dem Schlimmen entronnen zu sein.

Kontakte nach München waren kaum mehr möglich. Nur zu den Geschwistern meines Vaters hatten wir noch ganz kurz Verbindung. Vor ihrer Deportation wohnten sie in einer Sammelunterkunft für Juden.[58] Dort musste meine Tante für die Nationalsozialisten Fahnen nähen. Sie musste bis zu einem bestimmten Termin eine gewisse Zahl genäht haben, sonst wäre sie bestraft worden. Zufällig hat meine Tante unsere ehemalige Köchin Babette getroffen, die ihr unter Lebensgefahr beim Nähen geholfen hat. Sie haben sich nachts um 12 Uhr getroffen, damit die Arbeit rechtzeitig fertig wurde. Unsere Köchin war eine wunderbare Frau, sie hat mich auch immer getröstet, wenn ich deprimiert von der Schule heimkam. Sie weinte bei unserem Abschied von München. Wir haben uns während meines ersten Besuchs in München 1953 wieder getroffen und sind dann bis zu ihrem Tod miteinander in Kontakt geblieben. Im Zusammenhang mit einem Wiedergutmachungsverfahren haben wir nach dem Krieg erfahren, dass die Geschwister meines Vaters am 20. November 1941 nach Kaunas abtransportiert und fünf Tage später umgebracht worden sind.

Ich hatte in Palästina anfangs ebenfalls zu kämpfen. Zuerst besuchte ich eine WIZO-Haushaltsschule. WIZO (Women's International Zionist Organization) ist eine internationale Organisation zur haus- und landwirtschaftlichen Ausbildung von Frauen und Mädchen. Eine Freundin meiner Mutter war damals Präsidentin. In diesen eineinhalb Jahren bekam ich erste Kontakte und ich lernte die Sprache. Danach war ich Kinderfräulein, Arzthelferin, Näherin etc. Später habe ich fünf Jahre bei einer englischen Zeitung gearbeitet. Schließlich bin ich zur Polizei gegangen. Dort habe ich acht Jahre, zuletzt als Sergeantin, gearbeitet.

Nach 15 Jahren, 1953, sind meine Eltern nach München gefahren. Sie hatten nicht vor länger zu bleiben. Mein Vater wurde hier jedoch schwer krank, zudem hatte meine Mutter Angina Pectoris, und so sind sie irgendwie hängengeblieben. Später haben sie zumindest Wiedergutmachungszahlungen bekommen, Gott sei Dank, denn es ging ihnen materiell nach wie vor schlecht. In dem jüdischen Altersheim, in dem sie wohnten, war alles noch sehr einfach. Aber immerhin konnte Mutter ihrem kranken Mann hin und wieder auf einem Kocher Diätmahlzeiten zubereiten. Heimisch fühlten sie sich nicht, dazu hatten sich die Stadt und die Menschen zu sehr verändert. 1957 ist mein Vater gestorben, erst dann ist meine Mutter in eine eigene Mietwohnung gezogen. Sie hätte wahrscheinlich viel lieber in Israel gelebt, schon weil wir zwei Kinder dort waren, aber irgendwie hat es nicht geklappt. Später kam dann auch Mutters

---

[58] Rosa (1880–1941) und Karl Goldschmidt (1885–1941). Zu den Internierungsorten in München: Strnad, Zwischenstation „Judensiedlung".

Schwester wieder nach München. Sie wurde WIZO-Präsidentin in München, und die beiden haben innerhalb dieser Organisation viel zusammen gearbeitet.

Ich bin 1953 ebenfalls das erste Mal wieder nach München gekommen, um meine Eltern zu treffen. Es war furchtbar – alles war mir fremd geworden, zudem habe ich praktisch kaum mehr jemand gekannt. Die einzigen, die ich noch kannte, waren meine Klavierlehrerin und unsere ehemalige Köchin Babette, außerdem eine Kinderfreundin, eine Halbjüdin. Sie ist die einzige von früher, mit der ich noch in Verbindung bin. Alle anderen sind entweder über die ganze Welt verteilt oder umgekommen. Oder es sind Frauen, die mit mir in der Schule waren und nichts mit mir zu tun haben wollten. Ich war auch in unserem alten Haus in der Steinsdorfstraße, weil meine Klavierlehrerin noch immer dort wohnt. Ich habe sie etliche Male besucht. Alles, das Haus und ihre Wohnungseinrichtung, waren noch so wie in meiner Kindheit.

Nach München bin ich dann 1963, um meine Mutter zu besuchen. Wir wollten nur für drei Wochen kommen. Mein Mann, der damals in Tel Aviv seinen Geschäftsanteil aufgegeben hatte, wollte nach drei Wochen Reise nach Tel Aviv zurückkehren und sich eine neue Arbeit suchen. In der Zeit wurde aber meine Mutter schwer krank, außerdem ist meine Schwiegermutter, die uns auf der Reise begleitete, auch schwer erkrankt. Deshalb sind wir geblieben. So ist meine Tochter hier aufgewachsen, war hier im Kindergarten, in der Schule, hat hier ihren Beruf gelernt. Sie lebt noch heute in München. So kommt es, dass meine Eltern beide in München begraben sind, auf dem jüdischen Friedhof an der Garchinger Straße, mein Mann ebenfalls – und etliche Verwandte und Freunde…

Seit 1980 und bis vor kurzem lebte ich ein halbes Jahr in Tel Aviv und ein halbes Jahr in München, den Sommer hier und den Winter dort. Das entsprach auch meiner geteilten Identität. Ich bin hier und dort zu Hause, aber in Israel geht es mir im Hinblick auf die Menschen besser. Viele gute Freunde leben dort im Land der Juden, das mir sehr ans Herz gewachsen ist.

Ich liebe München auch, ich habe keine Angst hier. Aber den schlechten Teil der Münchner Vergangenheit kann ich nicht vergessen. Und die Ausländerfeindlichkeit, die jetzt wieder aufkommt, gibt mir schon sehr zu denken.

Deshalb finde ich so wichtig, dass man erzählt von der damaligen Zeit, von Juden und von Israel. Das war genau das Problem während des „Dritten Reiches", die Leute wussten viel zu wenig über uns und unsere Kultur. Und diese Kinder, die da die „Judensau" gemalt haben, sie konnten ja nichts für ihre Erziehung. Sie haben den Antisemitismus sozusagen mit der Muttermilch aufgesogen. Deshalb wäre es heute so wichtig, den Ausländerhass zu bekämpfen und bei der Jugend Toleranz und Menschlichkeit zu fördern, damit nicht wieder solch entsetzliche und unmenschliche Dinge geschehen können.

Abschließend möchte ich noch sagen, dass es mir nicht leicht gefallen ist, diese Gedanken zu Papier zu bringen. Es hat wie gesagt lange gedauert und viel Kraft gekostet, diese schlechte Zeit zu verarbeiten, und einiges habe ich nach wie vor in meine hintersten Gehirnzellen verdrängt. Trotzdem wollte ich Erlebnisse und Vorfälle aus dieser Zeit schildern, um vielleicht dem einen oder anderen ein paar Eindrücke von der damaligen Zeit zu vermitteln – sollten sich Jugendliche angesprochen fühlen, würde mich das besonders freuen.

Münchener Jahre

Von Erich Hartmann

Erich Hartmann wurde am 29. Juli 1922 in München geboren. Seine Eltern Max Simon und Irma Hartmann waren seit 1922 Inhaber eines Manufaktur- und Modegeschäfts in der Passauer Innenstadt. Das Ehepaar hatte drei Kinder. 1933 zogen die Hartmanns nach München, wo Max Simon Hartmann den Lebensunterhalt der Familie mit einem Kleinhandel für Bürobedarfsartikel am St.-Pauls-Platz 7 sicherte. Im Zuge der „Arisierungsmaßnahmen" wurde dieses Kleingewerbe im Mai 1938 liquidiert.

Gemeinsam mit seinen Eltern und den beiden jüngeren Geschwistern Kurt und Ruth emigrierte Erich Hartmann im Sommer 1938 in die USA. 1943 meldete er sich freiwillig zum amerikanischen Militär und kehrte 1945 als GI nach Deutschland zurück, wo er zeitweise in Augsburg stationiert war. Nach seiner Rückkehr in die USA begann er 1946 in New York eine Ausbildung zum Fotografen und wurde 1952 Mitarbeiter der angesehenen, von Robert Capa 1947 gegründeten Fotoagentur Magnum. In den 1960er Jahren war er Mitglied des Magnum-Direktoriums, 1985/86 amtierte er als Präsident der Agentur. Neben seinen zahlreichen Engagements für international renommierte Zeitschriften zeigte Hartmann seine Arbeiten immer wieder im Rahmen von Ausstellungen. 1993/94 unternahm er mit seiner Frau, der Autorin Ruth Bains, eine Reise zu ehemaligen Konzentrationslagern, die er in dem Buch und der Wanderausstellung „In the Camps" dokumentierte.

Erich Hartmann ist am 4. Februar 1999 in New York gestorben. Den hier abgedruckten biographischen Text verfasste er 1997 nach einem Besuch im Stadtarchiv München.

Shakespeare's König Heinrich der Fünfte sagt vor der Schlacht von Agincourt zu seinen Offizieren: „Die Alten sind vergesslich; doch wenn alles vergessen ist, wird er sich noch erinnern…" In den folgenden Seiten ist nicht von kriegerischen Heldentaten die Rede, sondern von Rückblicken auf eine Kindheit und Jugend, in der das Kind und der Junge Mut und Feigheit, gute und schlechte Taten erlebte und Schlachten sah, die nicht mit greifbaren Waffen gefochten wurden, sondern mit Angst und Bangen gegen einen gnadenlosen Gegner, eine Schlacht in der es nicht um die Eroberung von Boden ging, sondern um das Recht, im „Dritten Reich" am Leben zu bleiben.

Heute bin auch ich ein alter Mann und vergesslich, doch nicht alles ist vergessen. Wenn auch nicht alle Einzelheiten mehr scharf sind (es ist schon lange her), dann ist meine Erinnerung an die grundsätzlichen Erlebnisse mei-

Erich Hartmann, 1981

ner Kindheit und Jugend immer noch klar – was ich fühlte, welchen inneren Geruch ich von Menschen und Ereignissen davontrug und behielt.

Ich habe lange darüber nachgedacht, ob es einen mehr als egoistischen Zweck haben könnte, mich schriftlich an meinen Anfang zu erinnern – wie wichtig ist ein Leben unter den mehr als 10 Milliarden heute?[59] Die Frage hat sich selbst beantwortet: an mein eigenes Leben denkend, musste ich gleichzeitig an die vielen Millionen Menschen denken, die unter den Nazis ihr Leben ungelebt und unvollendet verlieren mussten. Ich habe auch deshalb versucht, mein Leben im vollen Wissen des Am-Leben-Seins zu leben. Ob es gelungen ist oder nicht, ist hier nicht wichtig. Auf jeden Fall sind diese Erinnerungen dem Andenken an die vielen ungelebten Leben gewidmet.

München ist meine Geburtsstadt, aber meine Heimatstadt ist Passau, weil meine Eltern, Max und Irma Hartmann geborene Blättner,[60] dort lebten. Doch als es zur Geburt ihres ersten Kindes kam, war meinem Vater die Passauer Kinderklinik nicht gut genug (für meine zwei Geschwister, vier und acht Jahre später, schon), und deshalb brachte er meine Mutter nach München, zu Onkel Max und Tante Regina, und als die Zeit gekommen war, brachte die Tante meine

---

[59] Zum Zeitpunkt der Niederschrift dieses Textes betrug die Weltbevölkerung etwa sechs Milliarden Menschen.
[60] Max Simon Hartmann wurde am 20. Juli 1887 in Schlichtingsheim, Preußen, geboren. Seine Ehefrau Irma Hartmann (geb. Blättner) erblickte am 30. Januar 1898 in Schwanfeld das Licht der Welt; sie starb im März 1982 in Bridgeport, Connecticut.

Mutter in die Frauenklinik in der Nähe vom Sendlinger Tor. Es war nicht ein einfacher Herr Doktor, sondern ein Herr Sanitätsrat, der mich am 29. Juli 1922 zur
Aussenwelt beförderte. Nach ein paar Wochen waren wir zwei wieder in Passau,
nur dass ich jetzt eben nicht mehr – sagen wir „in Pension" in meiner Mutter war.

   Meine Kindheit in Passau war beschützt und geordnet. Ich ging zur evange-
lischen Schule in der Nikolastrasse, je zwei Klassen in einem Klassenzimmer,
an der Wand über dem Lehrerpult die physikalische Landkarte von Deutschland
die ersten zwei Jahre, „Der-Mensch-als-Maschine"-Karte die nächsten zwei.
In jedem Klassenzimmer stand ein grosser Kachelofen, in dessen offenen Teil
wir an Wintertagen Äpfel stellten, die bis zur kleinen Pause weich und vollduf-
tig waren und köstlich schmeckten. Im Hof stand ein grosser Kastanienbaum,
dort ass ich in der grossen Pause meine Buttersemmel und tat mir leid, weil ich
mir keine Schokoladenmilch kaufen durfte wie viele von meinen Schulkameraden. Lernen war mir leicht, ich machte meine Hausaufgaben, las gerne und
viel und bekam gute Noten. Am Sonntagmorgen hörte ich dem Orgelkonzert
aus dem Passauer Dom im Bayerischen Rundfunk zu und eine Zeitlang wollte
ich Organist werden. Doch hatten wir kein Klavier und es wurde mir klar, dass
kein Dom einen jüdischen Organisten einstellen würde und dass nur wenige
Synagogen eine Orgel hatten (es gab keine Synagoge in Passau; einmal im
Jahr, zu den hohen Feiertagen, beteten die weniger als zehn jüdischen Familien zusammen in einem Hotelsaal. Weder gab es in Passau Rabbiner noch
„Chasan" – singende Vorbeter). Ein paar Jahre lang kam ein Bekannter meiner
Eltern aus Fürth, von Beruf Reisender, für eine Seifen- und Parfümgrosshand-
lung, um der kleinen Gemeinde vorzubeten. Am Ende von Jom Kippur, dem
Versöhnungstag, an dem man von Vorabend bis Abend fastet, war er oft bei uns
zum festlichen Abendessen eingeladen. Ich mochte ihn sehr, er schien Freude
am Leben zu haben. Einmal in der Woche kam der Lehrer Frank aus der nahen
jüdischen Gemeinde in Straubing. Er sprach wenig, summte vor sich hin, versuchte uns jüdischen Kindern in einem abgelegenen Schulzimmer Bibel und
Religion und Hebräisch beizubringen. Er war mit Routineantworten zufrieden
– „Ani, ato…" (ich, du…). Anstatt einem Klavier bekam ich eine kleine Geige
und Unterricht nach der Schule und ich übte; es machte mir nicht viel Freude.

   An schönen Sonntagnachmittagen gingen wir, Eltern und Kinder, mit
jüdischen Bekannten spazieren. Oft war das Ziel ein Gasthaus im nahen
Österreich, in dem es guten Kaffee und Kuchen gab und von dem meine Mutter manchmal eine ungarische Salami und Wiener Waffeln mit nach Hause
brachte. Die Männer gingen zusammen und sprachen über Politik (ich erinnere
mich an einen Satz von meinem Vater: „Schwere Zeiten kommen auf uns zu.").
Die Frauen gingen zusammen und wir Kinder gingen entweder zwischen den
zwei Gruppen hin und her oder allein, denn die Erwachsenen sagten oft: „Geht
voraus Kinder, das is nix für euch!"

   Wichtiger sogar als die Orgelmusik hatte ich im Rundfunk meine erste
Begegnung mit klassischer Musik – Beethovens Coriolan-Overtüre. Sie hat

mich zutiefst berührt und zuerst wusste ich nicht warum. Erst viel später verstand ich, dass ich eine ganz besondere Beschreibung der Welt gehört hatte, die in ihrem Einfluss auf mich weit über Worte hinausging, die von Ordnung und Schönheit, auch von Strenge und Konflikt sprach – und auch, das erfuhr ich erst als ich schon erwachsen war, von Trost und Heilung.

Ich kam in die Passauer Realschule, war auf meine grüne Studentenmütze stolz, sang Sopran in Bach-Kantaten im Schulchor, fing an Englisch zu lernen. Es war eine gute Zeit; unsere Zukunft, meine Zukunft, war voraussehbar und ich freute mich darauf. „Wenn der Junge mit der Realschule fertig ist, kommt er auf die kaufmännische Schule und dann ins Geschäft und eines Tages…" in die Firma Hartl & Hartmann, Passau, Detailverkauf und Versand von Textilwaren, Inhaber Alois Hartl und Max Hartmann, Soldaten die sich 1916 in englischer Kriegsgefangenschaft in Frankreich befreundeten, 1919 die Firma zusammen gründeten und führten und damit ihren zwei Familien ein bescheidenes, gutes Leben erarbeiteten.

Dann kam der 30. Januar 1933, der 35. Geburtstag meiner Mutter und der Tag, an dem die neu gewählte deutsche nationalsozialistische Regierung an die Macht kam.[61] Ein Fackelzug marschierte an unserer Wohnung vorbei, ich hörte einen Stein in eines der Fenster im Schlafzimmer meiner Eltern einschlagen und eine raue Stimme heraufschreien: „Judas verrecke!"

Ich hatte geglaubt, dass mich unsere Eltern gegen Dunkelheit und alles Böse beschützen konnten, aber ich verstand schnell, dass die Gefahren viel grösser waren als die, die mir oft aus Märchen und Geschichten in den Schlaf folgten. Es war der Anfang der schweren Zeit, deren Absichten und Ausmass zuerst unglaublich erschienen, aber nicht lange. Ich war zehn Jahre und sechs Monate alt und meine Kindheit war zu Ende.

Am ersten Apriltag 1933 organisierten die Nazis einen allgemeinen Boykott[62] gegen jüdische Geschäfte. Ein SA-Mann stand vor den Ladentüren und meine Eltern und Geschwister und ich, zusammen mit anderen jüdischen Kaufleuten in Passau und ihren Familien, gingen spazieren, weil sich keiner in die Nähe seines eigenen Ladens wagte. Ein paar Tage später, als mein Vater wieder zu seinem Geschäft kam, war die Türe mit einem neuen Schloss versperrt, zu dem sein Schlüssel nicht mehr passte. Sein christlicher Partner sagte ihm, dass das Geschäft mit einem jüdischen Mitinhaber schnell zu Grunde gehen würde und stellte ihn vor ein Ultimatum: nimm meinen Preis für deinen Geschäftsanteil an oder du gehst leer aus. Mein Vater nahm den angebotenen,

---

[61] Adolf Hitler wurde nicht gewählt, sondern von Reichspräsident Hindenburg zum Reichskanzler ernannt und mit der Regierungsbildung beauftragt.

[62] Der reichsweit organisierte „Judenboykott" am 1. April 1933 richtete sich vor allem gegen jüdische Geschäftsleute, Ärzte und Rechtsanwälte. Kunden und Klienten sollten vom Betreten der Geschäfte, Praxen und Kanzleien, vor denen SA-Männer postiert waren, abgehalten werden. Diese aggressive Schikane war der erste massive Schritt zur Ausschaltung der Juden aus dem deutschen Wirtschaftsleben.

lächerlich niedrigen Preis an und war arbeits- und einkommenslos. Der Partner übernahm das Geschäft als Alleininhaber und blieb seiner jüdischen Frau durch die ganzen Nazijahre hindurch treu.

Ich habe nie eine Erklärung dafür gefunden, warum mein Vater nicht auch sofort in ein Konzentrationslager kam wie viele andere – er war Jude, erfolgreich in seiner Arbeit, lebenslänglicher wenn auch passiver Sozialdemokrat. Vielleicht wurde er nicht gleich verhaftet, weil er als Freiwilliger und Frontkämpfer im Ersten Weltkrieg diente und mit dem Eisernen Kreuz ausgezeichnet wurde. Davor, wenigstens am Anfang, hatten die Nazis noch Respekt, sogar bei Juden.

Wir zogen nach München. Das ist eine grosse Stadt, da sind die Leute aufgeschlossener als hier, dort haben wir Verwandte, dort findet der Vati Kunden unter den vielen jüdischen Firmen, dort überstehen wir diesen Sturm von Hass und Wut – es kann ja nicht lange so bleiben. Meine Mutter fand uns eine Mansardenwohnung am St. Paulsplatz, mein Vater, gelernter Buchdrucker, vermittelte komplizierte Druckarbeiten zwischen jüdischen Kunden und kleinen Druckereien und damit verdiente er genug für uns. Ich fand München noch schöner als Passau und interessanter – die Strassenbahnen! – ging in die Ludwigsrealschule[63], vorbei an den BMW-Schaufenstern in der Sonnenstrasse mit ihren glitzernden Maschinen und dem von allen Jungen verehrten Rennfahrer Ernst Henne[64], der manchmal am Fenster stand, ging auch vorbei an einem grossen grauen Gebäude, einer SS-Kaserne, die einmal ein Kloster gewesen sein soll.[65] Ich konnte in die Küche hinuntersehen, es dampfte aus den grossen Kesseln und durch das offene Fenster roch es nach Fleisch und Knödeln. Nach der Schule spielten wir auf der Wiese neben unserem Haus: Soldaten und Indianer im Wilden Westen, den ich aus den Karl-May-Büchern kannte.

Bald ging ich nicht mehr gerne in die Schule. Lernen war mir leicht und das führte zu Schwierigkeiten mit Mitschülern: „Wie kommt es, dass ein Jud' die beste Note in deutscher Geschichte kriegt?!" Die Lehrer lernten das neue „Recht" schnell und viele der Schüler – sie „Schulkameraden" zu nennen wäre falsch – hatten Spass mit „den Judenbuben".

Als ich dreizehn war, konnte ich die Schule verlassen. Mein Vater besorgte mir eine Volontär-Anstellung (Lehrling zu sein war uns damals schon verboten) in einer kleinen Klischeeanstalt in der Schwanthalerstrasse – eine Begegnung mit der Fotografie, die bis heute noch andauernde Folgen haben sollte. Die Arbeit war teilweise interessant, die Berufsschule, in die ich einmal in der Woche gehen musste, war viel interessanter. Im Rückblick waren es die Men-

---

[63] Die Ludwigs-Realschule wurde 1938 zur „Oberschule für Jungen an der Damenstiftstraße".

[64] Ernst Jakob Henne (1904–2005), legendärer Rennfahrer der 1930er Jahre, der vor allem auf BMW-Motorrädern spektakuläre Siege und Rekorde erzielte.

[65] Die Firma Auto-Henne befand sich in der Sonnenstraße 5. Von einer SS-Kaserne in dieser Gegend ist nichts bekannt.

schen bei der Arbeit, die ich von den drei Jahren in Erinnerung habe: der eine Inhaber war ein grosser Mann mit Händen wie ein Bauer aus den Bergen; er hatte wenig zu sagen und war freundlich. Der andere Inhaber war ein kleiner unruhiger Mann, Sohn eines frommen jüdischen Vaters, den ich manchmal in der Synagoge beten sah, mit einer christlichen Frau verheiratet und einem Baby. Sie hatten auch einen riesigen Schäferhund, der mich einmal biss, weil ich zu nahe an das Baby herangekommen war. Der langjährigste Arbeiter – Frontkämpfer wie mein Vater – sprach mit niemand; tat seine Arbeit, las seine Zeitung in der Pause, ging nach Hause. Die zwei Fotografen waren befreundet und stritten sich freundschaftlich und ununterbrochen. Der Ätzer war begeisterter Leicafotograf und sprach meistens vom Schilaufen und seiner Freundin. In meiner Klasse in der Berufsschule gab es einen zweiten Hartmann. Wir waren nicht nur nicht verwandt, er kam aus einer Offiziersfamilie und hatte lange keine Ahnung was ein Jude ist. Er versuchte mir das Rauchen beizubringen, doch ich konnte es schon.

Eine meiner täglichen Pflichten war es, mit dem Fahrrad die Brotzeit für die Leute in der Firma einzukaufen – Semmeln mit Leberkäs oder Aufschnitt und Bier, alles in eine grosse Tüte hinein und oben drauf der Leberkäs und die Semmel, die mir fast jeden Tag eine von den freundlichen Verkäuferinnen zusteckte. Dann zurück, am Deutschen Theater vorbei, zu den wartenden Leuten.

Meine Bar Mitzvah fand in der Grossen Synagoge in der Herzog-Max-Strasse statt (die Synagoge gibt es natürlich nicht mehr, sie wurde nach der Kristallnacht abgerissen um einen „notwendigen" Parkplatz zu bauen).[66] Ich muss meinen Thora-Absatz richtig gesagt, vielleicht sogar gut gesungen haben, meine Eltern waren stolz. Ich kann mich besser an den Priestersegen erinnern, den der Rabbiner Dr. Kessler[67], mit seinen Händen auf meinen gebeugten Kopf gelegt, über mich aussprach. Es gab ein Mittagessen im damals noch bestehenden jüdischen Restaurant Schwarz in der Sonnenstrasse, bei dem auch ich eine „Rede" hielt. Die Karte auf der ich sie schrieb habe ich noch, es war keine gute Rede. Ich bekam viele Geschenke, darunter das Philo-Lexikon[68], „Handbuch des jüdischen Wissens", das seitdem mit mir gewandert ist und vor mir steht.

Die Massnahmen gegen uns Juden – Verordnungen, Gesetze, Entziehungen – wurden mit jedem Monat schärfer und gefährlicher – und demütigender. Ich fing an, daran zu glauben, was Zeitungen und Radio und Redner täglich behaup-

---

[66] Die 1884/1887 erbaute Hauptsynagoge wurde im Juni 1938 auf persönlichen Befehl Adolf Hitlers von der Münchner Baufirma Leonhard Moll abgerissen.
[67] Dr. Siegfried Keßler, geb. 1883 in Iserlohn; er lebte seit 1926 mit seiner Familie in München, wo er als Oberlehrer Religion, Hebräisch und jüdische Geschichte an höheren Schulen unterrichtete. Siegfried Keßler war der letzte jüdische Schulleiter und Lehrer in München. Im März 1943 wurde er nach Auschwitz deportiert und ermordet.
[68] Das Philo-Lexikon erschien erstmals im Jahr 1935 mit dem Ziel, über alle wichtigen Aspekte des Judentums zu informieren. Darüber hinaus sollte es bei den Lesern auch zu einer Stärkung der jüdischen Identität beitragen.

teten und ausriefen – dass jeder Jude ein Parasit ist, dem man nicht trauen darf
und mit dem das deutsche Volk so wenig wie möglich zu tun haben solle. Doch
ich hatte Glück, ich trat dem „Bund der Deutsch-Jüdischen Jugend"[69] bei, dem
die Nazis bald das Wort „Deutsch" aus seinem Namen strichen. Die Kameradschaft von aufgeschlossenen jungen Menschen, die mehr wussten als ich, und
das Gefühl, dass wir zusammengehören und einander beistehen können und
beistehen würden solange wir (noch) zusammen waren, hat mich ermutigt und
getröstet und hat mir den Glauben gegeben, den ich heute noch in mir trage: dass
auch ich ein Recht auf das Kulturgut dieses Landes habe, in dem ich geboren
bin, dass Schiller und Beethoven und der verehrte Johann Sebastian Bach auch
mich ansprachen. Wir machten Sonntagsausflüge und einmal eine wochenlange
Fahrradreise durch die Voralpen, schliefen in Heuscheunen (mussten vorher der
Bäuerin unsere Zündhölzer abgeben), sahen uns die Königsschlösser von aussen an. Niemand kannte uns, die Berge zeigten keine Feindschaft.

Als Bar Mitzvah-Geschenk lud mich der ältere und viel weisere Leiter meiner kleinen BJJ-Gruppe in die Staatsoper ein, meine erste Opernaufführung,
„Der Freischütz", eine der deutschesten aller deutschen Opern. Die Musik blieb
mir wochenlang im Kopf und das so genial und scharf gezeichnete Portrait des
deutschen Geistes, der zwischen edlem Denken und Verbündnissen mit dem
Bösen hin- und herschwankt, ist mir unvergesslich. Ich habe den „Freischütz"
seitdem oft gesehen – in der Metropolitan Opera in New York, in London, in
Hannover, in Passau (wo ich 1990 eine Ausstellung von Zeichnungen meines
Vaters organisierte) – das bisher letzte Mal, 1995, sah ich ihn im Münchener
Theater am Gärtnerplatz, als ich meine schon erwachsene Tochter bei ihrem
ersten Besuch in München begleitete.

Durch die Nürnberger Gesetze musste uns unsere Anna verlassen, die meine
Mutter kurz nach meiner Geburt als blutjunges Mädchen in Passau [...] als
Kindermädchen in unsere Wohnung und in unsere Familie brachte. Sie weinte
eine Woche lang, meine Mutter und kleine Schwester auch. Immer wieder
sagte sie leise „I weiss net wo i hin soll". Doch sie schlug sich durch, über-
stand den Krieg, der ihren Mann früh und grausam tötete. Heute lebt sie ruhig
und friedlich in der Lutherstadt Wittenberg, eine hochbetagte Grossmutter. Wir
schreiben uns Weihnachtsbriefe.

In der grossen Synagoge gab es jetzt ein Symphonieorchester, bestehend
aus jüdischen Musikern, darunter Professoren, die aus ihren Stellungen und
Pensionen in Opern- und Theaterorchestern entlassen waren. Sie durften nur
noch „jüdische Musik" spielen – Mendelssohn, Goldmark, Mahler, Schönberg,
andere. Die Konzerte waren vielbesucht, doch der damals 15jährige erinnert
sich, dass viele Gesichter nicht mehr andächtig oder feierlich waren, sondern

---

[69] Vermutlich ist damit der Zusammenschluss „Werkleute, Bund deutsch-jüdischer
Jugend" gemeint, einer 1932 erfolgten Abspaltung des „Deutsch-jüdischen Wander-
bunds".

gleichzeitig bleich und dunkel, von der Angst markiert. Das Lagertor zum KZ war schon lange im inneren Auge zu sehen und für viele wurde es zur Wirklichkeit; es kam uns allen immer näher. Die Wahl wurde klar: keine Behörde, kein Gericht, niemand hier kann oder will uns aus der Verfolgung helfen. Wir müssen weg aus Deutschland oder sie werden uns vernichten. Die Besorgnis in den Erwachsenen wurde dringend und dringender. Ich fühlte sie auch – wortlos, unerbittlich, immer gegenwärtig.

Ein kleiner Unfall brachte mich zum ersten Mal mit Dachau in Berührung. Ich fiel vom Fahrrad auf einer regennassen Strasse und meine Eltern schickten mich in die Klinik in der Nähe unserer Wohnung. Als ich in das Wartezimmer kam, waren schon zwei Männer dort; einer stand, der andere sass auf der Bank. Der, der stand, trug die schwarze Totenkopfuniform und Pistole der SS, der andere die blaugrau gestreifte Kleidung und die Holzpantoffeln eines Häftlings. Sein Kopf war geschoren, sein Gesicht war mager und zeigte dunkle Flecken. Niemand sprach; ich weiss nicht, warum sie dort waren. Der SS-Mann blickte hinaus auf den Frühlingsgarten, der Häftling auf den Boden. Sie sahen einander nicht an. Einmal schaute der SS-Mann zu mir herüber und wieder weg, ohne Interesse. In seinen Augen sah ich die Ruhe, die auf rein physischer Kraft beruht; in den Augen des Häftlings sah ich etwas, das ich noch nie vorher in einem Gesicht gesehen hatte – keinen Ausdruck, keine Erwartung, keine Hoffnung, ein leeres, ein ausgeleertes Gesicht. Ich wurde gerufen, das Knie war schnell behandelt und auf dem Weg hinaus waren die zwei nicht mehr da. Ich habe sie nicht wieder gesehen, aber ich würde den Häftling noch heute wiedererkennen.

Aus Abenteuergeschichten kannte ich den Ausdruck „das Blut lief wie Eis in seinen Adern". Jetzt wusste ich zum ersten Mal, was das bedeutete – ich fühlte unmittelbaren, greifbaren Schrecken wie noch nie zuvor. Ich fing an zu verstehen, was die Nazis begonnen hatten aus dem Deutschland zu machen, das mein Geburtsland war und das ich liebte – eine eisige Hölle, wie ein Überlebender von Dachau später schrieb. In den paar Minuten in dem sauberen und antiseptischen Klinikraum bekam ich eine Ahnung davon, was es bedeuten musste, ein Gefangener der SS zu sein und viel später war mir klar, dass ich in die zwei Gesichter von Nazideutschland geschaut hatte und dass beide die Gesichter des Todes waren: das des Töters und das des Opfers.

Die jüdische Gemeinde schrumpfte. Jüdische Firmeninhaber verkauften an Nichtjuden so gut sie konnten, manchmal brachte die Arbeit von vielen Jahren lächerlich wenig unter dem grossen Druck des Fortmüssens. Mit ihrem Fortgehen schrumpfte auch die Kundschaft meines Vaters. Die neuen Besitzer gingen anderswo hin mit ihren Druckaufträgen. Das Ende meines Vaters Einkommens und unserer Lebensmöglichkeit war zum zweiten Mal klar sichtbar. Um den Abendtisch sprachen meine Eltern mit Freunden und Bekannten in die Nacht hinein. Ich erinnere mich, dass ich, der ich Kurzschrift in der Schule gelernt hatte, die Worte „Spanien" und „Palästina" in mein Geheimbuch schrieb und ich glaube, die Erwachsenen sprachen auch über Shanghai und Kuba. Mehrere zionistische Parteien im damaligen Palästina hatten Büros in München, um Einwanderer für Kibbutz und Moschav (kooperatives Landwirtschaftsdorf) zu werben. Meine Eltern wollten nicht nach Palästina, doch ich machte einen Abendkurs in Iwrit, der heutigen hebräischen Sprache. Hinter jedem Gedanken lauerte die Frage: „Was tun wir? Wo gehen wir hin? Wo können wir hin? Was wird aus uns?"

Seit vielen Jahren lebte Tante Babette, Schwester der Mutter meiner Mutter, die die früh verwaiste Nichte aufgezogen hatte, im jüdischen Altersheim in Würzburg, alt und geistig gebrechlich, doch körperlich gesund. Meine Eltern und ein entfernter Vetter meiner Mutter in Amerika, von dem man wenig ausser seinem Namen wusste, ermöglichten durch die gemeinsame Bezahlung der Kosten der alten Frau dort einen friedlichen Lebensabend. Anfang 1938 schrieb mein Vater diesem Vetter einen langen Brief, den ich mit meinem Schulenglisch übersetzte. Der Inhalt war sehr vorsichtig und doch klar: es wird schwierig hier für uns, wir brauchen Hilfe um auszuwandern. Könnte er uns bitte mit dem magischen affidavit – der Bürgschaft – helfen, die es uns möglich machen würde nach Amerika zu kommen? Wir sind fünf...

Meine Mutter und ich trugen den Brief zur Post und wir fingen an zu warten. Die Zeit verging langsam, doch die Antwort kam schnell, nicht ein Brief, sondern ein Telegramm auf Englisch, ungefähr: „Ihr braucht nichts zu erklären, wir wissen Bescheid. Die notwendigen Papiere erwarten euch am amerikanischen Konsulat in Stuttgart." Als ich es meiner Mutter übersetzte, sagte sie aufgeregt: „Erich bist du sicher, bist du absolut sicher? Du darfst dich nicht verlesen! Wenn wir dem Vati das falsch sagen, das übersteht er nicht." Ich war sicher und wir waren in Sicherheit, wir waren gerettet. Erst viel später war es mir klar, dass ohne die Weitsicht meines Vaters, ohne den Fleiss meiner Mutter und ihrer beider Mut und Energie keiner von uns fünf den Lagern entkommen wäre.

Der Abschied von München war mir leichter, als der von Passau. Vielleicht ist er das zweite Mal nicht so schwer, vielleicht war er leichter, weil ich fünf Jahre älter war. Meine Jugend in München war zwangsweise kurz, weil ich schnell nicht wie ein Schulbub, sondern als ein Erwachsener denken und handeln musste. Wir waren auf dem Weg in ein unbekanntes Land und ein unvorhersehbares Leben, das viel von uns verlangen würde (und es auch verlangte), aber wir wussten auch, dass wir die grosse Bedrohung in Deutschland verlassen konnten. Onkel Max und Tante Regina begleiteten uns zum Bahnhof und winkten als der Zug abfuhr, zwei liebe, frühzeitig alte und zerbrechliche Menschen, die nicht verstehen konnten (oder wollten), was ihnen bevorstand. Ein paar Jahre später kamen sie in Theresienstadt um (als ich 1993 dort war, suchte ich ihr Grab und fand keines). Wir machten kurz in Berlin halt, um uns von Verwandten zu verabschieden, dann weiter nach Hamburg und mit einem amerikanischen Schiff nach New York.[70]

---

[70] Familie Hartmann verließ Deutschland auf dem Dampfschiff *Washington*, das am 14. Juli 1938 vom Hamburger Hafen in Richtung New York, USA, ablegte. Passenger

Ein paar Monate später lasen wir in den Zeitungen von der Kristallnacht und dass die Jagd auf Juden und ihre Deportierungen in die beginnenden Vernichtungslager immer systematischer und immer drakonischer wurden. Aus den bald nicht mehr kommenden Briefen von zurückgebliebenen Verwandten erfuhren wir vom Davidstern[71], von Erpressungen, von der nun totalen Rechtlosigkeit der Juden und anderer Staatsfeinde. Erst dann wusste ich, dass uns, ohne dass wir es wissen konnten, im letzten Moment eine starke Hand aus dem Land des Todes in ein freies Land geführt hatte.

[...]

Dann kam der Krieg. Ich meldete mich freiwillig zur amerikanischen Armee und nach [dem] D-Day diente ich in England und Frankreich, dann in Belgien und Deutschland. Kurz nach Kriegsende und der Befreiung der letzten Lager war ich in Augsburg stationiert und fuhr hinüber zum ehemaligen KZ Dachau. Die vielen Leichen, die die alliierten Befreiungstruppen vorgefunden hatten, waren begraben, die meisten der Baracken geleert und abgerissen, um die weitere Verbreitung von Seuchen anzuhalten. In der provisorischen Ausstellung, die in einer noch stehenden Baracke für Besucher eingerichtet war, hing gleich beim Eingang eine Häftlingsuniform mit einem Schild um den Hals: „ICH BIN WIEDER DA". Es erinnerte an die Häftlinge, die versucht hatten zu fliehen, wieder ergriffen und zurückgebracht worden waren, mit dem Schild um den Hals auf dem Appellplatz stehen mussten und dann vor dem versammelten Lager langsam und methodisch tot geschlagen wurden. Ich kann heute noch den Schrecken fühlen, der durch mich ging. Ich glaubte das Schild gelte auch mir – ich war zurück aus meiner neuen Heimat, wieder im Land meiner Geburt, umgeben vom seelenerdrückenden Echo der langen und unerbittlichen Unmenschlichkeit während der zwölf langen Nazijahre. Ich sah vor meinen Augen das Schicksal von unzählbar vielen Menschen, genau wie ich. Ich wusste jetzt, dass die Angst, die mir durch die Glieder ging, als ich den SS-Mann und den Häftling in der Klinik gesehen hatte, eine genaue Vorsage dessen war, was mir hätte geschehen können.

and Crew Lists of Vessels Arriving at New York, New York, 1897–1957. Microfilm Publication T715, 8892 rolls. Records of the Immigration and Naturalization Service; National Archives at Washington, D.C., zitiert nach: Year: 1938; Arrival: New York, New York; Microfilm Serial: T715, 1897–1957; Microfilm Roll: Roll 6186; Line: 28; Page Number: 120, in: Ancestry.com. New York, Passenger Lists, 1820–1957 [database online]. Provo, UT, USA: Ancestry.com Operations, Inc., 2010.
[71] Gemeint ist das vom nationalsozialistischen Regime eingeführte Zwangskennzeichen, der Judenstern oder Gelbe Stern; nach den Nürnberger Gesetzen von 1935 als Juden geltende Personen mussten ihn im Deutschen Reich seit dem 1. September 1941 tragen.

Erinnerungen

Von John Richard White

John Richard White (Hans Richard Weiß) wurde als Sohn von Richard Weiß (Weisz) und Kreszentia Kreil am 19. Juli 1924 in München geboren. Sein jüdischer Vater betrieb eine Provisionsvertretung in Textilwaren und Konfektion, zuletzt in der Perlacher Straße 37/I. Auf Wunsch seiner katholischen Mutter, zum Zeitpunkt seiner Geburt als Modistin tätig, wurde Hans Richard in seiner Geburtsstadt katholisch getauft. Die Eltern heirateten im November 1929 und am 1. Juli 1934 wurde ihre Tochter Liselotte Gisela geboren. Auf Grundlage der 1935 in Kraft getretenen Nürnberger Gesetze wurden Hans Richard und seine Schwester entsprechend der nationalsozialistischen Rassenideologie als „Halbjuden" kategorisiert und waren deshalb Diskriminierung, Ausgrenzung und Verfolgung ausgesetzt. Sie entgingen einer Deportation und überlebten in München. Anders erging es dem Vater: Richard Weisz war gezwungen, München zu verlassen, und reiste im Dezember 1938 über Frankreich nach Siam, dem Gebiet des heutigen Thailands. Bei Kriegsende lebte er in Shanghai und traf seine Familie erst später in San Francisco, USA, wieder, wohin seine Frau und Kinder am 10. Januar 1950 emigriert waren.
John Richard White verfasste seine Erinnerungen im September 2002 in San Francisco, USA.

[...]

In 1934 verzogen wir von der Innenstadt nach Giesing in die Perlacherstrasse, wo wir eine mehr modernere Wohnung von der „Gemeinnuetzigen Wohnungs-fuersorge A.G. Muenchen"[72] mieteten. Mein Vater war nun seit 1930 ein sehr erfolgreicher Handelsvertreter fuer die zweitgroesste deutsche Bekleidungsfa-brick [sic!] Simson & Co gewesen, mit einem Kundenkreis von ueber ganz Bayern hinaus.[73]

Nach dem Besuch der Klenze und Pfarrhof Volksschulen wechselte ich in 1936 hinueber in die Maria-Theresia Mittelschule und war dort einer von nur zwei jue-disch versippten Schuelern, das [sic!] den Professoren und Schuelern bekannt wurde. Insbesonders ein Professor, der ein Parteimitglied war, machte mir mit seinen ironischen und beleidigenden Bemerkungen hinsichtlich meiner Abstam-

---

[72] Die „Gemeinnützige Wohnungsfürsorge AG", kurz GEWOFAG, wurde am 6. Juni 1928 gegründet. Zur Geschichte vgl. die Selbstdarstellung der Gesellschaft „Historie", http://www.gewofag.de/web.nsf/id/historie-gewofag (9. Februar 2015).
[73] Der in München geborene Vertreter Richard Weiß/Weisz (1901–1994) emigrierte 1938 und gelangte schließlich über Siam und Shanghai nach San Francisco, Kalifornien, USA.

Hans Weiß, 1944

mung dort Schwierigkeiten, was mich zum Spott der Klasse machte. Sein Benehmen war derart, dass mein Vater sich darueber bei dem Rektor beschwerte, jedoch
ohne Erfolg, da dieser ein Blutordenstraeger der NSDAP war. Im Fruehjahr von
1938 wurde ich dann aus rassischen Gruenden von der Mittelschule verwiesen.

Damals war ich mir schon ganz im Klaren, was sich im Konzentrationslager
Dachau zutrug, dadurch dass mein Vater einen von dort entlassenen Haeftling
nach Hause brachte. Ich ueberhoerte einen Teil der Unterhaltung zwischen ihm
und meinen Eltern[74] [...], in welcher dieser ueber die dortigen unmenschlichen
Behandlungsweisen von der SS sprach. [...]

Viele Freunde, Geschaeftskunden meines Vaters, hatten damals bereits
Deutschland verlassen und waren gluecklich gewesen Visas oder Buergschaften
hierzu zu bekommen. Mein Vater hatte schon seit Jahren versucht auswandern zu
koennen und schrieb viele Briefe und Ansuchen an die verschiedenen Laender.
Er war aber nicht erfolgreich gewesen diesbezueglich, denn die Regierungen von
England, Suedafrika, Australien, Neuseeland und insbesondere die USA waren

---

[74] Richard (Weisz) Weiß war seit dem 18. November 1929 mit Kreszentia Kreil (1900–
1987) verheiratet. Sie blieb nach der Emigration ihres Mannes allein mit den Kindern
in München und wanderte 1950 mit ihnen nach San Francisco, Kalifornien, USA, aus.

nicht daran interessiert gewesen, deren alten buerokratischen Einwanderungsbe-stimmungen zu aendern. Trotzdem sie ja wussten was sich in den deutschen Kon-zentrationslagern zutrug, mit der Verfolgung der Juden und der anderen politisch Gefangenen dort. Da doch entlassene Konzentrationslager-Haeftlinge nach den USA und England ausgewandert waren, um dort ein neues Leben zu beginnen.

Mit dem zunehmenden Boykott, dem Antisemitismus, den gesetzlichen Ein-schraenkungen dann verkaufte die Firma, die mein Vater vertreten hatte, in 1936 deren Fabrik an einen Arier. Der neue Inhaber Povel & Soehne erlaubte dann nur noch meinem Vater die Waren an juedische und nicht mehr auch an arische Geschaefte zu verkaufen. Dadurch hatte mein Vater einen grossen Erwerbsverlust, wie auch dann in 1938 ihm seine staedtische Gewerbelizenz entzogen wurde aus rassischen Gruenden.

Nachdem ich aus der Mittelschule verwiesen wurde, musste ich mich auf dem Arbeitsamt melden, hinsichtlich einer Anstellung als ein Lehrling. Das Arbeitsamt verweigerte mir jedoch jegliche Hilfe um ein[e] Anstellung zu bekommen. Man erklaerte mir, ich muesse mir selbst einen Arbeitgeber finden und auch unver-zueglich ihm mitteilen, dass ich ein Halbjude bin. Dies machte es dann nahezu unmoeglich jemanden zu finden, der mich als Halbjude beschaeftigen wollte.

Durch einen Geschaeftsfreund meines Vaters, der der Besitzer der „Muse-ums-Garage" war, konnte ich dort als Kraftfahrzeughandwerkers-Lehrling dann arbeiten. Aber schon nach 3 Wochen erschien ein Beauftragter der DAF (Deutsche-Arbeitsfront[75]) und erklaerte dem Besitzer der Garage, dass er sofort alle 3 „juedischen" Lehrlinge zu entlassen haette. Die Begruendung hierzu war, dass sie keine Juden in diesem Berufe haben wollten.

Ich fand dann eine neue Anstellung bei einem anderen juedischen Geschaefts-freund meines Vaters in der Firma Kalter & Co im Tal[76]. Dies war ein Herren-bekleidungsgeschaeft, wo ich dann als Lehrling arbeitete. Die Kaufmaennische Innung verweigerte jedoch deren Zustimmung zu einem Lehrvertrag.

Ich arbeitete dort bis zur „Reichskristallnacht", dem 9./10. November 1938, wo dann dieses Geschaeft wie alle anderen juedischen Geschaefte und

---

[75] Die Deutsche Arbeitsfront (DAF) wurde nach der Zerschlagung der Gewerkschaf-ten unter der Führung von Reichsleiter Robert Ley am 10. Mai 1933 gegründet und war rechtlich ein der NSDAP angeschlossener Verband. Die Einheitsmitgliedschaft war „freiwillig, aber erwünscht" und ermöglichte es dem NS-Regime, die arbeitende Bevöl-kerung nicht nur im Beruf, sondern auch in der Freizeit zu kontrollieren. 1942 war der Verband die größte Massenorganisation im Deutschen Reich.

[76] Es handelt sich bei dem hier genannten Geschäftsfreund um den 1906 in München gebo-renen Max Kalter. Er führte nach dem Tod seines Vaters Jakob Kalter das 1895 gegründete Herrenbekleidungsgeschäft „Goldene 19" im Tal. Er war Absolvent der Höheren Handels-schule, hatte eine Fachausbildung im Bankwesen abgeschlossen und Textilfachschulen in Cottbus, Berlin und Düsseldorf besucht. Max Kalter war zudem Mitglied der SPD. Nach seiner Emigration im Jahr 1937 gründete er in New York ein Damenspezialgeschäft. 1981 wurde er vom New Yorker Bürgermeister zum Mitglied der „Task Force for the Erection of a Holocaust Memorial in New York" ernannt. Er starb 1987 in New York.

Betriebe demoliert wurden und die Synagogen in Brand gesetzt wurden. In derselben Nacht wurde dann vor unserer Apartmentseingangstuere ein uniformierter SA-Posten gestellt und meine Mutter, meine 2–3 jaehrige Schwester[77] und ich durften die Wohnung nicht mehr verlassen. Am naechsten Morgen wurde dann der Posten abgezogen und man ueberreichte uns einen „Raeumungsbefehl" zum sofortigen Verlassen der Wohnung. Der Hauseigentuemer, die „Gemeinnuetzige Wohnungsfuersorge AG Muenchen", deren Teilhaber die Stadt Muenchen war, erklaerte unter anderem, dass der Mieter und seine 2 Kinder Juden waeren und die Fortsetzung des Mietsverhaeltnisses und eine Hausgemeinschaft mit Juden nicht mehr fortgesetzt werden koenne.

Da wir ein eigen[e]s Telefon hatten, so waren wir in dieser Zeit in staendigem Kontakt mit meinem Vater gewesen, der in jenen Tagen in Berlin war. Mein Vater beschwerte sich sofort bei der Ungarischen Gesandtschaft ueber diese stattgefundene Behandlung seiner Frau und Kinder, die nicht deutsche Staatsangehoeriger waren, sondern Auslaender. Dies[e] Beschwerde wurde der „Gemeinnuetzigen Wohnungsfuersorge" [...] zugeleitet und welche dann sofort Klage bei dem hiesigen Amtsgericht einreichten zur Aufhebung des Mietsverhaeltnisses. Deren Begruendung war folgende: „Der Beklagte Richard Weiss und seine 2 Kinder sind Juden. Auf Grund der Judenaktion in Deutschland und der dadurch eingetretenen Verhaeltnisse kann uns deutschen Hausbesitzern und den deutschen Mietern in der Siedlung die Fortsetzung des Mietsverhaeltnisses und die Hausgemeinschaft mit Juden und Judenfamilien nicht mehr zugemutet werden. Die weitere Anwesenheit der juedischen Familie stoert die Ruhe und Ordnung im Hause. Als gemeinnuetziges, staedtisches Unternehmen haben wir bei dem gerichtsbekannten herrschenden Wohnungsmangel und Eigenbedarf nicht nur das Recht, sondern im Hinblick auf die tausenden von wohnungssuchenden Volksgenossen die Pflicht, die Wohnung der Antragsgegner einem arischen Volksgenossen zu vermieten. Der Wohnraum auf deutschem Grund und Boden steht in erster Linie und bis zur restlosen Bedarfsdeckung deutschen, arischen Volksgenossen zu".

Hierdurch, durch diese Klage, verzoegerte sich die R[a]eumung unserer Wohnung für 2–3 Wochen. In der Zwischenzeit hatte der oertliche Ortsgruppenleiter alle die Lebensmittelgeschaefte der Umgebung aufgesucht und den Ladeninhabern bei Strafe verboten, uns Lebensmittel zu verkaufen. Dies machte es dann fuer uns unmoeglich, in diesen Laeden einzukaufen und wir mussten andere Geschaefte finden, wo wir unerkannt waren.

Nachdem wir unsere Wohnung so schnell r[a]eumen mussten, so war es uns unmoeglich alle unsere Moebel mitzunehmen. Wir mussten die Wohnzimmer Einrichtung, Teppiche und Gardinen zurueck lassen. Der neue Mieter, der dann dort einzog, war der oertliche SA Fuehrer. Wir fanden dann Unterschlupf bei

---

[77] Liselotte Gisela Weiß war am 1. Juli 1936 zur Welt gekommen. Sie emigrierte mit ihrer Mutter und ihrem Bruder 1950 in die USA, wo sie am 24. Juli 1955 als Lisa Elizabeth White eingebürgert wurde.

der arischen Stiefschwester meiner Mutter, die uns ein Zimmer zur Verfuegung stellte in ihrer Wohnung in der Dachauerstrasse.

Mit der „Reichskristallnacht" und den verbundenen Judenaktionen konnte man nun klar erkennen, wie sich doch die Verhaeltnisse gegenueber den Juden, so rapide verschlechtert hatten. Aber dann schon zu Anbeginn des Jahres 1938 konnte man einen stetigen ansteigenden Antisemitismus, mit immer schaerferen Massnahmen gegen die Juden feststellen. Selbst Jugendfreunde von mir, die ich Jahre lang kannte, sie wagten es nun kaum noch mit mir oeffentlich zu sprechen, sie meideten mich. So ab und zu in den frueheren Jahren, war ich von verschiedenen meiner Freunde mit dem Schimpfwort „Missgeburt", daraufhin anspielend auf meine rassische Zugehoerigkeit, beschimpft worden. Nun zum ersten Male hoerte ich die sehr beleidigten [sic!] direkten antisemitischen Beschimpfungen wie „Saujude" auf mich gerichtet.

Ich kann mich auch noch daran erinnern, wie in den Wochen vor der „Reichskristallnacht", alle die Juden von polnischer Staatsangehoerigkeit verhaftet wurden, zum Abschub, der Ausweisung nach Polen. Waehrend der Judenaktion vom 9./10. November 1938 wurden tausende von Juden verhaftet und in die Konzentrationslager eingewiesen. Bei diesen Verhaftungen durch die SA, SS, Polizei und Gestapo und deren Brutalitaet kamen viele Juden ums Leben. […] Ich erinnere mich an einem Vorfall hierzu. Zur Strafe wurde dem juedischen Lageraeltesten seine Oberbekleidung abgenommen und sein Oberkoerper wurde mit Wasser abgespritzt und er musste in jenen kalten winterlichen Abendstunden um die Baracken herum laufen bis er ohnmaechtig zusammenbrach. Er wurde dann in eine Kammer eingesperrt, ohne Verpflegung und Wasser und nicht mehr herausgelassen, bis er dann dort nach einigen Tagen an Lungenentzuendung starb.

Innerhalb von Wochen nach der „Reichskristallnacht" wurden dann alle Juden aus deren Wohnungen entfernt und spaeter in „Judenhaeusern" untergebracht, Haeuser die von Juden geeignet wurden. Diese waren vollkommen ueberfuellt, jedes Zimmer mit an die 8 Personen, welche der Sperrzeit unterlagen und nur zu bestimmten Stunden das Haus verlassen konnten. Verschiedene Freunde meines Vaters, die alle diese schrecklichen Ereignisse miterleben mussten und keinerlei Chancen mehr fuer sich selbst sahen, sie veruebten Selbstmord. Ich erinnere mich da an das Ehepaar Man[n]heimer[78] aus der Baaderstrasse, die sich mit Gas vergifteten.

Den deutschen Juden wurden allen eine Strafe von 1 Milliarde auferlegt. Bei der Auswanderung wurde eine Reichsfluchtsteuer erhoben mit dem Einzug von Vermoegung- und Grundstückswerten. Viele der juedischen Geschaefte wurden dann „arisiert" und die neuen Besitzer waren meistens Parteigenossen. Es wurde dann den Juden gesetzlich verboten Fahrzeuge zu besitzen, oder zu benutzen,

---

[78] Louise (1889–1941) und Julius Mannheimer (1886–1941) lebten bis Oktober 1939 in der Baaderstraße; das Ehepaar verübte wegen der bevorstehenden Deportation am 12. November 1941 gemeinsam Suizid.

Radios zu besitzen oder einen eigenen Telefonanschluss zu haben. Ferner oeffentliche Telefonzellen zu benuetzen, oeffentliche Verkehrsmittel zu benuetzen, einschliesslich Eisenbahn, Strassenbahn oder Taxis. Sich eigene Haustiere zu halten oder auch weibliche Personen unter 45 Jahre zu beschaeftigen. Ferner wurde es Juden untersagt Restaurants, Kinos, Konzerte, Museums oder oeffentliche Baeder zu besuchen oder auch eine Leihbuecherei zu benutzen. Die Reisepaesse der Juden wurden mit einem „J" fuer Jude gebrandmarkt und den Juden offiziell der Vorname von Israel fuer Maenner und von Sarah fuer Frauen gegeben. Die Lebensmittelkarten wurden auch mit einem „J" gekennzeichnet und durften nur zu bestimmten Zeiten in ausgewaehlten Geschaeften zu verringerten Rationen benutzt werden. An einem spaeteren Zeitpunkt dann mussten saemtliche Juden den „Davidstern" zu deren Kennzeichnung oeffentlich tragen. [...]

Mein Vater selbst befand sich in diesen kritischen Tagen in Berlin und kehrte Wochen spaeter nach Muenchen zurueck. Wie schon erwaehnt, so hatte er seit Jahren versucht auswandern zu koennen. Es gelang ihm endlich im Sommer von 1938 ein Einreisevisa nach Siam zu bekommen, sowie ein Durchreisevisa durch Frankreich. Mein Vater verliess Muenchen im Dezember 1938 und meine Mutter, Schwester und ich waren zugegen, als er damals von dem Hauptbahnhof in Muenchen abfuhr. Da wir nun voellig mittellos waren, nachdem die Schiffspassage sehr teuer gewesen war, so bewarb sich meine Mut[t]er um eine Anstellung als eine Platzanweiserin in einem der Kinos. [...]

Um ein weiteres Einkommen fuer mich selbst zu haben, da ich als Lehrling nur 10 – 20 RM monatlich erhielt, so versuchte ich eine Nebenbeschaeftigung zu erhalten. Ich arbeitete fuer einen „Maronibrater" am Hauptbahnhof in den Abendstunden. Selbst hierzu musste ich eine Genehmigung von der Gestapo haben. Dieses Mal musste ich dort persoenlich hingehen in das „Wittelsbacher-Palais", das Hauptquartier der Muenchener Gestapo[79]. Ich bekam deren Zustimmung zur ARBEIT und erinnere mich an das doch unbehagliche Gefuehl dort nach der Passage der uniformierten SS Wachen, von deren Wache mit genauem Zeiteintrag zu dem betreffenden Buero gesandt zu werden, um wiederum dann mit genauem Zeiteintrag zurueck zur Wache am Eingang gesandt zu werden, vorbei an dem sich im Hofe befindlichen Gestapo Gefaengnis. [...]

Innerhalb von einigen Wochen nach dem Kriegsende, kam dann der erste Ruecktransport von Muenchener Juden aus dem Konzentrationslager von Theresienstadt zurueck nach Muenchen.[80] [...]

Im Sommer 1945 erreichte uns dann eine „Rot-Kreuz" Nachricht von Schanghai in China, die besagte, dass mein Vater dort wohlauf war. Dies war seine erste Nachricht von ihm seit 1941 gewesen. [...]

---

[79] Das Wittelsbacher Palais war Sitz der Stapoleitstelle München und befand sich in der Brienner Straße.
[80] Aus Theresienstadt kehrten etwa 150 Personen nach München zurück. Vgl. Kauders/ Lewinsky, Neuanfang, in: Bauer/Brenner (Hg.), Jüdisches München, 185

Die Klauen des Hakenkreuzes ziehen sich zu

Von Fred Bissinger

Fred (Fritz Albert) Bissinger wurde am 14. Juni 1928 als Sohn des Kaufmanns Otto Bissinger und seiner Frau Luzia Rivka (geb. Schloß) in München geboren. Er hatte eine Schwester, Ellen, und wuchs in einem liberal-jüdischen Zuhause auf. Er besuchte zunächst die Simmernschule, die in unmittelbarer Nachbarschaft zu seinem Elternhaus in München-Schwabing lag. Als er dort 1935 vom Unterricht ausgeschlossen wurde, musste er an die Jüdische Volksschule in der Herzog-Rudolf-Straße wechseln. Sehr zum Missfallen seiner Eltern sang Fred Bissinger im Synagogenchor der orthodoxen „Reichenbachschul". Bissingers Vater hatte sich seit 1919 und insbesondere nach der Verlegung des Firmensitzes von Augsburg nach München 1924 als Geschäftspartner der renommierten Firma Weinberger & Bissinger, Groß- und Kleinhandel mit Baumwollwaren und Schneiderartikeln, Rindermarkt 7 engagiert. Er wurde am Morgen des 10. November 1938 verhaftet und in Dachau inhaftiert. Nach seiner Freilassung und der erzwungenen Aufgabe des Betriebs emigrierte die gesamte Familie am 4. Dezember 1938 über Zürich in die USA. Die Überfahrt erfolgte auf der USS Manhattan.

Fred Bissinger, der in den USA seinen Vornamen Fritz Albert ablegte, wurde Offizier der US Air Force. Er erhielt zahlreiche Auszeichnungen und war von 1970–1975 in Wiesbaden und Ramstein stationiert. Er verfasste seine Erinnerungen an den Aufstieg des Nationalsozialismus in München in englischer Sprache nach einem Besuch im Stadtarchiv München.

Fred Bissinger ist am 5. März 2003 in Sacramento, Kalifornien (USA), verstorben.

Rückblickend lässt mich die Erinnerung an das Chaos des Jahres 1938 heute noch schaudern. Ich war noch nicht ganz zehn Jahre alt, als Hitler im Frühjahr dieses Jahres, ich glaube, es war im März, in Österreich einmarschierte, unter dem Vorwand, „Österreich zurück in die Heimat" zu bringen. Offiziell wurde es „Der Anschluss" genannt, als ob Österreich ein Dienstwagen wäre, den man an den Zug ankoppelte, der Großdeutschland sein sollte.[81]

Traditionsgemäß feierten wir das Pessachfest immer im Hause der Großeltern mütterlicherseits. Ihre erste Wohnung, an die ich mich erinnere, war

---

[81] Österreich war seit der Unterzeichnung des Gesetzes über die Wiedervereinigung Österreichs mit dem Deutschen Reich am 13. März 1938 (von Adolf Hitler für das Deutsche Reich und von Arthur Seyß-Inquart (1892–1946) für Österreich) völkerrechtlich Teil des Deutschen Reiches.

das Appartement in der Widenmayerstraße, die parallel zur Isar in München verläuft. 1938 waren sie bereits in die Franz-Joseph-Straße 41 in München-Schwabing umgezogen.

Das Pessachfest war von einer unheilvollen und düsteren Stimmung geprägt. Vor dem Sederabend gaben Oma Flora und Opa Adolf[82] [meiner Schwester] Ellen[83] und mir die Pessachgeschenke. Diese Geschenke waren anders als in den vorherigen Jahren. Ellen erhielt die Betttücher, Kissenbezüge, Tischtücher und Handtücher mit ihren Initialen (ERB); dies waren damals die traditionellen Brautgeschenke (die Aussteuer) der Großeltern an die Enkelin/Braut. Ellen war vierzehn Jahre alt. Ich erhielt einen Koffer, passend dazu eine mit Leder verarbeitete Toilettentasche und einen Geldbetrag (2000 Mark) „für Dinge, die ich brauchen würde".

Ich wusste es damals nicht, aber die Entscheidung, dass wir Deutschland verlassen und in die USA auswandern würden, war bereits [im Jahre 1937] gefallen. Sie teilten es mir damals nicht mit, aber beide Großeltern äußerten ihre Zweifel, ob sie Ellens spätere Hochzeit oder auch meine Bar Mitzwa mitfeiern könnten. Ich war damals noch nicht zehn Jahre alt; ich verstand den Ernst und die Bedeutung der Erklärung meiner Großeltern erst später in dem Jahr.

Großvater Herman[84] von Augsburg nahm meine Schwester Ellen und mich in den Osterferien 1938 mit nach Mittenwald. [...] Mittenwald ist eins der bezauberndsten malerischen Dörfer in Südbayern. Es ist seit langem das Zentrum für Geigenbau und weltberühmt wegen seiner handgefertigten Geigen von hoher Qualität. Mittenwald liegt an der österreichischen Grenze. Ich erinnere mich an frühere Besuche, als der österreichische Grenzschutz die Übergänge außerhalb des Dorfes bewachte. In diesem Osterurlaub war es nach meiner Erinnerung die deutsche Wehrmacht, die nun die ehemalige Grenze bewachte, und Großvater Herman erklärte uns, dass wir als Juden nicht in das frühere Österreich hinübergehen konnten.

Großmutter Theresa starb am 30. August 1935; meine Erinnerungen an sie sind lebhaft, warm und liebevoll. Was mir im Gedächtnis geblieben ist, ist, dass Großvater, gerade erst Witwer geworden, sehr tapfer war, eine vierzehnjährige Enkelin und einen zehnjährigen Enkel auf eine einwöchige Urlaubs-

[82] Kaufmann Adolf Schloß (1871–1963) und seine Frau Flora (geb. Jandorf, 1877–1949), Großeltern von Fred Bissinger mütterlicherseits, emigrierten 1938 über England in die USA. Sie waren Passagiere der SS *Lanastria*, die am 18. Dezember 1939 von Southampton nach New York ablegte.
[83] Ellen Ruth Anker (geb. Bissinger), Schwester von Fred Bissinger, wurde am 20. Juli 1924 in München geboren und emigrierte mit ihren Eltern und Bruder Fritz 1938 in die USA. Sie starb am 26. Juli 2004 in Miami-Dade, Florida.
[84] Gemeint ist hier Albert Bissinger, Kaufmann in Augsburg. Albert und Therese Bissinger (geb. Löwengrad) waren die in Augsburg lebenden Großeltern von Fred Bissinger väterlicherseits.

reise mitzunehmen. Ich habe liebevolle und zärtliche Erinnerungen an meinen Großvater väterlicherseits, der mit seinem langen weißen Bart und seiner vornehmen Haltung, Statur und Erscheinung unmittelbar Respekt einflößte. Ellen und ich nannten ihn OPA Herman. […]

OPA Herman unternahm eine weitere Reise mit Ellen und mir, wahrscheinlich im Jahr 1937; es war unser erster Besuch in Bechhofen, dem Geburtsort meines Großvaters mütterlicherseits, Adolf Schloss. Meine Urgroßeltern, Samuel und Adelheid Schloss, besaßen den Familienwohnsitz in Bechhofen, einem kleinen Dorf in der Nähe von Ansbach in Franken in Süddeutschland. Samuel und Adelheid feierten ihre goldene Hochzeit und sind nebeneinander auf dem alten jüdischen Friedhof in Bechhofen beerdigt. […]

Niemand in der Familie wusste damals, dass dies unser letzter Sommer in Deutschland sein würde. Mit meinem besten Schulfreund Helmut (Helly) Wolff, später: Wood[85], ging ich in ein jüdisches Sommerlager in Krumbach. Es war mein erster Aufenthalt in einem Ferienlager und auch mein erster Konflikt mit einer jungen weiblichen Aufsichtsperson. Ich habe angenehme Erinnerungen an das Lager. Es waren auch meine ersten Ferien ohne Familie, und als jüngeres Geschwisterkind genoss ich diese neue Freiheit.

Als ich die Erinnerungen meines Großvaters mütterlicherseits (Opa Adolf) las, wurde mir bewusst, dass die Eltern und Großeltern im Jahre 1937 entschieden hatten, dass wir in Deutschland keine Sicherheit und keine Zukunft hatten, und sie beantragten amerikanische Visa. Inzwischen waren Richard Schloss (Sloane)[86], mein Onkel, und Ernst Metzger, mein Onkel väterlicherseits, schon in die USA gegangen. Meine jüdische Klasse verlor unaufhörlich Schüler, die mit ihren Eltern emigrierten, z. B. nach England, USA, Südamerika und Palästina (Israel).

Zwei Ereignisse im späten Frühjahr und im Herbst 1938 prägten die Geschichte. Im Juni besuchte Hitler München, und als er an einem Empfang im Künstlerhaus (Kunstmuseum) an der Herzog-Max-Straße teilnahm, fragte er: „Was ist das große rote Gebäude auf der anderen Straßenseite?" Als man ihm sagte, dass das die jüdische Hauptsynagoge sei, befahl er die sofortige Zerstörung. Das monumentale Gebäude mit vielen Kuppeln aus roten Ziegeln war ein architektonischer Anziehungspunkt Münchens. Es stand in der direkten Blickachse zwischen dem Haus der Kunst[87] in barockem Stil und der zweitürmigen Frauenkirche, dem berühmten Wahrzeichen der Stadt.

---

[85] Helmut (Helly) Paul Ferdinand Wolff, geb. am 16. September 1927 in München; emigrierte 1938 mit seinen Eltern Kaufmann Hans und Annie Wolff nach Kalifornien, wo er sich Helly Wood nannte.
[86] Richard Schloß (1904–1957), Onkel von Fred Bissinger, emigrierte im Februar 1936 in die USA, wo er sich Richard Sloane nannte und Lore Levy (1913–1982) heiratete.
[87] Gemeint ist das 1900 eröffnete und nach Plänen von Gabriel von Seidl erbaute Künstlerhaus.

Die Jüdische Kultusgemeinde wurde an demselben Tag benachrichtigt, dass der Abriss am folgenden Tag beginnen würde.[88] An diesem Abend noch versammelten sich die Verantwortlichen der Gemeinde und entfernten die Thora-Rollen aus dem Schrein und dem Gebetsraum. Der Abriss begann am nächsten Tag, und als er abgeschlossen war, blieb ein großer leerer Platz, ein Parkplatz, für den kein Bedarf bestand, denn Autos waren Luxus, und es gab nur wenige. Niemand von uns wusste an Yom Kippur 1937, dass dies der letzte hohe Feiertag der Münchner Hauptsynagoge sein würde. Unser Rabbiner war Dr. Leo Baerwald[89], und der Kantor war ein junger talentierter Aschkenasi namens Hohenemser[90] mit opernhaft klangvoller Stimme.

Die zweite Synagoge in München war, – und ist nach dem Wiederaufbau immer noch –, in der Reichenbach-Straße.[91] Dies war ein sephardisches Gotteshaus mit einer kleineren Gemeinde, die einen Kinderchor betreute. Einige meiner Klassenkameraden waren in dem Chor, und ich wurde auch Mitglied; darüber waren meine Eltern ein wenig erschrocken, denn sie hatten sich gewünscht, dass ich mit ihnen zusammen zum Gottesdienst gehen würde. Obwohl der sephardische Gottesdienst etwas eigenartig war, – eher orthodox, und die Männer trugen Zylinder –, war ich sehr stolz auf meinen langärmeligen schwarzen Chorumhang aus Samt und die große schwarze Filzmütze; ich ging dort zum Gottesdienst und sang im Chor. Die Tatsache, dass wir Kinder Tüten mit Früchten und Süßigkeiten bekamen, KÖNNTE diese Entscheidung beeinflusst haben. Nachdem die Hauptsynagoge abgerissen worden war, wurde der Gottesdienst von allen in der sephardischen Synagoge abgehalten. Die Ereignisse überschlugen sich. Was als antijüdische Politik des Hasses, der Schikane und der Ausgrenzung begonnen hatte, eskalierte nun zur Verfolgung, die vom Staat sanktioniert war. Die Würfel wurden geworfen.

Nur noch einige wenige Überlebende werden sich daran erinnern, dass die fünfte Klasse der Jüdischen Privatschule in München sich am 9. November

[88] Die 1884/87 im neoromanischen Stil von Albert Schmidt errichtete Hauptsynagoge wurde im Juni 1938 auf persönlichen Befehl Hitlers von der Münchner Baufirma Leonhard Moll abgerissen.
[89] Dr. Leo Baerwald (1883–1970) war seit 1918 Rabbiner der Israelitischen Kultusgemeinde München; er emigrierte 1940 in die USA.
[90] Kantor Jacob Hohenemser (1911–1964), von 1936–1938 Kantor in München, wurde im Herbst 1938 nach Dachau eingeliefert und floh nach seiner Freilassung 1939 in die USA, wo er bis zu seinem unerwarteten Tod 1964 als Kantor der Gemeinde Temple Emanu-El in Providence, Rhode Island, wirkte.
[91] Die 1931 von Juden osteuropäischer Herkunft gegründete „Reichenbachschul" wurde während der „Kristallnacht" geschändet und der Innenraum vollständig zerstört; nach 1945 wurde die Synagoge in der Reichenbachstraße 27 wiederhergestellt und am 20. Mai 1947 feierlich eingeweiht. 60 Jahre lang, bis zum Moment der Einweihung der neuen Hauptsynagoge *Ohel Jakob* (hebr. Zelt Jakobs) am St.-Jakobs-Platz im November 2006, diente sie als Hauptsynagoge und Gemeindezentrum der Israelitischen Kultusgemeinde München.

1938 zum letzten Mal traf. Weder die Lehrer, noch die Eltern oder Schüler wussten an diesem Tag, dass abends der Gebetsraum und die Klassenräume angezündet und niedergebrannt würden und dass sich die Schüler nie wieder sehen würden.

Nur wenige Wochen vor diesem verhängnisvollen Tag trafen sich der Premierminister Neville Chamberlain[92] (Großbritannien), Präsident Eduard Daladier[93] (Frankreich), Benito Mussolini[94] (Italien), Präsident Beneš[95] (Tschechoslowakei) und Hitler im Hotel Vier Jahreszeiten, etwa zwei Häuserblocks, einen Steinwurf entfernt von der jüdischen Privatschule, um die Tschechoslowakei zu zerschneiden, sich das Sudetenland und schließlich das ganze Land einzuverleiben.[96] Einige von uns waren Zeugen, als diese Weltpolitiker in dem Hotel ein- und ausgingen. Die Bühne für den Zweiten Weltkrieg war fast fertig gestellt.

Rückblickend endete meine Kindheit in den frühen Morgenstunden des 10. November 1938. Um 4.45 Uhr in der Frühe weckten uns laute Schläge auf die Eingangstüre, die zu unserer sehr komfortablen Wohnung mit drei Schlafzimmern im zweiten Stock des Hauses Hohenzollernplatz 128 führte.[97] Mit dem Schlagen auf die Türe kam die gefürchtete Meldung: „Dies ist die Gestapo" (Geheime Staatspolizei), die vom schrillen Sturmläuten der Türklingel begleitet wurde. Von diesem Augenblick an bis zu ihrem Lebensende hat Mutter[98] beim Läuten einer Türklingel immer gezittert. Es war ein bedingter Reflex, der am frühen Morgen des 10. November 1938 ausgelöst wurde.

Ich wachte aufgrund der Unruhe sofort auf. Zwei Gestapo-Beamte in Zivil standen in unserer großen Eingangshalle, einem Raum, der zu den Hauptzimmern führte. Sie meldeten, sie seien gekommen, um meinen Vater festzunehmen. Sie gaben keine Gründe an und beantworteten keine Fragen. Sie sprachen

---

[92] Arthur Neville Chamberlain (1869–1940), britischer Politiker der Conservative Party; von 1937 bis 1940 Premierminister des Vereinigten Königreichs.

[93] Éduard Daladier (1884–1970), französischer Politiker und Premierminister in den Monaten Januar bis Oktober 1933, 9 Tage im Januar und Februar 1934 sowie von April 1938 bis März 1940.

[94] Benito Mussolini (1883–1945), italienischer Politiker; von 1922 bis 1943 Ministerpräsident des Königreichs Italien, seit 1925 als Diktator des faschistischen Regimes.

[95] Edvard Beneš (1884–1948), tschechoslowakischer Politiker; er war Außenminister von 1918 bis 1935, Ministerpräsident von 1921 bis 1922, Staatspräsident von 1935 bis 1938 und von 1945 bis 1948, sowie Präsident im Exil von 1940 bis 1945. Zu dem Zusammentreffen in München war Beneš nicht eingeladen.

[96] Gemeint ist die *Münchner Konferenz*, die am 29. September 1938 im Münchner Führerbau am Königsplatz stattfand. In dem in der Nacht zum 30. September von den genannten Staatschefs unterzeichneten „Münchner Abkommen" wurde die Abtretung des Sudetengebiets an das Deutsche Reich festgelegt.

[97] Gemeint ist die Hohenzollernstraße.

[98] Luzia Rivka Bissinger (geb. Schloß, 1901–1961), hatte Otto Bissinger am 14. Februar 1921 in Augsburg geheiratet. Gemeinsam mit ihm und ihren zwei Kindern emigrierte sie in die USA.

ziemlich ruhig und bedrohten uns nicht. Vater durfte ins Badezimmer gehen,
um sich zu waschen, aber die Türe musste offen bleiben. Es war am frühen
Morgen des 10. November, in München kündigte sich ein früher Winter an.
Mutter war so geistesgegenwärtig, einen der wärmeren Anzüge von Vater mit
Hut und Mantel zu holen. Ich glaube, sie erlaubten ihm einen kleinen Koffer
für persönliche Sachen. Keiner von uns wusste, warum sie Vater holten. Mutter
hatte Angst, war aber gefasst. Natürlich durfte er nicht frühstücken, und nach
sehr kurzer Zeit verließ Vater mit den beiden Gestapo-Beamten die Wohnung.
Es gab einen tränenreichen Abschied. Vater war stoisch, und ich erinnere mich,
dass er sagte, dies sei ein Fehler, und er werde bald zurückkommen. Mutter,
Ellen und ich gingen zum Wohnzimmerfenster, und ich werde das Bild nie
vergessen. Er geht, flankiert von den beiden Gestapo-Begleitern, und trägt den
kleinen Koffer. Bis heute, fast sechzig Jahre später, ist diese Szene unerbittlich
in meinem Bewusstsein präsent. Ich sehe diese Szene noch immer im Dunkel
der Nacht. Unsere Wohnzimmerfenster lagen über dem Hohenzollernplatz,
und wir sahen zu, wie sie die Straße zur Tengstraße überquerten, an der die
Straßenbahn zum Münchner Stadtzentrum entlangfuhr. Es war früher Morgen
mit winterlichem Nebel, die gesamte Szene war dunkel, still, grau; die einzige
wahrnehmbare Bewegung war die meines Vaters und seiner Gestapo-Begleiter.
Das einzige Geräusch waren die fast militärischen Schritte der drei Personen
auf dem feuchten Pflaster. Mutter versuchte in mehreren Telefongesprächen
mit meinen Großeltern, die in der Nähe wohnten, und Geschäftsfreunden vergeblich, herauszufinden, warum sie Vater festgenommen hatten. Bis dahin war
die Diskriminierung und Schikane gegen einen bestimmten Teil der Bevölkerung gerichtet. Dies eskalierte nun zur persönlichen Konfrontation. Innerhalb
weniger Stunden wurde die Situation klar. Die einzige verbliebene Münchner
Synagoge und die Jüdische Volksschule waren in Brand gesetzt worden, und
die Feuerwehr stand in Bereitschaft, um zusätzlichen Schaden an benachbarten
Gebäuden zu verhindern. In vielen Läden lagen nun Flugblätter aus: „Geschäft
mit Juden ist unerwünscht."
  In den Morgenstunden des nächsten Tages stellten wir eine weitere Inhaftierung in unserem Mehrfamilienhaus fest. Sie nahmen den Mann eines kin-
derlosen Ehepaares namens „Spanier"[99] fest. Er war älter als mein Vater, der

---

[99] Dr. Julius Spanier (1880–1959) studierte Medizin in München und Berlin und praktizierte als Kinderarzt in der Müllerstraße 20. Er war Mitglied der Münchner Gesellschaft
für Kinderheilkunde und nahm als Sanitätsoffizier am Ersten Weltkrieg teil. Von 1939
bis zu seiner Deportation nach Theresienstadt am 3. Juni 1942, wo er als Lagerarzt
eingeteilt war, leitete Spanier das Israelitische Krankenheim in München. Er und seine
Ehefrau Zippora, geb. Knoller (1886–1970), gehören zu den wenigen Münchner Juden,
die den Holocaust überlebten. Nach seiner Rückkehr in seine Geburtsstadt München
arbeitete Spanier als Chefarzt des Säuglingskrankenheims an der Lachnerstraße und
wurde 1946 (bis 1951) zum Präsidenten der IKG München gewählt, übernahm als Vertreter der Juden in Bayern von 1947 bis 1951 einen Sitz im Bayerischen Senat und

damals 46 Jahre alt war. In ihren vorsichtig geführten Telefongesprächen erfuhr Mutter von weiteren Inhaftierungen und Brandstiftungen, bei denen jüdische Institutionen niederbrannten.

Mutter rief meine Großeltern an, Oma Flora und Opa Adolf Schloss, deren Wohnung in der Franz-Joseph-Straße 41 in 15 Minuten zu Fuß zu erreichen war. Mutter überredete sie, ihre Wohnung zu verlassen und zu uns zu kommen. Sie war sicher, dass die Gestapo auch Opa Adolf holen würde, der damals 67 Jahre alt war. Sie verließen ihre Wohnung sofort und zogen bei uns ein. Später am Tag stellten wir fest, dass die Gestapo tatsächlich versucht hatte, ihn abzuholen. (Nach deutschem Recht musste jeder Einwohner seinen Wohnsitz bei der Ortspolizei anmelden. Diese Information machte die Inhaftierungsrazzien möglich.)

Zusätzliche Informationen kamen stückweise. Das Radio berichtete, dass „zahlreiche unabhängige Aktionen gegen jüdische Institutionen im Reich stattgefunden hätten, als Vergeltung für die Ermordung eines deutschen Diplomaten in Paris, und dass Tausende jüdischer Männer in Schutzhaft genommen worden waren." Augenzeugen informierten Mutter, dass die festgenommenen Münchner Juden im Gestapo-Hauptquartier am Wittelsbacher Platz[100] im Stadtzentrum zusammengefasst worden waren. Zu der Zeit war der Name Wittelsbacher Platz selbst ein unheilvolles Pseudonym für das gefürchtete Gestapo-Hauptquartier in München.

Innerhalb weniger Stunden wurde uns klar, dass Vater nach Dachau gebracht worden war, gemäß einer Weisung, die von den Nazis euphemistisch als Schutzhaft bezeichnet wurde. Wer unter Schutz stand, das wurde nie erklärt. Die Nachrichten, die wir über das staatlich kontrollierte Radio empfingen, verkündeten, dass „spontane" Aktionen sich im ganzen Reich gegen alle jüdischen Gotteshäuser und bekannte jüdische Geschäftshäuser richteten und dass Tausende jüdischer Männer festgenommen und in Konzentrationslager gebracht worden waren. Die am häufigsten genannten Namen waren Dachau, – fünfundzwanzig Minuten von München entfernt –, Buchenwald in Ostdeutschland und Sachsenhausen bei Berlin.

Als Grund wurde angegeben, dass dies die Vergeltung war für die Ermordung eines zweiten Sekretärs an der deutschen Botschaft in Frankreich. Der Beschuldigte war ein französischer Jude namens Grynszpan.[101] Ich erfuhr, dass drei meiner jüdischen Lehrer auch festgenommen worden waren. Unsere

---

engagierte sich bis zu seinem Tod in der 1948 in München gegründeten *Gesellschaft für christlich-jüdische Zusammenarbeit.* Wetzel, Jüdisches Leben in München, 82f.

[100] Gemeint ist wohl das Wittelsbacher Palais in der Brienner Straße, damaliger Sitz der Stapoleitstelle München.

[101] Herschel (Hermann) Feibel Grynszpan (1821–1942/1945) war polnischer Staatsbürger jüdischen Glaubens, der nach seiner Emigration von Deutschland nach Frankreich im Jahr 1935 am 7. November 1938 in Paris ein Attentat auf den deutschen Diplomaten Ernst vom Rath verübte.

Schule war in Brand gesetzt worden; ich sollte den Ort nicht wieder sehen, bis ich 1955 als amerikanischer Luftwaffenoffizier zum ersten Mal nach München zurückkehrte.

[…] Die nächsten drei Wochen vergingen unendlich langsam, und meine Erinnerungen sind ziemlich ungenau. Opa Adolf und Oma Flora waren in das Hauptschlafzimmer gezogen, und Mutter ging regelmäßig sehr kurz in ihre Wohnung. Die meisten Tage verbrachte Mutter im Gestapo-Hauptquartier und sprach mit jedem, der ihr zuhörte, um Vater frei zu bekommen. Sie war energiegeladen und unermüdlich. Sie schrieb Briefe an die Gestapo und teilte ihnen mit, dass wir eine Kontingentsnummer für die Auswanderung in die USA hatten. Wir erhielten zwei Postkarten von Vater aus Dachau; jede hatte auf der Vorderseite eine vorgedruckte Information über die Vorschriften für die Post an die Inhaftierten. Eine der beiden Karten blieb erhalten. [… Sie] trägt das Datum vom 16. November; Vater bat um eine Postüberweisung von 15 Mark für Ausgaben in der Dachauer Kantine. Dies war der höchste erlaubte Betrag. Ironischerweise schrieb er, dies sei eine einmalige Bitte, da für alles gesorgt sei. Ich vermute, diese Mitteilung war von der Gestapo diktiert.

Ein besonderes Ereignis dieser Zeit hat sich mir fest eingeprägt. Mutter, Ellen und ich gingen über den Odeonsplatz, gegenüber der Feldherrnhalle im Zentrum Münchens. Ich erinnere mich, dass ich Brot hatte, um die Tauben zu füttern, es war wohl ein Samstagnachmittag. Ich sehe immer noch das große schwarze Mercedes-Cabrio, das mit quietschenden Bremsen direkt vor uns anhielt. Ein SS-Offizier in schwarzer Totenkopf-Uniform, der eine Brille trug, näherte sich uns. Er nahm die Hand meiner Mutter, nahm stramme Haltung an, knallte die Hacken zusammen, schaute ihr fest in die Augen und gratulierte ihr, dass sie „eine feine arische Frau sei mit zwei gut aussehenden arischen Kindern". Er tätschelte Ellen und mir den Kopf. Ich spüre noch immer die rundliche, weiche, feuchte Hand. Mutter stammelte etwas, und er verschwand, ging zu seinem Auto zurück. Mutter errötete und sagte zu uns: „Wisst ihr, wer das war?" Natürlich hatte ich keine Ahnung. Mutter erklärte: „Das war Heinrich Himmler[102]." – Da ist Vater im Konzentrationslager in Dachau, und meine blonde, blauäugige jüdische Mutter wird irrtümlicherweise zu ihrem arischen Aussehen beglückwünscht. Diese Episode, ein Nachtrag zu Mutters schwersten Tagen, hatte ihre ganz besondere Bedeutung. Viele Jahre danach pflegte Mutter zu sagen: „Ich wünsche, ich hätte in einem Gully im Pflaster verschwinden können."

Vater war drei Wochen lang in Dachau inhaftiert. Da nun die Schule für mich geschlossen war, kann ich mich kaum daran erinnern, wie wir die Zeit

[102] Heinrich Himmler (1900–1945), deutscher Politiker der NSDAP; Reichsführer-SS (seit 1929) und Chef der Deutschen Polizei (ab 1934), zudem ab 1943 Reichsinnenminister, seit 1944 Befehlshaber des Ersatzheeres. Er beging nach der Gefangennahme durch die Alliierten 1945 Suizid.

verbrachten. Am Nachmittag des 30. November hatte ich eine Musikstunde an einer privaten Musikschule. Die Frau, die meine Lehrerin war, erteilte weiter Privatunterricht, auch nachdem man sie aufgefordert hatte, ihre jüdischen Schüler abzuweisen. Ich lernte, Blockflöte zu spielen. Ich fuhr mit einem gebrauchten, überholten Fahrrad zu der Schule, das ich zu meinem achten Geburtstag bekommen hatte. Dieses Fahrrad war meine ganze Freude. Wir nahmen unsere Räder mit nach Oberammergau; dann radelten wir zu viert kreuz und quer durch die bayerischen Alpen. Damals hatten die Räder nur einen Gang, und in den Bergen mussten wir ebenso viel schieben wie fahren. Großartige Erinnerungen.

Nach meinem Musikunterricht kam ich am späten Nachmittag nach Hause, und zu meiner großen Freude wurde ich von Vater, Mutter, Ellen und den Großeltern begrüßt. Vater sah sehr angespannt aus, seine Haare waren zu Stoppeln geschnitten worden, und er hatte abgenommen. Es war ein Wiedersehen mit Tränen und Freude. Vater sagte kein Wort über seine Erlebnisse als Gefangener im Konzentrationslager Dachau, und dieses Schweigen sollte sein ganzes Leben lang anhalten. Er sagte mir, dass meine Lehrer getötet wurden; die Art und Weise, in der er dies erzählte, ließ mich vermuten, dass er Zeuge dieser und anderer Morde war. Eine Bedingung seiner Freilassung war, dass er Deutschland innerhalb von zweiundsiebzig Stunden verlassen musste und mit dem Tode bestraft würde, wenn er jemals zurückkehren sollte. Er kehrte nie zurück. Vater wurde in der ersten Gruppe der von den Nazis als Häftlingsjuden Bezeichneten entlassen. Der Grund für seine ‚frühe‘ Entlassung ist eine Kombination von Umständen. Meine Eltern hatten eine Quotennummer für die Emigration in die USA und eine Genehmigung der Schweizer Regierung, sich für einige Zeit als Durchreisende in der Schweiz aufzuhalten. Erst nach dem Krieg stellten wir fest, dass es die Schweizer waren, die Nazi-Deutschland aufforderten, die Pässe zu markieren, damit deutsche Juden identifiziert werden konnten. Die Nazis stempelten ein großes J in die jüdischen Pässe, und alle weiblichen Personen erhielten obligatorisch den Vornamen Sara, und alle männlichen den Namen Israel. Dies war die Vorstufe zum gelben Stern, den alle Juden ab 1941 tragen mussten. Die Namen Sara und Israel wurden als angemessen in die deutschen Pässe eingetragen. [...]

Vater war dekorierter Heeresoffizier im Ersten Weltkrieg. Er diente während des gesamten Krieges als Artillerieoffizier an der Front, wurde verwundet und mit dem Eisernen Kreuz[103] ausgezeichnet. Er blieb aktiv in der Reserve und traf sich mit anderen jüdischen Kriegsveteranen bei jährlichen Veteranentreffen und Paraden. Das Familienalbum enthält diese Bilder. Vater diente während des Krieges als Oberleutnant, als es nur sehr wenige jüdische Offiziere im

---

[103] Das Eiserne Kreuz (EK), eine ursprünglich preußische, später deutsche Kriegsauszeichnung. Von 1813 bis 1918 gehörte die obere Klasse des Eisernen Kreuzes zu den höchsten preußischen Kriegsauszeichnungen.

Truppendienst gab. Die deutsche Politik ließ Juden nicht zur Offizierslaufbahn zu, es sei denn, das Land stand im Krieg. Ich glaube, Vater war vor dem Ersten Weltkrieg als Unteroffizier in der Reserve und erhielt am 3. Juli 1918 das Offizierspatent für den Kampfeinsatz. Er war zuvor, am 1. November 1917, zum höchsten Unteroffiziersgrad befördert worden. […]

Ich glaube, dass Vaters Entlassung mit der ersten Gruppe auch zu tun hatte mit Mutters unermüdlichen Anstrengungen und ihren energischen Versuchen, an Türen zu klopfen und Türen zu öffnen, die traditionell verschlossen waren. Ich glaube auch, dass Mutters Aktivismus sie leicht in Gefahr hätte bringen können. Vater war ein hoch angesehener Geschäftsinhaber in München, Beschäftigung bei Weinberger & Bissinger galt als Glückslos. Opa Adolf verlegte 1904 den Firmensitz von Augsburg nach München. Vater wurde 1919 Geschäftspartner bei Weinberger & Bissinger am Rindermarkt 7, zwei Häuserblocks vom Marienplatz entfernt, in der Nähe eines Münchner Wahrzeichens, des Alten Peter, einer bekannten Kirche. Die Firma Weinberger & Bissinger hatte viele Beschäftigte, war hoch angesehen aufgrund ihrer qualifizierten Geschäftsmethoden und ihrer Bemühungen zur Unterstützung der kommunalen Dienste. Ich erinnere mich, dass er in sehr seltenen Gesprächen über das, was in Dachau geschehen war, erwähnte, dass allgemein bekannt war, dass Wachleute und Mitarbeiter der Verwaltung Kunden gewesen waren.[104] Das Unternehmen wurde im Jahre 1938 von Opa Adolf und Vater unfreiwillig liquidiert. […]

Ich habe wenige genaue Erinnerungen an die frühen Tage im Dezember 1938 nach Vaters Entlassung aus Dachau. Ich erinnere mich vor allem an eine große Holzkiste auf einem Tieflader, der vor unserem Wohnblock am Hohenzollernplatz geparkt war; sie wurde als ‚Lift‘ bezeichnet, und unsere Möbel wurden hineingepackt. Dies war der Container, der auf dem Seeweg in die Vereinigten Staaten transportiert werden sollte. Größe und Gewicht waren limitiert. Bücher wurden sorgfältig ausgewählt; einige meiner Lieblingsbücher schafften es nicht. Mein Fahrrad war zu groß, es wurde zurückgelassen. Ich erinnere mich, dass der Gestapo-Agent eine Bestandsaufnahme des Eigentums meiner Eltern machte und jedes Stück abhakte, wenn es verladen wurde. Ich wusste es damals nicht, aber Mutter erzählte uns später, dass sie ihre Diamanten in der Spindel und den Garnrollen der Singer Tretrad-Nähmaschine versteckte, diese hatte eine Schachbrett-Platte, an deren Unterseite die Nähmaschine befestigt war. Die Nähmaschine war einer der letzten Gegenstände, die verladen werden sollten, und, zu ihrem Entsetzen, gab es offenbar keinen Platz mehr. Nach einiger Verwirrung und Umverteilung wurde die Nähmaschine als letztes Möbelstück in die Kiste geladen.

[104] Fußnote des Verfassers: „Als ich mich 1972–73 bei USAFE-Austauschbesuchen mit Mitarbeitern des Bundesnachrichtendienstes (BND) traf, erinnerte man sich immer noch gut und mit Respekt an den Namen Weinberger & Bissinger.“

Die letzte Aufgabe des Gestapo-Beamten bestand darin, die Kiste mit einem Wachssiegel zu versehen, damit keine „Schmuggelware" hinzugefügt werden konnte.

Als Kind spielte ich oft mit Vaters preußischem Uniform-Helm, der den runden Kugelaufsatz der Artillerie hatte und nicht die Spitze, seinem Uniform-Gürtel und dem Schwert. Es überrascht nicht, dass nichts von seiner Uniform oder der militärischen Ausrüstung mitgenommen wurde. Von seinen militärischen Erinnerungsstücken sind uns sein Artillerie-Fernglas, Dekorationen und die deutsche Erkennungsmarke aus dem Ersten Weltkrieg erhalten geblieben.

Wir verabschiedeten uns von Opa Adolf und Oma Flora mit der sicheren Erwartung, dass sie uns in die Schweiz folgen würden. Die Bissingers hatten einen Fluchtplan von zweiundsiebzig Stunden.

[…]

Am nächsten Tag verließen wir die Wohnung, um die letzte Nacht im Hotel Bayerischer Hof zu verbringen, damals, wie heute noch, ein 4-Sterne-Hotel in der Nähe der früheren Synagoge. Vater durfte kein Geld ins Ausland mitnehmen. Er spendierte Mutter und Ellen einen Friseurbesuch im Hotel. Die Reise in die Schweiz und die Kajüten auf der *USS Manhattan* waren im Voraus bezahlt. Vater gab seine letzten Markscheine für zwei vierfarbige Druckbleistifte aus, einen für Ellen und einen für mich, den ich lange sorgsam aufbewahrt habe.

Unser Zug sollte früh am nächsten Tag abfahren. Wir nahmen ein Taxi zum Münchner Bahnhof. Der frühe Morgen war kalt, frostig und sehr still. Wir waren alle still. Jeder hatte seine eigenen Gedanken. Mir war sehr bewusst, dass ein bedeutendes Kapitel in meinem jungen Leben nun enden würde. Ich war dankbar, dass wir vier zusammen waren, aber traurig, dass wir Freunde und vertraute Orte verlassen mussten. Unbekannte Orte und eine ebenfalls unbekannte Zukunft – alles ganz anders als das, was wir hinter uns ließen.

Meine letzte Erinnerung an Deutschland ist die Szene, als der Zug an der Schweizer Grenze hielt, dem letzten Halt in Deutschland. Uniformierte SS und Gestapo stiegen in den Zug und kontrollierten jeden Pass und jeden Reisenden. Besonders langsam kontrollierten sie die Papiere von männlichen Erwachsenen, deren kurz geschorenes Haar ein verräterisches Zeichen war, dass sie gerade aus der Haft entlassen worden waren. Der letzte Halt auf dem Weg in die Freiheit schien unendlich zu dauern. Als der Zug aus dem Bahnhof der Grenzstadt hinausfuhr, schauten sich Mutter und Vater sehr intensiv an, und ihr Seufzer der Erleichterung war lauter als das Klacken der Räder auf den Schienen.

In den folgenden Jahren sagte Mutter oft: „Es war fünf Minuten vor Mitternacht." Als dieser Zug zum ersten Mal in der Schweiz anhielt, stiegen wir vier aus, blieben auf dem Bahnsteig neben dem Zug stehen, und Vater sagte: „Lass uns alle ein wenig freie Luft atmen."

Am 3. Dezember 1938 kamen wir in Zürich an. Wir waren frei. Später sagte Mutter: „Es war fünf Minuten vor Toresschluss."

Die Klauen des Hakenkreuzes zogen sich im September 1939 zu.

Eine jüdische Kindheit in Nazi-Deutschland

Von Pesach Schindler

Rabbi Dr. Pesach Schindler, Rosh HaYeshiva, wurde am 11. April 1931 als Sohn von Alexander Moshe Schindler und seiner Frau Esther Stiel Zwickler in München geboren. Seine Großeltern waren um die Jahrhundertwende aus Osteuropa in die bayerische Landeshauptstadt übergesiedelt, in der die Familie einen kleinen Lebensmittelladen betrieb. Zum Zeitpunkt der Geburt ihres ersten Kindes hatte sich der vom Ehepaar Schindler etablierte Familienbetrieb in ein Versandhaus weiterentwickelt, in dem auch nichtjüdische Angestellte beschäftigt waren.

Gemeinsam mit seinem zwei Jahre jüngeren Bruder Ruben wuchs Pesach Schindler in einem orthodox geprägten Elternhaus auf und verfolgte den Aufstieg der Nationalsozialisten in der „Hauptstadt der Bewegung". Er besuchte den jüdischen Kindergarten und ab 1937 die jüdische Volksschule in München. Um der drohenden Inhaftierung durch die Machthaber zu entgehen, floh sein Vater im Frühjahr 1938 über Polen und Italien nach New York, wohin ihm seine Frau als polnische Staatsbürgerin 1939 folgen konnte. Erst Ende 1939 erhielten die zwei staatenlosen Söhne, die vorübergehend in einem jüdischen Waisenhaus untergebracht gewesen waren, die lang ersehnte Einreiseerlaubnis in die USA, wo die Familie 1940 wieder vereint wurde.

Aus Pesach wurde nach der Ankunft in New York Peter. In den ersten Monaten in der Lower East Side besuchte er eine Public School und wechselte anschließend auf eine osteuropäische Jeschiwa. Als Violinist und Viola-Spieler entwickelte er eine Leidenschaft für die Musik. Er war Mitglied verschiedener Symphonieorchester und schloss Mitte der 1950er Jahre sein Studium am Brooklyn College in New York mit dem B.A. für Musik ab. Seine rabbinische Ordination erhielt er nach Studienjahren an der Jacob Joseph Yeshiva und der Mirer Yeshiva in New York sowie der Yeshivat Hadarom in Rechovot von Rav Elimelech Bar-Shaul, dem Oberrabbiner von Rechovot, Israel. Von 1959 bis 1972 hatte er in Toronto, Kanada, verschiedene Verwaltungspositionen inne. Er übersiedelte 1972 nach Israel, wo er über 25 Jahre lang als Vorsitzender der United Synagogues of America in Israel und Direktor des Center for Conservative Judaism in Jerusalem wirkte. Seit 1977 lebt er mit seiner Frau Shulamit Feldman und seinen fünf Kindern in Jerusalem, wo er über Jahrzehnte an der Rothberg International School der Hebräischen Universität und an der International School of Yad Vashem Talmud und rabbinische Studien lehrte.

Seine Erinnerungen an die Kindheit in Nazi-Deutschland verfasste er im September 2004. Sie sind seinen Eltern gewidmet.

Pesach Schindler, undatiert

[...]

Die jüdische Gemeinde in München hat eine Geschichte, die mehr als 700 oder 800 Jahre zurückreicht. Sie war eine der kleineren jüdischen Gemeinden in Deutschland und Westeuropa, die nie mehr als 6.000 bis 10.000 Mitglieder hatte. Meine Familie gehörte zu den ‚Ost-Juden‘, osteuropäischen Juden, die aus Polen einwanderten. Die deutschen Juden bildeten zwei Gruppen: die deutschen Juden, die manchmal als „Jeckes" bezeichnet wurden und die seit vielen Generationen in Deutschland gelebt hatten; und die erst in jüngster Zeit eingebürgerten Deutschen, zu denen mein Großvater gehörte, der von Galizien kam, aus dem Schtetl Tutschin in der Nähe von Rajcza (Rzeszow), wo die Familie Schindler während ihrer frühen Jahre gelebt hatte.

Am Ende des neunzehnten und am Anfang des zwanzigsten Jahrhunderts gab es eine erhebliche Zunahme an antisemitischer philosophischer Literatur. Die Wurzeln des rassistischen Antisemitismus begannen sich auszubreiten. Er wurde zur Mode in gängigen Themen der Alltagsgespräche sowie auch Gegenstand des akademischen philosophischen Studiums an der Universität. Die Emanzipation der Juden im späten neunzehnten Jahrhundert und die Hoffnungen, die diese mit sich brachte, hatten das Geschick jüdischer Menschen in Europa nicht grundsätzlich verbessert.[105] Selbst diejenigen Juden, die ihre

---

[105] Die uneingeschränkte Gleichberechtigung der Juden wurde 1871 gesamtdeutsches Staatsgesetz im Kaiserreich.

Ghetto-Kleidung begeistert ablegten und die versuchten, sich der Mehrheitsgesellschaft anzupassen, sahen ihre Hoffnungen enttäuscht.

Warum entschloss sich wohl mein Großvater im Jahre 1888 dazu, die offenbar ländliche Szene des Schtetl in Osteuropa zu verlassen? War er doch „daheim" in seiner vertrauten chassidischen und jiddisch sprechenden Umgebung? Der Grund war natürlich Parnosoh, der Lebensunterhalt. Mit vier Söhnen und drei Töchtern hatte sich seine Familie vergrößert, sodass er nach Deutschland auswanderte, auf der Suche nach besseren wirtschaftlichen Bedingungen. Gewappnet mit einem chassidischen Lebensstil und unglaublich unrealistischen Erwartungen, ließ er sich in einer fremden und feindlichen Umgebung nieder. In München eröffnete mein Großvater einen kleinen Lebensmittelladen. Ich weiß noch, dass während der Pessachzeit und vor den hohen Feiertagen besonders viel Betrieb war, da er koschere Lebensmittel verkaufte.

Wegen der Nürnberger Gesetze [1935] und der offenen Feindseligkeit gegenüber jüdischen Kindern, die in deutsche Schulen gingen, habe ich nie eine öffentliche Schule besucht. Die jüdische Gemeinschaft war gezwungen, ihre eigenen Schulen zu gründen. Hier erhielt ich meine erste Bildung. Ich erinnere mich besonders an einige freundliche, gutmütige Lehrer, wie zum Beispiel Herrn Berliner, die tapfer gekämpft haben müssen, nicht nur mit den unzureichenden Lehrmitteln, die ihnen zur Verfügung standen, sondern auch mit den schwierigen persönlichen Belastungen, denen jede einzelne jüdische Familie ausgesetzt war.

[…]

Außerhalb des Lebens in der Schule und im Familienkreis lernten wir früh, den geistigen und kulturellen Schutz, den unsere bescheidene jüdische Gemeinde bot, zu schätzen. Meine Familie war innerhalb der Gemeinde sehr aktiv gewesen, indem sie den Bau einer kleinen chassidischen Synagoge unterstützte, eines Schtiebel. Die Familie Schindler väterlicherseits waren Belzer Chassidim. Immer wenn der Rebbe in Belz, Polen, seine Beauftragten aussandte, um zu den relativ reichen osteuropäischen Juden, die nun in München waren, Kontakt aufzunehmen, pflegten diese im Hause meiner Großeltern zu wohnen. Unser Schtiebel in München hieß Mahzike Ha'dat [„die den Glauben stärken"], es ist derselbe Name, den die Belzer Schtieblech bis zum heutigen Tage überall haben, darunter auch eines in Jerusalem. […]

Aufwachsen in München
Während ich mein viertes bis sechstes Lebensjahr erreichte, kam Hitler in Deutschland an die Macht. Ich erinnere mich an Straßen und Plätze in München, die häufig als Kulisse dienten für bombastische Umzüge der Naziparty mit Geschrei und Jubel, Trompeten und Trommeln. Kinder in meinem Alter trugen oft die Uniform der Hitlerjugend. Straßenspektakel wurden inszeniert, um die einfachen Bürger in gefügige Massen zu verwandeln, um sie zu ermuntern, sich unter anderem den antisemitischen Kampagnen anzuschließen, die

von der Naziregierung in Deutschland vorangetrieben wurden. Riesige Stra-
ßentransparente mit gotischer deutscher Aufschrift schrien: „Die Juden sind
unser Unglück."[106] Warum sollten ich und meine Familie und mein Volk das
Unheil des deutschen Volkes sein? Ich fand darauf keine Antwort. Wenn ich
versuchte, dies mit meinen Eltern zu besprechen, wurde mir erwartungsgemäß
gesagt, dass es in dieser Welt sowohl schlechte als auch rechtschaffene Menschen gäbe. Wir müssten fähig sein, in einer solchen Welt von Schwarz-Weiß-
Kontrasten leben zu lernen.

Ich erinnere mich auch an Fackelumzüge, als Hitler nach München kam.
Mussolini[107] besuchte ihn dort im Jahre 1937 und noch einmal 1938. Es war
vorgeschrieben, in allen Wohnungen in München Metallfackeln an den Fenstern zur Straße zu befestigen. Die Leute reagierten massenhaft, zu Hundert-
tausenden, auf diese Hysterie in der Form von Fackelumzügen. Die Menschen
waren erregt. Ich selbst wurde auch in diese geheimnisvollen und mächtigen
emotionalen Erlebnisse hineingezogen. Wenn man nicht an dieser Massenpsy-
chose teilnahm, gehörte man einfach nicht dazu. Die Situation war angespannt
und für Juden sehr unangenehm.

Ich erinnere mich genau an ein Ereignis, als ich in der ersten Klasse der
jüdischen Schule war. Mein Freund Kupfer und ich sahen antijüdische Plakate,
die auf Anschlagtafeln aufgeklebt waren. Obwohl meine Lesekenntnisse noch
nicht die Raffinesse erreicht hatten, dass ich „Gehen Sie nicht zu jüdischen
Ärzten" und „Kaufen Sie nicht in jüdischen Geschäften" hätte entziffern können, merkten wir, dass diese öffentlichen Anweisungen unser Volk betrafen.
Es war richtig, sie herunterzureißen. Und das taten wir. Als wir mit unserer
kindlichen und dummen Aktion beschäftigt waren, fragte uns ein Mann in
einem Regenmantel nach unseren Namen, die er in ein kleines Notizbuch
kritzelte. Einige Tage später wurde ich aufgefordert, mein Klassenzimmer zu
verlassen. Im Flur traf ich meinen Freund Kupfer, der in einer höheren Klasse
war. Begleitet vom Hausmeister der Synagoge und Schule, einem Nichtjuden,
wurden wir zur Befragung zur Münchner Polizei gebracht. Kupfer wurde mit
anderen Männern in ein Zimmer gerufen. Es schien nur einen Augenblick
gedauert zu haben, als er weinend herauskam. Mir wurde klar, dass dies mehr
war als eine Befragung wegen unseres kindlichen Streichs. Sie schienen ihn
ernst zu nehmen. Eine Entschuldigung wäre nicht hinreichend gewesen. Dann
wurde ich hineingerufen. Sie fragten, wer es war, der uns geschickt hatte, die
Plakate herunterzureißen. Gehörten wir zu einer größeren Bande? Wer waren
unsere Eltern? Wer waren unsere Lehrer? Mit drohender Stimme wurde mir

[106] Der vom nationalsozialistischen Hetzblatt *Der Stürmer* zum Schlagwort gemachte
Satz „Die Juden sind unser Unglück" gehr zurück auf den von Heinrich Gotthardt von
Treitschke (1834–1896) verfassten Aufsatz „Unsere Aussichten" (1879), der den Berliner Antisemitismusstreit (1879–1881) auslöste.
[107] Benito Mussolini (1883–1945), italienischer Politiker; von 1922 bis 1943 Ministerpräsident des Königreichs Italien, seit 1925 als Diktator des faschistischen Regimes.

gesagt: „Wenn das noch einmal passiert, dann wirst nicht nur du weggeschickt, sondern deine Eltern werden auch weggeschickt!"

Die Flucht meines Vaters: Frühjahr 1938
In unserem Familienbetrieb „A. & S. Schindler", einem Versandhaus, arbeitete ein Deutscher, der Mitglied der NSDAP war. Er war jetzt im Konflikt zwischen zwei Loyalitäten. Einerseits konnte er seine Familie ernähren, weil er für die Schindlers, die Juden, arbeitete. Andererseits war er der Nazi-Ideologie verpflichtet. Dieser Mann, der offensichtlich Einfluss in der örtlichen NSDAP hatte, stellte fest, dass der Name meines Vaters und der meiner Tante – der Schwägerin meines Vaters, meiner Tante Sally Schindler[108] – auf der Liste von jüdischen Geschäftsleuten standen, die entweder nach Dachau oder nach Sachsenhausen geschickt werden sollten, in die ersten Konzentrationslager. Dies war Teil einer Nazi-Kampagne, in der Juden, die Firmen hatten, für eine oder zwei Wochen zur „Erziehung" dorthin geschickt wurden. Wenn sie zurückkamen, verkauften sie ihre Firmen gewöhnlich an die Nazis zu einem Bruchteil des Preises, der dem tatsächlichen Wert entsprach. Dieser „gute" Nazi teilte meinem Vater und meiner Tante diese entscheidende Information mit. In derselben Nacht beschlossen sie, aus Deutschland zu fliehen. Ihre Familien würden ihnen folgen. Mein Vater schaffte es, nach Mailand, Italien, zu kommen. Dort wartete er auf das Visum, das schwer zu bekommen war und das von der Familie Klaristenfeld, unseren Cousins, die in New York City lebten, besorgt werden sollte. Dieser Vorgang zwang ihn, für ein paar Monate in Mailand zu bleiben, wo er versuchte, die verwickelten Aufschübe, die durch scheinbar endlose Hindernisse verursacht wurden, zu verkürzen. Im Gegensatz dazu verliefen die Bemühungen meiner Tante relativ reibungslos. Nachdem sie sich in eine Klinik begeben hatte, um jeglichen Nachweis ihres Verbleibs zu verwischen, machte sie Pläne, um ihre Familie in die Schweiz zu bringen, wo sie Kontakte hatte, und von dort sollten sie in die Vereinigten Staaten emigrieren. Schließlich sollte sie erleben, dass ihr Sohn, Rabbi Alexander Schindler, die Reformbewegung des Judentums in Amerika leitete.

Übrigens habe ich vergessen zu erwähnen, dass beide – vor ihrer jeweiligen Flucht nach Italien und in die Schweiz – Deutschland über die polnische Grenze verließen, um sich vom chassidischen Meister, dem Belzer Rebbe, Rabbi Aaron Rokeach[109], zu verabschieden und seinen Segen zu empfangen,

[108] Sally (Sali) Schindler (1899–1992) war mit Eliezer (Lazar) Schindler (1892–1957) verheiratet. Gemeinsam mit ihren Kindern Eva und Alexander emigrierten sie von der Schweiz über Frankreich in die USA. Die Familie verließ Le Havre am 27. Juli 1938 und ging am 1. August 1939 in New York an Land.
[109] Aaron Rokeach (1880–1957) war der vierte Rabbiner in der Tradition der Belzer Rebbe, einer in der ehemals ostpolnisch, galizischen Kleinstadt Belz gegründeten chassidischen Bewegung innerhalb des orthodoxen Judentums. Er führte die Gemeinschaft von 1926 bis zu seinem Tod 1957.

bevor sie sich auf ihre schicksalhaften Reisen begaben. Sie empfingen seinen besonderen Segen.

Kristallnacht: November 1938, München
Im August 1938 kam mein Vater in New York City an. In Anbetracht der sich verschlechternden Situation begann er sofort mit dem Versuch, meine Mutter, mich – damals sieben Jahre alt – und meinen Bruder Ruben – eineinhalb Jahre jünger – herauszuholen.

Aber die Zeit arbeitete gegen die Juden in Deutschland. Die Regierung unter der totalitären Herrschaft von Adolf Hitler fügte drakonische Gesetze in das Rechtssystem ein, die darauf abzielten, Juden aus allen Bereichen eines normalen Lebens zu vertreiben. Dazu gehörte eine Entscheidung, Juden polnischer Herkunft und Staatsangehörigkeit aus Deutschland zu vertreiben. Am 28. und 29. Oktober 1938 begannen Züge von Norden nach Süden zu fahren, die Juden abholten, die von der örtlichen Polizei verhaftet worden waren. Ganze Familien wurden in diesem Netzwerk der Vertreibung gefangen und auf der polnischen Seite der Grenze buchstäblich abgeladen. Wir sagten der Polizei, dass unser Vater weggegangen sei und uns verlassen habe. Aber sie wollten uns das nicht glauben: „Jüdische Väter verlassen ihre Familien niemals." Man befahl uns, unsere Sachen zusammenzupacken. Wir sollten mit dem nächsten Zug nach Polen abgeschoben werden. Meine Mutter und mein Bruder nahmen im polnischen Konsulat Zuflucht. Ich brachte es irgendwie fertig, unauffällig zu bleiben, bis meine Mutter vor dem Sabbat in unsere Wohnung zurückkehrte. Bis zum heutigen Tage habe ich Schwierigkeiten, diese Ereignisse zu rekonstruieren. Wir „verpassten" buchstäblich unseren Zug. Auf der polnischen Seite dieses internationalen Dramas weigerte sich die polnische Regierung, die Juden aufzunehmen. So waren etwa 10.000 Juden in der Nähe des polnischen Dorfes Szponzin ohne Schutz und ohne Lebensmittel in einem Niemandsland ihrem Schicksal überlassen. Meine Großeltern, Onkel, Tanten, Vettern und Cousinen gehörten zu dieser verlassenen Gemeinschaft in diesem kalten Oktober. Polnische Juden eilten schnell herbei, um ihre Not zu lindern. Die polnische Regierung protestierte, und die Völkergemeinschaft drückte ihre Empörung in den Medien aus. Die Deutschen waren erschrocken darüber, wie viel Aufhebens um ein paar fremde Juden gemacht wurde, und nahmen die Abschiebung fürs Erste zurück. Nach einer grauenvollen Erfahrung wurden die Juden wieder mit den Zügen in ihre Gemeinden in Deutschland zurücktransportiert.

Eine der Familien, die die Tortur überlebten, war die Familie Grynszpan aus Hannover. Als sie nach Hause zurückkehren konnten, schickten sie eine Postkarte an ihren 17-jährigen Sohn Herschel, der in Paris lebte, und beschrieben darin ihr Unglück. Herschel Grynszpan[110] beschloss, Rache zu nehmen. Er

---

[110] Herschel (Hermann) Feibel Grynszpan (1821–1942/1945) war polnischer Staatsbürger jüdischen Glaubens, der nach seiner Emigration von Deutschland nach Fran-

besorgte sich ein Gewehr und ging zur deutschen Botschaft in Paris. Er fragte nach dem deutschen Botschafter, der zu dem Zeitpunkt zufällig nicht dort war. Er wurde daraufhin zum Dritten Konsul hineingeführt. Er schoss auf ihn, dieser wurde schwer verletzt und starb kurz danach.

Herschel Grynszpans Tat war der Auslöser der Ereignisse der Nacht des 9. auf den 10. November 1938, die als Kristallnacht bekannt wurde. In dieser Nacht gingen unsere Synagoge und die Schule in der Kanalstraße[111], die neben unserer Schule lag, in Flammen auf. Juden, die versuchten, die Torah-Rollen zu retten, wurden von der Polizei daran gehindert. Feuerwehrleute waren am Brandort. Ihre Aufgabe war es sicherzustellen, dass die Flammen sich nicht auf arische Häuser ausbreiteten. Ich weiß noch, dass wir am Morgen des 10. November viele jüdische Geschäfte sahen, die ausgebrannt und geplündert worden waren. Als mein Bruder und ich zur Schule gingen, waren die Hauptstraßen mit Glasscherben bedeckt, daher Kristallnacht.

Obwohl deutsche Versicherungen wegen der enormen Schäden große Verluste erlitten hatten, waren es schließlich die Münchener jüdische Gemeinde und alle anderen jüdischen Gemeinden in Deutschland, die tatsächlich eine gewaltige Steuer für die Kosten der in der Nacht vom 9./10. November entstandenen Schäden zu zahlen hatten.

Die Entscheidung meiner Mutter

Die Kristallnacht versetzte die deutschen Juden in Panik. Es bildeten sich riesige Schlangen vor den Reisebüros, da die Menschen versuchten hinauszukommen. Jede Woche wurde meine Klasse kleiner.

Auch meine Mutter wurde von der Panik erfasst. Sie zog ihre besten Kleider an, machte auch uns fein und nahm uns mit zum amerikanischen Konsulat in Stuttgart. Wir gerieten in eine alptraumhafte Szene beim Konsulat. Visumsantragsteller hatten höchstens zehn bis fünfzehn Minuten Zeit, um ihren Fall vor dem dortigen US-Konsul darzulegen. Als sie schließlich an der Reihe war, erklärte meine Mutter dem Konsul unsere Geschichte. Sie sagte ihm, dass ihr Ehemann schon in den Vereinigten Staaten sei und dass die Familie um die Erlaubnis zur Familienzusammenführung in den Vereinigten Staaten bitte. Es war eine Angelegenheit höchster Dringlichkeit in Anbetracht der Ereignisse in Deutschland. Der Konsul antwortete, sie könne sofort ein Visum erhalten. Für sie als polnische Staatsangehörige gab es innerhalb der polnischen Quote Platz für die Einreise zur Familienzusammenführung mit ihrem Ehemann. Er fügte jedoch sachlich – den Nürnberger Gesetzen entsprechend – hinzu, dass die Kinder ‚staatenlos‘ seien und keinen Anspruch auf Visa hätten.

kreich im Jahr 1935 am 7. November 1938 in Paris ein Attentat auf den deutschen Diplomaten Ernst vom Rath verübte.
[111] Gemeint sind die Synagoge *Ohel Jakob* in der Herzog-Rudolf-Straße – früher: Kanalstraße – sowie die jüdische Volksschule in der Herzog-Rudolf-Straße.

Allein in einer feindseligen und zunehmend gefährlichen Umgebung, ohne die relativ sicheren und schnellen internationalen Kommunikationssysteme, die wir heute haben, sah sich meine Mutter in einem furchtbaren Dilemma, das sie sofort lösen musste, noch bevor sie das Büro des Konsuls verließ. Er schaute immer wieder auf seine Uhr. Draußen warteten viele andere darauf, hereingelassen zu werden. Meine Mutter fing an zu weinen. Er begann, in seinen Dienstvorschriften zu blättern, um einen Ausweg aus seinem eigenen Dilemma zu suchen. Er empfahl meiner Mutter dann, sie solle zuerst ihr eigenes Visum nehmen. Sie solle Deutschland verlassen, solange sie es noch könne. Sie solle ihre Kinder zwischenzeitlich in ein örtliches Waisenhaus bringen. Wenn sie erst auf dem Hoheitsgebiet der Vereinigten Staaten wäre, könnte sie ein Telegramm an das Konsulat in Stuttgart schicken und Visa für die Kinder beantragen. Er erklärte ihr, dass nach den Einwanderungsvorschriften der Vereinigten Staaten eine Mutter und ein Vater Einreisevisa für ihre Kinder, einschließlich staatenloser Kinder, beantragen könnten, sobald sie sich in den Vereinigten Staaten zusammengefunden hätten. Sie war bereit, dieser Vorgehensweise zu folgen.

Ich kann mir nicht vorstellen, was es für meine Mutter bedeutet haben muss, eine solche Entscheidung zu treffen. Dennoch tat sie es. Sie meldete uns in dem jüdischen Waisenhaus, das als Antonienheim bekannt war, an. Es lag in der Antonienstraße im Münchener Stadtviertel Schwabing. Anfang Dezember 1939 kam sie, um sich von uns zu verabschieden. Draußen schneite es, und wir wollten gerade auf eine Skitour gehen. München liegt am Rand der bayerischen Alpen. Wir waren jetzt in einer Gemeinschaft von Kindern, die versuchten, ein normales Leben in einer abnormalen Welt zu führen. Ein Kind lernt, das Traumatische wegzuschließen und diejenigen Erfahrungen zu absorbieren, bei denen es sich wohl und sicher fühlt. Es ist vermutlich eine Art seelische Abwehr, um das psychische und geistige Überleben zu sichern.

Bei diesem kurzen Lebewohl tröstete meine Mutter uns: „Wir werden uns sehr bald wiedersehen." – Und dann war sie verschwunden.

Sie fuhr mit dem Schiff ab und kam am Tag der vierten Chanukka-Kerze im Dezember 1939 in den Vereinigten Staaten an. Der Zweite Weltkrieg war formal schon am 1. September 1939 ausgebrochen.

Das Waisenhaus, in dem mein Bruder und ich lebten, hatte ein Stammpersonal von Erwachsenen, die 140 Kinder betreuten, von Säuglingen bis zu 17-Jährigen. Es wurde damals nach den Ideen von Dr. Janos Korczak[112] geführt, der das berühmte jüdische Waisenhaus in Warschau gründete. 17-jährige Jugendli-

---

[112] Der polnische Arzt und bedeutende Pädagoge Janusz Korczak, eigentlich Henryk Goldszmit (1878/1879–1942) zeichnete sich durch sein selbstloses Engagement für Kinder aus. Um die Leitung eines nach seinen Plänen neu errichteten Waisenhauses in Warschau zu übernehmen, gab er den Arztberuf auf und entschied, „seine" Kinder ins Warschauer Ghetto und – trotz einer Möglichkeit zur Auswanderung – in das Vernichtungslager Treblinka zu begleiten, was den sicheren Tod bedeutete.

che kümmerten sich um einen 15-Jährigen; ein 15-Jähriger war verantwortlich für die Arbeit mit 12-jährigen Kindern und so fort. Die Jüngsten waren, wie gesagt, nicht älter als sechs Monate alte Säuglinge.

Unvergesslich ist für uns die wunderschöne Chanukka-Feier, die am Ende des Jahres 1939 veranstaltet wurde, als der Krieg nun schon vier Monate gewütet hatte. Zurückblickend und mit dem heutigen Wissen um das furchtbare Schicksal unseres Volkes, das in Osteuropa langsam ermordet wurde, war unser Chanukkafest der Kinder in München eine Art *Kedusha*[113] inmitten von *Tum'ah*[114]. Dies waren seltene Momente, in denen uns die jüdische Tradition ein Gespür für heilige Erinnerung vermittelte und zugleich einen Augenblick geistiger und seelischer Gesundheit gab.

Jedes Kind hatte seine eigene Geschichte: Es gab Kinder, deren Eltern auf ungeklärte Weise verschwunden waren, und andere, deren Eltern noch irgendwo in Europa waren, aber nicht mehr in München. Wieder andere waren normale Waisen im eigentlichen Sinn.

Ich sah meinen Großvater zum letzten Mal während unseres Aufenthaltes in dem Waisenhaus. Ein chassidischer Jude mit Bart und traditioneller osteuropäischer Kleidung, wie sie vor dem Hitlerregime getragen wurde, kam, um uns zu besuchen. Sein Gesicht war verhärmt, sein Bart nur noch ein Schatten seines früheren *Hadrat Panim*[115]; so kam er zu Besuch, vielleicht um Lebewohl zu sagen. Er wurde später nach Theresienstadt gebracht. Dort traf er Rabbi Leo Baeck[116], einen der großen Juden in dieser tragischen Zeit, der zum Präsidenten der jüdischen Gemeinschaft gewählt worden war, bevor er in das Lager Theresienstadt gebracht wurde. Mein Großvater Avraham Yitzhak Schindler[117] starb in dem trügerisch als ‚Paradies-Ghetto‘ bezeichneten Lager. Er geriet zusammen mit einer Lagerbevölkerung von bis zu 41.500 Gefangenen, von denen täglich durchschnittlich 125 starben, hoffnungslos in die Falle.

Unsere Flucht

Was ich zu der Zeit nicht wusste, war, dass Pläne gemacht wurden, um uns beide unter falschem Vorwand aus München hinauszuschmuggeln. An einem kalten Wintertag im Februar 1940 wurden mein Bruder und ich um etwa 4 Uhr morgens aufgeweckt. Wir wurden von unserem Betreuer aus unserem Zimmer geführt und angewiesen, unsere normale Kleidung wegzulegen. Man zog uns Tiroler Trachtenkleidung an, so wie sie von vielen nicht-jüdischen Kindern in Bayern, Süddeutschland, getragen wurde.

---

[113] *Kedusha* (hebr.), Erlebnis der Heiligkeit.
[114] *Tum'ah* (hebr.), Schändung und Entweihung.
[115] *Hadrat Panim* (hebr.), elegante adlige Erscheinung.
[116] Leo Baeck (1873–1956), Rabbiner und zu seiner Zeit der bedeutendste Vertreter des deutschen liberalen Judentums.
[117] Avraham Yitzhak Schindler (1872–1943), Kaufmann in München; verheiratet mit Necha, geb. Tenzer (1869–1940).

Einer unserer Zimmergenossen, ein Klassenkamerad namens Werner Grube[118], kam herunter, um zu sehen, was der Grund der Unruhe war. Vor vier Jahren besuchte er mich in Jerusalem und erinnerte mich an diese Abschiedsszene, die ich vollkommen vergessen hatte. Er hatte sie irgendwie im Gedächtnis bewahrt. Das Küchenpersonal hatte für unsere Reise mit unbekanntem Ziel Lebensmittelpakete vorbereitet. Darin befand sich eine Salami der Größe, wie sie in Bayern üblich ist. Ich hatte unschuldig gefragt, ob die Salami koscher sei. Dies ärgerte die Frau, die das Paket fertig machte. Als sie mein Unbehagen wegen der nicht koscheren Salami bemerkte, tat es ihr leid, und sie ersetzte sie durch Schokoladetafeln. Bis zum heutigen Tage habe ich eine Schwäche für Schokolade, die auf der entscheidenden Reise, die nun gleich beginnen sollte, mein verlässlicher Begleiter sein sollte. Werner Grube und sein Bruder [Ernst][119] wurden danach als Kinder in das Lager Theresienstadt gebracht. Die Tatsache, dass er einen nicht-jüdischen Vater hatte, hat ihm vielleicht das Leben gerettet. Er lebt immer noch in München und engagiert sich im bürgerschaftlichen Leben der Stadt.[120] Seine Bemühungen, die Erinnerung an dieses Kinderheim wachzuhalten, waren schließlich erfolgreich, als die Stadt an der Stelle, wo damals das Antonien-Kinderheim stand, ein Mahnmal errichtete.

Mein Bruder und ich erhielten Namensschilder, so wie es bei allein reisenden Kindern üblich ist. Wir sollten unterwegs sein, um unsere „Verwandten" in Holland zu besuchen. Wir stiegen allein, ganz ohne Beaufsichtigung, in den Zug. Der Zug schien zunächst ein normaler Personenzug zu sein. Er war jedoch voll besetzt, da Wehrmachtssoldaten unauffällig an die belgischen und holländischen Grenzen transportiert wurden. Die Truppenmassierung für die deutsche Invasion der Niederlande, die vier Monate später im Mai 1940 durchgeführt werden sollte, fand direkt vor unseren Augen statt. Wer auch immer dieses Szenario für unsere Flucht ausheckte, er glaubte wahrscheinlich, dass dies womöglich der sicherste Weg aus Deutschland heraus war. Es gab einige wenige Zivilpersonen in dem Zug. Die Soldaten, von denen einige nach Alkohol rochen, waren in fröhlicher Stimmung und sangen Lieder. Wir wurden von einigen von ihnen als eine Art Maskottchen „adoptiert". Vielleicht erinnerten wir sie an ihre eigenen Kinder. Wenn ich an diesen ironischen Kontrapunkt denke und an die gegensätzliche Gemütsverfassung – von zwei Kindern, die allein auf einer Reise mit ungewissem Ziel waren, in unmittelbarer Nähe von selbstbewussten, vergnügten Kämpfern, die von ihrer Sache überzeugt waren –, so fällt mir unweigerlich ein ähnliches Szenario ein, das in unserer alten Tra-

---

[118] Werner Grube (1929–2013), Theresienstadtüberlebender.
[119] Ernst Grube wurde 1932 in München geboren und überlebte mit seinem Bruder das Konzentrationslager Theresienstadt.
[120] Pesach Schindler verfasste seine Memorien noch zu Lebzeiten von Werner Grube (1929–2013).

dition dargestellt wird: „Der König aber und Haman setzten sich zum Gelage,
während die Stadt Susa in Bestürzung geriet." [Esther 3:15]

An jeder Station kamen ein oder zwei Zivilpersonen an den Zug und spür-
ten uns auf. Sie sagten leise und unauffällig „*Shalom Aleichem*"[121] zu uns.
Später erfuhr ich, dass dies möglicherweise Mitglieder einer jüdischen Unter-
grundorganisation waren, die Kinder auf allen möglichen Wegen aus Deutschland herausbrachten, da die Kindertransport-Projekte nach England schon auf
Hochtouren liefen. Ungefähr eintausend dieser Kinder erreichten schließlich
die Vereinigten Staaten. Wir sollten unter ihnen sein. Diese unbesungenen
Helden, denen wir unser Leben verdanken, waren Mitglieder jüdischer Ver-
einigungen, die im Februar 1940 Fluchtwege für Kinder organisierten. Zeit
war kostbar, denn die Möglichkeiten für die Flucht in die Sicherheit wurden
Tag für Tag geringer. Wir erfuhren später, dass die meisten dieser anonymen
Personen es selbst nie schafften, herauszukommen. Sie schoben ihre eigene
Ausreise auf, um möglichst viele Kinder herauszuschaffen.

Der Zug wurde in Deutschland abgekoppelt, und die Waggons, die weiter
nach Holland fuhren, erhielten eine neue Lokomotive. Am Bahnhof in Rotterdam wurden wir von einer jüdischen Familie begrüßt. Bis zum heutigen Tag
habe ich versucht, diese Leute ausfindig zu machen. Mein Vater glaubt, sich
an den Namen „Fischer" in Rotterdam zu erinnern. Wahrscheinlich hat keiner
von ihnen die späteren Ereignisse überlebt – die furchtbare Bombardierung
von Rotterdam [am 14. Mai 1940] und die darauf folgende Deportation holländischer Juden nach Bergen-Belsen oder Auschwitz.

Ankunft in den Vereinigten Staaten
Wir verbrachten einige Tage in Rotterdam. Holländische Kinder spielten auf
riesigen Eisblöcken in der winterlichen Nordsee. An viele Dinge des Tages-
ablaufs erinnere ich mich nicht. War es die Angst vor dem Unbekannten? Das
Gefühl, dass wir unseren Tagesablauf nicht bestimmen konnten – der Mangel
an „normalen" täglichen Aktivitäten für Kinder in unserem Alter?

Wir gingen an Bord der *SS Volendam*[122] der Holland-Amerika-Linie und
bekamen eine Kajüte mit einem Stockbett für zwei Personen. Es ist mir immer
noch rätselhaft, genauer gesagt, es macht mich traurig, dass wir keinen Kontakt zu den guten Menschen in Rotterdam gehalten haben. Waren sie nicht das
entscheidende Verbindungsstück unseres Fluchtweges in das Leben? Wir traten unsere Reise in die Vereinigten Staaten an. Wieder fuhren wir unbegleitet.

---

[121] *Schalom Aleichem* (hebr.), Friede sei mit Euch.
[122] Passenger and Crew Lists of Vessels Arriving at New York, New York, 1897–1957.
Microfilm Publication T715, 8892 rolls. Records of the Immigration and Naturalization
Service; National Archives at Washington, D.C., zitiert nach: Year: 1940; Arrival: New
York, New York; Microfilm Serial: T715, 1897–1957; Microfilm Roll: Roll 6445; Line:
5–6; Page Number: 88, in: Ancestry.com. New York, Passenger Lists, 1820–1957 [data-
base online]. Provo, UT, USA: Ancestry.com Operations, Inc., 2010.

Das Schiff nahm in Southampton, England, Passagiere an Bord und fuhr nach Amerika weiter. Unter den Passagieren an Bord war, wie wir später erfuhren, der zukünftige Herausgeber der *New York Times*. Max Frankel[123] war auf dieser glücklichen Reise 12 Jahre alt. Es war ihm irgendwie möglich gewesen, Berlin zu verlassen – trotz des späten Zeitpunkts, sechs Monate nach Beginn des Zweiten Weltkriegs.

Trotz der ständigen Überwachung durch Flugzeuge der britischen Kriegsmarine war es eine angenehme Reise – eine Insel trügerischer Ruhe im Meer der Stürme. Dieses Gefühl optimistischer Erwartung, das bei den erwachsenen Reisenden verbreitet war, sprang auf die jungen Leute an Bord über. Wir wurden von freundlichen Menschen für verschiedene Freizeitaktivitäten „adoptiert". Man brachte mir das anspruchsvolle Schachspiel bei. Ein anderer Herr lehrte uns Englisch... mit deutschem Akzent.

Wir kamen im Hafen von New York City an. Die Aufregung erreichte ihren Höhepunkt, als die legendäre Freiheitsstatue an uns vorüber zog. Natürlich war die gesamte Gemeinschaft der Passagiere an Deck. Da die uns zugewiesene Landebrücke im Hafen von Hoboken, New Jersey, vorübergehend nicht zum Anlegen für uns zur Verfügung stand, musste unser Schiff den Hudson River hinauf und nach einer Kehrtwendung zurück fahren. Während dieser Manövrier-Rundfahrt sahen wir eine prachtvolle Brücke in voller Größe, die mit amerikanischen Flaggen geschmückt war. Ich fragte einen älteren Herrn: „Warum wehen diese Flaggen auf der Brücke?" Er antwortete: „Junger Mann, Amerika begrüßt Dich!" Tatsächlich war es die George Washington Bridge, und es war der 22. Februar 1940, Washingtons Geburtstag!

Ein Erwachsener mit fröhlichem Gemüt, offensichtlich in einem Zustand der Euphorie, erkannte, dass er nun auch von den Ängsten, die ihn und seine Familie in der jüngsten Vergangenheit begleitet hatten, befreit war, und er war in der Stimmung, meinem Bruder und mir einen harmlosen Streich zu spielen. Er fragte, ob wir Englisch sprechen könnten. Ich sagte, dass wir kein Englisch konnten. Mit einem besorgten Blick wies er uns darauf hin, dass wir etwa zehn Minuten Zeit hätten, die Zahlen von „eins" bis „zehn" zu lernen. Ohne diesen Test zu bestehen, würden wir nicht die Erlaubnis erhalten, von Bord zu gehen. Also machten wir unseren ersten Schnellkurs in einem englischen „Ulpan" gleich auf dem Deck: „Van, Tu, Tri, For, Fife,...!"

Als wir das Schiff verlassen hatten, stellten wir fest, dass meine Mutter nicht da war. Mein Vater war allein gekommen. Wir erfuhren später, dass der Grund für die rätselhafte Abwesenheit meiner Mutter ein beunruhigendes Telegramm

---

[123] Hier handelt es sich um den US-amerikanischen Journalisten Max Frankel, der als Max Fränkel am 3. April 1930 in Gera geboren wurde. Er war von 1986 bis 1994 Chefredakteur der *New York Times* und ist Träger des Pulizerpreises. Gemeinsam mit seiner Mutter war er im Februar 1940 mit dem Dampfschiff *Volendam* nach New York emigriert.

aus Genf, Schweiz, war, das sie einige Tage vor unserer Ankunft erhalten hatten. Das Telegramm informierte meine Eltern, sie sollten sich darauf einstellen, „ihren Sohn" bei der Ankunft des Schiffes *SS Volendam* wiederzusehen. Da sie für den anderen Sohn das Schlimmste befürchtete, konnte meine Mutter den Anblick des Schiffes nicht ertragen. Als wir anlegten, hatte mein von Angst gequälter Vater keine Ahnung, welcher Sohn an Bord war, und… welcher, Gott bewahre, zurück geblieben war.

Man kann sich die Gefühle der Dankbarkeit und Freude nicht vorstellen, als wir alle wieder zusammen waren.

Rückblick

Ich habe niemals mit meiner Mutter über ihre Entscheidung damals im Jahre 1939 in Deutschland gesprochen, warum sie abgereist ist und uns dort gelassen hat. Rückblickend hat uns diese rabenmütterliche Entscheidung das Leben gerettet. Viele Jahre später erfuhren wir, dass von den 140 Kindern, die in dem Kinderheim waren, nur vier überlebt haben, es waren mein Bruder und ich und Werner Grube und sein Bruder.[124] Die Brüder Grube überlebten Theresienstadt. Alle anderen kamen in Auschwitz um.

---

[124] Diese Einschätzung von Pesach Schindler ist nicht ganz korrekt. So überlebte beispielsweise auch Ruth Grube, die 1938 geborene Schwester von Werner und Ernst Grube.

EMIGRATION
RETTUNG IN DER FREMDE

Aus meinem Leben

Von Richard M. L. Willstätter

Richard Martin Leser Willstätter wurde am 13. August 1872 in Karlsruhe als Sohn eines badischen Textilkaufmanns geboren. Bis 1883 lebte die Familie in Karlsruhe, dann übersiedelte der Vater nach New York, die Mutter mit Richard und seinem Bruder nach Nürnberg. Dort besuchte Richard bis zum Abitur 1890 das Realgymnasium. Anschließend studierte er in München Chemie bei Prof. Adolf von Baeyer. 1894 promovierte er, 1896 habilitierte er sich an der Münchner Universität für Chemie und wurde 1902 zum außerordentlichen Professor für organische Chemie und Vorstand der organischen Abteilung des Chemischen Laboratoriums ernannt. 1905 erhielt er den Lehrstuhl für allgemeine und analytische Chemie an der Eidgenössischen Technischen Hochschule Zürich. Von 1912 bis 1916 lehrte er an der Friedrich-Wilhelm-Universität in Berlin, ab 1912 war er außerdem Direktor des dortigen Kaiser-Wilhelm-Instituts für Chemie. Für seine Untersuchungen der Pflanzenfarbstoffe erhielt er 1915 den Nobelpreis für Chemie. Ab 1916 übernahm er als Nachfolger von v. Baeyer dessen Lehrstuhl in München, den er allerdings 1925 aus Protest gegen die antisemitischen Strömungen an der Universität niederlegte. Sein Nachfolger wurde Heinrich Wieland, mit dem er in den folgenden Jahren einen guten Kontakt pflegte.
Im März 1939 fand Richard Willstätter – nach zahlreichen bürokratischen Schwierigkeiten und einem gescheiterten Fluchtversuch über den Bodensee – Asyl in der Schweiz, wo er am 3. August 1942 in Muralto bei Locarno, Villa L'Eremitaggio, an den Folgen eines Herzinfarkts starb.
1956 wurde zu Ehren Willstätters in Muralto ein Denkmal enthüllt. Im Münchner Stadtteil Untermenzing wurde 1947 die Kirchenstraße in Willstätterstraße umbenannt. Seine in der Schweiz verfassten Lebenserinnerungen erschienen unter dem Titel „Aus meinem Leben. Von Arbeit, Muße und Freunden" erstmals 1949 in Buchform – herausgegeben von Willstätters Schüler Arthur Stoll.

Es war mein Entschluß, in München auszuharren, solange es mit Anstand ging, wenn auch mit Opfern. Da war noch die gemeinsame Arbeit mit Fräulein Dr. Rohdewald und unsere telephonische Besprechung am Abend, sehr oft beim Klicken des Überwachungsapparates. Noch in der zweiten Septemberhälfte 1938 war ich auf Prof. Stolls[1] freundliche Einladung zu einer Autofahrt – sie war

---

[1] Dr. Arthur Stoll (1887–1971), Biochemiker und Schüler Richard Willstätters; seit 1917 Professor für Chemie an der Ludwig-Maximilians-Universität München und Direktor der Sandoz AG Basel.

Richard Willstätter,
1930er Jahre

von ihm ohne Rückreise gemeint — einen Tag in Arlesheim bei Basel und auf
meinem Rückweg zusammen mit Stolls in Winterthur. Herr Dr. Oskar Reinhart[2]
führte uns liebenswürdig durch seine wundervolle Sammlung, die von großen
alten Meistern bis auf Daumier, Renoir, Cézanne und van Gogh die edelsten
Kunstwerke vereinigt, und zur Mittagstafel in seinen Club „Zur Geduld". Mehr
Geduld forderte die kommende Zeit. Zunächst mußte der Paß abgeliefert werden. Dann setzte, namentlich in München, Garmisch und Nürnberg, der November dem Recht ein Ende, soweit Recht für Nichtarier noch existierte.

    Am Nachmittag des 10. November erschien bei mir, nämlich bei Elise[3], die
ihnen keinen angenehmen Empfang bereitete, eine Anzahl von Beamten der
Geheimen Staatspolizei, um mich nach Dachau abzuholen. Die beiden Gar-
tentore wurden besetzt. Ich war eben im Garten, aber auf der Südseite bei den
schon erfrierenden letzten Rosen, indessen lag auf dem Schreibtisch ein Brief,
dessen Schrift noch feucht war, und der Fünfuhrtee war gedeckt, zu dem ich
einen Freund erwartete. Alles von ganz oben bis unten – Elise bestimmte diese
Reihenfolge – wurde durchsucht, doch befand ich mich in keinem Kleider-

---

[2] Oskar Reinhart (1885–1965), renommierter Schweizer Kunstsammler und Mäzen.
[3] Bei Elise handelte es sich um die Haushälterin Richard Willstätters.

schrank, unter keinem Bett. Mit der Zusicherung, wiederzukommen, verabschiedeten sich die Beamten. An den folgenden drei frühen Morgen saß ich
von 5 ½ Uhr an fröstelnd, aber empfangsbereit an meinem Schreibtisch, aber
man kam nicht, man hatte genug.

Ich mußte auswandern und für den Abschluß meines Lebens eine Zuflucht
suchen. „God grant that not only the love of liberty but a thorough knowledge
of the rights of man may pervade all the nations of the earth, so that a philosopher may set his foot anywhere on its surface and say: This is my country."
(Benjamin Franklin, in seinem letzten Lebensjahr). In den Vereinigten Staaten
hätte ich noch einmal eine akademische Stellung finden können, aber eine Art
von Zugehörigkeitsempfinden zog mich zur Schweiz, in der ich sieben gute
Jahre gewirkt hatte. Hatte doch auch das wundervolle Abschiedsschreiben des
Schweizerischen Schulratspräsidenten vom 28. September 1912 betont, mein
Ausscheiden aus dem Züricher Lehrkörper werde die Bande nicht zu lösen
vermögen, die mich mit der Schweiz verknüpft haben.

Und nun begann auf Monate hinaus, worauf ich gar nicht vorbereitet war,
das tägliche Laufen zu den vielen beteiligten Behörden, das Anstehen vor den
städtischen und staatlichen Kassen, Zollfahndungsstelle, Devisenstelle und
Devisenüberwachungsstelle, fast täglich stundenlanges Warten auf den Korridoren, Demütigung vor überheblichen Unterbeamten. Dazwischen leuchtete
dann und wann ein Strahl von Menschlichkeit, von Güte auf, der mich Unbil-
den vergessen ließ. In jeder Zeit und in jedem Kreise begegnete ich wahrem
Menschentum, aber wie war es manchmal eingeschüchtert!

Das α und ω waren die Devisenstellen. Als ich noch mit all meiner Ahnungs-
losigkeit das erstemal vorsprach, erkundigte ich mich nach den Rechtsbe-
stimmungen. „Von Recht kann in Ihrem Fall nicht die Rede sein." „Wovon
denn?" „Wir haben unsere geheimen Instruktionen." Mit der Zeit taute Herr
Königsbauer doch auf und erklärte mir, wie für die Aufstellung der Listen des
Umzugsgutes zu verfahren sei. „Und alles, was Sie bei der Ausreise auf sich
selbst tragen, kommt auf eine besondere Liste in fünf Exemplaren. Daß Sie
mir kein Taschentuch und keinen Kragenknopf vergessen!" Ich vergaß keinen. Die Liste, die vor mir liegt, zählt vom Anzug bis zum Nagelreiniger 48
Gegenstände auf, die sich auf mir befanden, und für die ich meine Exportvergütungsabgabe entrichtete. Es waren 35 Gegenstände, angeschafft vor dem
1. Januar 1933, zehn später erworbene, drei besonders hoch abgabepflichtige
Neuanschaffungen (Seife, Zahnbürste, Zahnpasta).

Dann glückte es mir, einen guten Berater in einem angesehenen arischen
Rechtsanwalt zu finden, der sich aber leider nach ein paar Tagen gezwungen
sah, alle Mandate dieser Art niederzulegen, und der dann in Eile Deutschland
verließ. Er sah meine Steuerpapiere genau durch und warnte mich: „Sie sind
sehr gefährdet. Ihr Villenbesitz und ein paar von den andern Objekten werden
Ihnen schaden. Sie müssen fort, so rasch wie möglich." Davon wollte ich nichts
wissen, es war meine Absicht, in allem mich genau nach den Bestimmungen

zu richten, die mir freilich nicht bekannt waren. Der erfahrene Anwalt war aber nicht einverstanden: „Sie mögen alles noch so korrekt machen, Sie werden doch nicht dem entgehen, daß Ihnen alles genommen wird, und später die Staatsangehörigkeit dazu." Damit behielt er nicht ganz recht, wenigstens bis heute.

Am schwersten hatte ich es auf dem Finanzamt, als es sich darum handelte, die Auswanderungsabgabe von einem Viertel und die Judenkontribution von einem Fünftel (später kam noch eine weitere Rate hinzu) des errechneten Vermögens zu bezahlen. Das Finanzamt hatte mein Bankdepot gesperrt, verweigerte aber die Annahme oder Verrechnung der gesperrten Papiere. Die Wertpapiere nannte man nichtarisch, sie mußten verkauft werden; aber sie konnten nicht verkauft werden, da die Reichsfachschaft Bankgewerbe den Verkauf nichtarischer Wertpapiere verbot und Eingaben unbeantwortet ließ. In dieser Not versprach mir die große Filialbank ein gesichertes Darlehen, und sie erneuerte ihr Versprechen von Tag zu Tag, von Woche zu Woche.

Um einen kleinen Teil der Wohnungseinrichtung und des Kunstgutes, einen sehr kleinen Teil der Bücher mitzunehmen, mußte man Listen erstellen und von vereidigten Schätzern Stück für Stück, Buch für Buch schätzen lassen; Eile tat not; denn die besonderen Verhältnisse in München gestalteten sich immer ungünstiger. Dann hieß es wieder warten, bis die Nachprüfungen der Zollbehörden stattfinden konnten; sie arbeiteten korrekt und wohlwollend. Herr Zollinspektor M. war ergriffen, als er durch meine Wohnung und die Bibliothek ging und dann das Häufchen sah, das mitgehen konnte, und er äußerte: „Das kann Deutschland nicht geschehen lassen, daß Sie so aus Ihrem Hause fortgehen." Er sprach dann nochmals vor, um nachzuprüfen, ob das von der Liste gestrichene Silber auch wirklich zurückgeblieben war, und dann, um es zu beschlagnahmen, zusammen mit allem andern zurückgelassenen Silbergerät. Es war nämlich viel von den Listen gestrichen worden, ehe ich die hohen Abgaben für die Mitnahme bezahlen durfte, und anderes, nachdem die Abgabe schon entrichtet war. Viel Kunstbesitz, Gobelins und Teppiche gingen verloren. Es war die Zeit, da man von einer nichtarischen Wohnung in München zur andern ging und beschlagnahmte. Ein hoher Beamter in einem Reichsministerium, bei dem einer meiner Bekannten ohne mein Wissen Hilfe für mich suchte, lehnte es mit Entschiedenheit ab, an ungesetzliche Vorkommnisse zu glauben. Wußte er nicht, daß nach dem Willen des Führers die Partei vorausmarschierte?

Manches alte Stück, das in üble Hände wanderte oder zurückbleiben mußte, war kein Stück von Geldwert, kein totes Stück, sondern ein Stück meines Schicksals. In dem Chorgestühl hatte ich mit Büchern und mit anderen Freunden gelebt. Da war der lange Florentiner Tisch, an dem meine Fakultät Sitzung gehalten, als es in der Rätezeit[4] zu gefährlich schien, an der Universität

---

[4] Willstätter bezieht sich hier auf die politischen Wirren der Novemberrevolution 1918 und die unsichere Lage während der Münchner Räterepublik im Frühjahr 1919.

zusammenzukommen. Da war der rotseidene Dogenstuhl, in dem an meinem 50. Geburtstag meine Mutter saß, heiter belebt im Gespräch mit Haber.[5] Da war unter dem Bozetti von Claudio Beaumont[6] für die im Quirinal hängende Gobelinserie „Cyrus und Artaxerxes" das grüne Ecksofa. Ich konnte kaum das Wohnzimmer betreten und zum Eck schauen, ohne meine liebe junge Frau ins Leben zurückzurufen, die junge Mutter mit dem kleinen Sohn aus der Zeit vor 25 Jahren, nein es sind 35.[7] Mit diesen Kulissen war ich verwachsen.

Einschneidender als der Verzicht auf die vertraute Umgebung war der Verlust meiner Bücherei, die fünf, dann sechs, schließlich sieben Räume meines Hauses einnahm. Es war unvermeidlich, den weitaus größten Teil aufzugeben. Für die Aufgabe, Stück für Stück die Laboratoriumsjournale und Notizhefte, die Schülerdissertationen, Habilitationsschriften und Sonderabdrucke, die Monographien und Handbücher und Zeitschriftenserien behufs Schätzung zu registrieren, fehlte es an Zeit und für die zu leistende Exportvergütungsabgabe an Mitteln. Auch gab es keine Aussicht, jemals die Bibliothek wieder aufstellen zu können. Bücher und Zeitschriften zu benützen, das lernt und übt sich früh, so wenig Zeit die experimentelle Arbeit dafür lassen mag. Aber Bücher lesen hatte ich nur langsam gelernt; gute Bücher lernte ich spät kennen, zu spät. Ein gutes Buch mit Muße lesen, ein Buch mit Beziehungen zu dem, was ich gehofft, empfunden, gearbeitet, erlebt, verloren, bringt mich in eine feierliche und angeregte Stimmung wie der ruhevolle Ausblick auf eine große, weite Landschaft. Oft muß ich mein Buch weglegen, um einen Gedanken zu greifen und festzuhalten, der sich in leichtem Dunst hinter den Druckseiten andeutet und erst beim Verfolgen deutlicheren Inhalt und volle Form gewinnt. Nur selten verraten solche Gedankenspuren eine erkennbare Verwandtschaft mit dem Gegenstand meiner Lektüre, an deren Fortsetzung sie mich hindern. Vielerlei Einfälle werden in irgendeiner Erregung durchs Lesen geboren, oft Anfänge zu wissenschaftlichen Versuchen oder Bemerkungen zu einem Manuskript oder auch längst vergangene und vergessene Begebenheiten, also irgend etwas, was weit abseits von den Sätzen meines Buches meine Absichten, Eindrücke und Wünsche, oft verschüttete, weiterspinnt oder sogar erfüllt.

So geht es mir noch als altem Mann, vielleicht mehr oder nur als altem Mann. Vertieft sich nicht alles mit den Jahren? Jede Einsicht und Empfindung, Neigung und Abneigung? In jüngeren Jahren verdrängt Tätigkeit und Zusammensein mit anderen, Bewegung und Ermüdung zuviel von Nachdenken und Nachfühlen.

---

[5] Gemeint ist vermutlich der Chemiker und Nobelpreisträger Fritz Haber (1868–1934).
[6] Claudio Francesco Beaumont (1694–1766), italienischer Maler.
[7] Richard Willstätters Ehefrau Sophie war bereits 1908 an den Folgen eines Blinddarmdurchbruchs verstorben. Sein 1904 geborener Sohn Ludwig starb 11-jährig an den Folgen seiner Diabeteserkrankung.

Im Dezember wurde ich vom Notariat XVII vorgeladen. Der Gauleiter von Oberbayern Adolf Wagner[8] verlangte, daß ich auf „die Verfügung über meine Villa und über jeden andern Vermögensbestandteil" notariell Verzicht leistete. Damals hatte eben ein bedeutender Freund mich wissen lassen, ich könnte gemäß der Zusicherung einer sehr hohen Persönlichkeit völlig ungestört in München leben, ich würde nichts einbüßen, kein Haar würde mir gekrümmt. Der Notar XVII bemerkte dazu: „Sie sind zu den verlangten Abtretungen nicht gezwungen. Es ist aber in Ihrem eigenen Interesse gelegen. Andernfalls müßten Sie alle Folgen sich selbst zuschreiben, verstehen Sie mich wohl, alle Folgen. Von Ihrem Paß könnte keine Rede mehr sein." Nachdem ich um meines Passes willen unterzeichnet hatte, erhielt ich noch im Dezember einen Zettel: „Wir kündigen Ihnen hiermit Ihre im obigen in unsern Besitz übergegangenen Anwesen gelegene Wohnung zum 31. Januar 1939." Den einsetzenden Verschleuderungen der nichtarischen Grundstücke und den Unterschlagungen wurde nach einiger Zeit von Berlin aus ein Ende bereitet. Aber die dann durchgeführten legalen Verkäufe scheinen nicht viel besser wie Zwangsverkäufe gewesen zu sein, und die Erlöse verloren ihren Wert durch Sperrung.

Wenn ich mich nun dem Ende dieser Erinnerungen nähere, die ich noch mit der Hand abschreiben muß und dann in Maschinenschrift übertragen will, so mahnen mich manchmal die Kranzarterien, sei es an Alter oder Erlebtes. Dann erinnere ich mich an ein Wort meiner treuen Haushälterin Elise, die mir beim Auswandern nachfolgen will. Als blutjunges Ding lag sie einmal typhuskrank im Spital. Damals sagte sie sich: „Ich kann jetzt nicht sterben, ich habe doch ein so hübsches neues Kleid."

Ich hatte damit gerechnet, München vor Weihnachten verlassen zu können, dann vor Neujahr, dann vor den Heiligen Drei Königen, dann Mitte Januar, und lange brauchte ich um zu ahnen, wie manche Leidensstation noch vor mir lag. Herren von der Gestapo sprachen bei mir vor, echte und falsche. Eines Tages kam ein Mann namens Sedlmeier, legitimierte sich sorgfältig als Geheimpolizist und beanstandete, daß ich keine Winterhilfe bezahlt hatte. Es war mir freilich verboten, dazu beizutragen; aber mein Blockwart, ein Träger des Blutordens, sei beleidigt. Der Besucher, der „halb als Beamter, halb als Mensch" kam, verlangte Geld, um diese Sache beizulegen. Aber er versprach mir seine Hilfe, daß ich am übernächsten Vormittag in der Devisenstelle an die Reihe käme. Er zeigte sich zur vereinbarten Zeit nicht, ich fragte nach, es trat zutage, daß ich einem Schwindler zum Opfer gefallen war. „Ja, aber wie konnten Sie nur so hereinfallen? Geld haben Sie ihm sogar gegeben, wie ist das nur möglich?" In meiner Verlegenheit erwiderte ich: „Ich hatte gemeint, es gehe da im Kleinen so zu wie im Großen." Darauf lachte man vergnügt und war zufrieden, aber ich mußte mein Erlebnis bei der Geheimen Staatspolizei melden. Nach einigen Tagen wurde ich zur Konfrontierung vorgeladen. Ich trat pünktlich

---

[8] Adolf Wagner (1890–1944); Gauleiter des NS-Gaues München-Oberbayern.

ein und wartete neben der Tür. Am Tisch vor zwei Beamten saß ein Ange-
schuldigter, man protokollierte. Der Verbrecher drehte sich nach mir um und
sagte: „Geh, bitt' schön, nehmen S' einstweilen a bisserl Platz!" Dann mußte
ich ihn und noch einen andern genau und wiederholt betrachten und aussagen,
ob einer von ihnen mein Mann sei. Es war nicht der Fall. Man schrieb weiter,
dann sagte der protokollierende Beamte: „So, die Herren miteinander können
jetzt gehen!"

Tag um Tag stand ich weiter wartend auf den Korridoren. Mein Arbeitszimmer war ausgeräumt, im kalten, leeren Raum stand ich abends am Telephon
zur gewohnten Arbeitsbesprechung mit meiner Assistentin. Bei der Devisenüberwachungsstelle gab es neue Verzögerung. Anfang Februar wurde ich
brieflich vorgeladen, und man verlangte von mir, ich müsse das Testament
meines Bruders, der in New York gelebt hatte und vor Jahren gestorben war
und eine Aufstellung seines gesamten Vermögens, beides mit gerichtlichen
Beglaubigungen, beschaffen. Auf die Möglichkeit war ein Prüfer verfallen,
ich könnte eine Erbschaft gemacht oder Vermögenswerte nach Amerika ver-
schleppt haben. Über die neue Verzögerung geriet ich in Erregung. Herr Regie-
rungsassessor H., der im ganzen Verlauf korrekt und frei von der Überheb-
lichkeit und Grausamkeit mancher Unterbeamter war, und der meinem Wort
vertraute, meinte beruhigend: „Sie werden vielleicht schon in acht Tagen uns
die beglaubigten Dokumente bringen können." Ich zog seinen Brief aus der
Tasche: vom Datum bis zur Zustellung, also von der Arco- bis zur Möhlstraße,
hatte er 9 Tage gebraucht.

Es dauerte länger, aber die beglaubigten Dokumente kamen und fanden
Beifall bei der Überwachungsstelle. Eine letzte Schwierigkeit bestand noch
darin, daß sich in meinem Bankdepot ausländische Wertpapiere befanden, die,
ohne noch mein Eigentum zu sein, von mir verwaltet wurden. Auf Anraten
der Überwachungsstelle hatte ich in dieser Sache unter genauer Darlegung der
Umstände eine Eingabe an das Reichswirtschaftsministerium gerichtet, deren
Erledigung längere Zeit erfordern mußte. Schließlich sagte mir die Behörde
in entgegenkommender Weise zu, daß die Wertpapiere nach meiner Abreise
unberührt bleiben würden, bis die Entscheidung aus Berlin einträfe. Leider
setzte sich die Zusage nicht durch. Die große Bank, deren Klient ich durch
Jahrzehnte gewesen, veräußerte den Besitz alsbald nach meiner Auswanderung, der Entscheidung der Reichsbehörde vorgreifend. Das Verhalten der
Bank und die besonderen Zusammenhänge verstand ich erst einige Monate
später, als das Bezirksgericht Zürich über ihren maßgebenden Beamten ein
scharfes Urteil fällte.

Beim Warten auf die amerikanischen Dokumente und bei den Zweifeln,
ob sie überhaupt kämen, verbrauchte sich meine Geduld. So kam es, daß ich
alter Mann eine verhängnisvolle Torheit beging. Ich fuhr an den Bodensee in
eine nahe der Grenze gelegene Stadt, um zu sehen, ob es ginge, ohne Paß und
Gepäck das Land zu verlassen. Es war regnerisch und stürmisch. Stundenlang

lief ich allein herum, schließlich durchnäßt und müde. Dann wollte ich eine
Gaststätte oder einen Gasthof zum Übernachten aufsuchen, aber ich stieß überall auf das Plakat: „Juden ist der Eintritt strengstens verboten." Darauf machte
ich den Versuch, im Ruderboot über die Grenze zu gelangen. Er schlug fehl.
Es gab Verhöre von vielen Stunden. Aber todmüde bestand ich um Mitternacht
die letzte Stunde. Der herbeigeholte hohe Beamte der Geheimen Staatspolizei
war gerecht und mehr, einsichtsvoll, menschlich, wohlmeinend. Er hörte und
verstand. Ich wurde festgehalten, nicht verhaftet. Nach zwei Tagen, als die
Bestätigung meiner Angaben eintraf, konnte ich das Gefängnis verlassen und
frei nach München zurückkehren. Den Reiter über den Bodensee verstand ich
nicht in der Jugend, nicht im Alter. Der gute Ausgang war für mich eine Quelle
dauernder Zufriedenheit und Ruhe.

Nach weiteren zwölf schwierigen Tagen bekam ich meinen Paß und mit Professor Stolls freundlicher Hilfe das Visum für die Schweiz. Ich verließ meine
geliebte deutsche Heimat, die mir alles gegeben und gewesen, und fand als
Emigrant „tolleranza per riposo"[9] zu Muralto-Locarno, Villa Eremitaggio.

[...]

---

[9] Auf deutsch etwa: „die Möglichkeit zum Ausruhen".

Erinnerungen

Von Friedrich Gustav A. Reuß

Friedrich Gustav Adolf Reuß wurde am 5. Juli 1904 als Sohn von Joseph Reuß und seiner Frau Hedwig (geb. Mohr) in Würzburg geboren. Sein Vater war zum Zeitpunkt der Geburt als Königlich Dritter Staatsanwalt am Würzburger Landgericht tätig. 1905 zog die Familie für zwei Jahre nach Neuburg an der Donau. Im gleichen Jahr traten seine Eltern zum protestantischen Glauben über. Ihren Sohn Friedrich hatten sie bereits kurz nach seiner Geburt, am 20. September 1904, taufen lassen. Von 1907 bis 1932 lebte die Familie ein christlich-bürgerliches Leben in Augsburg und erlebte hier die Zeit des Ersten Weltkriegs, die Räterepublik und die Anfänge der Weimarer Republik.

Nach dem erfolgreichen Abschluss des humanistischen St. Anna Gymnasiums in Augsburg 1923 absolvierte Friedrich Reuß ein Studium der Rechtswissenschaft und Nationalökonomie an den Universitäten München und Kiel und wurde am 27. September 1928 an der Universität Würzburg zum Dr. jur. promoviert. Am 23. Juli 1930 legte er die Staatsprüfung für den höheren Justiz- und Verwaltungsdienst ab. Nach verschiedenen Tätigkeiten in Augsburg und Kaufbeuren nahm er zum 1. April 1931 zunächst eine Stelle als Regierungsrat bei der Reichsbahnverwaltung München in Regensburg, dann in Ludwigshafen und ab 1933 in der Reichsbahndirektion in Berlin an.

Aufgrund seiner jüdischen Abstammung wurde Friedrich Reuß zum 31. Oktober 1933 aus dem Staatsdienst entlassen. Am 5. Dezember 1933 verheiratete er sich mit der Katholikin Alwine Katharina (Catherine) Bubel (1911–1940) und akzeptierte wenig später das Angebot, über den „Verein nichtarischer Christen" Versicherungen zu vertreiben. Dies geschah zunächst in Berlin, später in Leipzig. Angesichts der zunehmenden Ausgrenzung und wirtschaftlichen Notlage nach dem Verlust seiner Arbeit bei der Victoria Versicherung entschloss sich Reuß zur Emigration. Nach seinem Übertritt zum katholischen Glauben und dem Erhalt eines Besucheraffidavits, emigrierte er im September 1938 über Southampton, England, in die USA.[10] Seine Frau und ihr gemeinsamer einjähriger Sohn Peter (1938–2000) folgten ihm knapp ein Jahr später. Sie erreichten New York am 23. Juni 1939.[11]

---

[10] Passenger and Crew Lists of Vessels Arriving at New York, New York, 1897–1957. Microfilm Publication T715, 8892 rolls. Records of the Immigration and Naturalization Service; National Archives at Washington, D.C., zitiert nach: Year: 1938; Arrival: New York, New York; Microfilm Serial: T715, 1897–1957; Microfilm Roll: Roll 6216; Line: 14; Page Number: 37, in: Ancestry.com. New York, Passenger Lists, 1820–1957 [database online]. Provo, UT, USA: Ancestry.com Operations, Inc., 2010.

[11] Passenger and Crew Lists of Vessels Arriving at New York, New York, 1897–1957. Microfilm Publication T715, 8892 rolls. Records of the Immigration and Natura-

Nach dem frühen Tod seiner ersten Frau heiratete Friedrich Reuß 1941 erneut und wenig später wurde Tochter Ursula (1944–1992) geboren. 1944 erhielt er die amerikanische Staatsbürgerschaft, lehrte an verschiedenen Universitäten und unterrichtete bis zu seiner Pensionierung 1971 als Professor am Goucher College in Baltimore, Maryland (USA).
Friedrich Reuß verstarb am 3. Dezember 1985 in seinem letzten Wohnort, Baltimore, Maryland. Seine Erinnerungen verfasste er im Rahmen eines wissenschaftlichen Preisausschreibens der Harvard University, das 1939 von drei an der Universität tätigen Wissenschaftlern initiiert wurde. Abgabeschluss war der 1. April 1940.[12]

[…]

Unser Versicherungsgeschaeft liess nach. Der Verein, meine geschaeftliche Basis, verkleinerte sich immer mehr. Als neuer Grund zur Verkleinerung kam die Auswanderung hinzu. Quaeker, katholische Orden und fuer manche, Glueckliche, Verwandte im Ausland, ermoeglichten die Auswanderung. Grosse Hoffnungen erweckte ein Brasilianisches Siedlungsprojekt von dem ehemaligen Minister Koch-Weser.[13] Die meisten Auswanderungen scheiterten an der Geldfrage. Die Geldausfuhrbestimmungen wurden mehr und mehr verschaerft. Ein Freund von mir, ein Rechtsanwalt, von dem ich ebensowenig wie er von mir geahnt hatte, dass er einen „Abstammungsfehler" hatte, half sich. Er errichtete in seinem grossen Apartment im Berliner Westen eine Studentenpension, verlangte von den auslaendischen Studenten, die er bevorzugte, einen sehr geringen Pensionspreis und dazu einen wesentlich hoeheren, den deren Eltern auf die Bank von England ueberweisen sollten. Natuerlich kam dieser Verzweiflungsakt auf, er erhielt fuenf Jahre Zuchthaus, es war eine grosse

---

lization Service; National Archives at Washington, D.C., zitiert nach: Year: 1939; Arrival: New York, New York; Microfilm Serial: T715, 1897–1957; Microfilm Roll: Roll 6351; Line: 7–8; Page Number: 120, in: Ancestry.com. New York, Passenger Lists, 1820–1957 [database on-line]. Provo, UT, USA: Ancestry.com Operations, Inc., 2010.
[12] Zum Hintergrund des Preisausschreibens und der Geschichte der eingereichten Texte siehe Bartmann/Blömer, Einleitung. Autobiographische Erinnerungen von Friedrich Gustav Adolf Reuß mit einem Nachwort von Frederick Joseph Reuss, Oldenburg 2001, 18–22. Zur Familiengeschichte siehe Blömer, Rekonstruktion der Familiengeschichte.
[13] Erich Friedrich Ludwig Koch-Weser (1875–1944) war ein deutscher Jurist sowie Gründungsmitglied und von 1924 bis 1930 Parteivorsitzender der Deutschen Demokratischen Partei (DDP). 1933 emigrierte er mit seiner Frau und seinen vier Söhnen nach Brasilien, wo er nahe der Stadt Rolandia eine Kaffeeplantage erwarb und erfolgreich bewirtschaftete. Insgesamt lebten ca. 400 deutsche Familien in dieser nach dem Wahrzeichen Bremer Roland benannten Urwaldplantage. Vgl. den ausführlichen Eintrag „Koch(-Weser), Erich" in den im Bundesarchiv vorhandenen „Akten der Reichskanzlei. Weimarer Republik" online, http://www.bundesarchiv.de/aktenreichskanzlei/1919–1933/0000/adr/getPPN/118724126/ (17. Februar 2015).

Sache in allen Zeitungen und seine Frau, mit einem 6 Monate alten Baby, liess
sich scheiden „Zum Schein" natuerlich nur, wie sie mir sagte, denn sie war
ebenfalls Rechtsanwaeltin und konnte so die Praxis retten, da sie rein arisch
war. Ein Jahr spaeter machten die Nuernberger Rassengesetze die geplante
Wiederverheiratung unmoeglich. Sie heiratete einen Freund ihres Mannes, ich
habe niemanden wiedergesehen.

Ich hatte gelegentlich geschaeftlich auf der Zentralstelle einer grossen und
angesehenen Versicherungsgesellschaft zu tun. Deren Generaldirektor war ein
Freund meiner Eltern und Jude. Meine Eltern hatten ihm ohne mein Wissen
[…] geschrieben und als ich ihn nun kennenlernte, stellte er mich mit 250 Mark
fuer seine Gesellschaft an, bevor ich meinen Dienst antreten konnte, wurde er,
als Jude, seines Postens enthoben. Ich hatte aber meinen Vertrag und der Nachfolger des Generaldirektors, sein ehemaliger Sekretaer, ein „alter Kaempfer der
Partei" war sehr freundlich zu mir und riet mir, der „Deutschen Arbeitsfront"
beizutreten, einer Union, der jeder „schaffende Deutsche" ob Tuerhueter oder
Generaldirektor, angehoeren soll (in Wirklichkeit: muss).[14] Da es sich hier
mehr um Beitragszahlungen als um Rechte [handelte], waren nur Juden ausgeschlossen, Rasseforschung war nicht erfordert, und ich konnte also eintreten.
Wir machten einen Sprechabend mit, in dem uns erklaert wurde, dass die alten
Arbeitergewerkschaften unter juedischer Herrschaft waren und dass es deshalb
wirtschaftliche Verbaende waren, die auf schamlose Weise durch Arbeitslosen-
unterstuetzung, Weihnachtsgaben und andere materialistische Judenschliche
die Leute koederten. Die Deutsche Arbeitsfront dagegen sei eine rein ideale,
weltanschauliche Sache, wir gaeben unsere Beitraege nicht fuer schnoeden
Gewinn, sondern um unsere Treue zu Hitler zu beweisen. Es sei unserer un-
wuerdig, bei einem „Weltanschauungsbeitrag" materielle Gegenleistung zu
erwarten, das Gefuehl der Treue in unserer eigenen Brust sei Lohns genug.
Besonders wuerdige Mitglieder koennen gelegentlich eine Sommerreise mit
„Kraft durch Freude"[15] machen, eine Sache, die in Gruendung begriffen sei.

In der Tat war „Kraft durch Freude" dann besser als es zuerst aussah, und
es gab tatsaechlich billige Reisen, sehr billige Theaterkarten und eine Menge
derartiger Verguenstigungen, die einen Teil der unerhoert hohen Steuern wieder gutmachten.

Trotz meiner Mitgliedschaft bei der Arbeitsfront war es natuerlich unmoeglich, mich in der Zentrale anzustellen, ich muesse „unten" anfangen und als

---

[14] Die Deutsche Arbeitsfront (DAF) wurde nach der Zerschlagung der Gewerkschaf-
ten unter der Führung von Reichsleiter Robert Ley am 10. Mai 1933 gegründet und
war rechtlich ein der NSDAP angeschlossener Verband. Die Einheitsmitgliedschaft war
„freiwillig, aber erwünscht" und ermöglichte es dem NS-Regime, die arbeitende Bevölkerung nicht nur im Beruf, sondern auch in der Freizeit zu kontrollieren. 1942 war der
Verband die größte Massenorganisation im Deutschen Reich.
[15] Kraft durch Freude (KdF) war eine Organisation der DAF, die im November 1933
gegründet wurde, und u.a. Freizeitaktivitäten und Erholung der Arbeitnehmer regelte.

Vertreter lernen, spaeter koenne ich dann vielleicht eine eigene Generalagentur bekommen. Als Vertreter lerne man am besten an einem Ort, wo man keine Erziehung habe, um ganz unbeeinflusst arbeiten zu koennen (was sehr richtig ist) und so wurde ich in ein kleines thueringisches Staedtchen geschickt, um Klein-Lebensversicherungen, Haftpflicht-, Feuer- und dergleichen zu verkaufen. Meine Frau blieb in Berlin, denn ich konnte mir nicht vorstellen, dass das Abenteuer lange dauere. [...] Nach drei Monaten hatte ich gezeigt, dass ich Versicherungen verkaufen konnte und kam nach Leipzig, wo mir 15 Vertreter unterstellt wurden. Meine Frau kam nach, wir lebten in einem kleinen Apartment, ich kaufte ein Kleinauto, das sich von den Kilometergeldern bezahlt machte, und wir waren wieder einmal gelandet. Ich besorgte einen Bezirk, der bis zu den Leunawerken, 20 Meilen westlich von Leipzig reichte, verkaufte allein oder zusammen mit unseren Vertretern Versicherungen, und beobachtete die Stimmung fuer oder gegen Hitler.

Die Gespraeche verliefen etwa nach folgendem Muster; vorausgesetzt dass es sich um intelligentere Vorarbeiter, Ingenieure oder dergleichen handelte:

„Eine Versicherung? Nein. Heute, seit wir unseren Hitler haben, ist fuer unsere Familie gesorgt in jedem Fall. Hitler sorgt fuer uns." „Gewiss, aber sehen Sie, die Arbeitsfront zahlt Ihnen keine Rente". „Ja, das ist wahr, die Gewerkschaften frueher haben das getan." „Ja, und man kann nicht wissen, eines schoenen Tags haben wir wieder unser herrliches Heer und man weiss nicht, was da passiert." „Ja, da haben Sie auch recht. Na, ich geh nicht mehr mit, ich hab noch meinen Rheumatismus vom vorigen Krieg, aber freilich, heute wird man als einfacher Mann ja nicht lang gefragt,,,"

„Ja, na wir koennen doch auf Hitler vertrauen, der macht alles." „Ja, da haben Sie schon recht, aber ich denke, so gar nicht mitreden duerfen und nur zahlen muessen, das ist doch eigentlich auch nicht recht. Da kommt die Arbeitsfront, und der S.A. Beitrag und hoehere Steuern, und die Sozialversicherungsabzuege sind wieder erhoeht, und die Winterhilfe, und die Eintopfsammlung..." „Ja, und jeden Sonntag Strassensammlung."

„Ganz richtig, und dann muessen die Kinder in die Hitlerjugend."

„Ja, aber dafuer werden sie auch vom Staat betreut."

„Freilich, freilich, das ist schon schoen, aber man hat doch auch gar kein Familienleben mehr, und wenn Messe in der Kirche ist, da ist immer gerade eine Versammlung, man hat doch auch seinen Glauben, aber das soll einem alles genommen werden und was die Kinder fuer Ideen heimbringen, na ich kann Ihnen sagen... Nicht mal im eigenen Haus kann man mehr ein freies Wort sprechen... Um Gotteswillen, Sie sind doch kein Spitzel? Ich habe nichts gesagt. Kein Wort hab ich gesagt. Wer sind Sie ueberhaupt?"

Na dann wurde der arme Kerl beruhigt und manchmal unterschrieb er eine Versicherung.

Es gab auch andere. Neu angekommene. „Heil Hitler. Kommen Sie mal rein, Sie da. Zeigen Sie mal Ihren Ausweis. Bei der Arbeitsfront? Wissen Sie man muss doch wissen, dass einem nicht irgend so ein Jude in die Wohnung kommt. Ich glaube nicht, dass ich irgendeine Versicherung brauche. Ich weiss von sicherer Quelle, mein Sturmfuehrer hat mir das erzaehlt, demnaechst bekommt jeder Deutsche eine Alterspension. Jeden Sonntag ein Huhn im Topf soll Hitler gesagt haben. Haben Sie das schon gehoert? Und wenn erst Deutschland ganz frei ist, dann koennen alle Steuern abgeschafft werden. Wir muessen ja immer bloss fuer die Juden und Auslaender bezahlen. Nein, das hoert jetzt auf. Na, Sie sollen mal sehen, wie Deutschland in 5 Jahren aussieht. Gemeinschaftssied-lungen ueberall, ein Volksauto fuer jeden schaffenden Deutschen, da brauchen wir uns ueberhaupt um nichts mehr zu kuemmern. Da muessen mal die andern fuer uns fronen. Nein, nein, kommen Sie mir nicht mit einer Versicherung."

Im nichtarischen Verein in Leipzig fanden wir wieder gute Gesellschaft. Aber da waren schon alle arbeitslos und hofften von einem auf den anderen Tag, irgendwie aus dem Lande kommen zu koennen, aber mehr und mehr Grenzen verschlossen sich. Die offenen Staaten waren ebenfalls zu schwer zugaenglich. Wo z.B. einen Amerikaner finden, der einem ein Affidavit of sup-port verschafft? Nein, wir paar letzten muessen schon hier aushalten. Nur nicht auffallen, nur nicht miteinander in ein Gasthaus gehen, denn wenn wir auffal-len und ein Streit entsteht oder irgendetwas, dann kommen wir ins Konzentra-tionslager. Frau Dr. X hat ein Paeckchen bekommen, 2,50 Mark Nachnahme, aus dem Konzentrationslager, und da war die Asche von ihrem Mann drin. Vielleicht. Vielleicht lebt er auch noch und es war nur ein Scherz. Am besten bleiben wir schoen zuhause, dass uns niemand sieht. [...]

Es wurde immer schlimmer, Versicherungen wurden uns gekuendigt, weil ein Geruecht ging, dass die Gesellschaft noch Judenstaemmlinge beschaef-tigte. [...] Aber mein Chef sagte, ich solle mir keine Sorgen machen. „Wir paar vernuenftigen Menschen, die noch in dieser verrueckten Zeit leben, hal-ten schon zusammen." Kurz vor der ersten Mai-Feier bat er mich aber doch, lieber ein paar Tage krank zu sein, denn er habe gehoert, die Arbeitsfront habe sich geaeussert, ich sei ein Judenstaemmling und nicht wuerdig an der Feier teilzunehmen. Wenn ich aber nicht teilnehme, muesste er mich entlassen. Da war also wieder das Ende nahe. Denn die Arbeitsfront wuerde nun nicht ruhen, bis ich wieder arbeitslos waere, das wusste ich von hundert anderen Faellen.

Meine Eltern besuchten uns aus Muenchen[16] und da hoerte ich zum ersten Male, dass ein Cousin meiner Grossmutter in den achtziger Jahren nach den Vereinigten Staaten ausgewandert war. Meine Eltern hatten nach langem For-

---

[16] Als zum 1. April 1932 das Oberlandesgericht Augsburg aufgehoben wurde und mit dem Oberlandesgericht München vereinigt wurde, zogen auch Joseph Reuß (1872–1944) und seine Ehefrau Hedwig (1883–1944) nach München, in die Keuslinstraße 16. Dieses Haus war im Besitz des Ehepaares. Zum 1. Juli 1933 wurde Joseph Reuß in den Ruhestand versetzt. Am 16. Juli 1942 kamen Joseph Reuß (Transportnr. 746) und seine Ehefrau mit dem Transport II/15 nach Theresienstadt. Beide wurden zum 27. März 1944 für tot erklärt.

schen seine Adresse erfahren. Wir schrieben sofort an ihn und richtig, kurz
darauf kam ein Brief, dass er sich freue, von uns zu hoeren und wie es denn
hier aussehe. Er habe eine Fabrik in der Naehe von New York und lebe in
ganz guten Verhaeltnissen. Seine Adresse, nahe dem Zentralpark in New York,
erklaerte mir ein Freund, berechtigte mich zu den kuehnsten Hoffnungen.

Da kam ein neuer Brief von ihm, mit einem Besucheraffidavit, ich solle mich
doch mal besuchsweise in New York umsehen. Mit diesem Brief ging ich zum
Konsul und er versprach mir ein Besuchsvisum, vorausgesetzt, dass ich einen
schriftlichen Nachweis erbrachte, dass ich in ungekuendigter Stellung waere.

Ich schrieb meinem Chef in Berlin, dass ich um diesen Ausweis baete. Da
kam die Nachricht, dass der Vertreter der Arbeitsfront diesen Ausweis untersagt habe. Er sei ausnahmsweise bereit, zu erlauben, dass ich als Provisions-
vertreter weiterarbeiten duerfe, ich sei im uebrigen mit Rueckwirkung auf
meinen letzten Kuendigungstermin entlassen und er muesse bitten, dass ich
ihm mein Gehalt fuer die letzten zwei Monate zuruecksende. Gleichzeitig rief
er mich am Telefon an, und sagte, er habe die zwei Monate bezahlt und als
zurueckgesandt quittiert und schaeme sich aus Herzensgrund, aber er koenne
nichts machen. Ich schrieb, dass ich das Angebot als freier Vertreter zu arbeiten
annehme, aber auf einwoechiger Kuendigung bestehe.

Aus der Arbeitsfront trat ich aus, mit der Begruendung dass meine juedische
Abstammung mich vermutlich unerwuenscht mache. Ich erhielt einen Brief,
dass doch meine Frau arisch sei und ob nicht sie meine Beitraege weiterzahlen
wolle. Sie wollte nicht. Ich gab keine Antwort.

Inzwischen telegraphierte ich nach New York, dass ich baete, das Besu-
chervisum in ein Dauervisum umzuwandeln, was prompt geschah. Das war
inzwischen 1938 geworden. Vor dem Konsulat draengten sich jeden Tag mehr
als 100 Personen und es war eine Qual. Die entsetzlichsten Geschichten zir-
kulierten im Wartesaal, Frauen von Maennern in Konzentrationslagern, mit 3
Monaten Frist zum Auswandern, brachen zusammen als sie hoerten, dass ein
Visum vor 6 Monaten nicht in Frage kaeme. Alte Maenner kamen weinend aus
dem Untersuchungsraum, sie hatten die aerztliche Pruefung nicht bestanden.
O Gott, was sollen wir tun? Hier muessen wir heraus, nirgends koennen wir
hinein, unsere Kinder verhungern.

Eine Frau hatte eine Erbschaft in Amerika gemacht. Wenn sie das Geld in
Amerika hat, bekommt sie ein Visum, sagte der Konsul. Erst muss die Erb-
schaft der deutschen Reichsbank ausgeliefert werden, dann bekommt sie einen
Pass, sagte das deutsche Passamt.

Es war die Hoelle in diesem Vorzimmer, und ich sass da mindestens 10 Mal
von 7 Uhr (um 9 wurde geoeffnet, aber da war der Gang schon so voll, dass die
hinten anstehenden Leute heimgeschickt wurden) bis mittags 2 Uhr.

Inzwischen war meine Taetigkeit in Leipzig unmoeglich geworden, weil
ich keinen Arbeitsfrontausweis mehr hatte und ich war nach Berlin zu meinen Schwiegereltern gezogen. Endlich, im Sommer (1938) kam das Visum.

Ich fuhr noch nach Muenchen, nach den oberbayerischen Bergen und nahm Abschied von Eltern, den wenigen Freunden und dem schoenen Bayern und endlich fuhr ich ab. Meine Frau sollte einige Monate spaeter nachkommen. Gepaeck war vorausgeschickt, die paar Dollar, die mir an der Devisenstelle neben den gesetzlichen 3 Dollar genehmigt worden waren, hatte ich in der Tasche und nach allzulanger Fahrt kam die hollaendische Grenze.

„Haben Sie Geld?" fragte der SS Mann an der deutschen Grenzstelle. „Hier ist meine Devisengenehmigung und hier ist meine Brieftasche", sagte ich. „Das ist alles, was Sie haben?" „Ja, mein Gepaeck ist bereits in Berlin zoll-amtlich abgefertigt, ich habe weiter nichts mit mir. Das Gepaeck ist nach Sout-hampton vorausgesandt."

Der Zug hielt.

„Alle Auswandererpaesse bitte abliefern, die Auswanderer steigen hier aus."

Mit mir stieg noch eine alte Dame aus, und auf dem Bahnsteig waren wir 16 Leute.

„Sie stellen sich im Wartesaal in einer Reihe auf!" Wir stellten uns auf.

„Sie bleiben hier stehen." Wir blieben stehen.

Der Zug pfiff. Ich trat aus der Reihe und bat einen SS Mann uns abzufertigen, unser Zug gehe und wir muessen den hollaendischen Anschlussdampfer errei-chen. Er hielt mir die Reitpeitsche vor die Augen: „Hab ich nicht gesagt, Sie bleiben in der Reihe stehen?"

Ich trat zurueck. Ein paar alte Damen schluchzten. Kindern weinten. Unser Zug fuhr ab.

Einige neue Versuche, etwas zu erreichen, blieben erfolglos. Wir standen von 7 Uhr nachmittags bis Mitternacht. Endlich kamen die SS Leute aus dem Bahnhofswartesaal wo sie Karten gespielt hatten, und sagten zu mir: „Sie da, Sie hatten es doch so eilig, kommen Sie mal. Kein Gepaeck?" Ich erzaehlte meine Geschichte von neuem. „Na, ziehen Sie mal Ihre Jacke aus." „In dieser Tasche ist ja eine Visitenkarte. Regierungsrat I. Sind Sie das?" „Jawohl." „Sind Sie Jude?" „Nein." „Warum wandern Sie dann aus?" „Nichtarische Abstam-mung." „So? Haben Sie Militaerurlaub?" „Ja, hier in meiner Brieftasche." „Na, ich weiss nicht, ob wir Sie da so herauslassen koennen. In dieser Brieftasche ist ja auch ein politischer Zeitungsaufsatz von Ihnen." „Das ist wirtschaftspoli-tisch, Herr Wachtmeister, ich hab nie politische Aufsaetze geschrieben." „Ah, ich verstehe das nicht, da muss ich mal den Herrn Leutnant rufen."

Der Herr Leutnant kam. „Regierungsrat. Ein politischer Aufsatz in der Brief-tasche? Da muss der Herr Oberst entscheiden."

Nach einer halben Stunde kam der Herr Oberst. „Zeigen Sie mal den Kerl!" Er schaute mich von oben bis unten an, las den kurzen Aufsatz. „Welcher Hammel hat denn den politisch genannt?" Ich sagte, ich haette von Anfang an gesagt, es sei kein politischer Aufsatz. „Hauen ab wegen juedischer Abstam-mung?" fragte er. „Ja, Herr Oberst." „Kommen Sie mal mit. Sie da, Leutnant; fertigen Sie die andere Bande ab!"

Ich ging mit in seinen Dienstraum. Wir rauchten eine Zigarre. Er war ein vernuenftiger, gebildeter Mann und hatte ernste Sorgen um Deutschland. „Sagen Sie, Herr Regierungsrat," fragte er, „denken Sie all der Unfug kann gut enden? Sie werden eines Tages froh sein, dass die Verhaeltnisse Ihnen den Entschluss auszuwandern erleichterten. Ach Gott, ich wollte unser Kaiser da drueben ueber der Grenze kaeme zurueck. Aber was kann man tun? Gehorchen. Die Wut verbeissen, Pflicht tun. Mitmachen."

„Ja Herr Oberst, so hab ich auch gedacht. Mitgemacht solange es ging. Gedacht, es muss doch wieder anders kommen. Die Vernunft muss doch siegen. Stattdessen wurde es schlimmer mit jedem Tag. Ich war ein Emigrant, geistig, schon seit ein paar Jahren. Wir haben unser Deutschland verloren – ohne einen Finger zu ruehren. Wir dachten wir tun unsere Pflicht und haben dabei Deutschland verloren."

„Ja, Sie haben recht. Das ist schlimmer als ein verlorener Krieg. Tausendmal schlimmer. 1918 haben uns ein paar Auslaender verachtet – vielleicht. Und sicher mit Unrecht. Jetzt verachten wir uns selber. Und mit Recht. Ich wollte ich koennte mit Ihnen tauschen. Gruessen Sie Amerika von dem alten Deutschland, das gestorben ist. Vergessen Sie das neue so schnell Sie koennen."

Ich drueckte ihm die Hand. Niemand sah es. Draussen vor der Tuer hob er die Hand zum Hitlergruss. Ich glaube es zuckte um seine Mundwinkel. Ich weiss nicht, war es Hohn, Selbstverachtung oder Kummer. Ich machte eine steife, militaerische Verbeugung. Dunkel war ueber Deutschland. Im Westen war ein letzter Widerschein von Licht.

Die Grenze war offen.

Draussen war die Freiheit.

[…]

Erinnerungen an die Kindheit in München
und die Emigrationsjahre

Von Jackie Renka

*Jackie Renka (Jakob Renkazischok) wurde am 17. Juli 1916 in München
als sechstes Kind von Leib Leopold Renkazischok und seiner Frau Riwa
Rebekka (geb. Drybynsky) geboren. Die religiöse Familie wohnte im Münchner Glockenbachviertel. Nach dem Tod des Vaters im Jahr 1930 betrieb Riwa
Rebekka Renkazischok seit dem 17. Februar 1933 eine Kürschnerei und einen
Kleinhandel mit Pelzen in der Mariannenstraße 2/II. Dieses Gewerbe wurde
am 9. Januar 1939 für den 31. Dezember 1938 abgemeldet. Fortan bestritt sie
ihren Lebensunterhalt durch den Verkauf von „entbehrlichen Einrichtungsge-
genständen" und durch die Unterstützung ihrer Kinder, die alle zwischen 1934
und 1939 emigriert waren. Jackie Renka, zu der Zeit Elektrotechniklehrling,
kam im Zuge der Jugendalijah im August 1934 nach Palästina. Seine Reise
führte ihn zunächst von München mit der Eisenbahn nach Triest, bevor er die
siebentägige Reise mit einem Schiff nach Haifa antrat. Ende der 1930er Jahre
beteiligte sich Jackie Renka auf der Seite der Brigadisten am Spanischen Bürgerkrieg und konnte 1940 aus dem Internierungslager Gurs in Frankreich wieder nach Palästina zurückkehren.*

*Am 24. Dezember 1948 heiratete Jackie Renka Ruth Ellen Stern (1919–2013) und
betrieb eine Buchhandlung in Jerusalem. 1957 remigrierte er aus gesundheitlichen Gründen nach München, wo sein auf Judaica spezialisiertes Antiquariat
in der Schellingstraße schnell ein Treffpunkt für Bücherfreunde wurde. Er starb
am 21. Februar 1970 in München und hinterließ seine Frau und drei Kinder.*

*Seine maschinenschriftlich verfassten Erinnerungen beleuchten schlaglichtar-
tig Momente der Wanderung, die in den Jahren von 1934 bis 1965 sein Leben
prägten.*

Du sollst ein Stück Reise mitmachen. Da lieg ich auf Deck und sinniere! 1934
– 1938 – 1940 – grosse Pause. 1956 – 1957 – 1959 – 1965 das sind die Palästina – Israel – Reisejahre. Die erste Reise: Im Juli war ich 18 Jahre alt geworden, das Mindestalter für das langersehnte Chaluz-Zertifikat. Kämpfe um die
knappe Zahl der Zertifikate. Rasch geprägte, längst vergessene Wortprägungen
beherrschen die Diskussion: Alija-reif war eine davon. Diejenigen, die zu mes-
sen und zu entscheiden hatten, waren meist so bar von jeglichen echten Kenntnissen vom Land, Leuten, Wirklichkeit wie jene, über die sie entschieden.
Gesinnungstreue, bündische Vergangenheit und vor allem Angesehenheit in
der Hachschara-Gruppe gaben den Ausschlag. Einen Beruf richtig zu erlernen,
gestattete die turbulente, nazistische Zeit schon nicht mehr. Ich selbst hatte

meine verschiedenen Versuche teils unter dramatischen Umständen abbrechen müssen. Und an einem schwülen Tag Ende August war es soweit. Die Familie brachte mich zur Bahn, den Jüngsten und den Ersten der Familie, der Deutschland verliess. Mutter[17] war da, Ber[n]hard[18], dem die Rührung immer gleich in den Augen sass, sie mussten dazu gar nicht feucht werden. Hermann[19], der jahrelang an den Bahnhof ging, um sich um durchreisende Chaluzim, die vom Osten nach Palästina unterwegs waren, zu kümmern, hatte nun den Alija-reifen Chaluz in der Familie. Sofie[20] und Mina[21] waren sicher auch da, aber ich sehe sie nicht mehr. Es roch so herrlich, wie eben damals der Münchner Hauptbahnhof roch, nach Lokomotiven-Rauch, nach Ferne, nach unbekannten Ländern und weckte Sehnsüchte nach Menschen, die man noch nicht ahnte, die auf einen warteten, nach grossen Taten und Abenteuer die zu vollbringen man aufgerufen war. Soviel von Rauch und Ruch. Wer von Freunden mitfuhr? Ich weiss es nicht, es war auch von keiner Bedeutung, es war eine Fahrt zur Front, es war nur gut zu wissen, dass man Mitstreiter hatte, dass man jenes Land gemeinsam aufbauen wollte, dass alle jung waren, dass man dieselben hebräischen Lieder sang, deren Text man nur zum Teil verstand. Dies und das Tanzen der Hora waren Teil dieser neuen Liturgie. Du kennst mein phänomenales Unortsgedächtnis, und so weiss ich von der Bahnfahrt, dass sie über Salzburg ging, mein erster Schritt ins Ausland, überhaupt und dann erkannte jemand auf dem Bahnsteig den Tenor Schmidt[22], den die Nazis auch umbrachten. Wir fuhren nach Triest. Irgendwann in der Abenddämmerung fuhren wir durch dunkle grosse Wälder Jugoslaviens [sic!]. Da packte mich eigentlich erst der Abschiedsschmerz von Europa. Auf den Wald verzichten zu müssen, war arg und mir bisher nicht so vor Augen gewesen. Vor grosser Erschütterung nahm ich meine brennende Zigarette verkehrt in den Mund und verbrannte mir die Lippen. In Triest übernachteten wir in irgendwelchen primitiven Unterkünften und gingen am nächsten Tag aufs Schiff. Ein Italiener oder ein Franzose wars. Es war nicht übermässig sauber, Massenunterkünfte, aus denen man aber mit

---

[17] Riwa (Rebekka) Renkazischok (geb. Drybynsky, 1875); heiratete Leib Leopold Renkazischok am 18. August 1895 in Krementschuk. Sie emigrierte 1939, zu diesem Zeitpunkt verwitwet, in die USA.

[18] Bernhard Renkazischok (1896–1965); Bruder von Jackie Renka; emigrierte im Februar 1939 nach New York.

[19] Hermann Renkazischok (1907–1994); Bruder von Jackie Renka; emigrierte im März 1939 über London nach New York.

[20] Sofie Renkazischok (1900–1978); Schwester von Jackie Renka; emigrierte im September 1938 nach New York.

[21] Min(n)a Renkazischok (geb. 1913); Schwester von Jackie Renka; emigrierte im Juli 1937 nach New York und heiratete dort im Juni 1945 Leopold Weil.

[22] Gemeint ist wohl Joseph Schmidt (1904–1942); Sohn deutschsprachiger orthodoxer Juden, lyrischer Tenor und um 1930 einer der bekanntesten Sänger in Deutschland. Nach seiner Flucht aus Deutschland fand er in der Schweiz Zuflucht, wo er in einem Lager erkrankte und aufgrund mangelnder Hilfeleistungen starb.

seiner Matratze und Decke auf Deck flüchten und dort schlafen konnte. Wein, an dessen Profanierung zum täglichen Getränk ich mich auch langsam im Leben gewöhnte, gab es à direction. Man ass an grossen Tischen in niedrigen und heissen Räumen.

Sieben Tage ware[n] wir unterwegs, liefen Häfen in Griechenland an, Cypern und Alexandria. Wenn ich eine Geschichte lese in der indische Häfen vorkommen, sehe ich immer in irgendeiner Gestalt Alexandria vor mir, mit den Booten, die ihre Melonen und Kürbisse unter grässlichem Geschrei an die Passagiere verkaufen wollen, mit den schlanken, braunen Tauchern, denen man Münzen ins Wasser warf und den drei Akrobaten am Kai, die unermüdlich arbeiteten und sicher auch ein paar Münzen zugeworfen bekamen. Die ersten nicht-deutschen Juden trafen wir hier auf dem Schiff. Eine sehr grosse Gruppe litauischer Chaluzim fuhr mit uns. Und wir deutschen Ostjuden sahen mit Erstaunen erstmalig richtige Ostjuden, die jeden ihrer Gedanken in Jiddisch auszudrücken verstanden, nicht nur eine[n] prächtigen Witz mit Lokalkolorit zu ? [erzählen wussten]. Hebräisch sprachen die meisten bereits so fliessend, wie wir es erst nach Jahren können würden. Sie waren weniger verspielt, weniger romantisch als wir, die wir doch über unsere bündischen Vorfahren den Hochromantikern des Hohen Meißner, den Wandervögeln verwandt waren.

Sie waren begeisterte Realisten. Manche waren 5–7 Jahre auf Ha[ch]schara gewesen, waren Arbeiter, die von ihrer Arbeit leben mussten und auch tatsächlich davon gelebt hatten. Die Berufsbezeichnung Volontär war ihnen wahrscheinlich unbekannt. Es waren meist kleine, stämmige Menschen bäuerlichen Ansehens. Sie diskutierten über Dinge mit Wissen und Selbstverständlichkeit, von denen wir nie oder nur am Rande gehört hatten. Es gab auch bei uns Diskussionen über weltanschauliche Strömungen innerhalb der Kibbuzbewegung, doch die Farbtöne waren rosa und rot. In dieser einschläfernden Hitze stand ich stundenlang an der Reeling [sic!] mit dem Gefühl, dass diese Reise nie zu Ende gehen würde – Schiff und See und Schiff. Dann war da plötzlich Haifa, Aussteigen, Gedränge, ordinärster geschäftiger unverständlicher Werktag mitten nach dieser Ruhe, die sich in uns geschlichen hatte. Grelle Sonne auf weissen Steinen, unverständliches Sprachengewirr. Araber, Juden, griechische Hafenarbeiter, Esel, Kamele, altmodische und laut hupende Lastwagen – es fehlte nichts. In diesem *Tohu Wa-bohu*[23] wurden wir in seltsame, kleine Autobusse, dunkel und mit zwei Längsplanken verstaut und fuhren nach Beth Gahn (?) einige Kilometer vom Hafen, in das Aufnahmelager. Erste Bekanntschaft mit den sanitären Bedingungen des Orients: Fliegen über Fliegen, ein ---, äusserst ungewohnt, doch irgendwie damit fertig zu werden, solange man nicht durch Fieber knieweich war. Ja, und von dort am nächsten Tag, nach Inspektion durch den englischen Arzt der Einwanderungsbehörde in den Kibbuz. Plötz-

---

[23] *Tohuwabohu* (hebr.) = heilloses Durcheinander, Chaos.

lich wieder bekannte Gesichter aus Deutschland, die früher gekommen waren und damit wieder ein erstes Nest.

[...]

Mein Leben. Eine verbotene Geschichte

Von Erika Gabai

Erika Gabai wurde am 22. September 1918 in München geboren. Ihr Vater Leon Gabai entstammte einer angesehenen türkischen Kaufmannsfamilie sephardischen Ursprungs. Die Gabais pflegten internationale Geschäftsbeziehungen und waren vor allem im Teppichhandel tätig. Erikas Mutter Jenny Gabai, geb. Weil, stammte aus einer schwäbisch-jüdischen Kaufmannsfamilie, die seit 1893 in München ansässig war. Erikas Großvater Sabetai Gabai war Ende des 19. Jahrhunderts von Konstantinopel nach München gekommen und hatte hier 1898 das Teppich- und Antiquitätengeschäft „Orient Gabai" gegründet. Seine Kinder Leon und Nourie waren die einzigen Familienmitglieder, die Deutsch sprachen und schrieben. Wie bei vielen sephardischen Juden wurde in der Familie Gabai „Ladino" gesprochen. Leon führte später eine Provisionsvertretung für Schuhpflegemittel der Eri-Gesellschaft in der Rankestraße, die er jedoch 1937 aufgeben musste. Mit Privatunterricht von Englisch und Spanisch hielt er sich und seine Familie über Wasser. Das einzige Kind der Gabais, Erika, besuchte in München zunächst die Hohenzollernschule, dann das Städtische Mädchenlyzeum an der Luisenstraße, wo sie dank ihrer türkischen Staatsangehörigkeit noch 1938 das Abitur machen konnte.

Im September 1939 erfuhr Leon Gabai über die Jüdische Rundschau, daß die chilenische Regierung 1000 jüdische Immigranten als Landwirte aufnehmen würde. Die Familie fuhr sofort nach Bremen, um persönlich auf dem chilenischen Konsulat die Visa zu beantragen, die ihnen noch am gleichen Tag ausgestellt wurden. Schon am 2. November 1939 konnten sich die Gabais in Genua an Bord der „Montonave Augustus" nach Valdivia in Chile einschiffen. Die Überfahrt hatte der Großvater Sabetai finanziert.

Erika Gabai fand in Chile schnell Arbeit, zuerst als Nachhilfelehrerin, dann als Sekretärin und Übersetzerin für das Klinische Laboratorium des Kreiskrankenhauses. Diese nicht sehr gut dotierte Stellung gab sie 1941 auf und wechselte auf den Posten der Übersetzerin des Gesundheitsamtes in Santiago. Hier lernte sie ihren späteren Mann kennen, mit dem sie vier Töchter bekam.

Bis ins hohe Alter nahm Erika Gabai regelmäßig die strapaziöse Reise von Südamerika nach Europa auf sich, um ihre Heimatstadt München wiederzusehen. Ihre Erinnerungen hat sie in den Jahren 2001/2002 aufgeschrieben. Im Dezember 2004 ist sie in Santiago (Chile) gestorben.

[…]

Der Übertritt von der Grundschule in die höhere Schule war für mich das Ende einer Entwicklungsphase. Es war der Übergang von der Kindheit in die Jugend

Erika Gabai (dritte von rechts) in der ersten Klasse der Hohenzollernschule, 1924

und – vorzeitig – ins Erwachsenenleben. Wenn ich meiner unvergesslichen gütigen Mutter einen Vorwurf machen darf, dann war es ihre übermäßige Liebe zu mir, ihrer einzigen Tochter. Sie verhielt sich wie die typische „Yiddishe Mamme", und ich wurde offenkundig ihr Opfer. Mit dem Eifer einer Ente, die ein Junges ausgebrütet hat, wachte sie streng darüber, dass ich pünktlich nach Hause kam – nach der Schule, nach meinem Musikunterricht, nach einem Konzert, nach der Oper, nach dem Besuch bei einer Freundin. Schlimm für mich, wenn ich ein paar Minuten zu spät kam! Dann stand sie am Fenster und wartete auf meine Rückkehr; sie schaute aus dem Fenster unseres Wohnzimmers auf die Straße hinunter, weit hinausgelehnt, um mein Kommen zu kontrollieren! Jedesmal, wenn ich wegging, bedeutete dies Angst und Stress für mich. Tatsächlich war es nicht meine Schuld, wenn ich gelegentlich zu spät kam. Manchmal dauerte das Konzert länger wegen einer Zugabe, und die Oper… ich hätte doch nicht gehen können, bevor der letzte Applaus verklungen war und der Vorhang gefallen war. Oder die Tram war der Grund – die Nummer 17 – die einzige, die ich nehmen konnte, die nicht fuhr! Zumindest habe ich aus diesen schlimmen Erfahrungen gelernt. Viele Jahre später habe ich versucht, diese übermäßige Kontrolle bei meinen eigenen Töchtern nicht zu wiederholen. Ich habe mich bemüht, ihnen mehr Handlungsspielraum zu geben, als Beweis meines Vertrauens.

Eine weitere schlecht überlegte Form der Mutterliebe bestand darin, dass sie ständig versuchte, mich buchstäblich vollzustopfen. Sie dachte immer, „ich hätte nicht genug gegessen". Man kann sich die Folgen leicht vorstellen:

als ich vierzehn war, wog ich 70 Kilo...! Es ist normal, dass ein vorpuber-
täres Mädchen rebellisch ist. Ich wurde oft ärgerlich und empörte mich über
ihre übertriebene Fürsorge. Ich gab ihr die Schuld an meinem Übergewicht,
das ausschließlich auf Überernährung zurückzuführen war und nicht auf eine
hypothetische Drüsenkrankheit. Wegen ihrer übertriebenen Ängstlichkeit
durfte ich nicht Rad fahren, – bis ich mir mit 16 Jahren mit dem Geld, das
ich selbst verdient hatte, ein Rad kaufte. Welche Auseinandersetzungen waren
notwendig, bis sie einwilligte, dass ich mir eine Skiausrüstung besorgte, sodass
ich Ski laufen konnte, wie alle meine Freunde. Mit all dieser Kontrolle fühlte
ich mich wie ein Baby! [...] Trotzdem war sie in anderen Angelegenheiten
meine Freundin. Während der ersten Jahre an der höheren Schule zeigte sie
eine außerordentliche Bereitschaft, mir zuzuhören und mir zu helfen. Mit großer Geduld fragte sie mich zuerst die lateinischen Vokabeln ab, dann die englischen und französischen, bis sie sicher war, dass ich sie gelernt hatte. Sie war
stolz auf meine guten Noten. Für sie waren sie selbstverständlich, und sie war
sehr enttäuscht, wenn ich gelegentlich einmal nicht die beste Note hatte.

Ich bin sehr dankbar für diese neun Jahre Gymnasium. Wir hatten nun für
jedes Fach einen eigenen Lehrer. Man fütterte uns mit Latein, Geschichte,
Mathematik, Physik, Chemie, Biologie und modernen Sprachen. Wir lernten
nicht nur Vokabeln und Grammatik, sondern lasen auch Originaltexte von
Horaz und Virgil, Voltaire, Shakespeare und Oscar Wilde – um ein paar Bei-
spiele zu nennen. Griechisch habe ich nicht gelernt, weil ich mich nach den
ersten drei Jahren am Gymnasium für das „Realgymnasium" entschieden
hatte. Das „Realgymnasium" bot während unseres 9. Schuljahrs schwerpunkt-
mäßig Unterricht in den lebenden Sprachen Englisch, Französisch und Italienisch an, und zwar fakultativ zwei Stunden wöchentlich an unseren freien
Nachmittagen. Am „humanistischen Gymnasium" wurde Griechisch gelehrt,
mit starker Betonung der lateinischen und griechischen Literatur. Das Gymnasium bereitete uns auf den Eintritt in die Universität vor. Deshalb mussten
wir naturwissenschaftliche Themen ebenso gründlich studieren wie deutsche
Literatur und Linguistik; auch Geschichte und Geographie waren sehr wichtig.
Kunsterziehung war ebenfalls Teil des Unterrichts. Professor Schwimmbeck[24],
selbst preisgekrönter Maler, unterrichtete uns in Zeichnen und Malen. Professor Wilhelm Lipp, den ich bewunderte, war mein Musiklehrer, – derselbe, der
schon meine Mutter[25] und meine Tanten Gusti[26], Fanny und Nourie in Musik
unterrichtet hatte. Auch Dr. Friedrich Goll hatte meine Mutter und Tanten in
Zoologie und Botanik unterrichtet, ebenso wie die alte Ida Lampl; sie war
unsere Lehrerin für Schönschrift und Stenographie. Wie grausam können junge
Mädchen zu einer alten unverheirateten Frau sein, die versucht, ihr Bestes zu

[24] Gemeint ist wohl Fritz Schwimbeck (1889–1972); Münchner Maler.
[25] Jenny Gabai, (geb. Weil, 1894), heiratete 1917 Leon Gabai (1893–1954).
[26] Bei „Gusti" handelt es sich vermutlich um Erika Gabais Tante Auguste.

geben, um ihnen ihr Wissen zu vermitteln. Sie war das besondere Ziel unseres Spotts und unserer Sticheleien. Professor Lipp erinnerte sich besonders gut an meine Mutter und Tante Gusti wegen ihrer guten Stimmen und ihrer Musikalität, die sie zu wichtigen Stützen des Schulchors machte. Regelmäßiger Sport gehörte auch zum Stundenplan, besonders während des Nazi-Regimes, das besonderen Wert auf körperliche Fitness legte.

Meine Lieblingslehrer waren Professor Philip Engelhardt und Dr. August Meyer. Ihr Unterricht vermittelte uns wertvolle Kenntnisse für unser ganzes Leben. Die beiden waren furchtlos und mutig, denn sie wagten es, die Prinzipien des Nationalsozialismus offen in Frage zu stellen. Nach 1933 wurden sie niemals armselige Mitläufer des Nazi-Regimes. Sie äußerten oft ungeniert ihre Meinung, die dem offiziellen Standpunkt widersprach. Sie lobten einige meiner deutschen Aufsätze offen vor der Klasse, obwohl Regina Fiehler eine Klassenkameradin war. Sie war die Tochter des Münchener Oberbürgermeisters, eines hohen Würdenträgers der SA und eines bedeutenden Parteimitglieds.[27] Die Väter von drei weiteren Klassenkameraden waren ebenfalls „Parteibonzen" (bedeutende Mitglieder der nationalsozialistischen Partei). Aber ich muss anerkennen, dass sie mich nie als Jüdin behelligt haben. Im Gegenteil, sie baten mich oft um Hilfe, wenn sie irgendein kompliziertes Problem der Geometrie, Algebra, Physik oder Chemie nicht verstanden, oder, wenn sie beim Übersetzen eines schwierigen lateinischen Textes Hilfe benötigten. Ich, meinerseits, gab ihnen immer sofort bereitwillig die erbetenen Erklärungen.

Mein Talent und meine Zuneigung zur Lehrtätigkeit brachten mir bald praktische und ökonomische Vorteile. Ich begann, auf Empfehlung meiner Lehrer Schülerinnen in unteren Klassen Nachhilfestunden zu geben. Auch meine Klavierlehrerin, Fräulein Bettina Eckl, empfahl den Eltern ihrer anderen Schüler meine Dienste. Von diesem ersten Geld, das ich durch meine eigene Leistung verdiente, konnte ich das Fahrrad und die Skier kaufen, die ich mir schon lange gewünscht hatte. Im Unterschied zu meinen Klassenkameraden erhielt ich nie ein monatliches Taschengeld von meinem Vater.

Latein, mit der klaren, logischen, fast mathematischen Struktur seiner Grammatik und seines Vokabulars, das die Basis aller romanischen Sprachen ist und das auch einen enormen Einfluss auf die englische Sprache hat, ist mir sehr nützlich gewesen und ist es immer noch. Ich habe Italienisch und Spanisch sehr schnell gelernt. Ich bin überzeugt, dass Latein auch der Grund für meine gute Orthographie ist und für die recht gute Satzstruktur in allen Sprachen, die ich beherrsche.

Das Beste, das ich als Schülerin während der neun Jahre am Gymnasium erlebt habe, war Freundschaft. Eine Freundschaft, die nie verblasste, nicht einmal während der konfliktreichen Zeit nach 1933, als der Nazismus sich

[27] Karl Fiehler (1895–1969), „Alter Kämpfer", Blutordensträger und Reichsleiter der NSDAP, von 1933–1945 Münchner Oberbürgermeister.

aller Lebensbereiche in Deutschland bemächtigte. Diese Freundschaft hat bis heute Bestand – mehr als 60 Jahre, nachdem wir die Säle unserer alten Schule verließen. Viele, zu viele meiner alten Freundinnen sind nicht mehr unter uns. Andere leiden unter schweren gesundheitlichen Problemen. Daher werde ich, solange es meine Gesundheit erlaubt, alle 2 oder 3 Jahre nach München reisen. Bei unseren regelmäßigen Klassentreffen werden wir „Mädchen" – wir alle haben unsere 80er Jahre längst überschritten – sichtbar jünger bei der Erinnerung an die glücklichen Jahre am Gymnasium, als unsere größte Sorge sich auf die nächste Klassenarbeit in Algebra bezog oder den deutschen Aufsatz über ein Thema, das von den Bildungsbehörden des Naziregimes vorgegeben wurde und oft wegen des kontroversen Inhalts recht kompliziert war, oder auf die Übersetzung eines umfangreichen Kapitels über den Gallischen Krieg vom Lateinischen ins Deutsche.

Musik spielte auch eine wichtige Rolle in unseren Beziehungen zueinander. Vier oder fünf von uns waren Opernfans. Wie oft standen wir im Morgengrauen auf und reihten uns um 6 Uhr in die Schlange vor der Kasse des Nationaltheaters ein; es war die einzige Möglichkeit, mit unseren bescheidenen Mitteln halbwegs gute Sitzplätze auf den Rängen zu bekommen. Ich hatte viel Glück. Ich sah die meisten der Opern deutscher Komponisten, sowie die Opern von Verdi und Puccini, in exzellenten Aufführungen und außergewöhnlicher Ausstattung. Wir versäumten nie, unsere Lieblingssänger zu sehen, etwa Julius Patzak, der eine sanfte, lyrische Tenorstimme hatte, wobei sein Auftritt auf der Bühne ziemlich steif war.[28] Ich hatte großes Glück, dass ich die meisten der Opern von Richard Strauss sehen konnte, vom Maestro selbst dirigiert. An einem unvergesslichen Abend, nach einem großartigen ,Rosenkavalier', warteten meine Freundin Liesel Pössel und ich auf den großen Komponisten, um ihn um ein Autogramm zu bitten. Er hat uns einfach nicht beachtet. Wir wollten uns nicht so leicht geschlagen geben und folgten ihm unerschrocken bis zum Hotel ,Bayerischer Hof'. Nun waren wir es, die seine Missfallensbekundung ignorierten, und wir stiegen mit ihm in den Aufzug. Hier konnte er den frechen Teenagern nicht entkommen. Gegen seinen Willen musste er uns sein Autogramm geben. Obwohl er ein einzigartiger Musiker und einer der bedeutendsten Künstler des 20. Jahrhunderts war, fehlten ihm merkwürdigerweise persönliche Sympathie und Humor – zumindest nach unserer Ansicht.

Mehrere Jahre lang erhielt ich Klavierunterricht, dank der Großzügigkeit von Großvater Sabetai[29] und Onkel Albert[30]. Meiner ersten Lehrerin, Fräulein Schultze, gelang es nicht, meine Fertigkeiten am Klavier besonders zu fördern. Ich war faul, weil ich sie nicht leiden konnte. Das änderte sich vollkommen,

---

[28] Julius Patzak (1898–1974), legendärer Opern- und Liedsänger, u.a. an der Münchner Staatsoper und bei den Salzburger Festspielen.

[29] Sabetai Gabai; Großvater von Erika Gabai (Lebensdaten unbekannt).

[30] Albert Abraham Gabai (1881–1939), Bruder von Erika Gabais Vater Leon.

als ich bei Fräulein Bettina Eckl Klavierunterricht erhielt, die bei Hermann Zilcher[31] am Konservatorium in Würzburg Schülerin gewesen war. Er selbst war großartiger Pianist und Komponist der Avantgarde seiner Zeit. Mit Betti Eckl, oder ‚Bloli‘, lernte ich, das Klavierspielen ernsthaft zu betreiben, und ich erreichte eine ziemlich gute Geläufigkeit. Heute spiele ich keine einzige Note mehr, aber ich erinnere mich immer noch mit heimlichem Stolz an meine exzellenten Interpretationen von Beethovens Sonaten, fast der gesamten Klaviermusik von Bach, von Schumanns „Carnaval" und seinem Konzert für Klavier und Orchester, von Stücken von Chopin, Brahms, Schubert, Mozart, Tschaikowski, Mendelssohn usw. Mit welcher Freude habe ich mit meinen Freunden Emmi-Christl, Brigitte oder Wolfgang Granat, einem meiner „Verehrer", gespielt – alle drei waren sehr gute Violinisten. Vor allem Wolfgang war ein Genie. Er hatte das absolute Gehör, spielte Klavier und Geige – eine wertvolle Stradivari – und sang mit sehr guter Bass-Stimme. Er und seine Schwester hatten ihre musikalische Begabung von ihrem Großvater geerbt. Beide waren nach der Klassifikation der Nazis „Halb-Arier". Ende 1938 erhielten beide eine Einladung von einer künstlerischen Institution in der Schweiz zum Spielen und Tanzen. Ich war froh, meine Freunde in Sicherheit zu wissen! Wolfgang jedoch, zu naiv, beging den unverzeihlichen Fehler, im Mai 1939 nach München zurückzukehren. Mit seinem tragischen Ende in einem Konzentrationslager verlor die Musikwelt einen großen Violinisten.[32]

Fräulein Eckl gab jedes Jahr ein Abschlusskonzert, in dem ihre besten Schüler auftraten. Ich war an einigen dieser Konzerte beteiligt. Beim ersten Mal spielte ich ein Stück von Hermann Zilcher für „Klavier zu vier Händen" aus seinem „Kinderbilderbuch", zusammen mit Eva Winzenhörlein, die schon in der Grundschule (Hohenzollernschule) meine Schulkameradin gewesen war. […] Im folgenden Jahr spielte ich das Adagio eines Klavierkonzerts von Haydn, mit einer Kadenz von Zilcher. Als Nächstes kam das Adagio des 25. Klavierkonzerts von Mozart; dann Schumanns Carnaval. Mein letztes Vorspiel war die Klavierstimme im Trio von Mendelssohn. Es gelang wirklich gut. Schon, wenn wir zu Hause probten, erhielt ich Glückwünsche von den anderen Hausbewohnern! Es sollte das letzte Mal sein. Aufgrund des Befehls des „Gauleiters", eines einflussreichen SA-Offiziers, wurden Mendelssohns Stücke, sowie die anderer jüdischer Komponisten, verboten. Sie waren „Judenjungen". Man verbot auch Betti Eckl, weiterhin jüdische Schüler zu unterrichten. Das war das Ende meiner Klavierstunden. Bald musste unser Klavier, das mir und der ganzen Familie so viele frohe und zufriedene Stunden gegeben hatte,

[31] Hermann Karl Josef Zilcher (1881–1948); deutscher Komponist, Pianist, Dirigent und Musikpädagoge.
[32] Wolfgang Granat (1918–1998), Musiker; konnte im April 1940 nach Buenos Aires emigrieren. Später lebte er in den USA und wirkte seit 1956 als Solobratschist des Philadelphia Symphony Orchestra, bevor er sich 1991 aus dem Musikleben zurückzog.

zusammen mit den wunderschön geschnitzten Möbeln unseres Esszimmers verkauft werden. Eine Bauernfamilie von Esting kaufte alles zu einem lächerlichen Preis.

Auch wenn ich mich nicht über direkte, persönliche Verfolgung beklagen kann, war mein Leben nicht mehr normal. Das „Ungererbad", ein öffentliches Schwimmbad, in das ich im Sommer jeden Tag zum Schwimmen ging, stellte ein Schild auf, das verkündete: „Kein Eintritt für Hunde und Juden". Als alle meine Klassenkameradinnen „Tanzstunden" nahmen, zusammen mit den Schülern des Gymnasiums für Jungen in der Nähe oder mit den Offiziersschülern der Armee, durfte ich nicht daran teilnehmen. Während unserer letzten Sommerferien 1937 verbrachte unsere ganze Klasse zwei Wochen in „Seeheim", einem Schullandheim, das noch immer dem Luisengymnasium gehört. Es ist ein idyllischer Ort in der Voralpenregion und liegt am Ufer des Starnberger Sees. Ich habe es nie kennengelernt, weil kein nicht-arischer Schüler dort teilnehmen konnte. Alle öffentlichen Veranstaltungsorte, wie Konzerthallen, Kinos, Theater, Restaurants, Cafés, Sportstadien usw. zeigten nun die verunglimpfenden Plakate „Juden unerwünscht".

Im März 1938 legte ich die Abschlussprüfung, das Abitur, ab; zusammen mit allen meinen langjährigen Klassenkameradinnen. Ich erhielt ausgezeichnete Noten, mit denen ich jede akademische Laufbahn hätte wählen können, aber ich konnte meinen Lebenstraum, Medizin zu studieren, nicht wahrmachen. So wie viele junge Mädchen meiner Zeit hatte ich die Idealvorstellung, Albert Schweitzer[33] nachzueifern, Eingeborenen in irgendeinem fernen Dschungel das Leben zu retten und ihnen gleichzeitig Musik vorzuspielen, um ihnen Kultur zu vermitteln. Alle meine Klassenkameradinnen gingen zur Universität. Allerdings mussten sie zuerst ein Jahr „Arbeitsdienst" ableisten. Mädchen mussten ein Jahr lang in Bauernfamilien leben, in irgendeinem abgelegenen Teil Deutschlands, um ihnen bei ihren täglichen Arbeiten zu helfen, die kleinen Kinder zu betreuen, während die Arbeitskräfte mit Säen oder Ernten beschäftigt waren. Diese Arbeitspflicht war für viele meiner Mitschülerinnen hart; manchmal wegen schlechter Wetterbedingungen, wegen der Trennung von ihren Familien oder wegen des Mangels an Annehmlichkeiten. Aber, trotz der primitiven Badezimmer ohne fließendes Wasser und Duschen, ohne gute Abwasserbeseitigung, auch wenn sie in Gemeinschaftsschlafräumen übernachten mussten, und trotz der schmerzhaften Frostbeulen auf Händen, Zehen, Ohren und auf der Nase, – sie haben alle das Jahr überstanden und konnten ihre Hochschulstudien beginnen. Die meisten entschieden sich für ein Medizinstudium; eine meiner Freundinnen wurde Rechtsanwältin, eine andere Zahnärztin, zwei oder drei wurden Apothekerinnen, und die übrigen traten in ein Lehrerseminar ein. Ich war unerschrocken genug, einen Versuch zu machen und

---

[33] Albert Schweitzer (1875–1965), Arzt, Theologe und Philosoph, der vor allem durch seine humanitären Projekte in Afrika bekannt geworden ist.

mich bei der Universität anzumelden, dabei gab ich meine türkische Nationalität an. Die Antwort war jedoch ein „NEIN", das kein weiteres Gesuch zuließ.

Die Abschlussfeier am Ende unserer Gymnasialzeit fand im März 1938 in der „Tonhalle" statt, einem der größten Konzertsäle Münchens. Ich konnte nicht teilnehmen. Am Tag davor rief mich unser Direktor Dr. Hans Jobst in sein Büro und teilte mir mit, dass „meine Klassenkameradin Regina Fiehler, eine Tochter des Oberbürgermeisters von München, bekundet hatte, dass sie ihr Zeugnis nicht öffentlich zusammen mit einer Jüdin empfangen wollte!"..., und er händigte mir mein Zeugnis aus. Das war eine große Enttäuschung für mich. Diese Abiturfeier stellte ein wegweisendes Ereignis in meinem Leben und dem meiner Mitschülerinnen dar. Damals, mit meinen 19 Jahren, war ich verletzt und sehr traurig, dass ich mein Abiturzeugnis nicht gemeinsam mit meinen Freundinnen in Empfang nehmen konnte. 50 Jahre später erzählten sie mir, dass Regina, die keine wichtige Rolle spielte, keinen Einspruch gegen meine Anwesenheit erhoben hatte. Es war Dr. Jobst, selbst ein alter „Parteigenosse", der mich gedemütigt und abgewiesen hatte.

Meine engen Freundinnen und Klassenkameradinnen Gerda Schäffer, Tochter von Dr. Fritz Schäffer[34], einem erbitterten Nazigegner, der nach dem Krieg Adenauers Finanzminister wurde, und meine liebe Emmi-Christl Hahl wollten mich diese Kränkung vergessen lassen. Sie bewirkten ein echtes Wunder: meine Eltern erlaubten mir, mit ihnen zu unserer eigenen Feier für drei Tage zum Skilaufen in die Berge zu fahren. Es war tatsächlich ein Wunder, denn wegen der schwerwiegenden politischen Ereignisse – des Anschlusses Österreichs[35] und der Besetzung der Tschechoslowakei[36] – hatten alle Angst vor dem drohenden Ausbruch des Zweiten Weltkriegs. Trotz allem genossen wir Mädchen den Schnee und die strahlenden Frühlingstage im März, glücklich darüber, das gefürchtete Abitur erfolgreich abgeschlossen zu haben; wir stiegen immer wieder den Berg hinauf und stürzten uns die Hänge hinab. Ihr Skifahrer von 2002, die ihr diese Zeilen lest, dürft euch das nicht so vorstellen, dass wir die Hänge mit Skiliften hochgefahren wären! Wir mussten auf unseren Skiern hochsteigen! Um das Zurückrutschen zu verhindern, befestigten wir einen Streifen Seehundfell unter den Skiern. Für die Abfahrt war das Wachs für die Gleitflächen von entscheidender Bedeutung. Jeder erstklassige Skifahrer hatte seine eigene Geheimformel, die er niemandem verriet. Und die Nächte in unserer Hütte! Wir alle, Männer und Frauen, schliefen in voller Kleidung

---

[34] Dr. Fritz Schäffer (1888–1967), bayerischer Politiker (BVP, später CSU); 1945 erster bayerischer Ministerpräsident; seit 1949 auch auf Bundesebene politisch aktiv.

[35] Österreich war seit der Unterzeichnung des Gesetzes über die Wiedervereinigung mit dem Deutschen Reich am 13. März 1938 (von Adolf Hitler für das Deutsche Reich und von Arthur Seyß-Inquart (1892–1946) für Österreich) völkerrechtlich Teil des Deutschen Reiches.

[36] In dem in der Nacht zum 30. September 1938 unterzeichneten „Münchner Abkommen" wurde die Abtretung des Sudetengebiets an das Deutsche Reich festgelegt.

zusammen in einem Gemeinschaftsraum auf Holzbänken. Offen gestanden, haben wir fast gar nicht geschlafen. Beim Lachen und Scherzen, beim Betrachten des wolkenlosen nächtlichen Himmels voller strahlender Sterne verloren wir das Zeitgefühl. Zu schnell waren unsere 3 Urlaubstage vorüber. Bevor wir in den Zug stiegen, gaben uns eine Tasse mit heißem Kakao und zwei große Stücke Kuchen die verlorenen Energien zurück. Sonnengebräunt kamen wir nach Hause. Es war unser Abschied von einem Lebensabschnitt, der – trotz allem – glücklich und unbeschwert war.

Ich kehrte in die raue Realität zurück! Mein Vater war arbeitslos. Er verdiente ein wenig Geld damit, den Juden, die planten, nach Argentinien, Bolivien, Uruguay oder ein anderes südamerikanisches Land zu gehen, Unterricht in Spanisch zu erteilen. Gleichzeitig versuchte er verzweifelt, eine durchführbare Lösung für unsere eigene Emigration zu finden. Ich war auch ohne Beschäftigung und begann, mich nach Schülern umzusehen. Ilse Brüll, ein nettes 13-jähriges jüdisches Mädchen, war von ihrem deutschen Gymnasium ausgeschlossen worden. Sie hatte gesundheitliche Probleme, sie litt unter Asthma, und ihre Eltern hielten es für keine gute Lösung, sie in die einzige noch existierende jüdische Schule in München zu schicken. Sie war zu weit von ihrer Wohnung entfernt. Ich wurde als ihre Privatlehrerin eingestellt, und von dem Tag an fuhr ich jeden Morgen um 8 Uhr mit meinem Fahrrad zu ihrer Wohnung und unterrichtete sie in allen vorgeschriebenen Fächern bis 12 Uhr. Das Mädchen war tüchtig, und die gemeinsame Arbeit machte uns beiden Freude. Wirklich interessant wurden unsere praktischen Stunden, besonders in Physik. An mehreren Nachmittagen brachte ich sie ins „Deutsche Museum", eins der bedeutendsten Technikmuseen der Welt, das glücklicherweise noch nicht die prophetische Bekanntmachung aufwies, dass Juden der Eintritt verboten war. Wahrscheinlich war das eine wohlüberlegte propagandistische Maßnahme, denn das Museum war – und ist es noch – eine der obligatorischen Sehenswürdigkeiten für alle Besucher aus dem Ausland. Etwas Ähnliches geschah während der Olympischen Winterspiele 1936 in Garmisch-Partenkirchen; alle gegen die Juden gerichteten beleidigenden Plakate waren entfernt worden, um der Welt ein demokratisches Bild von Deutschland zu zeigen! Ilse machte zufriedenstellende Fortschritte im Unterricht. Ihre Eltern und ich waren glücklich. Leider habe ich keinen Kontakt mehr zur Familie Brüll. Zu meinem Bedauern weiß ich nichts über ihr weiteres Schicksal.

Bald wurden alle meine freien Stunden mit Englischunterricht belegt. Sehr viele Juden bereiteten sich für ihre Emigration in die USA vor! Ich sah zahlreiche Familien abreisen. Solange es möglich war, schickten sie mir freundliche Postkarten oder Briefe aus ihren neuen Wohnorten, Briefe voller Dankbarkeit. Ich bin stolz darauf, dass ich dazu beigetragen habe, besonders alten Leuten, die nie eine Fremdsprache gelernt hatten, einige Grundkenntnisse der englischen Sprache zu vermitteln. Zumindest waren sie in der Lage, sich verständlich zu machen und einkaufen zu gehen, ohne sich im Dschungel der amerikanischen Städte zu verirren. Einer meiner schwierigsten Fälle war Peter. Eines Tages rief mich eine verzweifelte Mutter an und bat mich, „etwas für ihren Sohn zu tun". Er war ein kräftiger Junge, etwa zwölf Jahre alt; das, was man allgemein als Enfant terrible bezeichnet; er war wegen seiner Hyperkinese, wegen schlechter Leistungen und unverschämten Benehmens von allen Schulen verwiesen worden, die er besucht hatte. Natürlich konnte ich seiner Mutter keine einschlägigen Erfolge versprechen. Zum Glück stellte ich fest, dass mein schwieriger Schüler sportbegeistert war. Fußball und Tennis halfen mir, seine Aufmerksamkeit zu konzentrieren, und beim Spielen begann er, auch die Regeln der Grammatik, Syntax und Rechtschreibung zu begreifen. Als ich im Oktober 1939 mit dem Unterricht aufhörte, erhielt ich viele schöne und nützliche Geschenke von allen meinen früheren Schülern. Unter all diesen Geschenken hatte ein praktisches kleines Reise-Bügeleisen, umstellbar von 110 auf 220 V, einen besonderen Wert für mich: Peters dankbare Mutter konnte ihre Tränen nicht verbergen, als sie es mir gab. Es hat mich viele Jahre lang begleitet.

Von September bis Dezember 1938 wurde meine improvisierte Arbeit als Englischlehrerin unterbrochen. Mir war bewusst, dass mein Abiturzeugnis, auch wenn es sehr gut war, mir bei Bewerbungen im Ausland wenig oder gar nicht nützen würde, – falls ich aus Deutschland fliehen könnte. Aus einer Zeitung, die von der Jüdischen Kultusgemeinde München herausgegeben wurde, erhielten wir die Information, dass der Direktor der Berlitz-Schule in Hamburg noch jüdische Schüler für seine dreimonatigen Intensivkurse für Idiomatik akzeptierte. Nach dem Abschluss erhielten die Schüler ein Diplom als Dolmetscher und Übersetzer. Darüber hinaus würde der Kurs den Schüler auch für kaufmännische Tätigkeiten, wie Maschinenschreiben und Stenographie, in Deutsch und Englisch, ausbilden. Mein Vater meldete mich telefonisch an und sandte einen Scheck über die gesamte Kursgebühr. Zugleich meldete er mich in einem Wohnheim für jüdische Studenten an, dessen Adresse er in derselben Zeitung gefunden hatte. Dies sollte meine erste längere Abwesenheit von zu Hause sein. Nachdem ich eine Menge guter Ratschläge von meiner Mutter erhalten hatte, stieg ich in den Nachtzug; – zusammen mit einem anderen jüdischen Mädchen, Lore Hofeller, die wenige Jahre später grausam im Holocaust ums Leben kam.[37] Unsere Vermieterin wartete am Bahnhof auf uns. Das Wohnheim war nicht besser und auch nicht schlechter, als wir es uns vorgestellt hatten. Am Vormittag des 14. September stellten wir uns dem Direktor der Schule, Dr. Zanders, vor. Seine Begrüßung war eher eine Ver-

[37] Leonore Hofeller (1918–1941), Schwester von Ernest Hofeller (s. S. 186 in diesem Buch). Leonore Hofeller studierte 1936/37 in der französischen Schweiz ein Jahr lang Französisch. Im Frühjahr 1940 und im Herbst 1941 bemühte sie sich vergeblich um Emigrationsmöglichkeiten nach England, in die USA und in die Dominikanische Republik. Mit ihren Eltern wurde sie am 20. November 1941 ins litauische Kaunas deportiert und dort ermordet.

abschiedung. „Es tut mir leid, Ihnen mitteilen zu müssen, dass Sie mit dem nächsten Zug nach München zurückfahren müssen". Ich erstarrte bei seinen Worten und antwortete, dass das unmöglich sei. Ich hatte mich in diesen Kurs mit dem Ziel eingeschrieben, ein Diplom zu erhalten, das meinen besonderen Fähigkeiten entsprach, für den Fall, dass ich mich um eine Arbeit bewerben müsste – wenn es mir gelänge, irgendwohin zu emigrieren. Ich sagte ihm, dass mein Vater seine Arbeit verloren hatte; das Geld für diesen Intensivkurs zur Verfügung zu stellen, war für ihn ein großes Opfer. „Es tut mir leid, aber ich kann Sie nicht nehmen. Gestern habe ich einen Befehl von der GESTAPO (Geheime Staatspolizei) bekommen; man hat mir verboten, weitere jüdische Studenten in meinem Institut aufzunehmen. Wenn Sie wollen, können Sie selbst zur Gestapo gehen und DENEN sagen, was Sie MIR gesagt haben." Es gab keine Alternative; wir mussten die Herausforderung annehmen und selbst in den Rachen des Löwen springen. Lore und ich mussten unsere Angst überwinden. Ich stellte dem Beamten im Empfang der Gestapo mein Problem ausführlich dar. Nachdem er aufmerksam zugehört hatte, befahl er mir, ihm einen schriftlichen Antrag zu bringen. Wir gingen zum Wohnheim zurück, verfassten unsere individuellen Anträge und, um jegliche Zweifel auszuschließen, zeigten wir sie dem Direktor Zanders. Er war mit meinem einverstanden und ließ mich eine der Schreibmaschinen seiner Schule benutzen, um das Dokument präsentabel zu machen. Die wenigen Minuten, die wir im Büro der Gestapo auf Antwort warten mussten, kamen mir wie eine Ewigkeit vor. Schließlich kam der Beamte zurück und sagte streng, aber – zugegeben – höflich: „Ihr Antrag ist akzeptiert worden. Sie können beide Ihren Kurs beenden und dürfen bis zum 15. Dezember, Ihrem letzten Schultag, in Hamburg bleiben. Wenn wir Sie aber einen Tag später hier finden, werden Sie die Folgen tragen müssen." Ich habe nicht einmal gefragt, welche Folgen das wären. Wahrscheinlich habe ich sie mir vorgestellt. Lore und ich hatten nur ein Ziel: so viel wie möglich studieren und ein Diplom erwerben. Sonst würde uns nichts in Hamburg halten. So vergingen drei Monate intensiven Studiums. Mein Englisch verbesserte sich erheblich. Gleichzeitig besuchte ich noch fakultative Spanisch-Stunden, zweimal in der Woche an unseren zwei freien Nachmittagen. Alles, was ich in diesen 3 Monaten lernte, sollte mir einige Jahre später enorm nützlich werden.

Einige Tage nach dem Tod von Großvater Albert erschien ein kleiner Artikel in der Zeitung der Jüdischen Kultusgemeinde, die ich schon erwähnt habe, der mit meinen Studien in Hamburg zu tun hatte. Der vor Kurzem gewählte Präsident von Chile, Don Pedro Aguirre Cerda[38], bot tausend Juden die Einwanderung als Bauern an. Trotz heftiger Proteste meiner Mutter fuhren wir drei sofort nach Bremen zum chilenischen Konsulat. (In München gab es noch keins.) Der Generalkonsul von Chile, Don Eleazar Vergara, führte ein langes

[38] Pedro Aguirre Cerda (1879–1941), chilenischer Politiker; seit 1938 Präsident von Chile.

Gespräch mit uns. Da ihm bewusst wurde, dass wir ehrenwerte Leute waren, und aufgrund unserer Spanischkenntnisse gewährte er uns die Visa. Ich muss diesem Land, das uns das Leben rettete, doch zutiefst dankbar sein! Wie könnte ich mich nun nicht als Chilenin fühlen!

Der Widerstand meiner Mutter war verständlich. Sie wusste, wie wir alle, dass die Möglichkeiten, ihre Mutter und Schwestern wiederzusehen, verschwindend gering waren. Außer Gusti war keine von ihnen beim amerikanischen Konsulat registriert, um ein Affidavit abzugeben. Geheimnisvolle nahe Verwandte von Großvater Albert lebten in Los Angeles, Kalifornien. Wir wussten nur, dass es wohlhabende Leute waren. Wir hatten keinen engen Kontakt zu ihnen, bis auf einige Briefe. Sie schickten uns in regelmäßigen Abständen riesige Pakete mit Kleidern, Schuhen, Handtaschen, Stoffen etc. – lauter veraltete Sachen, aber wie neu und von sehr guter Qualität. Es war durchaus nicht ihr Fehler, dass sie der Familie Weil nicht halfen. Der Fehler lag bei Betty und ihren Töchtern, ihrer Trägheit und unbegründeten Zuversicht.[39] Sie schickten immer ein paar Zeilen, um den Empfang der Pakete zu bestätigen und sich zu bedanken. Sie hielten es jedoch nicht für notwendig, sie um weitere Hilfe zu bitten.

Meine Mutter hatte noch einen anderen Grund, warum sie nicht nach Chile auswandern wollte. Im Januar 1939 hatte eins der verheerendsten Erdbeben, das Erdbeben von Chillán, Hunderte von Gebäuden, Brücken und Straßen zerstört mit Tausenden von Toten. Weinend wiederholte sie immer wieder: „Wieso wollt ihr mich in ein Land bringen, wo sich die Erde ständig bewegt?" Schließlich musste sie nachgeben. Auch ich musste mich fügen. Nach vielen erfolglosen Bemühungen, ein Stipendium an einer Universität im Ausland zu bekommen, hatte eine amerikanische Universität – ihr werdet es nicht glauben, aber ich kann mich heute, nach 62 Jahren, nicht einmal mehr an den Namen erinnern – eingewilligt, mich als Studentin der Chemie aufzunehmen. Zur selben Zeit hätte ich ein Visa von der britischen Regierung bekommen können, die jüdischen jungen Frauen von 18 bis 25 Jahren einen Aufenthalt anbot, um sich als Hebammen oder Krankenschwestern ausbilden zu lassen. Mein Vater war unnachgiebig, er wollte keine weiteren Trennungen und bestand darauf, dass wir gemeinsam emigrierten. War es Vorsehung, die mich nach Chile brachte? Was wäre geschehen, wenn ich das Stipendium an der Universität angenommen hätte? Wenn ich nach England gegangen wäre, um die Ausbildung zur Hebamme zu machen? Wäre ich Berufstätige mit qualifizierter Ausbildung geworden? Hätte ich geheiratet? Wen? Hätte ich Kinder und Enkel?

[39] Gemeint ist die Großmutter von Erika Gabai, Betty Weil, geb. Rosenberger, 16. Dezember 1870 in Oberdorf (Aalen), ermordet am 25. November 1941 in Kaunas, verheiratet mit Albert Abraham Weil, Kaufmann, geb. 20. November 1860 Haigerloch, gest. 3. September 1939 München. Die Töchter: Jenny (geb. 24. September 1894, München); Fanny (geb. 14. Januar 1896, München), Auguste (geb. 5. März 1898, München), Sophie (geb. 12. Februar 1900, München).

Da wir nun die chilenischen Visa hatten, begannen wir fieberhaft mit den Vorbereitungen für unsere eigene Emigration. Großvater Sabetai finanzierte die Seereise. Er bezahlte unsere Tickets für das italienische Motorschiff „*Augustus*" – ein Schiff so groß wie ein Haus. Es war das letzte Schiff, das Valparaiso erreichte – vor der „Orazio", ebenfalls ein italienisches Schiff. Der Krieg hatte begonnen, und Seereisen wurden extrem riskant. Leute, denen vorher die Emigration gelungen war, durften ihre Möbel, ihre persönliche Habe und ihr Geld mitnehmen. Dagegen durfte jeder Einzelne von uns zehn Dollar mitnehmen! Wir nahmen sehr wenige Dinge nach Chile mit, und das waren genau die falschen. Bevor die beiden großen Kartons gepackt wurden, unter der strengen Aufsicht von zwei Zollbeamten, mussten wir den Inhalt detailliert auflisten: „12 Paar Socken, 12 Unterhosen, 12 Hemden, etc.", was ziemlich lächerlich erscheint. Die Auswahl der Dinge, die wir mitnehmen wollten, war wieder eine Tragödie! Meine Mutter kämpfte hartnäckig um jeden defekten Topf und jede Pfanne, um jeden alten Schöpflöffel, um jeden alten Teller, jede Tasse und Untertasse; sie weinte wie ein Kind nach seinem Spielzeug. Wir gaben viel Geld für den Transport von ziemlich nutzlosen Gegenständen aus. Wir packten viele Bücher ein – sie waren extrem schwer und zum größten Teil die falschen. Mutter packte sogar einige Rollen Toilettenpapier ein. Wir hätten fast alle diese Dinge in Chile kaufen können, und zwar viel billiger! Umgekehrt verkauften wir alle unsere schönen Möbel und viele Kunstobjekte zu einem absurd niedrigen Preis. Mein Vater gab einige wertvolle Gegenstände – wie z.B. persische Teppiche und Silberbesteck einer guten Freundin, Lilly Vitzthum, damals Sekretärin am türkischen Konsulat in München. Eines Tages würde der Krieg zu Ende sein, und das Leben würde zur Normalität zurückkehren! Hilfsbereit bewahrte sie unsere Habseligkeiten auf, aber sie wurden alle durch die Bomben der Alliierten vernichtet. Schon viele Jahre zuvor mussten deutsche Juden ihren gesamten Schmuck und Goldbesitz abgeben. Kein Jude konnte diese Dinge ins Ausland mitnehmen. Ich wagte es, ein goldenes Armband zu tragen, das Sabetai mir einmal geschenkt hatte. Es passierte die Kontrolle, als wir die Grenze nach Italien überquerten.

Der Abschied von Großmutter Betty und meinen Tanten war herzzerreißend. Wir alle wussten intuitiv, dass es ein Abschied für immer sein würde. Am 2. November 1939 sollte die „*Augustus*" vom Hafen von Genua ablegen. Vorher unterbrachen wir unsere Reise in Mailand, wo Onkel Sully mit Marianne und ihren beiden Kindern, Aziadé und Alfonso, lebte. Der dauerhafte Aufenthalt der Familie Gabai in Meran war unmöglich geworden. Daher waren Sabetai, Dilber und Enrico in ein Dorf am Ufer des Comer Sees gezogen. Nourie, ihr Ehemann Maurice und ihr kleiner Sohn Robert flohen nach England auf der Suche nach einer verheißungsvolleren Zukunft. In Mailand nahm mich zum Abschied die wunderbare 15-jährige Aziadé zu einem schnellen Rundgang durch das Stadtzentrum mit, vor unserer letzten Mahlzeit in der Familie. Eine kurze Zugfahrt brachte uns zu einem weiteren Abschied: von Sabetai, Dilber und Enrico. Es wurde nun Zeit, nach Genua zu fahren und an Bord des Schiffes zu gehen. Erst 50 Jahre später habe ich Aziadé, Enrico und Robert wiedergesehen.

Die „*Augustus*" musste einen ganzen Monat lang unser Zuhause sein. Wenn ich rückblickend ein Resümee dieser Schiffsreise mache, dann möchte ich sie als „allgemeinen Wahnsinn" bezeichnen. Etwa 800 Juden aller Altersgruppen, darunter einige schwangere Frauen, waren an Bord – in der dritten Klasse – und fuhren einem unbekannten Schicksal entgegen. Wir alle waren aus einer fürchterlichen Situation geflohen; wir hatten alle unsere Lieben – Verwandte und Freunde – zurückgelassen. Wir hatten alle das Land, in dem wir geboren wurden und das wir als unser Vaterland betrachteten, verlassen. Die älteren Emigranten hatten alles aufgegeben, was ihre frühere Existenz konstituierte. Wir, die Jüngeren, wussten, dass alle unsere früheren Hoffnungen, Erwartungen und Zukunftsträume gestorben waren oder unvollendet blieben. Dennoch schienen alle vergessen zu haben, dass dies ein Schiff mit Emigranten war, die neue Horizonte ansteuerten, wo uns ein unsicheres Schicksal erwartete. Die „*Augustus*" schien dagegen eher ein „Vergnügungsdampfer" zu sein.

Meine Eltern hatten eine Doppelkabine. Ich musste eine Koje mit einem anderen Mädchen teilen, das etwas älter war als ich. Nach den ersten Stunden der Seekrankheit bei sehr stürmischer See beruhigte sich der Wellengang, und die Schiffsreise war ruhig und angenehm. Der erste Halt war der Hafen von Barcelona. Eine große Gruppe von Spaniern, die aus dem diktatorischen faschistischen Regime von General Franco[40] fliehen wollten, kam dort an Bord. Sehr eindrucksvoll waren die vielen hungrigen zerlumpten kleinen Kinder, die sich dem Schiff näherten und um Almosen und etwas zum Essen bettelten. Die nächtliche Durchfahrt durch die Straße von Gibraltar war wunderschön. Wir konnten die Lichter von Tanger sehen. Die „*Augustus*" fuhr zügig weiter, fast in Berührung mit der Küste von Afrika. Die Kanarischen Inseln waren unser letzter Halt auf festem Boden, bevor die „*Augustus*" durch den Panamakanal fuhr. Zwei Wochen lang sahen wir nur das Meer und den Himmel. Riesige Albatrosse durchkreuzten die Luft, die von Tag zu Tag wärmer wurde. Delphine in Gruppen, die alle Schiffe auf allen Meeren begleiten, entzückten uns mit ihren eleganten Bewegungen um unser großes Schiff herum, immer in Erwartung der Leckerbissen, die das Küchenpersonal ihnen zuwarf. Wir brauchten einen ganzen Tag, um die Schleusen des Kanals zu durchfahren. Die Hitze war drückend. Wenn ich nicht im luxuriösen Pool der Ersten Klasse schwamm, in den ich mich manchmal hineinwagte, sehnte ich mich danach, wie die faulen Krokodile im Schatten der großen Wasserpflanzen auf dem Boden zu liegen. Der Kapitän erlaubte allen Passagieren, im malerischen

---

[40] Francisco Franco (1892–1975), spanischer General, der sich 1936 mit einem Staatsstreich an die Macht putschte und das Land in der Folgezeit diktatorisch regierte.

Hafen von Cristóbal Colón[41] an Land zu gehen. Wir machten alle einen langen Spaziergang durch seine engen Straßen, äußerst angeregt durch üppigen farbenfrohen Handel. Ich kam mir vor wie in den Basaren von Tausendundeine Nacht. Welche Fülle an Seide, Brokat, Kleidern, Umhängen, Schals und Hüten wurde hier zum Verkauf angeboten! Welche Vielfalt an Farben, Gerüchen, Sprachen und Rassen! Es war der Überfluss; es war die Freiheit nach so vielen Entbehrungen und Kummer. Das Ambiente auf dem Schiff war exaltiert, zweideutig, erotisch. Wieder einmal behütete mich mein guter Engel, mein Schutzengel, der mich in so vielen Gefahren beschützt hat, davor, von diesem Strudel, der aus Flirten, Andeutungen, Liebeswerben, Sinnlichkeit und moralischer Freizügigkeit bestand, erfasst zu werden. Bei Edith, meiner Kollegin in der Kajüte, war es nicht so; sie gestand mir, „dass sie der Einladung eines der gutaussehenden Offiziere an Bord, ihn in seine Koje zu begleiten, nicht hatte widerstehen können; und dass sie nun große Angst habe." – „Angst wovor?" fragte ich naiv. Erst jetzt – ich war 21 Jahre alt und gerade erst erwachsen geworden – erklärte mir diese Freundin, die ich durch Zufall kennengelernt hatte, „die Dinge, die zwischen einem Mann und einer Frau geschehen" und ihre Folgen.

Die flaschengrüne Farbe des Wassers des Atlantischen Ozeans wurde zu einem intensiven Blau: von jetzt an pflügte unser Schiff die Wellen des Pazifik – der sicher nicht so friedlich war wie sein Name sagt. An den nächsten Stationen durften alle Passagiere an Land gehen, außer den Juden. Wieder musste ich meine bitteren Tränen still schlucken. Nicht so sehr, weil ich gerne kolumbianischen, ecuadorianischen oder peruanischen Boden betreten hätte – auch wenn es nur für eine Stunde gewesen wäre –, sondern, weil mir wieder bewusst wurde, dass die Diskriminierung fortdauerte.

Am 28. Dezember, dem „Tag der unschuldigen Kinder"[42], näherte sich die „*Augustus*" endlich unserem Land der Verheißung. Wir legten am Kai von Valparaíso an, dem wichtigsten Hafen von Chile, von jetzt an unserer neuen Heimat.

Bevor wir an Land gehen durften, wurden unsere Papiere von chilenischen Polizeibeamten gründlich überprüft, die mit dem Lotsenboot an Bord gekommen waren (das in Chile „práctico del Puerto" heißt), das alle einlaufenden Schiffe sicher an die Mole geleiten muss. Endlich erhielten wir die Weisung, auf die wir lange gewartet hatten: „an Land zu gehen, uns aber nicht zu weit zu entfernen", und wir sollten „auf weitere Anordnungen warten". Wir alle, 800 Passagiere, versammelten uns auf dem Landungssteg; diese einfache Anweisung führte dazu, dass sich Gruppen von lärmenden Menschen um meinen Vater und mich scharten. Warum? Einfach, weil niemand sonst die Befehle des

---

[41] Cristóbal Colón: Hafen an der Nordseite (Atlantik-Seite) des Panama-Kanals, benannt nach dem Genueser Seefahrer Christoph Kolumbus.
[42] Bezieht sich auf den alttestamentarischen Kindermord von Bethlehem.

chilenischen Beamten verstanden hatte. Wenige Minuten später kamen zwei kräftige Detektive auf uns zu; sie hielten uns an den Armen fest, brachten uns zuerst in ihr Fahrzeug und dann in einen jener berühmten Aufzüge mit dem spektakulären Aussehen, die jetzt zu „Nationaldenkmälern" erklärt worden sind – in meiner Unwissenheit hielt ich ihn für eine alte Straßenbahn – und führten uns zum zentralen Ermittlungsbüro. Diese Männer vom chilenischen Zivilschutz erklärten, dass sie „uns auf dem Landungssteg beobachtet hätten, in verdächtiger Pose und von einer Menschenmenge umgeben"; sie warfen uns „Aufwiegelung zum Komplott gegen die chilenische Obrigkeit" vor. Wir konnten diesen eifrigen Beamten versichern, dass wir keineswegs die Absicht hatten, die öffentliche Ordnung zu unterwandern; dass wir nur als Dolmetscher tätig waren, weil keiner der Neuankömmlinge ein Wort verstanden hatte. [...] Die grimmigen Polizisten lachten herzlich und führten uns zum Landungssteg zurück. So hatten wir das Privileg, die ersten Emigranten zu sein, die eine Stadtrundfahrt in Valparaiso machten.

Schon am ersten Tag nach unserer Ankunft begann ich, eine Arbeit zu suchen. Ich antwortete auf eine Zeitungsanzeige, in der ein Lehrer für ein Deutsch sprechendes Mädchen gesucht wurde. Aus meiner knappen Darstellung der Geschichte von Valdivia erratet ihr leicht, warum es „ein Deutsch sprechendes Mädchen" war. Das Kind, das Hilfe benötigte, war Ruby Lüders, die sympathische Enkelin der Gattin des Schweizer Konsuls, Frau Vogt. Also setzte ich meine Arbeit als Nachhilfelehrerin, die nur einen Monat lang unterbrochen worden war, an meinem zweiten Tag in Valdivia fort. Diesmal bestand meine Aufgabe darin, meiner Schülerin das Bruchrechnen zu erklären; eins dieser schwierigen mathematischen Probleme, das vielen deutschen und chilenischen Kindern, ebenso wie Kindern anderer Nationalitäten, so viele Probleme bereitet hat! Ruby erkannte sogleich das „Geheimnis" des Bruchrechnens und nahm erfolgreich an ihrer Prüfung im März teil. Nicht nur ihre Großmutter, sondern auch ihre Eltern in Santiago zeigten ihre Zufriedenheit mit der neuen Lehrerin des Mädchens.

Natürlich gab ich mich nicht damit zufrieden, meine Arbeit auf Privatunterricht zu beschränken. Ich musste Geld verdienen, um zum Lebensunterhalt unserer Familie beizutragen. Daher antwortete ich weiter auf die Anzeigen im „Correo de Valdivia", der lokalen Zeitung. Eine davon gab bekannt, dass „der NCR eine Sekretärin mit guten Kenntnissen in mehreren Fremdsprachen für sein Zentralbüro in Santiago benötige". Aber während ich auf die Antwort wartete, ging ich zu dem Gebäude, das meine Aufmerksamkeit vom ersten Augenblick an gefesselt hatte, und bat um ein Interview mit dem Direktor des Regionalkrankenhauses, Dr. Cruzat Tirapegui. Ich sagte ihm, dass ich einen höheren Schulabschluss habe und beabsichtige, Medizin zu studieren, aber im Augenblick dringend eine Arbeit suche, um meinen Eltern zu helfen. – „Möchten Sie gern in unserem Kliniklabor arbeiten? Wir suchen jemanden, der Fremdsprachen und Maschinenschrift beherrscht." Ich zögerte nicht, sondern stimmte gleich zu. – „Gut, dann können Sie am Montag um 8 Uhr anfangen."

Sehr schüchtern stellte ich mich pünktlich an meinem neuen Arbeitsplatz vor. Mein Chef, Dr. Enrique Avilés, war noch nicht da. Seine Arbeitszeit war von 11 bis 13 Uhr; am späten Nachmittag erschien er gewöhnlich gegen 7 Uhr. Die Angestellte, die sein Vertrauen genoss, „seine rechte Hand", war jedoch da. Sie hatte ihre Stelle seit vielen Jahren; Fräulein Carmen Valdivia war sehr tüchtig als Fachkraft, aber zugleich äußerst eifersüchtig, wie ich erfahren konnte, nachdem ich sie näher kennengelernt hatte. Außerdem gab es Frau María Astica, die Pharmazeutin, eine große stattliche Dame, die Frau von Dr. Contreras, eines der Chirurgen der Klinik. Viel später erfuhr ich, dass beide bekannte Mitglieder der kommunistischen Partei waren. Offenbar war sie die „Vertreterin" und „offizielle Sprecherin" der Belegschaft des Labors. Sie war es, die mich mit einer langen Willkommensrede empfing. War es „Willkommen"? Ich habe meine Zweifel. Sie sprach viel zu schnell für meine Spanischkenntnisse als Anfängerin. Um ehrlich zu sein, ich habe von dem Wortschwall nichts verstanden – außer dem Wort „Budget". Das sagte mir nichts. Ich wusste damals nicht, was es bedeutete. Tatsächlich wollte diese aufgeklärte Frau mir erklären, „dass der Nationale Gesundheitsdienst keine Geldmittel in seinem Budget habe, um weiteres Personal einzustellen. Falls die Klinik eine neue Angestellte aufnehmen müsste, wäre es auf keinen Fall eine Ausländerin". Ihre eigentliche Botschaft an mich war: „Sie sollten sich zurückziehen". Meine „Vorsehung", immer wieder meine Vorsehung, ließ mich bleiben. Mir gefiel das Umfeld – der Geruch der Reagenzien, die wuchtigen Bücher auf den Regalen, die Flaschen, Tuben und andere Gefäße, das Mikroskop.

Meine erste Aufgabe bestand darin, die Ergebnisse der Analysen der Patienten mit der Schreibmaschine abzuschreiben, und mein erstes Problem war es, die Patientennamen auf den handgeschriebenen Anweisungen der Ärzte zu entziffern. Zu 90 Prozent waren es die ungewohnten Namen der Mapuche, die nachlässig und in beklagenswerter Schrift geschrieben waren. Nach kurzer Zeit waren mir die „Antilef, Alcavil, Huenchuhuala, Huenchulán, Molfinqueo, Lliempi oder Huarapil" vertraut. Bevor ich mit der Arbeit im Labor anfing, hatte ein anderes, eher einfaches Mädchen die Tipparbeit zu erledigen. Sie war von den Mitarbeitern des Labors diejenige, die sich am meisten über meine Ankunft freute. Sie konnte sich nun ruhig ausschließlich den Urintests widmen, die vor der Mittagspause abgeschlossen wurden! Um Punkt 6 Uhr abends konnte sie ihren Schirm und ihren Mantel nehmen, um nach Hause zu gehen oder ihren Verlobten zu treffen.

Die Ergebnisse der Analysen zu tippen, wurde bald zur Routine für mich. Es war langweilig und erfüllte nicht meine Erwartungen. Deshalb fing ich an, die praktische Arbeit zu beobachten und Informationen in den Büchern zu suchen. Nach wenigen Wochen hatte ich gelernt, selbst Tests durchzuführen, sogar den Test von Kahn, der damals benutzt wurde, um Syphilis zu entdecken. Der

Anteil an ++++Reaktionen[43] war erstaunlich! Kein Wunder! Damals wurde die Behandlung dieser gefürchteten Geschlechtskrankheit auf der Grundlage der Derivate von Arsen und Bismut durchgeführt. Sir Alexander Fleming[44] hatte schon die heilende Wirkung von Penicillin entdeckt. Dennoch war sein Einsatz streng auf sehr spezielle und dringende Fälle beschränkt. Antibiotika waren für die Allgemeinheit noch unerreichbar.

Mein Chef, Dr. Avilés, musste alle Labortests persönlich auswerten. Er musste die Grafiken der Magensaftuntersuchungen zeichnen, er berechnete die „Ambard-Konstante" und untersuchte Blutausstrich und andere Substanzen unter dem Mikroskop. Wie ich schon sagte, erschien er nie vor 7 Uhr abends. Alle Mitarbeiter in untergeordneten Stellungen hatten um 6 Uhr Feierabend. Meine Leser dürfen mich durchaus als „extrem dummes Mädchen" betrachten, wenn ich zugebe, dass ich jeden Abend bis 10 Uhr oder später blieb, bis der Arzt seine Unterschrift auf jedes Papier gesetzt hatte – auf weiße, rosa, gelbe und grüne Bögen, die den verschiedenen Tests entsprachen. Jeden Morgen um 8 Uhr stellten sich die Hilfsschwestern aller Stationen der Klinik, einschließlich der Poliklinik, neben dem Labor auf, um diese Papiere abzuholen, die die Ärzte zu den ersten Visiten haben wollten. Mein Idealismus und mein Pflichtgefühl waren stark. Ich hätte das Gefühl gehabt, diesen armen kranken Menschen Schaden zuzufügen und sogar, ihr Leben zu gefährden, wenn die Ergebnisse ihrer Tests nicht dem behandelnden Arzt während seiner Morgenvisite zur Verfügung gestanden hätten! Während ich wartete, bis Dr. Avilés seine Arbeit beendete, nutzte ich die Zeit. Ich nahm die Bücher, las, studierte und lernte eine Menge neuer Dinge, obwohl dies auf Kosten meines Privatlebens ging. Wegen des scheußlichen Klimas von Valdivia war mein Heimweg von der Klinik spät in der Nacht unangenehm. Die einzige „Gondel" zwischen der Klinik und dem Stadtzentrum fuhr nur bis 8 Uhr abends. Wenn nicht Dr. Avilés oder, gelegentlich, ein anderer Arzt mich ins Stadtzentrum mitnahm, musste ich zu Fuß nach Hause gehen. Übrigens könnten meine Leser sich vorstellen, dass die Gondeln wie die leichten, flachen, eleganten und romantischen venezianischen Kanalboote waren! In meiner Vorstellung waren sie es offenbar auch! Warum nicht? Valdivia mit seinen drei Flüssen ist eine vom Wasser gestaltete Stadt! Mein Zweifel bezog sich nur darauf, dass kein Wasserweg zur Klinik existierte! Zu meiner großen Enttäuschung war „Gondel" nur ein großspuriger Name für die alten, halb zerfallenden Busse des öffentlichen Transportsystems! Aufgrund seiner Eigenart hat sich der durchschnittliche Chilene immer gern lustig gemacht. „Gondel" ist ein Beispiel! Meine Kollegen im Labor erkannten meine Naivität sofort und machten mich zum leichten Ziel ihres Spotts. Während der ersten Monate in Valdivia lernte ich mehr Spanisch

---

[43] Gemeint sind an dieser Stelle wohl die zahlreichen positiven Testergebnisse.
[44] Alexander Fleming (1881–1955), schottischer Arzt und Wissenschaftler, Entdecker des Penicillins und Nobelpreisträger (1945).

als in meinem Wahlunterricht in Hamburg oder bei meinem Vater. Bald setzten
meine witzigen Kollegen alles daran, mir Schimpfwörter beizubringen, die
ich in meiner schlichten Gutgläubigkeit ahnungslos wiederholte. Das „harm-
loseste" dieser „neuen Wörter" war „jetita de babero con blondas" für „Mund".
(Es ist sehr schwierig zu übersetzen; auf Englisch klingt es überhaupt nicht
komisch.) Es könnte etwa so heißen: „Schnauze von Latz mit Seidenspitze".
Die anderen „neu gelernten" Wörter waren so ekelhaft, dass ich mich immer
noch schäme, sie wiederholt zu haben. Nach meiner Ansicht ist es gemein,
jemandem Schimpfwörter beizubringen, der noch nicht genügend Sprachge-
spür hat. Im Japanischen zum Beispiel hätten alle Wörter für mich denselben
Klang. Ich würde keinen Unterschied spüren, ob ich „Hund" ausspreche oder
die schlimmste Zote.

Nachdem ich wenige Monate an der Klinik gearbeitet hatte, war mir eines
Morgens sehr schlecht. Ich dachte, es wäre nichts Besonderes und ging ins
Labor wie gewöhnlich. Die Ärzte schickten mich mit der Diagnose Hepatitis
nach Hause und verordneten mir absolute Ruhe. Bald wurde mir die Ursache
meiner Krankheit bewusst: die Mutter von einem der Ärzte hatte seit einiger
Zeit an perniziöser Anämie gelitten. Ihre einzige Rettung war eine Transfusion
mit frischem Blut, aber es hatte sich kein passender Blutspender gefunden. Ich
bot mich an, und mein Blut war mit ihrem kompatibel. Die Transfusion wurde
mit einer Doppelspritze durchgeführt, die mein Blut entnahm und es direkt
in die Vene der kranken Frau injizierte. Ihre Genesung war erstaunlich, fast
unmittelbar, aber ich erkrankte kurz danach. Die Nadel, die man in meine Vene
eingeführt hatte, war nicht aufzufinden; sie war möglicherweise kontaminiert.
Meine Haut färbte sich gelb, und ich blieb zu Hause im Bett. Da mein Zustand
sich nicht besserte, kam ich in ein Krankenzimmer in der Klinik. Einen Monat
lang wurde ich mit gekochten Nudeln, Reis und Gelee ernährt. Eine furchtbare
Zwölffingerdarm-Sonde beschleunigte schließlich meine volle Genesung.

Obwohl ich ein minimales Gehalt bekam, anfangs 250 Pesos und nach einigen Monaten 350 Pesos, fühlte ich mich an der Klinik wohl. Mein Vater, der
viel realistischer war, ärgerte sich sehr über mich, weil ich den Vertrag, den mir
der NCR angeboten hatte, abgelehnt hatte. Ich arbeitete bereits an der Klinik,
als ein Vertreter der Firma nach Valdivia gereist kam, „um das Mädchen zu
examinieren, das auf die Anzeige geantwortet hatte und sich um die Stelle als
mehrsprachige Sekretärin beworben hatte". Nach einem langen Interview in
einem Hotel wollte der Vertreter des NCR mich sofort einstellen, er bot mir
ausgezeichnete Arbeitsbedingungen und Bezahlung an. Aber ich hatte mich
bereits in meine Klinik „verliebt" und sagte „nein". Glücklicherweise konnte
mein Vater diesen Kontakt nutzen! Zu der Zeit war er als Policenverkäufer bei
einer Versicherungsgesellschaft beschäftigt, was ihm eine sehr geringe Bezahlung einbrachte. Obwohl er vom NCR nicht als „Sekretär mit guten Sprachkenntnissen" eingestellt wurde, eine Voraussetzung, die er in vollem Umfang
erfüllt hätte, zog es die Firma vor, ihn als „Handlungsreisenden" zu erproben.

Er musste einen Kurs in Santiago besuchen. Aufgrund seiner Fähigkeiten und seiner Ausdauer bekam er den Vertrag, zunächst in Valparaiso und zuletzt in Temuco. In dieser schönen, ruhigen südlichen Stadt konnten meine Eltern einige gute Jahre genießen. Mein Vater hatte eine angenehme und befriedigende Tätigkeit gefunden und zugleich seine finanzielle Sicherheit. Sie lebten nun in einer Wohnung im Zentrum, gewannen viele neue Freunde in der sephardischen jüdischen Gemeinde, in der mein Vater ein wichtiges Mitglied wurde, geschätzt und geehrt von Jung und Alt. Jetzt waren wir jedoch alle noch in Valdivia.

[…]

Notes from an Extinct Species – CHAVERIM

By Agnes Mathilde Wolf

Agnes Mathilde Wolf wurde am 31. März 1919 als Tochter von Rechtsanwalt Dr. jur. David Weiler und seiner Frau Jakobine (geb. Wassermann) in München geboren. Ihr Vater, als neuntes von fünfzehn Kindern geboren, betrieb in Sozietät mit Hans Graf am Karlsplatz 14/II eine Kanzlei.
Von April 1932 bis Dezember 1935 besuchte Agnes Mathilde das Luisengymnasium in München. Die Familie entschied bereits im Frühjahr 1936, Deutschland zu verlassen und emigrierte am 1. März desselben Jahres nach Haifa. Seit 1937 lebte die Familie in Naharia und betrieb dort eine Hühnerfarm. Am 21. Januar 1939 heiratete Agnes Mathilde in dieser an der Mittelmeerküste gelegenen Stadt Herbert Wolf (1913–1994). Elf Jahre nach ihrer Ankunft in Palästina entschied sich die Familie erneut zum Aufbruch: 1948 wanderte das Ehepaar Weiler mit Tochter Agnes und Schwiegersohn Herbert Wolf nach New Paltz, New York aus. Dort lebten sie als Farmer. Agnes Mathilde Wolf absolvierte ferner ein Masterstudium in Special Education und unterrichtete von 1960 bis zu ihrer Pensionierung 1983 bei Gateway Industries, Kingston & New Paltz. Das Ehepaar hatte drei Kinder.
Agnes Mathilde Wolf starb am 17. Oktober 2008 in Kingston, Ulster County, New York (USA). Zum Andenken an die Münchner Vergangenheit und an die durch das NS-Regime verursachte Auswanderung, Umschichtung und Blüte der Familie Weiler aus München in Naharia-Israel widmete Agnes Mathilde Wolf 1998 ein Exemplar ihrer in englischer Sprache verfassten Familiengeschichte dem Stadtarchiv München. Ihr zweibändiges Werk beginnt mit der Jugend ihrer Großmutter mütterlicherseits, Isabella (Bella) Wassermann (geb. Krohnheimer) und endet mit der erneuten Auswanderung der Familie 1948 von Israel in die USA. In dem hier abgedruckten Auszug der Erinnerungen beschreibt die Autorin die unmittelbaren Vorbereitungen der Familie auf die Emigaration und die Überfahrt nach Palästina.

[…]

Uncle Maurizio and Aunt Pia[45] were with us when Vati[46] came home on Thursday afternoon, two weeks after his arrest. He looked thirty years older in his

---

[45] Moritz (Moritzleh and later Maurizio) Kronheimer was the youngest brother of Bella/Isabella Wassermann (nee Kronheimer), the maternal Grandmother (Oma) of Agnes Weiler Wolf. He was married to Maria Pia Carloni.
[46] Dave (David) Weiler (1884–1862), father of Agnes Wolf, was the son of Abraham and Regina Weiler, nee Bier. Her brothers were Samuel (Uncle S.) and Isidor (Uncle I.) Bier. He was the tenth of the fifteen children, five of whom died as babies. The ten surviving siblings: Emanuel, Jerda, Benjamin (called Bennie), Geda, Theresa (called Resie,

Agnes M. Weiler (right) with
her mother and Walter Stein
from Chemnitz on the voyage
to Haifa, April 1936

two weeks old gray speckled beard and the suit in which he had spent the last
two weeks. We hugged and kissed each other frantically: first Vati, Mutti[47],
and I, then Oma[48], Uncle Maurizio and Aunt Pia. Vati sank into an armchair
and wept. He couldn't stop weeping for a long time, while we stood around,
waiting for him to talk.

He began by quoting "The Diver," a poem by Schiller. "Down there it's
horrible," and was again overcome by a crying spell. "Were you hurt?" Uncle
Maurizio asked him. "Nobody touched me; don't ask me why: I don't know
But what I watched happening to my fellow prisoners, day after day, was horrible beyond anything you can imagine." His voice got suffocated in tears.

[...]

"These Nazi brutes tortured everyone of my cell-mates non-stop without sense
or pity. I can never forget these two weeks." Vati hid his face in his hands.

in the USA Tessie), Bertha (called Bertel), Dave, Ludwig, Selma (called Semisch), and
Joseph (called Sepp, in the USA Joe). Dave married Jacobine Wasermann (named her
"Bibian") on 1 January 1913; their daughter is Agnes Mathilde (nicknamed Bobbie).
[47] Jacobine/Jakobine Weiler (nee Wassermann, 1891–dec.) was the daughter of David
und Isabella (Bella) Wassermann (nee Kronheimer). Her parents called her "Bineleh,"
while her husband Dave Weiler named her "Bibian." Some people called her "Bina."
[48] Isabella (Bella) Kronheimer (born 1853 in Osterberg) was the daughter of Jacob und
Mathilde Kronheimer (nee Bacharach). She had one older sister, Louise, and five younger brothers: Simon (nicknamed Schimmeleh), Louis (Louisleh), Emanuel (Mendeleh),
Nathan, and Moritz (Moritzleh and later Maurizio). She married David Wassermann,
Agnes Weiler Wolf's maternal grandfather, whose first wife, Amalie Hecht, had died
when their two children, Hugo and Laura, were still young. They had one more child:
Jakobine Wassermann whom they called "Bineleh." Isabella (Bella) Wassermann emi-
grated to Palestine in 1937.

Chapter 35: An Unusual Birthday Party (December 1935)

Vati was still sitting in his armchair, his face covered with his heavily veined, tanned hands.

"Shall we go to our hotel, so you have time to take a bath, change, and rest?" Uncle Maurizio asked Vati after a while. "Please, stay with us for dinner," Vati told them. "I'm too upset to rest now, but I'd like to shave and clean myself, and then I want to talk to you."

Oma was living on a daily diet of roast chicken; this night she shared it with us. We had wine with it and toasted Vati's homecoming.

"Don't forget another important event," Uncle Maurizio reminded us. "Tonight is the eve of my beautiful sister Bella's eightieth birthday."

"We almost forgot Oma's eightieth birthday!" Mutti and I exclaimed.

"I, too, forgot my birthday," Oma smiled her prettiest smile. "But I've received the most precious gift I ever got: our Davele is free."

"You don't understand," Vati contradicted energetically. "I'm back home unharmed, thank God, but I'm not free. None of us is free, as long as we're staying in this lawless country. We have to leave as soon as possible. No Jew is safe here; no law protects us."

"But you're still a lawyer," Maurizio objected.

"I cannot practice law in a country where it's impossible to uphold the law. If a crooked bitch like this Riegler[49] woman can bend the law in her own favor because she's a Nazi, I have to resign as the First General Insurance's lawyer. Don't you see that I'm useless to them?"

"You are right, Dave," Uncle Maurizio admitted soberly. "From now on, please, call me David, all of you." Vati demanded. "Dr. Dave Weiler, called the German Oak by his colleagues, ceased to exist. The man with whom you're talking, is David Weiler, future farmer and patriot of Eretz Israel. I have learned my lesson and will act accordingly for the rest of my life: it's useless for a Jew to look for a home as an equal citizen anywhere else in the world."

"How are you going to carry out your plans? What are Bibian's[50] and Bobbie's[51] plans? And what are my beautiful sister's options?" Uncle Maurizio inquired.

---

[49] Mrs Riegler had been a client of David Weiler, who wanted to get the First General Insurance (David Weiler's client) to pay for her run-down car, after she made the vehicle roll into a river, so it looked like an accident. He had seen through her scheme of insurance fraud and thus did not let her get away with it. In response, Mrs Riegler had threatened to sue him for indemnity, because the insurance would not pay her claim. In this connection David Weiler received a summons to the magistrate court at three-thirty one day. Initially, he did not worry about this appointment; yet, he did not return home after it, but was taken to the prison instead where he was held for two weeks. The information describing this incident was pieced together during David Weiler's imprisonment by his secretary, Gretel Obermayer, and his wife, Jacobine Weiler.

[50] Nickname of Jacobine Weiler, Mother of Agnes Wolf.

[51] Nickname of Agnes Wolf.

"The only country open to us is Palestine. They give pioneer visas to agricultural and construction workers who are thirty-five years of age or younger. We're too old to fit into this category, but we're eligible for a capitalist visa, if we can prove to the British administration that we own thousand Palestine Pounds."

"Do you have one thousand pounds?" Uncle Maurizio wanted to know.

"We were saving for a little house that we won't need any more, so we've got the money, but we have it in German Marks. It takes at least two years to transfer it to Palestine."

"Two years, my God!" Aunt Pia exclaimed. "So much can happen in two years."

"The other problem with waiting is that I'm already sixteen; when I'm seventeen I cannot emigrate on my parents' visa anymore." I explained. "If I have to wait for a second visa, we cannot leave together. And I don't need two years of pioneer training; I'm a farmer already."

"Since when have you changed your mind from becoming a lawyer to becoming a farmer?" Uncle Maurizio wondered.

"Hitler changed my mind. Vati cannot practice law anywhere in the world but in Germany, and here we cannot stay. We have to earn our living in a way that the three of us can work together."

"I thought about many plans while I was at Ett-Strasse[52]," Vati said. "Becoming a farmer is the most appealing one of them."

"Isn't it smarter to start a business of your own?"

"I'm a lousy businessman; my mind isn't trained to run on the tracks of business deals. I would be cheated out of my last penny in no time."

"I love gardening and taking care of animals," Mutti stated. "It's hard work," Uncle Maurizio warned. "Do you really think you and Dave are able to work like that?"

"We're in excellent shape," Vati assured him. "We go hiking every Sunday; Bibian and Bobbie attend gymnastics classes, and don't forget: I'm also a soldier."

"Compesini sono poveri gente [Farmers are poor people]," Aunt Pia relapsed into Italian when she became excited.

"You are right, Aunt Pia. Farmers are poor. The farmers where Bobbie worked this summer, lived off their beautiful farm, but had very little money. However, they were no paupers," Mutti told her.

"We'll live like the small holders in Feldmoching outside of Munich. We'll own a little cottage with enough acreage to raise vegetables, fruit, and greens to keep goats or cows, enough chickens for eggs, and we shall raise a few extra birds to keep Oma supplied with her weekly roast chicken," Vati declared enthusiastically.

"I cannot get used to your calling my beautiful sister Bella 'Oma,'" Uncle Maurizio reproached Vati half joking, half seriously. "But, tell me, please, what are your plans concerning her? She must not become involved in digging ditches to drain swamps, or sleeping in a tent with snakes under her pillow."

---

[52] The Munich Police Department and the Police prison were located at Ettstraße.

"I can help on a farm; don't forget that I grew up in the country!" Oma protested. "I can clean vegetables, do the dishes and the laundry. You need me."

"It's true that we need you," Vati agreed. "But we must be sure that we have a decent room for you when you join us in the Holy Land. Fortunately, the British government allows us to get your visa at any time without waiting or money."

"I only need a little shed with a bed, a table, and a chair. Whatever is good enough for you is fine with me. I don't have much time left to sit in Munich and wait." Oma started crying. Mutti hugged her. "Don't cry! Didn't you hear that we must wait for two years until our money is transferred?"

Uncle Maurizio and Aunt Pia conducted a short, but temperamental discussion in Italian which resulted in the Uncle's energetic protest to Mutti's words of consolation. "Don't believe her, Bella! They don't have to wait for their money!" We looked at him open-mouthed.

"You don't have to wait two years for your German Marks," he repeated. "Because yours truly has traded with Swiss silk dealers for the last thirty years, and has a bank account in Switzerland. Tomorrow, Dave and I shall find out how many Swiss Francs you need for the thousand Palestine Pounds, and you can prepare your emigration immediately."

"Are you sure you want to give us your most precious money?!" Mutti doubted.

"It may be precious, but your future, safety, and happiness are priceless to Pia and me. Waiting for another two years may cost your lives, and my beautiful sister Bella…"

"Will follow us, as soon as we can put a roof over her head!" Vati interrupted him. "Our Oma, ah, your beautiful sister Bella, must not stay in this cursed land one hour longer than she has to. This is the solemn promise from all of us." Uncle, Aunt, Oma, Mutti, Vati, and I hugged and kissed each other.[53]

Chapter 36: Aliyah (Spring 1936)
Uncle Maurizio went with Vati to the Anglo-Palestine Bank and deposited thousand Palestine Pounds in Vati's name. Then they went to the Palestine Office and showed them the receipt. "Doesn't my nephew get a certificate of immigration right away?" Uncle Maurizio asked the official.

"Oh no, we can't do that," the clerk explained patiently. "Your nephew and his family are placed on the waiting list. Even if he shows us this thousand Pounds currency, the quota has to be maintained. By this procedure the British mandate government of Palestine accommodates the wishes of the Arab leaders who object to the Jewish immigration. But you won't have to wait more than six to eight weeks."

"I'm disappointed that you have to wait for your visa despite the thousand pounds," Uncle Maurizio told us at the farewell dinner in the cherry-wood paneled dining hall of the dignified Hotel Leinfelder[54].

---

[53] As promised, Isabella (Bella) Wassermann emigrated to Palestine on 9 March 1937.
[54] Hotel Leinfelder was located at Lenbachplatz, next to the Main Synagogue.

"This delay is carried out in contradiction to the Balfour Declaration of Nineteen Hundred and Seventeen[55]," Vati complained, "when Lord Balfour of the same British government promised to Dr. Hayim Weitzman[56], the leader of the Zionist movement, a legally established Jewish homeland in Palestine."

"I never knew that you had any information about Palestine or Zionism," Uncle Maurizio wondered.

"You're absolutely right," Vati admitted, "not till I have come home from Nazi incarceration have I read whatever literature I could find about Palestine."

"You sound like a Zionist," Uncle Maurizio stated. "What a change from the young German officer who fell over his own sword, to the Zionist farmer who cannot wait to till the soil of the Holy Land!"

"We're impressed by the courage and dedication of the Jewish pioneers who drained swamps, irrigated the desert, and blasted holes into mountain slopes to plant trees. Thus the Halutzim make the wasteland bear fruit again." I added full of enthusiasm.

"We're reading about Dr. Theodor Herzl[57], a Jewish intellectual from Vienna, the founder of the modern Zionist Movement," Mutti took over. "He had been a German patriot like our Dave, and his Jewishness cooked only on the back-burner of his heart. Then in France, during the Dreyfuss Process[58], a Jewish officer was accused of treason and banished for life to the Devil's Island. His sentence was caused by a wave of anti-Semitism that turned justice into hate."

"I remember the Dreyfus Process," Uncle Maurizio told us. [...] "You weren't the only one who was shaken; so were the Jewish communities in France and Germany. The process also convinced Theodor Herzl of the need for a Jewish Homeland, where Jews could live in dignity. First he wrote a book about his idea: Old New Land[59]; then he gathered discussion groups and started the movement."

"I find it easy to relate to Theodor Herzl who comes from a similar cultural background as we. His goal has been dignity; ours is survival," Vati said.

[55] In the Balfour Declaration, a letter from the United Kingdom's Foreign Secretary Arthur James Balfour to Baron Rothschild, a leader of the British Jewish community, dated 2 November 1917, his Majesty's government expressed the support of the establishment of a national home for the Jewish people in Palestine. It was published in the press on 9 November 1917.
[56] Dr. Chaim Azriel Weizmann (1874–1952), biochemist and founder of the Weizmann Institute of Science in Rehovot; Zionist leader and Israeli statesman who served as President of the Zionist Organization and as the first President of Israel (1949–1952).
[57] Theodor Herzl (1860–1904), Austro-Hungarian journalist, political activist, and writer; one of the fathers of modern political Zionism.
[58] Dreyfus affair; political scandal in France. The treason conviction of a young French artillery officer of Alsatian and Jewish descent, Captain Alfred Dreyfus, was the trigger of the scandal that divided France from 1894 until it was resolved in 1906. Until today, it remains one of the most striking examples of a complex miscarriage of justice.
[59] The Old New Land; Utopian novel, published by Theodor Herzl in 1902.

"I'm very grateful to him," I added. "If he hadn't started the Zionist Movement, there wouldn't be a Jewish Homeland available, just when we need a refuge from those Nazi swine. I've joined the Working People, a Zionist youth group, to learn more about the Zionist youth movement. There are several homes for Halutzim in Munich where young Jewish men and women are trained to work and live together in preparation for their future life in a collective settlement in Eretz Yisrael."

"Don't you want to stay with your family?" Aunt Pia asked. "Of course I do! I may work in a Beth Halutzim for a short time to learn their way of housekeeping, but our family will stay together, all of us, including my dear Oma who's also a pioneer."

At the end of the fall semester I quit school with a heavy heart; I had loved learning more than anything else in life. Maybe, sometime in the future, a comeback to the halls of learning was written in my stars?

In February 1936, a huge manila envelope arrived with registered mail. "This letter comes from the Palestine Office," Vati opened it excited. "Mazal tov [Congratulations]! We got our immigration certificate!"

Abrasha, our ethereal Hebrew teacher, made the following excited announcement to our class: "Talmidim' (students), I have good news: Mar Weiler ugvarot Weiler [Mr and Mrs Weiler] are preparing for their Aliyah! Please, notice: Aliyah is the Hebrew word for ascension and for immigration to Eretz Yisrael. Immigration to any other country is translated with Yetziyah, leaving. Therefore, the three of you will soon be Oleem [immigrants], people ascending to our ancient homeland. My wife and I shall be Oleem, too. I shall graduate from music school end of this semester."

Oma was very sad. "It seems that my time has come to move to the Home for the Aged. Don't get me wrong! I'm glad that you can leave. The sooner you leave, the sooner I shall join you. But it's hard for me." She tried to keep her tears down, but she couldn't.

"You're going to live in one of the Kaulbach Manor's nicest rooms[60]," I consoled her, tears running down my cheeks. "It's much nicer and brighter than your room in our apartment; I really like its light oak furniture and cheerful flower prints for drapes and bedspreads."

"I like my dark old furniture and drapes because it's home. No other place will be home until we can join again. I'm glad that Emanuel Cohn[61] is also living in the Home; he was a good friend of my Batsche."

---

[60] Jewish senior residence at Kaulbachstraße 65, founded in 1905; closed by German authorities in 1942.
[61] Emanuel Cohn: this is most likely the art dealer Emanuel Kohn, born 3 May 1863 in Munich; he was murdered in Theresienstadt on 19 July 1942.

"So, at least, there's a familiar face in the strange environment. He's a very nice man; doesn't that cheer you up?" Mutti tried to influence Oma in favor of the Home.

"Not really," Oma replied. "Emanuel Cohn doesn't like to live in a home for the aged. Do you know what he says about it? He says such a home is the waiting room for the cemetery. I'm afraid of dying there while you are far away. We were always together. Remember when I had the pneumonia and Dave gave me every day an enema? Remember, when he told me every time: 'now I'm pumping gas into your old machine'" she laughed and cried at the same time.

"Your time to die hasn't come," Vati told her energetically. "You're a religious woman; you've read the Ecclesiastes where it's written 'for everything is a season: a time to live and a time to die.' You're healthy and, God willing, you will spend many more good years with us. I don't blame you that you don't like to live in a home for the aged, even though it's a beautiful place. But don't forget, for you it's not a waiting room for the grave, but for the boat to the Holy Land."

"I know, you let me follow you as soon as you can," she said with an effort to sound cheerful. "I'm waiting with my suitcase, my coat, and my galoshes ready to leave at any time."

"With Oma safely in the Home, let's get rid of all our fancy junk that we cannot take along!" Vati suggested.

"We should get a good price for our Baroque furniture and the grand piano," Mutti hopefully remarked, "I'd like to buy new pieces that are as pretty as the old stuff, but more practical for life in a hot climate."

"We shall live a simple life like the small holders in Feldmoching," Vati kept repeating. I still don't know why he picked this particular population for our future role models.

"Why don't you take my Bavarian dining room set?" Aunt Bertha[62] suggested. This set was custom made in peasant style, from knotty pine with hearts cut in the backs of the chairs, and the legs adorned with fancy lathe-work. "You know that I don't need the set anymore because we gave up our summer home when Maria had to leave us. By the way, what are you going to do with your Benji?"

"We can't take him with us; long-haired Dachshunds are not suitable for the hot climate; we're looking for a good home."

"You found it already!" Aunt Bertha exclaimed. "We love your beautiful red blonde hound. Moritz[63] is going to retire in March; it's good for him to walk a dog, and I'll spoil Benji rotten."

"Do you really want to stay here, with the Nazis thinking up new ways to persecute us?" Since his change of mind about staying in Germany, Vati tried

---

[62] Bertha, called Bertel (1880–1941), was an older sister of Dave Weiler. She married Moritz Maier, nicknamed "the Moyer" (1872–1942 Theresienstadt).

[63] Moritz Maier was Bertha's husband, paternal uncle of Agnes Wolf.

to persuade everyone of our Jewish friends and relatives, to leave the hostile country. "I'm entitled to transfer more money to Palestine than I own. If you give me enough German Marks to be changed into the thousand Palestine Pounds, you're eligible to apply for a certificate when the money is transferred. This will take two years, and in 1938 you may be glad to have this chance to get out of Germany."

"Why should we leave our home?" Moritz Maier asked. "When I'm retired, I don't take anybody's business away, and we don't bother the folks around us. All my life, people have liked me; why should they start disliking me now? We've got no children, just ourselves to worry about. We stay where we are; why should anybody want to harm us?" Vati, with a desperate gesture, threw his hands up towards the sky.

We went to the biggest hardware store in Munich. "Bobbie, you're the farm expert; you pick our garden tools." We looked at big and small, light and heavy tools of all colors and makes. It made me feel good to be consulted as an expert, but what a responsibility! "I like the Wolf-Geräte best; they are easy to assemble, look well-made, are lightweight, and painted green."

"They cost twice as much as the other tools," the clerk informed us, "but they're worth it."

"Let's buy this beautiful kerosene stove with the colored glass doors," Mutti demanded. "It's called 'Crown-Prince,' and it looks classy. Imagine, how pretty it will be when the flame lights up the red, yellow, and green glass of the door!"

"Don't forget," Vati reiterated, "from now on we're only humble smallholders from Feldmoching, no royalties!"

"One question, dearest smallholder," Mutti countered, "have you lost your need of reading a good book by becoming so humble? In this case we won't need shelves for our many books."

"Who said that?" Vati protested heartily. "I ordered four collapsible shelves; we need our books more than ever. The carpenter who builds the shelves, also makes couches with boxes underneath for our bedding. They will serve as benches during the day and as beds for the night."

"Let's have the entire furniture matching in colors and material," Mutti suggested. "Bobbie and I have bought many yards of cloth in rustic style, all matching the knotty pine and the brown, beige, and red of the couch covers."

This equipment was packed into a huge crate, big enough to serve us later as a room, and was shipped by freighter to Haifa harbor.

One morning in March, we were just sitting at breakfast on rickety chairs around a dilapidated kitchen table when our friend Ferdl[64] dropped in. "I see you're almost sold out of furniture, ready to leave. But beware! The Nazis came up with a new gimmick. They took Maxl's passport and mine, too. Apparently at random, they entered many more Jewish homes and took all pass-

[64] Ferdinand Kahn (called Ferdl).

ports, without any reason or prospect of returning them to the owners. I came to warn you because I know you need yours, soon."

"I better bring our passports to the British Consulate immediately." Vati grabbed our passports and rushed them to safekeeping until our departure. "You may have saved our trip," Mutti told Ferdl. "We have already railroad tickets and hotel coupons, the only way to pay for travel abroad, and we have all vaccinations required for immigrants to Palestine."

"I admire your courage," Ferdl told us. "I can't see myself leave Munich. My mother receives a pension and I still have enough clients to pay my bills."

The doorbell rang. Two policemen stuck their heads into the door. "You have to hand me the passports of Dr. Dave Weiler, Jacobine Weiler, and Agnes Mathilde Weiler," he ordered us.

"Sorry, our passports are at the British Consulate for our pending immigration to Palestine," Mutti smiled at them. The date of our boat tickets on April 24, 1936, left us ample time to visit our loved ones in Switzerland and Italy once more, before entering a different way of life without the luxury of traveling.

Uncle Hugo and Aunt Emmy[65] had been living in Lausanne on the shore of Lake Geneva, ever since he married the lovely young woman with the light blue eyes and the melodious laughter. We felt the spell of finality hovering over our meeting.

Uncle Hugo still wore the same frock-coat he had sported during our former visits, two, four, and eight years ago, and the same black wool Basque cap on his head with a coquettish tilt. His time he covered his bald head with a reddish-brown hair-piece, but with his huge handlebar mustache, his goatee, and his kind and clever twinkling gray eyes, he was the same beloved Uncle Hugo who, eleven years ago at Opa's funeral, had brought me the huge white teddybear from Russia.

On the street he was greeted by passengers-by as a celebrity, frequently and respectfully: "Bonjour, Monsieur Wassermann!"

"My Hugo is president of the League for Human Rights, Grand Master of the Masonic Lodge, and on the board of directors of the Free-Thinkers," Emmy informed us proudly. "Everybody comes to him for advice, and he doesn't turn anybody away. He always has time to help."

"Papa is the best-organized person I ever met," tall, handsome René, their blonde and blue-eyed twenty year old son informed us, a statement which was greeted by Aunt Emmy's ringing laughter. "There's a lot to learn from Papa, and believe me, some day soon I'm going to move ahead in the world fast because I'm learning all I can." I believed him; he looked as if he could reach any goal.

[65] Hugo Wassermann, son of Bella's husband David Wassermann and his first wife Amalie Hecht, married Emmeline (called Emmy) Faber. They had one son René.

He drove us to beautiful Lake Geneva, in which we usually went swimming, but this time it was April, and we hiked along the shore, for the last time feasting our eyes on the snow-covered majestic mountain giants of the Swiss Alps. I loved the mountains and the dear familiar countryside; I could not anticipate how it would feel to never see them again.

"You have no idea how grateful we are to be finally out of the Nazis' reach, together, free and able to plan our future," Vati told our hosts.

"You should have a few more choices up your sleeves, besides farming," Uncle Hugo told us. "As you know, I invented low temperature welding rods that can join different metals which could not be put together before. I also invented a greaseless baking film which is highly popular among the bakers around the world."

"I'd like to teach you how to produce the bakingfilm," Aunt Emmy offered. "Then you can make it, advertise, and sell it."

"I show you how to weld; we should spend most of your visit practicing this skill; you can learn it in a week," René offered enthusiastically. He proved to be an excellent teacher: patient, encouraging, and making his point with clever and simple explanations. He had a sense of humor combined with an unpretentious casual behavior that made us feel liked and at ease.

"Uncle Dave, you really have to knack for gadgetry," René remarked. "You've learned welding so well that the two pieces of metal you have joined are actually staying together."

We spent many hours downstairs in René's shop, having lessons that were mixed with jokes and laughter. Vati was taught the different features and properties of numerous alloys that Uncle Hugo and René had developed over the years; Mutti and I studied and practiced the production of Uncle Hugo's patented greaseless baking film, for which one corner in the shop was set aside with a scale, cooking plate, vitals, and pots. I would have liked to try welding, too, but at that time girls were not considered fit for this skill.

"Please, take along an entire assortment of welding rods, so you can demonstrate them to customers," Uncle Hugo said. "And with the recipe I gave you, and the containers for a start, you're able to produce the greaseless baking film in your kitchen."

"We're making a good living with the production and sale of these products," Aunt Emmy explained. "If you could start the same business in Palestine, we'd be extremely happy."

"It's you that gave me the good life, my little heartbell!" Uncle Hugo not only hugged his wife, but picked her up as if she did not weigh anything, and carried her around the shop.

Aunt Emmy took me aside and gave me a pretty, velvet-covered box. "It's not much," she said, "but it's a souvenir from your Aunt Emmy and Uncle Hugo." I opened it. Six pretty silver desert forks were nested in six velvet slots.

"They're sterling silver," she told me. "They belong to you personally; it's important that you own something that's strictly yours."

"You make me feel rich! What a nice thing to do for me!" I hugged her.

"You make me feel rich by saying this!" Aunt Emmy laughed, sounding her melodious heartbells.

Only reluctantly did we leave Uncle Hugo, Aunt Emmy, and René who had given us their love and support so abundantly. At noontime, we arrived at the Milan railway station; Uncle Maurizio awaited us on the platform with Enzo[66] who had taken time off to greet us.

"Are you able to find your way around on a train after ten years of riding your car?" he hollered at us. "Glad you didn't get lost, my dear caibellini. How do you like Enzo's looks?"

"He looks very handsome," Vati hollered back. "Finally, his tall lean frame is filling out, particularly around his shoulders. I hope it's not only suit padding."

"You look wonderful," Mutti told Enzo.

"I started weightlifting and swimming," Enzo explained.

"You're better dressed than ever before; the ladies even wear hats," Uncle Maurizio remarked. "It seems, becoming farmers makes you finally learn how to dress."

"The only place to safely transport a hat, is on our heads." I informed the easing uncle. "That's why we're wearing them. As soon as we have a home, they'll go into mothballs."

Aunt Pia gave us the usual dinner party to meet their friends. The festive banquet table was set with a multitude of monogrammed sterling silver and crystal glassware. Next to me sat Signora Senegaglia, a beautiful dignified elderly lady with huge black eyes and a mountainous black coiffure without a single gray hair. She drank to me and I drank to her, saying "Salute." We tried to converse in Italian which I had never formally learned, but picked up anew on every visit.

Uncle Maurizio brought out a toast: "To my courageous famiglia: Jacobine, Dave, and Bobbie! May they find happiness and success in the Holy Land!"

Vati had to treat our loving hosts to a counter toast. "My dearest Aunt Pia and Uncle Maurizio! May God bless you for all the caring and help you bestowed on us, and may you and all your dear friends around this lovely dinner table remain safe from Hitler and his hordes!"

"Don't worry, Dottore Weiler!" tall dignified Mr. Senigaglia assured my dad, rolling his beautiful black eyes under bristling black eyebrows. "Such a thing can never happen in Italia. Anti-Semitism goes against the nature of the Italian people."

Ida Carloni, Aunt Pia's actress sister, recited poems by D'Annunzio[67], the famous Italian poet. She was a petite lady with huge black eyes burning in

---

[66] Heinz Kronheimer (called Enzo) was the son of Emanuel Kronheimer and his wife Anna (nee Kirchner) and thus nephew of Bella Wassermann (nee Kronheimer) and Moritz (Maurizio) Kronheimer and cousin of Jacobine Weiler.

[67] Gabriele D'Annunzio (1863–1938); prominent Italian writer, poet, journalist, playwright and soldier during World War I.

a thin face with well-chiseled cheekbones. Her voice seemed to belong to a much heavier and taller lady; it sounded deep, strong, and powerful. Her white hair framed an ivory colored, but youthful face.

Vati sang a song about uncle Maurizio: "Ecco lo Bello Zio [Hier ist der schöne Onkel]" which he had written long ago in his personal brand of Italian. He accompanied himself on his accordion; then he played Italian folk songs and everybody clapped hands and sang. Even the cook and the maid came and sang. I yodled and played the mouth harmonica.

Aunt Pia took me aside and gave me a tiny blue velvet-covered case, saying: "This is for you, Bobbie!"

I opened it and was delighted with the plain, but well-made golden ring with one sapphire and one diamond diagonally joined in two star-shaped golden mountings.

"Oh, Aunt Pia! This is so beautiful!"

"You need something beautiful that belongs to you, because your birthday was only two weeks ago. This ring says to you 'happy birthday.' You're seventeen, a pretty young woman, If you lived here, your social life would have started already. I hope you'll have some social life over there."

"Holy mackerel," I said to myself, "if Vati had listened to Aunt Pia, he would tell her: social life isn't fit for a small holder from Feldmoching!"

"We want to spend the last two days before the boat's departure in Venice," Vati told Uncle Maurizio. "This may be our last opportunity to visit this fabulous city."

"May I keep you company?" Enzo asked us. "Heaven knows when we have a chance to be together again."

We made the usual tourists' round, visiting the Doge's Place, St. Mark's, the gondola tour along Canale Grande, and to the Bridge of Sighs that arches between the Doge Palace and the Lead Chambers of the prison.

"Look at that German couple with the little boy!" Vati whispered when a gondola followed ours, occupied by an attractive blonde woman in her thirties, with sparkling blue eyes and a perfect petite figure, the athletic blonde and blue-eyed boy, perfectly shaped, straight out of the Nazi picture book. Wherever we went, we ran into the same German family. They were observing us suspiciously, whenever we met them.

"If these aren't Nazis, I'll eat my hat," Vati announced.

"I don't understand why they are spying on us," Mutti complained. Our gondola almost ran into theirs, right underneath the Bridge of Sighs.

"Let's keep looking away from these Teutonic creeps," Vati ordered us.

"But we're not in Germany; we're in Venice." Enzo argued.

"Nevertheless, I feel very uneasy with these Germans tailing us. I won't feel safe until we're on our boat," Vati informed him.

At the dock in the harbor of Trieste a white steamship with blue trim and sparkling cabin windows lay on anchor, gleaming in the bright Italian midday sun. The "Palestina" was waiting for us. A trim elegant man with a white beard and a Borsalino hat stood by the gate, waving at us. He looked very familiar.

"Surprise!" Uncle Maurizio hollered at us. "I had to come to the boat at Trieste to see you off. Soon, I shall visit my beautiful sister Bella and tell her that I saw you off, and on what a nice ship you're sailing."

"I hope you will also meet her at the boat when we send for her."

"If you won't wait too long, I certainly will."

"We'll send for our Oma next spring, God willing. We won't feel at ease, as long as she has to stay in Germany, and we miss her already."

"We'll miss all of you!" I sobbed. Finally we became aware that our departure on the "Palestina" meant separation from all our loved ones, our world and life as we knew it. We made a heroic effort to hold back the tears when we kissed each other good-by and followed the steward who was beckoning us to enter our cabins.

"Thank God, we're moving away from Europe," a familiar voice said behind us, as the ship began to move off the dock, with every floor plank vibrating to the rhythm of the powerful machines.

"Annerl[68]!" we exclaimed, while the three of us tried to simultaneously hug Uncle Max's sister.

"Last week I finally got the visa; I packed my bags and left. I've a friend in Haifa who invited me to stay with her until I find a job. She wrote me, 'there are more babies in need of baby nurses than I can handle.'"

"The baby of whom you take care, is darn lucky." Mutti told her.

I joined a group of young Halutzim that began to sing. We sang Hebrew pioneering songs: after we had sung all we knew, we sang our old German folk songs and rounds. Annerl had a lovely voice and could hold her tunes when we harmonized.

I directed Annerl's attention to the littlest of the Halutzim. "Look at this boy's tanned face with his energetic chin and sharp blue eyes! Imagine, I looked at him and now he begins to look at me."

"I like the way he sings," Annerl added. "He has a nice tenor voice and keeps a tune perfectly.

"He looks so nice, and he has a high forehead, so he must be intelligent."

I sat down on a white lattice bench next to him.

"I am Alfred Lindauer from Nuremberg where I majored in math."

"That means, you surrounded yourself with nothing but math. How can anybody do such a thing to himself?" No wonder, he had this high forehead: It housed the Pythagoras formula and all the square roots under the sun.

"It was the usual career in my family," he sounded apologetic. "My dad taught math at the gymnasium. Now I'm headed for a Kibbutz in Emek Yesreel. My entire group will go there together."

[68] Anna (called Annerl) was the sister of Max Weiler (Uncle Max, Maxl), son of Fannie Weiler and close friend of the Family Dave Weiler.

"Isn't the Emek grain country? I learned to harvest grain for an entire summer. I'm very good with the scythe."

"Gee! I'd like to watch you cutting a field of wheat. But in the Emek we use combines. You'll be surprised how modern and scientific agriculture is there. Are you, too, heading for a kibbutz?"

"I'm the member of a family kibbutz of three: my parents and I."

I introduced Alfred to my parents. "I'm from Nuremberg, too," Mutti informed the little Halutz. "You have to visit us on our farm," Vati requested.

"I certainly will; where is your farm?"

"I don't know yet, but it will be somewhere in Eretz Yisrael."

Alfred taught Annerl and me a beautiful ancient round: "Gentle evening breezes are blowing silently, Soon the moon will shine on your love and mine."

"Since the cabins have only two or four bunks," Annerl suggested, "let us two women team up sharing a cabin."

"Great idea! What an opportunity getting to know you! I know your brother, Uncle Max, much better than you."

"I'm sure, Maxl and I have a lot in common, particularly an urge to wash ourselves, morning, noon, and night."

We moved into the tiny cabin. I occupied the upper bunk; the entire room was decorated with red and white gingham ruffles; two miniature metal seats and the closed door were parts of the ship. The sink was so tiny that full-bosomed Annerl could wash only one breast at a time, which filled the entire bowl. We laughed and sang together, while she kept washing herself.

"Don't forget, Bobbie, we have to wear festive clothes for dinner: it's Passover Eve tonight. We're having a Seder."

"I know. That's why no bread was served for lunch, only cold potatoes and fish."

When we assembled around the huge dinner table, opposite from us sat the Teutonic Family that had followed us all over Venice. The tall blonde man with the blue eyes introduced himself: "Walter Stein[69]," he said. "And this is my wife Lenchen, and our son, Peter."

"We thought you were Nazis!" Vati exclaimed.

"And we thought you were Nazis!" Lenchen told us. "And now we're on the same boat."

"We were on the same boat all the time, but didn't know it." Vati had to use this pun. We had a big laugh, and our fellow-voyagers shared in our cheerfulness.

An old rabbi who was joining his daughter and son-in-law in a kibbutz, gave the Seder. Each of us found on his place setting a Hagadah, the book with the tale about the Israelites' liberation from slavery and their exodus from Egypt.

We drank Italian wine with the blessings, because this was an Italian ship. "This is not like the Seder which Vati gave," I whispered into Mutti's ear. "I

---

[69] Walter Stein, married to Lenchen (Helen), son Peter; Jewish family from Nuremberg.

miss the familiar melodies of "Adir Hu"[70] ad "Ki Lo Noeh,"[71] which Vati accompanied on the guitar."

"God willing, I'll give our next Seder in our new home," Vati promised. "Nevertheless, this is the most authentic Passover we ever celebrated. Just look at the pictures of the Hagadah: the beatings and the slave labor, don't the slave masters look like ancient Nazis and the entire Egyptian land became the concentration camp for our ancestors."

"My dear fellow-travelers," the old bearded Rabbi addressed us. "Are you aware that we are celebrating this Seder as it is prescribed: 'you should celebrate the Seder as if you experienced the Exodus yourself!' We don't have to make believe! Our liberation from oppression and slavery is real."

"Let's drink an extra glass of wine on our liberation!" Walter Stein suggested. We drank to each other, and we sang: "Last year we were enslaved, this year we are free." We knew that we were the Israelites that God had guided out of Nazi Germany back to the same Holy Land that He had promised our ancestors 3,500 years ago.

Chapter 1: A Tour Through the Holy Land (1936)
On a bright April day in 1936, the Steamship Palestina, loaded with German Jews who had fled from Nazi Germany, my family among them, entered Haifa, the port of Palestine. Today my parents and I would enter the unknown country in which we had to live and make a living. We were waiting for the ship's landing.

"Our little Halutz (pioneer member of a collective settlement in Eretz Israel) is too nice a person to lose," I told Annerl, an old friend of the family and my cabin-mate for the duration of our voyage to Palestine. "He's almost as short as than I am, and I like his looks."

"Why don't you get his address?" Annerl suggested.

"Good idea! We have no address yet, but the little Halutz certainly has one. He told me the name of his kibbutz (collective settlement) the first time we met. Don't you think he feels I'm chasing after him, if I ask him, instead of waiting for him to volunteer his address?"

"Nonsense! That's unrealistic at a time like this. If you want his address, get it now."

I found the mini-hunk of a young man sitting on a white lath deck chair and sat down on another one next to him.

"Alfred, please, give me your address. We've had such a good time together on the boat. I'd like to write you, as soon as we settle down. We plan to travel around the country before we buy a farm."

[70] *Adir Hu* (English: Mighty is He); hymn sung by Jews worldwide at the Passover Seder.
[71] *Ki Lo Noeh* (English: For to Him it is befitting); a hymn, dating from the fifteenth century; the verses of this song of praises are in order of the Hebrew alphabet.

"I wish you would join a kibbutz," he said in Hebrew, his narrow blue eyes flashing out of his tanned face. "Believe me, a privately owned little farm is obsolete and very vulnerable. Only a kibbutz is able to compete with the cheap Arab labor."

"I have great respect and admiration for you pioneers who reject private property and dedicate themselves to building up Eretz Israel. But I promised my parents that they could count on me. They need a young person like me to operate the farm."

"Your parents could join a kibbutz together with you," Alfred suggested.

"I think it's hard enough for them to start a new life in a new land on a privately owned farm. My mother would be able to adjust to any unfamiliar situation, but my father is totally unfit to live in a collective community. As a lawyer in Munich he was used to being his own boss; he got up as early or late as he chose; he took a nap when he felt like it. His eating habits would drive a Kibbutz kitchen crew out of their minds. My God! The thought of it makes me shudder." I laughed.

Alfred did not acknowledge the absurdity of turning my self-centered, individualistic father into a Kibbutznik (member of a kibbutz). The expression of his serious face became even more intense.

"It's your life you're talking about, not indulging your parents' idiosyncrasies,' he said. "I think it's the right thing for us young people to join the group in which we can help our country the most. My father is coming soon and he'll try to teach math at our Kibbutz, but only if this doesn't work for him will he look for a job at a regular middle school."

"There you are!" I replied. "Your father has a marketable skill. He doesn't need your help. After he masters Hebrew, he can teach math. But my father has majored in German Law, a perfectly useless trade everywhere but in Germany. If the Nazis hadn't come to power, I would have studied law, too, and Dad and I would have become business partners. Instead of this, my parents and I will be partners in farming. So I can't join a Kibbutz, but I want to stay friends with you and I hope you'll visit us as soon as we have an address."

His face turned warm and friendly again. He dug a piece of paper and a yellow stump of a pencil from his pocket. "Here's my address: Kibbutz Mahar, post office Hadar. Please, share it with your roommate. She is such a nice person, and I enjoyed our singing together."

My parents were sitting with Walter, Lenchen, and ten-year-old Peter Stein, the blonde and blue-eyed family we had mistaken for under-cover Nazis when we toured Venice, before embarking in Trieste.

"We'll go to Jerusalem where my parents have been living for twenty years." Lenchen informed us. "My father retired from the Hebrew University after teaching Physics. He and my mother live in a two-family house with one apartment ready for us."

"We'll have a big garden with old fig trees," handsome Peter chimed in. "I'll climb the trees, and maybe get myself one of those cute little donkey's to ride!"

"Your parents have to earn a living before we can talk about cute little donkeys," Walter told his son with a good-natured smile.

"I'll help you earn money," Peter assured him, "and do chores for Mother, so she can stay pretty and won't knock herself out with hard work."

"We decided to start a business of our own," Walter told us. "I had a well-paying position as department head of a big department store in Chemnitz, but I don't want to be an employee again. The harassment and back biting among my colleagues made me sick."

"I had my share of the same," dainty Lenchen with her pixie hairdo added. "Every boss that I ever had made passes at me, and I had to give each one a piece of my mind. Sometimes I lost my job because of this."

"I was the last boss who tried," Walter conceded with a grin. "You should have heard what she told me. This lady doesn't only have good looks, but also a sharp tongue. She made me feel so small that I didn't fit into my shoes anymore. I had to prove to her for the next two years that I wasn't a bad guy after all."

"And they lived happily ever after," Peter concluded. He must have grown up hearing this story.

"I hope you'll visit us when we have our farm!" Vati told them. "I feel as if we've known each other all our lives."

"We have to stay in touch!" Lenchen and Walter agreed. "When you tour the country, please, visit us in Jerusalem."

"There is the Haifa Bay," Annerl exclaimed. "Isn't it amazing how the land encircles the sea in a wide curve? And look at Mount Carmel with its pine groves! The homes up there must be cool and breezy! I wish I could get a job with a family in that area!"

"Down there," Mutti (German pet name for mother) pointed northward, "far way I see another bay with a tiny group of ancient looking buildings by the Ocean!" Mutti said. "According to our map, that must be Akko. Farther down that white tower looks like the water tower I saw in our Nahariya catalog."

"I bet it is Nahariya, the new farming community of German Jews!" Vati (German pet name for father) joined in. He looked through his binoculars, and passed them around. "With these you can see the fortress of Akko much better. The buildings are made of orange sandstone. And the water tower north of it is the Nahariya landmark. But between Haifa and Akko there's a whole string of settlements along the sea. I don't expect Eretz Yisrael to look so green!"

"That's because it's April, the time of the Malkosh (late spring rains in contrast to midwinter rains) rains," a returning old-timer informed us. "Later on, the land turns yellow and brown, unless it's irrigated."

"How blue the sky and the Ocean are! How green Mount Carmel! How sparkling the waves!" I marveled. "It seems all the colors are brighter here than in Europe!"

"That's because we're entering the Holy Land," a young man in a crocheted Yarmulke (skullcap worn as sign of reverence to God) explained. "As we move nearer to God's land the colors become brighter."

"Our bags are packed, let's sing to our Homeland!" Alfred suggested. We sang our favorite song about pioneering:

"Anu nihyeh harishonim,
Kach amarnu ach el ach.
Anu nihyeh ben habonim,
Net hametar net anach."
(‚We shall be the first to build here,‘
Brother to his brother told.
‘Our dreams will be fulfilled here
Toiling on our land of old.’)

"Attention, passengers," the voice of the ship doctor sounded over the P.A. system. "Everyone has to be vaccinated for typhoid fever to be cleared for disembarkment. Please, proceed to the nurse's station!"

"That's the only vaccination we couldn't take ahead of time," Vati complained, and, turning to me, he continued: "Bobbie (my pet name), please, try not to faint this time."

"I can't help it," I protested. "It just happens; I don't like it, either. I'm not afraid of that tacky needle, but something inside of me takes over and knocks me out." And I tried to smile bravely when the doctor stuck the needle into my upper arm.

"Thith wath not tho bad," the doctor told me. All the "S's" of his speech suddenly sounded like "Th's", then the entire landscape began spinning around me, and finally everything dissolved into soothing warmth. It felt so good, until reality returned into my nose with a whiff of ammonia.

"You did it again, you hysterical woman!" my father hollered at me for everyone to hear, even the little Halutz. I started crying, and I could not stop for an hour.

I observed our disembarkment through the cloudy veil of my tears. There we stood in a strange place with four huge suitcases, ignorant of the simplest procedures to get lodging and food.

A lady waved a sign in her hand that read: "Kibbutz Mahar and Rimon, follow me!"

"We're going to the Beth Olim (the House for Immigrants)," Rosie, a pretty young halutzah (pioneer woman) informed us.

"May we go there, too?" my father asked the lady with the sign.

"The Beth Olim is crowded," she told us, "and this group of Halutzim has priority. You're entering with your own money, so you're able to pay for your lodging."

"But we don't know our way around," Vati protested.

"For a modest fee you will get advice from a counselor. Here is one." We noticed an energetic middle-aged fellow whose sharp eyes skimmed the milling crowd of new immigrants for the most solvent customers.

"Need help find a hotel, a porter, and a taxi to get there?" He asked my father in a Slavic accented German.

"Obviously, we do."

"You have to pay me in advance. My fee is one Palestine Pound."

"I got only five Pounds to take care of my expenses. Are you willing to take a half Pound?"

"Seventy-five Piasters will do," the sharp-eyed man replied.

"What kind of a hotel do you want? I know simple ones and elegant ones."

"Simple, of course," Vati emphasized. "We are simple farmers with no money to spare."

"Do you own a farm already?"

Vati shock his head.

"That means you need transportation to visit lots of offices. Let's get you a hotel near a bus station on Hadar Hacarmel, so you stay in a safe Jewish neighborhood and get easy bus rides to the harbor area where all the offices are located."

"Isn't it less expensive to live by the harbor?"

"It's not safe for Jews to live down here. I know a nice hotel; this taxi will bring you there." A weather-beaten taxi with a burly tanned chauffeur materialized next to him. Then the counselor shouted: "Sabal! Sabal!" and half a dozen porters surrounded him, each with a padded burlap harness draped around his hunched muscled shoulders.

"How much do you charge to carry these four suitcases to the taxi?" he asked each of the fellows in Hebrew. Then he bargained with the lowest bidder until he reduced the price from 25 to 20 Piaster. And then, waving "Shalom" to us, he immediately engaged the next group of new arrivals.

"Every street sign and the name plate on every store is written in Hebrew besides the English!" Mutti exclaimed, while our taxi bravely climbed uphill from the harbor to Hadar Hacarmel. "Isn't it a wonderful feeling, being among brothers, sisters, and friends! No more Nazis, no more enemies!"

"We're here at Hotel Saphir," our driver told us, speaking in German with an East European accent. "It's a nice place. You'll like it. Everybody I bring here likes it."

[...]

Eine Familien Geschichte unserer Zeit –
Die 1930er Jahre und später

Von H. Peter Sinclair

Hugh Peter Sinclair (Hans Peter Siegel) wurde am 27. Februar 1921 als erstes Kind des Rechtsanwalts Dr. jur. Michael Siegel und seiner Frau Mathilde (Tilde, geb. Waldner) in München geboren. Seine Schwester Maria Beate erblickte am 14. März 1925 das Licht der Welt.
H. Peter Sinclair besuchte nach der Gebeleschule das Wilhelmsgymnasium, das er infolge einer Juden diskriminierenden Gesetzesänderung verlassen musste. Er setzte seine Ausbildung an der Höheren Handelsschule der Hansaheime fort, von der er 1936 nach erfolgreichem Abschluss abging. Da eine universitäre Weiterbildung für Juden in Deutschland zu diesem Zeitpunkt gesetzlich ausgeschlossen war, begann er eine einjährige Ausbildung zum Braumeister in der Brauerei Kaltenberg und nahm am 2. November 1938 ein Studium an der Brauereischule Dr. Doemens & Dr. Heller in Schwabing auf.
Am 10. März 1934 hatte H. Peter Sinclair noch seine Bar Mizwa in München feiern können. Angesichts der fortschreitenden Diskriminierung, Ausgrenzung und Verfolgung emigrierte er am 21. März 1939 mit einem befristeten Ausbildungsvisum nach England und arbeitete dort für kurze Zeit im „Jüdischen Flüchtlingskomitee" im Bloomsbury House in London und anschließend als Filmvorführer in Liverpool. 1940, kurz nachdem seine Schwester mit einem Kindertransport nach England gekommen war, meldete er sich als Freiwilliger zur englischen Armee: Er war Mitglied des Pioneer Corps, einer Einheit, der hauptsächlich Juden aus Deutschland angehörten, und diente bis 1946 als Staff-Sergeant die letzten drei Jahre in Neu-Delhi. Anschließend arbeitete er für eine Backmaschinenfabrik, erkrankte jedoch an Polio, was ihn für ein Jahr arbeitsunfähig machte. 1949 heiratete er Susan (Susanne) Oppenheimer aus Nürnberg. H. Peter Sinclair wechselte 1951 zu einer Londoner Dependance von PMSC, einem Unternehmen, das in Südamerika Nichteisenmetall-Gruben und -Schmelzen betrieb. Nach sieben Jahren wurde er Vizedirektor der Londoner Dependance und drei Jahre später Generaldirektor und Aufsichtsratsvorsitzender. 1985 ging er in den Ruhestand und starb am 27. April 2010 in London.
Den hier mit vereinzelten Auslassungen abgedruckten autobiographischen Text verfasste H. Peter Sinclair im Dezember 1997 sowohl in englischer als auch in deutscher Sprache.

„Vor mehr als einem halben Jahrhundert" klingt weit entfernt, wenn man dieses Etikett an sein eigenes Leben heftet – aber Erinnerungen und Ereignisse in den 1930er Jahren von individuellen Juden in Deutschland unter Hitler müssen

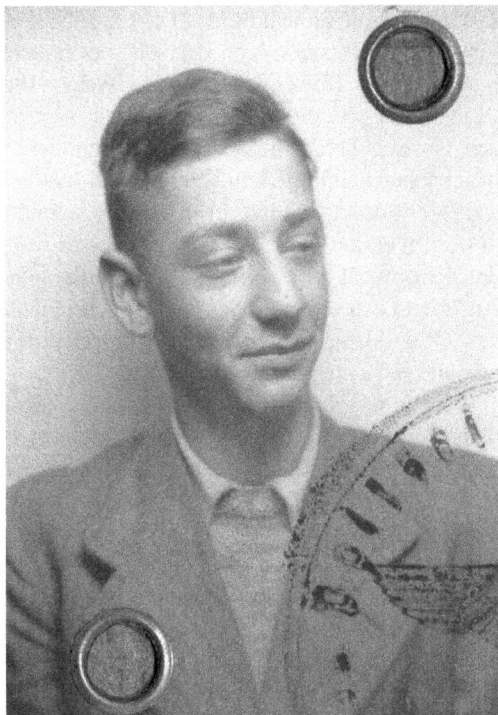

Hans Peter Siegel, 1937

für die folgenden Generationen und besonders für unsere Kinder und Enkel dokumentiert sein. Die letzteren können sich in späteren Jahren vielleicht wundern, warum der Großvater einen schottischen Namen, jedoch aber keine schottischen Verwandten oder Ahnen hatte.

Unsere Familie – mein Vater, Dr. Michael Siegel[72], meine Mutter Mathilde[73], Schwester Maria Beate[74] und ich – lebten bis in die 1930er Jahre ein normales deutsch-jüdisches bürgerliches Leben in München. Die Familiengeschichte meines Vaters habe ich schon bis zur Mitte des 18. Jahrhunderts in Franken erforscht. Wir wohnten in einer 4-Zimmer-Wohnung im 4. Stock in der Possartstraße 10 in Bogenhausen, wo ich im Februar 1921 auf die Welt kam.

---

[72] Dr. jur. Michael Siegel (1882–1979); Rechtsanwalt in München; emigrierte mit seiner Frau Mathilde im September 1940 nach Lima, Peru, und betätigte sich dort als Farmer und Kantor der Emigrantengemeinde.
[73] Mathilde (Tilde) Siegel (geb. Waldner, 1893–1970); seit 22. März 1920 verheiratet mit Dr. Michael Siegel; emigrierte mit ihrem Ehemann im September 1940 nach Lima, Peru.
[74] Maria Beate Siegel, verh. Green, wurde am 14. März 1925 in München geboren. Sie kam im Juni 1939 mit einem Kindertransport nach England und heiratete dort 1957 Dr. Michael Green.

Zusammen mit seinem Vetter, Dr. Julius Siegel[75], war mein Vater geschäfts-
führender Rechtsanwalt in der sehr bekannten, von seinem Onkel Leopold
Siegel, in den 1890er Jahren in der Weinstraße 11 in München gegründeten
‚Kanzlei Siegel‘, die viele nicht-jüdische sowie jüdische Klienten hatte. Unter
den ersteren befanden sich auch Mitglieder der Wittelsbacher königlichen
bayerischen Familie. Mein Vater war ein Jude mit liberaler Neigung, obwohl er
aus einer orthodoxen jüdischen Familie stammte. Er war prominent und aktiv
in der Liberalen jüdischen Gemeinde – er war ein typischer deutscher Jude,
der sich sowohl seiner Nationalität als auch seines Glaubens ganz bewußt war.
Außerdem war er ein großer Optimist und Idealist, der 1933 ernstlich glaubte,
daß Hitler und sein Regime nur ein kurzfristiges und unwahrscheinliches Phänomen sei.

Jedoch, schon im März 1933 passierte Folgendes: Ladenfenster etlicher
jüdischer Geschäfte wurden zerschlagen. Der Inhaber eines dieser Geschäfte
war Herr Max Uhlfelder[76], der Besitzer des Kaufhauses Uhlfelder im Tal.[77]
Herr Uhlfelder selbst wurde in damalige noch gesetzwidrige [sic!] ‚Schutzhaft‘ in das Konzentrationslager Dachau genommen. Mein Vater war Herr
Uhlfelders Rechtsanwalt. Er machte einen Termin in dem Polizeipräsidium
um sich über die Behandlung seines Klienten zu beschweren. Zu der Zeit war
der Polizeipräsident ein gewisser Heydrich[78], der SA-Straßenlümmel als sogenannte „Hilfspolizisten" rekrutierte und benutzte. Im Polizeipräsidium haben
diese „Hilfspolizisten" meinen Vater fürchterlich körperlich angegriffen, unter
anderem ihm einige Vorderzähne ausgeschlagen und das Trommelfell in einem
Ohr zerstört. Nach dieser Behandlung hat man ihm dann die Hosenbeine abge-
schnitten und ihn blutend, ohne Socken oder Schuhe, barfuß, durch das Zentrum von München getrieben, umgeben von der jetzt mit Gewehren bewaff-
neten SA-Truppe und mit einem Schild um seinen Hals hängend, mit den Worten *„Ich bin Jude aber ich werde mich nie mehr bei der Polizei beschweren"*.

---

[75] Dr. jur. Julius Siegel (1884–1951), Cousin und Kanzleipartner von Dr. jur. Michael
Siegel; emigrierte 1934 mit seiner Familie nach Palästina, wo er erneut ein Jurastudium
abschloss und 1938 in Haifa als Advokat zugelassen wurde.

[76] Max Uhlfelder (1884–1958), Inhaber des renommierten Kaufhauses Uhlfelder, seit
dem 14. Oktober 1912 verheiratet mit Gretchen (Greta) Uhlfelder, geb. Prölsdorfer
(1891–1954); emigrierte im Juli 1939 über die Schweiz und Indien in die USA. Zur
Geschichte der Familie siehe die Lebenserinnerungen von Harry Uhlfelder, S. 36, in
diesem Band.

[77] Gemeint ist das Münchner Rosental.

[78] Reinhard Heydrich (1904–1942), während der Zeit des Nationalsozialismus deutscher SS-Obergruppenführer, General der Polizei und Leiter des Reichssicherheits-
hauptamtes (RSHA). 1941 wurde er mit der sogenannten „Endlösung der Judenfrage"
beauftragt und leitete am 20. Januar 1942 in Berlin die Wannsee-Konferenz. Er starb an
den Verletzungen, die er bei einem Attentat in Prag erlitt. Polizeipräsident in München
war, anders als von H. Peter Sinclair angegeben, zu der Zeit Heinrich Himmler, Heydrich war sein Stellvertreter.

Dr. Michael Siegel, München 1933

Es wurden zwei Fotos dieses Marsches von einem Herrn Heinrich Sanden[79] aufgenommen. Die Negative wurden so schnell wie möglich in die USA verschifft und diese bekannten Bilder sind daraufhin in der ganzen Welt veröffentlicht worden. Sie werden auch heute noch reproduziert in Schulbüchern, Zeitungen und in Fernsehsendungen.[80]

Diese Ausschreitung hätte vielleicht die meisten Männer dazu bewegt, umgehend auszuwandern. Mein Vater, trotz allem was ihm persönlich passierte, glaubte immer noch daran, daß es seine Pflicht als Mensch und Jurist wäre, weiterhin anderen zu helfen.

Im März 1933 war ich gerade 12 Jahre alt. Nach den üblichen vier Jahren in der Volksschule (Gebeleschule) besuchte ich das Wilhelmsgymnasium. Ungefähr zu dieser Zeit entstand ein neues Gesetz, das nur Kinder von jüdischen Frontkämpfern (im Ersten Weltkrieg) erlaubte in einem Gymnasium zu studieren. Als Kind verlor mein Vater den Daumen an seiner rechten Hand in einer Futterschneidmaschine auf dem Bauernhof seines Vaters. Ohne Daumen konnte er natürlich kein Gewehr halten und er wurde deshalb bei dem Militär nicht angenommen. Anstatt war er ein Skilehrer mit Offiziersrang bei

[79] Von diesem Ereignis am 10. März 1933 wurden zwei Fotos von Heinrich Sanden (geb. 1908) aufgenommen, eins am Stachus, das andere in der Prielmayerstraße. Der Fotograf war zu diesem Zeitpunkt arbeitslos und durch Zufall in der Stadt auf dem Weg zum Fotogeschäft Wissmann.

[80] Vgl. dazu Johann Freudenreich, Ein Münchner als Symbol der Verfolgung, in: Süddeutsche Zeitung vom 12./13. April 1979.

der Armee, der im Winter Mannschaften im Skifahren ausbildete. Ich war gezwungen, das Gymnasium zu verlassen und war dann während der nächsten fünf Jahre Schüler in der Höheren Handelsschule der Hansaheime, die ich bis zur Obersekundareife besuchte. Ich kann mich hauptsächlich nur noch an die unangenehmen Episoden in dieser Zeit und in dieser Schule erinnern. Als jüdische Jungen mußten wir in den hintersten Pulten sitzen. Unsere Noten, besonders in Deutsch, waren immer schlecht weil: „Juden kein Deutsch lernen können" wie mein Herr Professor zu sagen pflegte. An die jüdischen Jungen in meiner Klasse wurden selten Fragen gestellt, aber man hörte an deren Stelle des öfteren antisemitische Bemerkungen von einigen der Professoren, besonders von den jüngeren. Man hat uns bestenfalls als ‚nicht-existierend' in der Schule behandelt. Meine Klassenkameraden waren beinahe alle bei der Hitlerjugend. Ich wurde manchmal auch körperlich angegriffen. Was aber am meisten verletzend war, war die Tatsache, daß man von manchen der nicht-jüdischen Mitschüler oft verhöhnt, beleidigt und ausgelacht wurde und daß man jeden Tag mit ausgestrecktem Arm und „Heil Hitler" die Professoren begrüßen mußte.

Zu Hause sprach man ungern von Politik oder Ausschreitungen. Man hatte Angst vor Mikrofonen, die vielleicht in der Wohnung versteckt waren.

In 1937 faßten meine Eltern den Entschluß, daß ich einen Beruf lernen mußte, der mir in der ganzen Welt von Nutzen sein konnte. Eine Weiterbildung auf der Universität war für mich auf jeden Fall gesetzlich unmöglich. Zu dieser Zeit versuchten meine Eltern auch ein Visum für die USA zu bekommen. Das brachte weitere Probleme, weil man nach Erhalt der nötigen Garantien aus Amerika auf eine Quota kam, die jährlich nur einer geringen festgelegten Anzahl von deutschen Juden die Einreise nach Amerika ermöglichte. Abgesehen von sehr vielen bürokratischen Hindernissen billigten die Nazis, daß Juden auswanderten, aber unter der strengen Bedingung, daß sie ihr Vermögen in Deutschland gesperrt hinterließen. Gleichzeitig hatten aber sehr viele Länder große Einwanderungsbeschränkungen, weil die ganze Welt wirtschaftlich durch schwierige Zeiten ging.

Ganz abgesehen von diesen Problemen bestand noch die sehr dringende Frage für meinen Vater, was für einen Beruf er, als Familienvorstand, ausüben konnte? Er war ein Advokat, der seine deutsche Muttersprache und das deutsche Gesetz beherrschte. Der Besitz dieser zwei Eigenschaften taugte wenig in anderen Ländern.

Nach Beendung meiner Schulzeit brachte mich mein Vater als Brauereilehrling für ein ganzes Jahr in der Schlossbrauerei Kaltenberg unter, die damals in dem Besitz der jüdischen Familie Schülein[81] war. Heute gehört sie Prinz

---

[81] Zur Familie Schülein vgl. die beiden Texte von Gerhard J. Haas und Charlotte Haas Schueller in diesem Band (S. 46 und S. 278). Grundlegende Informationen finden sich bei Wilhelm, Die Schüleins.

Luitpold und Prinzessin Irmgard von Bayern.[82] Ich wohnte in einem Zimmer in dem Turm des Schlosses. Arbeitszeit war von 6 Uhr morgens bis 4 Uhr nachmittags. Ich ging durch jede Sparte in der Brauerei. Die Arbeit war körperlich anstrengend, aber gefiel mir. Ich fühlte mich dort wohl und hatte niemals irgend welche Schwierigkeiten mit meinen Mitarbeitern. Ich wurde wie jeder andere Lehrling behandelt.

Nach Abschluß der 12 Monate in der Schlossbrauerei Kaltenberg wurde ich am 1. November 1938 als Student in der Münchner Brauereischule Dr. Dömens und Dr. Heller aufgenommen. Mein Vater sprach auch noch davon, daß ich darauffolgend in der weltbekannten Brauereischule Weihenstephan in der Tschechei mein Diplom als Braumeister machen sollte.

Die Ereignisse in der Kristallnacht am 9. November 1938 änderten alle Pläne. An diesem Tag verließ mein Vater die Wohnung vor 7 Uhr morgens um in seine Kanzlei zu gehen. Kurz darauf wurde meine Mutter telefonisch von einer unbekannten Stimme gewarnt, daß die ganze Familie umgehend München verlassen sollte, weil schlimme Dinge den Münchner Juden bevorstehen. Meine Mutter, meine Schwester und ich fuhren in unserem Auto in die Kanzlei meines Vaters. Er wollte von einem ‚weggehen' überhaupt nichts wissen und es dauerte einige Zeit, bis meine Mutter ihn, mit Tränen, endlich davon überzeugen konnte, die telefonische Warnung ernst zu nehmen.

Es wurde beschlossen, daß ich, wie normal, in die Brauereischule gehen sollte, während meine Eltern und Schwester zu ihren Freunden, der Familie Schülein, mit dem Auto nach Kaltenberg fahren würden. Mein Vater gab mir noch 50 Mark in die Hand, falls ich Geld brauchen sollte.

Nach dem Vormittagsunter[r]icht in der Brauereischule ging ich, wie üblich, nach Hause zum Mittagessen. Unsere Putzfrau warnte mich, daß die Gestapo schon zweimal da gewesen wäre, um meinen Vater und mich zu verhaften. Sie bittete [sic!] mich so schnell wie möglich das Haus auf der Hintertreppe zu verlassen, was ich auch tat. Der Rat war gut, denn ganz kurze Zeit darauf kam die Gestapo wieder an der Vordertüre an. Irgendwo kaufte ich mir etwas zum Essen und ging dann wieder zurück zum Nachmittagsunterricht.

Um 4 Uhr war es Schulschluß. Nach Hause gehen traute ich mich nicht, aber ich telefonierte. „Nein", von meinen Eltern hatte sie nichts gehört und „nein" auf meine Frage, ob ich nach Hause gehen konnte, so sagte die Putzfrau. Ich entschloß mich, den Eltern nachzufahren und kaufte am Hauptbahnhof ein Billet nach Kaltenberg. 2 Stunden später war ich in der Schlossbrauerei und erfuhr nicht nur, daß meine Eltern schon wieder weg waren, sondern auch,

[82] Luitpold Prinz von Bayern (geb. 1951), Sohn von Ludwig Karl Maria Prinz von Bayern (1913–2008) und dessen Cousine Irmingard Prinzessin von Bayern (1923–2010); er ist Geschäftsführer der König Ludwig Schlossbrauerei Kaltenberg und Ausrichter der Ritterspiele Kaltenberg; seit 2011 Besitzer der Porzellanmanufaktur Nymphenburg.

daß die Gestapo kurz nach ihrer Abfahrt kam und Herrn Schülein verhaftete. Also hier zu bleiben war sinnlos. Ich ging zurück zum Bahnhof und wartete längere Zeit auf einen Zug zurück nach München, wo ich spät abends eintraf. Nach Hause konnte ich nicht gehen, wo meine Eltern waren wußte ich nicht, und ich wollte nicht verhaftet werden. Ich entschloss mich zu meiner Groß-mutter[83] zu gehen, ca. 20 Minuten entfernt, wo ich kurz vor Mitternacht war. Ihre Straße war vollkommen leer. Meine Mutter öffnete die Türe der Wohnung und ‚zerrte‘ mich herein. Den ganzen Tag und Abend standen SA-Männer vor dem Haus. Sie wollten meine beiden Onkel[84] verhaften, die aber schon längst über die Gartenmauer der Parterrewohnung geflohen waren und Obdach bei nicht-jüdischen Freunden fanden. Meine Mutter erklärte, daß mein Vater, der noch einen gültigen Reisepaß hatte, mit der Bahn nach Luxemburg gefahren sei. Dort lebte eine seiner Schwestern[85]. Wir blieben noch einen Tag bei mei-ner Großmutter und dann war die Verhaftungsgefahr und die wahnsinnige Zerstörungsperiode vorüber. Mein Vater kam zirka 2 Wochen später aus dem Ausland zurück.

Ein Weiterbesuch der Brauereischule war jetzt unmöglich. Und dann kam für meine Eltern ein schwieriger Entscheidungspunkt: meine vier Jahre jüngere Schwester und ich müßten so schnell wie möglich aus Deutschland heraus. Meine Schwester, gerade 14 Jahre alt, kam mit einem „Kindertransport" nach England und wurde dort von einer nicht-jüdischen Witwe herzlich aufgenom-men. Sie besuchte eine gute Schule und studierte später an der Universität.

Durch ehemalige Münchner Freunde, die in England lebten, erhielt ich ein Visum, bedingend, nach meiner Ausbildung wieder zu emigrieren. Ich verließ München um Mitternacht am 21. März 1939. Meine Eltern segneten mich, meine Mutter weinte, aber ich war weniger traurig als aufgeregt über das, was mir bevorstand. 24 Stunden später, mit den gebilligten 10 Mark in der Tasche und 2 Koffern, wurde ich von unseren Freunden von der Liverpool Street Sta-tion in London abgeholt.

In Kürze fand ich ein Zimmer in einem ‚boarding house‘ in der Bloomsbury Gegend und verdiente £1 pro Woche als Mitarbeiter in dem nahe gelegenen

---

[83] Hilda Waldner, geb. Hess (1869–1943 Theresienstadt); Hilda Hess heiratete 1891 den Getreidegroßhändler Moritz Waldner (1859–1928). Das Ehepaar hatte drei Kinder: Joseph (geb. 1892; Opfer der Schoa), Mathilde (1893–1970) und Ernst Norbert (geb. 1905; überlebte die Schoa).

[84] Gemeint sind Joseph und Ernst Norbert Waldner.

[85] Die Geschwister von Michael Siegel waren: Gisela (geb. 1883, emigrierte nach Lima, gest. in Peru); Siegmund (geb. 1885, emigrierte im Januar 1939 von Würzburg nach Los Angeles, gest. 1964 in Los Angeles); Jenny (geb. 1887, lebte in Metternich, emigrierte 1940 nach Peru); Elma (geb. 1887); Paula (geb. 1890, lebte in Karlstadt, 1942 deportiert, Opfer der Schoa); Nimaz (geb. 1893, lebte in Metternich, emigrierte 1937 nach Peru, gest. 1957 in Peru).

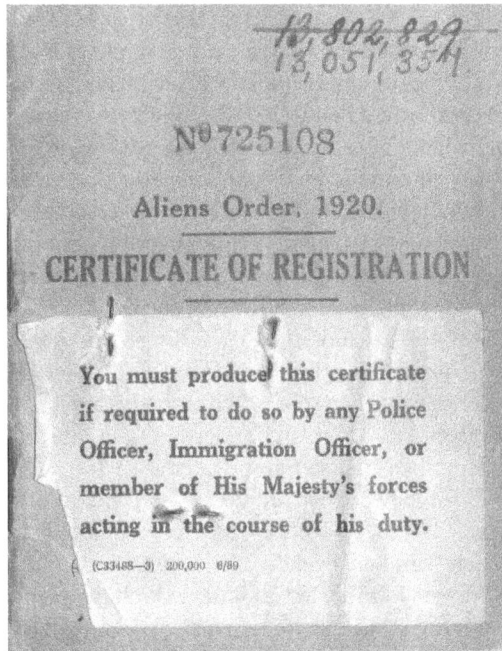

Certificate of Registration von
Peter Sinclair, undatiert.

‚Jüdischen Flüchtlings-Komitee‘ im ‚Bloomsbury House‘.[86] Ich mußte natürlich selbst für mich sorgen. Mein Zimmer hatte einen kleinen Gas-Ring zum
Kochen und kostete wöchentlich 11 Schillinge (20 Schillinge = £1). Meine
Lieblingsmahlzeit bestand lediglich aus einer Dose Ananaswürfel mit Schlag-
rahm! Ein paar Wochen später nahm ich eine Stelle als Kinofilmvorführerlehr-
ling in Liverpool an. Das war ein großer Fehler. Ich lernte nichts, das Kino
hatte Holzbänke und war in einem der ärmsten Viertel von Liverpool gelegen.
Ich hatte kein Geld zurück nach London zu fahren und ich war mehr als froh,
daß mein Vater mir ein Zugbillet senden konnte. Am 18. August 1939 war ich
wieder in London bei dem ‚Jüdischen Flüchtlings-Komitee‘[87].

[86] Das „Bloomsbury House" war von 1939 bis 1948 Sitz der meisten mit Flüchtlings-
hilfe betrauten zentralen Stellen Großbritanniens. Das damals mindestens 70 Jahre alte,
heruntergekommene, vierstöckige Hotelgebäude lag inmitten des Londoner Bezirks
Bloomsbury, der vor allem durch seine alten großbürgerlichen Häuser und parkähn-
lichen Plätze sowie durch zahlreiche Kulturinstitute und durch Geschäftsstellen sozialer und wissenschaftlicher Organisationen bekannt ist.
[87] Jüdische Flüchtlinge in England registrierten sich beim German Jewish Aid Committee (GJAC), seit Sommer 1939 in Jewish Refugee Committee (JRC) umbenannt,
das es sich zur Hauptaufgabe gemacht hatte, den Zuzug von Flüchtlingen nach Großbritannien und deren Weiterwanderung zu koordinieren bzw. für die Emigranten, die
sich längerfristig auf der Insel aufhielten, Lebensunterhalt, Ausbildung und Anstellung
zu organisieren.

Zwei Wochen nach meiner Rückkehr aus Liverpool brach der Krieg aus und, als deutscher Staatsbürger, wurde ich über Nacht ein „feindlicher Ausländer". Vier Wochen später mußte ich vor einem Gerichtshof erscheinen, dessen Aufgabe es war, zu entscheiden, ob ich ein wahrer Flüchtling sei. Ich hatte keine Schwierigkeiten das mit Hilfe des bekannten Fotos meines Vaters zu beweisen.

Die Stimmung in England änderte sich dramatisch mit der Niederlage von Frankreich. Die englische Regierung beschloß alle „feindlichen Ausländer" zu internieren. Es dauerte nicht lange, bis sich die meisten meiner Freunde und Bekannten hinter Stacheldraht in verschiedenen Lagern im Land befanden. Ich erwartete täglich einen Besuch von der Polizei. Sie kamen auch eines Tages in das Büro des „Jüdischen Flüchtlings-Komitee', um mich abzuholen. Bei dem Abschiednehmen begegnete ich dem Präsidenten, der mich kannte. Er bat die zwei Polizisten in sein Arbeitszimmer und ich wartete außen. Nach kurzer Zeit erschien er wieder und erklärte, daß ich nicht interniert wurde, er hätte mit einem Staatsminister gesprochen.

Von meinen Eltern hörte ich natürlich direkt nichts, da es seit Kriegsausbruch weder Post-noch Telefon-Verbindung mit Deutschland gab. Indirekt, durch Familienangehörige in den USA, wußte ich, daß sie gesund waren und weiterhin in München in unserer Wohnung lebten.

Im Juli 1940 änderte sich mein Leben radikal. Ich, und viele andere jüdische Flüchtliche [sic!], hatten die Möglichkeit sich freiwillig bei der englischen Armee zu melden. Anfangs konnten wir nur in das „Pioneer Corps" eintreten. Diese Armee-Gruppe befasste sich hauptsächlich mit Baukonstruktion aller Art.[88] Dann, drei Jahre später, konnten wir Kampfkräften beitreten und aus Hans Peter Siegel wurde Hugh Peter Sinclair in dem ‚Royal Tank Regiment'. Im November 1943 wurden wir mit tropischer Uniform ausgerüstet und in Schottland eingeschifft. Der Dampfer war ein nicht sehr großes ehemaliges Passagierschiff, jetzt ein sehr volles Truppentransportschiff. Unser Ziel war ein militärisches Geheimnis. Nach einer achtwöchigen und sehr unangenehmen Seereise, mit vielen seekranken Soldaten, durch einen stürmischen Atlantischen Ozean, das Mittelmeer, den Suez Kanal und die Rote See erreichten wir Bombay. Weitere Tank-Ausbildung folgte in Poona, wo ich leider einige Wochen im Krankenhaus verbrachte und dann in eine niedrigere ärztliche Kategorie gesetzt wurde. Meine Kameraden gingen nach Burma und kämpften gegen die Japaner. Ich wurde in das Generalhauptquartier nach New Delhi versetzt, wo ich in der Adjutantgeneral-Abteilung bis Juli 1946 tätig war. Der Krieg war zu Ende und im August 1946 machte ich die Rückfahrt mit dem Schiff nach England, in wesentlich größerem Komfort als drei Jahre vorher.

---

[88] Das *Pioneer Corps* der britischen Armee wurde 1939 gegründet und ging nach einigen Umbenennungen 1993 in dem *Royal Logistics Corps* auf. Diese Einheiten, in denen Exilanten dienen durften, befassten sich vor allem mit Bau- und Nachschubtätigkeiten für die British Army (Britische Armee).

Mein sechs Jahre langer Dienst in der Armee lief auf das Ende zu. Ich war 25 Jahre alt und hatte immer noch keine fertige Ausbildung oder Beruf.

Während des Krieges, und während wir jüdische Flüchtlinge im englischen Militär dienten, blieben wir staatenlos. Das ‚Dritte Reich' hatte uns unsere Geburtsnationalität gesetzlich entzogen. Nach meiner Rückkehr aus Indien mußte ich mich als ‚staatenloser Ausländer' wieder bei der Londoner Polizei melden. Auf meine britische Staatsbürgerschaft mußte ich noch ein paar Monate lang warten. In Amerika war das anders: jeder Soldat in der amerikanischen Armee war automatisch Amerikaner.

Meine erste Stellung war als Prokurist in einem Bäckereimaschinenfabrik-Betrieb. Unter anderem war es auch meine Aufgabe, diese Maschinen vorzuführen. Zu diesem Zweck mußte ich im September 1947 nach Genf fliegen. Nach vollendeter Vorführung gönnte ich mir 7 Tage Ferien in einem am Seeufer gelegenen Hotel, am Vierwaldstättersee. Leider wußte ich nicht, daß die Hotelabwässer, ohne Säuberung, direkt in den See geleitet wurden, neben dem Floß von dem ich täglich schwamm. Zu der Zeit existierte ein starker Ausbruch von spinaler Kinderlähmung. Zwei Wochen nach meiner Rückkehr nach London wurde ich in ein Krankenhaus gebracht. Mein ganzer Körper fühlte sich wie an Feuer und ich konnte mich nicht bewegen. Nach ein paar Tagen war es meiner Freundin Susan[89] möglich mich täglich zu besuchen. Wir waren ‚unoffiziell' verlobt. Jetzt war ich im Krankenhaus, beinahe vollkommen gelähmt, mittellos aber fest entschieden, daß ich wieder auf die Beine kommen muß, um sie heiraten zu können. Ich erhielt unablässige Therapie. Ich konnte das Krankenhaus nach 9 Monaten mit Hilfe von Tragschienen an beiden Beinen verlassen. Laufen war sehr langsam und sehr schwierig.

Die in Nürnberg geborene Susan und ich feierten unsere Hochzeit im März 1949, nachdem ich zu dem Zeitpunkt wieder arbeitsfähig war. Ich hatte eine Stellung als Prokurist bei einem Fabrikanten von Brillenrahmen und Susan arbeitete als Sekretärin bei einer großen weltbekannten Firma. Unser gemeinsames Einkommen war gerade ausreichend, um die Miete der Wohnung, Nahrungsmittel und Transportkosten zu und von unseren Arbeitsplätzen zu bestreiten.

Im April 1951 erwarb ich eine neue und besser bezahlte Stellung als Assistent für den Kontrakt-Abwickler in dem Londoner Büro eines großen Unternehmens, das in Südamerika Nichteisenmetall-Gruben und -Schmelzen hatte. Diese Spezialarbeit sagte mir sehr zu und ich erlernte interessante Fachkenntnisse. Nach sieben Jahren wurde ich ein mitleitender Direktor der Londoner Branche und drei Jahre später vorsitzender Direktor. Meine vielen Geschäftsreisen erstreckten sich weit über Europa hinaus, einschließlich China, sowie Rußland und natürlich Südamerika. In den letzten acht Jahren waren meine

---

[89] Susan (Susanne) Oppenheimer (1922–2006) verließ Nürnberg im Dezember 1938 Richtung England, wo sie H. Peter Sinclair im März 1949 heiratete.

Geschäftsreisen besonders schön, weil ich meistens von meiner Frau begleitet wurde.

In 1976 war eine drei Monate lange ungeplante Unterbrechung in meinem hektischen Leben, weil ich einen Herzinfarkt hatte. Nach 33 sehr erfüllenden Jahren mit der Firma ging ich Ende 1984 in Pension.

Susan und ich haben zwei wunderbare Kinder, [... und] sind uns sehr bewußt, daß wir in unserem Leben viel mehr Glück hatten als viele andere.

[...]

Jetzt muß ich nochmals in die Vergangenheit greifen. Im September 1940 war ich ein Rekrut in dem Pioneer Corps in Ilfracombe, Devon, als ich einen Brief aus London erhielt mit einem Telegram[m]. Ich konnte meinen Augen kaum trauen. Das Telegram[m] kam von meinen Eltern aus Kobe in Japan. Es war an unsere Freunde in London gerichtet und lautete: *"travelling to Peru stop please inform children – Michael Tilde"*. Es ist noch heute unmöglich meine Gefühle zu beschreiben als ich das Stück Papier in der Hand hielt. Meine erste Reaktion war meine Schwester telefonisch zu benachrichtigen. Aber wie und mit welchen Schwierigkeiten es meinen Eltern noch gelang, zu diesem Zeitpunkt 1940 zu entfliehen, konnte ich erst viel später erfahren. Meine Mutter führte ein Tagebuch in dem sie die Reise ausführlich beschrieb. Am 8. September sind sie von Berlin mit dem Trans-Sibirischen Expresszug abgefahren, eine Reise, die damals während des kurz bestehenden Nichtangriffspaktes zwischen Deutschland und dem Sowjetischen Staat noch legal möglich war. Die lange Bahnreise ging über Moskau, Omsk, Sibirien, Korea nach Fusan und von dort mit Schiff nach Japan und Kobe. Schließlich folgte die lange Überquerung des Pazifischen Meeres, über Los Angeles nach Callao (Lima) in Peru. Von Benin nach Lima dauerte die Reise zwei Monate, immer östlich reisend und um die halbe Welt.

Von da ab lebten meine Eltern in Lima bis sie starben, meine Mutter 1970 im Alter von 76 Jahren und mein Vater im Alter von 96 Jahren 1979. Beide konnten glücklicherweise ihre fünf Enkelkinder erleben, unsere zwei und die drei meiner Schwester. Am Anfang hatten meine Eltern eine sehr schwierige Zeit in Peru, gesundheitlich und finanziell. Das besserte sich, als mein Vater 1953 bei den bayerischen Landesgerichten wieder als Rechtsanwalt zugelassen wurde. Er konnte nun für sich und seine Frau eine neue Existenz schaffen. Seine Haupttätigkeit bestand darin, jüdische Flüchtlinge, hauptsächlich in Peru, in Wiedergutmachungs-Anträgen vor deutschen Behörden und vor Gericht zu vertreten, was er mit großem Erfolg trotz seines Alters machte. Außerdem wurde er viel von der Botschaft der Bundesrepublik in Lima über peruanisches und deutsches Recht als deren Rechtsberater in Anspruch genommen. Anläßlich seines 90. Geburtstags erhielt mein Vater von dem deutschen Botschafter in Lima, im Namen des Bundespräsidenten das Große Verdienstkreuz der Bundesrepublik Deutschland, *,in Anerkennung der um Staat und Volk erworbenen*

besonderen Verdienste'. Auf den Verlei[h] dieser Ehre war mein Vater besonders stolz. Vielleicht ging ihm bei dieser Gelegenheit der Gedanke kurz durch
den Kopf, daß er Recht hatte als er bei der Untat im März 1933 sich dachte:
„Ich werde euch alle überleben."

München, 1933–1938

Von Ernest B. Hofeller

Ernest (Ernst) Bernhard Hofeller wurde am 22. September 1921 in München als zweites Kind des Bankiers Alfred Hofeller und seiner Frau Hildegard (geb. Unikower) geboren. Der Vater war Inhaber des Bankgeschäfts A. Hofeller & Co. am Maximilianplatz 13, das im Zuge der fortschreitenden „Arisierung" am 6. September 1938 für den 1. April 1938 abgemeldet wurde.

Ernest Hofeller feierte am 15. September 1934 seine Bar Mizwa in der Münchner Hauptsynagoge. 1938 besuchte er wie zuvor seine drei Jahre ältere Schwester Leonore ein Internat in Vevey in der Schweiz. Sie war bereits 1937, nach einem Jahr des Französischstudiums, nach München zurückgekehrt und versuchte erfolglos zwischen 1938 und 1941 gemeinsam mit den Eltern, Visa für eine Ausreise nach England, in die USA und in die Dominikanische Republik zu erhalten. Sie wurden am 20. November 1941 deportiert und in Kaunas ermordet. Ernest Hofeller hingegen gelang 1940 die Flucht. Sein Weg führte ihn von der Schweiz über Portugal zunächst in die Dominikanische Republik, wo er sich wie einige hundert deutsch-jüdische Flüchtlinge vorübergehend in der agrarisch geprägten Siedlung Sosúa niederließ. Nach Erhalt eines Affidavits im August 1945 durch den früheren Münchner Gemeinderabbiner, Dr. Leo Baerwald, übersiedelte er am 12. Januar 1946 nach New York, USA. Er starb am 16. Juli 2008 in Pembroke Pines, Florida (USA).

Seine Memoiren verfasste Ernest Hofeller Ende der 1990er Jahre in englischer Sprache. Der hier abgedruckte Auszug gibt Einblick in seine Erlebnisse während der Kindheit und Jugend in München.

Als ich 1928 sieben Jahre alt war, verbrachten wir den Sommer in einem Hotel in Pontresina, einem wunderschönen Schweizer Bergdorf in der Nähe von St. Moritz. Im darauffolgenden Jahr waren wir in Siusi in den italienischen Dolomiten. Das war 1929, im Jahr des Börsencrashs. Mein Vater[90] reiste jedes Wochenende von München dorthin, ein für diese Zeit sehr ungewöhnlicher Vorgang. In den folgenden drei Jahren blieben wir in den Ferien in Deutschland, aber schon 1934 begannen die Reisen ins Ausland wieder. Wenn man in den Ferien oder geschäftlich ins Ausland fahren wollte, beantragte man eine Genehmigung, um einen bestimmten Geldbetrag abzuheben oder zu wechseln,

---

[90] Alfred Hofeller (1889–1941), Bankier in München; seit 6. Februar 1917 verheiratet mit Hildegard Hofeller (geb. Unikower). Gemeinsam mit seiner Ehefrau und Tochter Leonore wurde Alfred Hofeller am 20. November 1941 deportiert und in Kaunas ermordet.

Aufenthaltserlaubnis für Ausländer, ausgestellt von der Dominikanischen Einwanderungsbehörde für Ernst Hofeller am 11. Dezember 1945.

was kein besonderes Problem verursachte, wenn man Bankier war, wie mein Vater, und die notwendigen Beziehungen hatte. Wenn man jedoch emigrieren und das Land für immer verlassen wollte, vorausgesetzt man hatte ein Visum von einem anderen Land erhalten, dann gab es strenge Einschränkungen, die es verhinderten, dass die Menschen ihr Kapital mitnahmen oder übertrugen, unabhängig davon, ob es Bargeld, Immobilien, Schmuck, Aktien, Wertpapiere oder andere finanzielle Beteiligungen waren.

Man durfte alle Haushaltsgegenstände mitnehmen, in einen Liftvan gepackt, der unter der Aufsicht eines NS-Manns ‚gefüllt‘ werden musste. Als meine Tante und mein Onkel ihren beiden Kindern nach Argentinien folgten[91], kam ein SA-Mann zu dem Haus, um anwesend zu sein, während die Packer den Container füllten. Sie gaben ihm ein Bier und brachten ihn in einen leeren Raum, aber das nützte nicht viel, weil sie nichts Wertvolles zum Einpacken und Mitnehmen hatten.

Ich kenne den genauen Geldbetrag nicht, den man in den ersten Jahren der Nazi-Herrschaft offiziell mitnehmen durfte, aber ich erinnere mich an eine Diskussion am Mittagstisch irgendwann im Jahre 1936. Vater sagte, wenn sie ihn 15 % seines Geldes mitnehmen ließen, dann würde er bereitwillig 10 % für wohltätige Zwecke geben. Meine Mutter[92] und ich verstanden diese Berech-

[91] Gemeint sind: Hedwig Gotthelf (geb. Unikower, 1884 in Hirschberg/Schlesien) und Eduard Gotthelf (geb. 1870 in Kassel); beide emigrierten 1937 nach Buenos Aires.
[92] Hildegard Hofeller (geb. Unikower, 1889–1941), seit 6. Februar 1917 verheiratet mit dem Bankier Alfred Hofeller (1889–1941). Gemeinsam mit ihrem Ehemann und Tochter Leonore wurde Hildgard Hofeller am 20. November 1941 deportiert und in Kaunas ermordet.

nung nicht; wir dachten, er werde demnach 5 % behalten, bis er erklärte, dass er 10 % der 15 % abgeben würde. Nach 1937 durfte man legal nicht mehr als 10 Mark pro Person mitnehmen, das entsprach 2,5 Dollar.

Wenn man Deutschland verließ, musste man sich an der Grenze oft einer ‚Leibesvisitation' unterziehen; dies bedeutete, dass einige Reisende aus dem Zug in den Bahnhof gerufen wurden; sie mussten sich ausziehen, und die Polizei kontrollierte, ob sie Wertsachen versteckten oder schmuggelten. Die Nazis setzten ein großes rotes „J' auf die erste Seite des Passes, sodass sie an der Grenze ohne große Schwierigkeiten feststellten, wer ein Jude war. Auf diese Art und Weise konnten sie Juden unmittelbar an der Grenze zurückschicken. Das „J' war auch für andere Sprachen recht brauchbar, denn es stand nicht nur für „Jude' im Deutschen, sondern passte auch zu „Jew', „Judio' und „Juif'.

Sobald die Anordnungen, die den Transfer von Geldern verboten, in Kraft traten, begannen die deutschen Juden zwanghaft, Wege zu finden, um sie zu umgehen. Es war eine regelrechte Manie, und die Nazis hatten ihr die Bezeichnung ‚Devisenschieben' gegeben (Schmuggeln von Devisen).

Es war nicht nur illegal, sondern auch hoch riskant. Wenn man ertappt wurde, dann war Gefängnis das Geringste, was einem passieren konnte; das Schlimmste war, in ein Konzentrationslager gebracht zu werden. Dennoch gab es zahlreiche Versuche, Geld oder Schmuck illegal zu transferieren, an einige davon erinnere ich mich lebhaft. Mein Vater pflegte einen alten Mantel zu nehmen, ihn mit guten Zigarren zu füllen und ihn in die Ecke eines Bahnabteils zu hängen. Wenn sie gefunden wurden, gehörten sie ihm nicht. Wenn sie nicht gefunden wurden, brauchte er die furchtbaren italienischen Zigarren nicht zu rauchen.

Ein weiterer eher harmloser Trick bestand darin, die Reste einer Brotzeit mit etwas Geld einzupacken, sie in eine Papiertüte zu stecken und sie unter einen Sitz oder in die entfernte Ecke zu werfen. Raffiniertere Methoden wurden von Leuten angewandt, die zum Skifahren in die Schweiz fuhren und Skiwachs mitnahmen, etwa in der Form von Seifenstücken. Zu Hause schmolzen sie das Wachs, steckten einen Klumpen Gold hinein und umhüllten ihn mit dem Wachs, um ihn ins Ausland mitzunehmen, wo das Gold entnommen und verkauft wurde. Dann erzählte meine Mutter die Geschichte von dem Mann, der einen großen Geldbetrag unter den Papiertüchern im Waschraum des Eilzugs in die Schweiz versteckt hatte. Als er in die Toilette ging, nachdem der Zug über die Grenze gefahren war, war jemand anders vor ihm dagewesen, und das Geld war verschwunden.

Eine der wirklich raffinierten Methoden stammt von einem Münchner Juden, der eine Anzeige in den *Völkischen Beobachter*[93] setzte, Hitlers eigene Zeitung. Er bot eine Immobilie zu einem sehr günstigen Preis unter einer Chiffre

---

[93] Von Dezember 1920 bis zum 30. April 1945 war die Zeitung *Völkischer Beobachter* das publizistische Parteiorgan der NSDAP.

an. Dann schickte er ungefähr fünfzig Briefumschläge in verschiedenen Farben und Größen an seine eigene Chiffre. In jeden steckte er einen 1000 Mark-Schein. Danach fuhr er in die Schweiz ab; als er sicher im Ausland war, bat er die Zeitung, ihm etwaige Antworten nachzusenden, da er nun im Urlaub war. Die Zeitung kam der Aufforderung nach und schickte die Briefe in einem Umschlag mit einem großen Hakenkreuz. Welcher Zensor hätte es gewagt, die Korrespondenz von Hitlers eigener Zeitung zu öffnen?

Ein Kollege meines Vaters war Herr Loewenthal, ein buckliger Jude mit einer großen, gut aussehenden Frau. An einem Freitagnachmittag sagte Loewenthal zu der Gruppe von Männern, die immer zusammen für die Fahrt von der Börse nach Hause ein Auto benutzten, dass er übers Wochenende in die Bayerischen Alpen fahren würde. Aber, anstatt nach Süden zu fahren, begann er, in die entgegengesetzte Richtung, nach Holland, zu fahren. An einem sonnigen Sonntagnachmittag erschien er an der holländischen Grenze und bat den Wachtposten, ihn nach Holland hinübergehen zu lassen, um im nächsten Dorf eine Tasse Kaffee zu trinken. Außer ihm waren seine Frau und seine Schwiegermutter im Auto. Sie trugen keine Hüte, keine Mäntel, keine Krawatten, keine Regenmäntel. Der Wachtposten kontrollierte den Kofferraum, und, da er kein Gepäck fand, winkte er sie durch. Sobald die Schranke an der Grenze sich hob, trat Loewenthal aufs Gas und hielt erst an, als er Amsterdam erreicht hatte. Er hatte sein Geschäft, seine Wohnung, seinen ganzen Besitz zurückgelassen, und er hatte sich nicht von seinem Partner, seiner Familie und Freunden verabschiedet. Aber das Auto, einschließlich des Ersatzreifens, war bis zum Rand mit Geld gefüllt worden.

Offensichtlich hatten viele dieser Geschichten kein so glückliches Ende, und die Zeitungen waren voll mit Namen von Personen, die vor Gericht kamen, nachdem sie beim Geldschmuggeln ins Ausland festgenommen worden waren. Es gab jedoch eine sichere Methode, Geld hinaus zu bekommen. Sie war diskret, verlässlich, schnell und narrensicher. Hinter dem Kölner Dom gab es ein Kaffeehaus, in dem man mit irgendeiner der Personen, die dort warteten, Kontakt aufnahm. Für eine Gebühr von 50 Mark brachten sie Geld über die nahegelegene Grenze nach Holland oder Belgien. Die Personen, die dies taten, waren SA-Männer oder Braunhemden. Kurz: Nazis. Ich kann diese Feststellung ohne Einschränkung machen; denn als ich wegging, um in der Schweiz die Schule zu besuchen, gab mir mein Vater eine Liste von Geldbeträgen, die bis dahin ins Ausland geschmuggelt worden waren, und er sagte mir, dass ein Teil des Geldes auf diesem Weg hinausgebracht worden war.

Ein weiterer Geschäftsfreund meines Vaters war der Chef einer der größten und berühmtesten Brauereien Münchens, der allgemein als ‚Onkel Julius‘ bekannt war[94]. Der Junggeselle, der mit schwerem bayerischen Dialekt

[94] Womöglich ist hier Julius Schülein (1881–1959) gemeint. Er emigrierte mit seiner Frau Mina Schülein, geb. Kahn, im Dezember 1938 in die USA.

sprach, trug im Haus und draußen eine Kappe, weil er vollkommen kahl war. Im November 1932, zwei Monate bevor Hitler an die Macht kam, entschied er, dass er genug gesehen und gehört hatte, verließ München und zog mit all seinem Geld in das Hotel Dolder mit Blick auf den Zürich-See. Er sagte mir später, dass er eine Abmachung mit meinem Vater getroffen hatte, dass, wenn er nicht innerhalb von zwei oder drei Monaten nach Deutschland zurückkäme, mein Vater ihm folgen würde. Dies muss eine sehr einseitige Abmachung gewesen sein, denn ich kann mich nicht daran erinnern, dass mein Vater in den frühen 1930er Jahren jemals auch nur die geringsten Anstalten gemacht hätte, München zu verlassen. Onkel Julius ist dagegen niemals zurückgekehrt; er landete in New York, lebendig und mit Geld. Später, als ich in Luzern die Schule besuchte, ging das Geld, das dort für mich deponiert worden war, aus, und Freunde kontaktierten Onkel Julius, der anbot, mir mit einer monatlichen Überweisung zu helfen. Viele Jahre nach dem Ende des Krieges kam eine Tante, die nach Chile gezogen war, zu Besuch. Mein Vater hatte viele Jahre vorher ihrem Mann ein Geschäft vermittelt. Ich erzählte ihr von der Freundlichkeit des Onkel Julius. Sie schaute verblüfft und sagte dann: „Aber Ernst, das war nicht sein Geld, das war das Geld deines Vaters."

Wir verbrachten sehr viele Ferien vor und nach 1933 entweder in der Schweiz oder in Italien. Österreich war von den Nazis für gesperrt erklärt worden, um das Land zu bestrafen, indem man ihm dringend benötigte Einkünfte durch Tourismus vorenthielt. Das Geld für diese kostspieligen Reisen stand zur Verfügung – darüber gab es keine Diskussion – auch die gleichermaßen schwierige Aufgabe, die sehr knappen Devisen während der Nazi-Zeit zu bekommen, schien kein Problem zu sein. Offenbar muss mein Vater einige exzellente Beziehungen gehabt haben, durch die er die Franken und Lire für diese Reisen legal erhielt.

In der Osterzeit 1936 bereiteten wir uns vor, nach Montreux in der Schweiz zu fahren, um das Internat anzusehen, das meine Schwester[95] im nächsten Jahr in Vevey besuchen sollte. Es gab 300 Privatschulen in der Nähe des Genfer Sees, und die Auswahl war sehr groß. Wenn man etwas auf sich hielt, sorgte man dafür, dass der Sohn oder die Tochter eine dieser Privatschulen besuchte. (Ich besuchte dort zwei Jahre später die Schule.) Es war morgens: Vater war zur Arbeit gegangen, und wir waren zu Hause beim Packen. Etwa um 10 Uhr kam der Anruf meines Vaters: Die Gestapo war unterwegs, um die Pässe der Juden einzuziehen. Ich sollte sofort zum Büro kommen, wo wir beide bis zur Abfahrt des Zuges in der Stadt umhergehen würden. Sollte ihn die Gestapo in seinem Büro suchen, würden sie ihn dort auch nicht finden. Meine Mutter und meine Schwester beeilten sich, mit dem Packen fertig zu werden. Nach einer halben Stunde klingelte es, und das Zimmermädchen, das vorher instruiert

---

[95] Leonore Hofeller (1918–1941), Schwester von Ernest Bernhard Hofeller. Sie wurde gemeinsam mit ihren Eltern am 20. November 1941 deportiert und in Kaunas ermordet.

Passfoto von Ernest Hofellers
Mutter Hildegard, Ende der
1930er Jahre

worden war, sagte den Gestapoleuten, dass niemand zu Hause sei. Wir trafen
uns am Bahnhof, fuhren ins Ausland und ließen es uns in den nächsten zwei
Wochen gut gehen. Das einzige Problem entstand, als mein Vater feststellte,
dass die Banken in der Schweiz von Karfreitag bis zum folgenden Dienstag
geschlossen waren. Der Concierge des Hotels war entgegenkommend und lieh
uns Geld. Als wir nach Hause kamen, fanden wir einen Brief von der Polizei
vor, die unsere Pässe verlangte. Ich habe nie herausgefunden, ob mein Vater
einen Wink bekommen hatte, oder, wie er zu der Vermutung kam, dass wir zu
den Ersten gehören würden, die die Gestapo aufsuchen würde.

Im Herbst 1937 fuhren meine Mutter und meine Schwester auf die Insel
Capri, wo sich meine Schwester von einer ihrer häufigen Krankheiten erholen
sollte. Sie tranken nachmittags Kaffee auf der Hotelterrasse, und neben ihnen
saß Rudolf Hess[96], begleitet von einer Gruppe von Gesinnungsgenossen.

Was nur als Ausdruck unglaublicher Dummheit beschrieben werden kann:
einer dieser Nazis fing an, mit meiner eindeutig jüdisch aussehenden Schwes-

---

[96] Rudolf Hess (1894–1987); führender nationalsozialistischer Politiker und seit 1933
Reichsminister ohne Geschäftsbereich und Stellvertreter Adolf Hitlers. Er war einer
der Angeklagten im Nürnberger Prozess gegen die Hauptkriegsverbrecher; er wurde
zu lebenslanger Haft verurteilt und starb 1987 im Kriegsverbrechergefängnis Spandau
durch Suizid.

ter zu flirten. Meine Mutter, die manchmal einen sehr eigenartigen Sinn für
Humor hatte, dachte, dass dies zum Schreien komisch sei. [...]

Im folgenden Jahr, als ich in der Schule in den Bergen bei Lac Leman [franz.
für Genfer See] war, im Februar 1938, machten meine Eltern ihre letzte Reise
ins Ausland. Wir trafen uns in Lausanne, und ich versuchte, sie zu überreden,
im Ausland zu bleiben, aber das kam für sie nicht in Frage. Ich habe noch
einen Brief meiner Mutter, in dem sie sich an meinen Vorschlag erinnerte, sie
sollten eine Weltreise machen, um zu entscheiden, wo sie leben wollten; ich
kann mich jedoch an ein solches Gespräch nicht erinnern. Sie sind nie wieder
hinausgekommen; auch meine Schwester nicht, die nach der Schulzeit in ihrer
Schweizer Schule nach Hause zurückgekehrt war.

Meine ersten Kenntnisse über die Vereinigten Staaten erhielt ich in einer
Nazi-Schule in München. Zum Schuljahr 1937, das Ostern begann, bekamen
wir einen neuen Englischlehrer. Er kam ins Klassenzimmer, ließ uns die Schul-
hefte herausnehmen und diktierte das Folgende auf Englisch: „The flag of the
United States has 48 stars and 13 stripes" – „Die Flagge der Vereinigten Staaten hat 48 Sterne und 13 Streifen." Von da an ging es in den Schulstunden
ausschließlich um amerikanische Gebräuche und Amerika. Er liebte die Vereinigten Staaten und erzählte uns, dass er vor 1933 an der Deutschen Botschaft
in Washington gearbeitet hatte. Das Datum war leicht zu belegen, denn nach
seinen Erzählungen stand er einmal bei einem Empfang neben Präsident Hoover, und Hoover hatte einem Bediensteten befohlen, herüberzukommen und
ihn zu begrüßen; bei diesem Vorgang nannte er ihn ‚that boy‘. Das machte
einen tiefen Eindruck auf den Lehrer und auf uns.

Deutsche Schulen waren beim Englischunterricht vollkommen durch die
Briten beeinflusst. Wir lernten zum Beispiel, dass jeder Engländer sein eigenes
kleines Haus hatte, dass es ein zweitägiges Wochenende gab – das war den
Deutschen fremd, die alle zumindest halbtags am Samstag arbeiteten; wir kannten den Hyde Park und die Seifenkisten-Redner am Marble Arch und natürlich
die englische Monarchie und die ‚City‘. Meine Tante Betty, Privatlehrerin mit
einem Diplom von der Universität London, versuchte, unzählige idiomatische
Wendungen in meinen Kopf zu pressen, zusätzlich zum phonetischen Buch-
stabieren und Schreiben; nichts davon habe ich jemals verwendet. Über die
Vereinigten Staaten wussten wir viel weniger. Es war üblich, Bücher zur Bar
Mitzwa zu schenken, obwohl ‚Tom Sawyer and Huckleberry Finn‘, ein Buch,
das wir alle besaßen, einem Neuankömmling nicht allzu viel genützt hätte.
[...] Etwa zu derselben Zeit wurde Margaret Mitchells ‚Vom Winde verweht‘[97]
extrem populär, ein gewaltiger Bestseller. Ich kann mich gut an die Bücher
erinnern, aber kaum an irgendwelche amerikanischen Filme. Wahrscheinlich

[97] Margaret Mitchells Roman *Gone With The Wind* erschien am 30. Juni 1936 und
wurde einer der größten Bestseller in der Geschichte der amerikanischen Literatur mit
heute weltweit rund 30 Millionen verkauften Exemplaren.

wurden nur sehr wenige gezeigt, weil viele Schauspieler, Regisseure oder Produzenten nicht nur Juden, sondern ursprünglich deutsche Juden waren.

Der Englischlehrer war ein kleiner Mann mittleren Alters, der kein Hakenkreuz im Knopfloch trug und niemals irgendeine Präferenz für oder gegen die Nazis zeigte. Er war verpflichtet, jede Unterrichtsstunde mit dem Nazi-Gruß und „Heil Hitler" zu beginnen, doch sein Gruß war formell und desinteressiert und zeigte nicht den religiösen Eifer, den einige seiner Kollegen hervorriefen, wenn sie den Namen ihres geliebten Führers nannten. Er fuhr unermüdlich fort mit dem Unterricht über Amerika, der immer seine positive Einstellung zeigte, und seine Stelle in Washington muss ziemlich weit oben gewesen sein. Wann er genau ausgeschieden war oder zurückberufen wurde, war nicht ganz klar, aber vermutlich war es kurz, nachdem die neuen Ämter eingerichtet wurden, sowohl in den Vereinigten Staaten als auch in Deutschland. Der deutsche Botschafter in Washington war der einzige Diplomat gewesen, der zurücktrat, als Hitler an die Macht kam. [...]

Etwa um 1936, vielleicht etwas früher, aber nicht später, änderte sich die allgemeine Einstellung. Es wurde klar, dass der Spaß vorüber war. Der Kerl mit dem römischen Gruß und dem Chaplin-Bart, wie man ihn beschrieb, würde nicht verschwinden. Man beeilte sich, ihm und seiner Bande zu folgen. Die große Zahl der zum harten Kern gehörenden Nazis erhöhte sich um das Millionenfache und schloss mehrere zehn Millionen früherer Demokraten, Sozialisten, Kommunisten und Katholiken ein, die noch im Jahre 1932 gegen Hitler gestimmt hatten. In den dazwischen liegenden Jahren stellten sie fest, dass Arbeitsplätze, Einstellungen und Geld zu haben waren, wenn man Nazi wurde. Wie Bertolt Brecht in der ‚Dreigroschenoper' sagt: „Erst kommt das Fressen, dann kommt die Moral."[98] Und die Juden verloren jeden Funken Respekt.

Unser Chemielehrer hatte Polypen, damals eine weitverbreitete Krankheit; er musste alle paar Sekunden schnauben, und seine Aussprache war unangenehm. Sein Traum war es, Bali zu besuchen, wie er der überraschten Klasse einmal erzählte.

Kurz vor den Weihnachtsferien etwa Mitte Dezember 1937 versuchte ich, ein Experiment nachzuvollziehen. Jeder Schüler hatte seinen eigenen Tisch mit Bunsenbrenner, Fläschchen und anderen Utensilien für den Chemieunterricht. Ich fing an zu lachen, denn ich hatte wenig oder gar keine Ahnung davon, was ich tun sollte. Der Lehrer kam herüber, pflanzte sich genau vor mir auf und schrie: „Hofeller, dir wird das Lachen vergehen. Du bist ein Jude, und wir

---

[98] Bertolt Brecht (1898–1956), deutscher Dramatiker und Lyriker. Die Uraufführung seines Theaterstücks „Die Dreigroschenoper" fand am 31. August 1928 im Theater am Schiffbauerdamm in Berlin statt. Die Nationalsozialisten verboten seine Werke und deren Aufführung, woraufhin Brecht Deutschland noch 1933 verließ; 1948 kehrte er in die sowjetische Besatzungszone, die spätere DDR, zurück.

werden dich umbringen." Er benutzte tatsächlich das Wort ‚umbringen' aus dem Gangsterjargon. Ich verließ das Klassenzimmer und die Schule, ging nach Hause und verkündete, dass ich nicht dorthin zurückgehen würde.

Trotzdem musste ich am nächsten Tag zurückgehen, um mein Abschlusszeugnis abzuholen, das in aller Eile fertiggestellt wurde und das ein notwendiges Dokument für die Fortsetzung meiner Schulausbildung im Ausland war. Ich weiß noch, dass ich mich nur von zwei Lehrern verabschiedete, die natürlich inzwischen von der Geschichte gehört hatten; einer von ihnen war das alte Parteimitglied, das mich einmal auf der Treppe aufgehalten hatte, weil ich nicht salutiert hatte. Er fragte, wohin ich gehen würde. Als ich sagte: „In die Schweiz", ergriff er meine Hand, schüttelte sie heftig und sagte: „Sehr gut. Viel, viel besser für dich." Als ich meine Kleider aus dem Fach in der Turnhalle holte, war meine Klasse zufällig da. Niemand beachtete mich oder sagte auf Wiedersehen, außer einem Jungen, Sohn eines Bäckers, der herüberkam, um mir alles Gute zu wünschen. Ich hatte das Gefühl, er hatte zu Hause eine andere Melodie gehört, als er seinen Eltern über den Zwischenfall am Tag zuvor erzählte.

Es gab nur vier Noten, und zwar: sehr gut, gut, befriedigend, ungenügend. Ich bekam ein ‚gut' in Englisch, aber nur ‚befriedigend' in Deutsch. Offenbar dachte der Lehrer, dass ein Jude kein Anrecht auf eine bessere Note in der Sprache habe, in der er aufgewachsen war.

Die Hauptsynagoge in München war die erste, die von den Nazis zerstört werden sollte.[99] Sie lag in der Herzog-Max-Straße, direkt gegenüber einem beliebten Nazi-Treffpunkt, dem ‚Deutschen Künstlerhaus'. Bei einem Besuch im Juni 1938 hatte entweder Hitler oder Goebbels angeordnet, dass die Synagoge vor dem Fest zum ‚Tag der Deutschen Kunst' im Juli verschwinden müsse. Mein Vater wurde gerufen und eilte hin, um am letzten Gottesdienst teilzunehmen; aber, als er ankam, warfen die Arbeiter schon Bänke vom Balkon, wo die Frauen saßen, in die Haupthalle, wo die Männer der Gemeinde sich versammelten. Daher war die Münchener Synagoge, als der November kam, schon verschwunden, und an ihrer Stelle befand sich ein Parkplatz.

Die Ereignisse der ‚Kristallnacht' wurden durch die Ermordung eines Beamten der Deutschen Botschaft in Paris durch einen polnischen Juden ausgelöst. Die meisten jüdischen Männer Münchens wurden sofort nach Dachau gebracht, das früher wegen seiner Moorbäder berühmt war. Mein Vater wurde ins Gestapo-Hauptquartier in München zurückgebracht, aber mein Onkel Fritz[100], der kein Geld hatte, wurde entlassen und aufgefordert, innerhalb von drei Wochen Deutschland zu verlassen. Glücklicherweise hatten er und seine

---

[99] Die 1884/87 im neoromanischen Stil von Albert Schmidt errichtete Hauptsynagoge wurde im Juni 1938 auf persönlichen Befehl Hitlers von der Münchner Baufirma Leonhard Moll abgerissen.

[100] Fritz Unikower (geb. 1898 in Hirschberg/Schlesien), emigrierte im Februar 1939 nach Montevideo, Uruguay.

Passfoto von Ernest Hofellers
Vater Alfred, Ende der 1930er
Jahre

Familie Visa für Argentinien bekommen mit der Hilfe der Familie meiner Mutter, die vorher dorthin emigriert war. Jedoch entschied er, dass er sich vom Erlebnis des Konzentrationslagers erholen müsse und machte einen zweiwöchigen Urlaub im Harz in Mitteldeutschland. Als er nach München zurückkam, hatte die argentinische Regierung alle unerledigten Visa storniert; er und seine Familie wurden Passagiere auf einem der Schiffe, die von einem Hafen zum nächsten fuhren und versuchten, jüdische Emigranten abzusetzen.

Meine Mutter schickte mir eine Postkarte mit der kryptischen Notiz: „Vater ist in D." Später erfuhr ich, dass am Tag, nachdem er weggebracht wurde, eine Gruppe von sieben SS-Männern in die Wohnung kam. Die Bank war in Liquidation, und das Büro meines Vaters war in meinem früheren Zimmer. Meine Mutter ging in das Zimmer, schloss die Türe ab und verkündete: „Niemand geht weg, ohne einen Beleg für alles, was Sie mitnehmen zu unterschreiben." Sie unterschrieben, und dann gingen sie fort. (Nach dem Krieg erhielt ich eine detaillierte Liste von allem, was sie weggenommen hatten, bis zur letzten silbernen Haarbürste.)

Kurz nach dem Pogrom gab Göring[101] die ominöse Erklärung ab: „...dass die Judenfrage so oder so zu einem Ende gebracht werden müsste..."

---

[101] Hermann Wilhelm Göring (1893–1946); führender nationalsozialistischer Politiker, u. a. Chef der Luftwaffe; verantwortlich für die Gründung der Gestapo und die Ein-

Es ist Mitte September 1938, und ich bin in den Sommerferien aus der Schweiz nach München gekommen. Das Säbelrasseln der Nazis wegen der Tschechoslowakei wird immer bedrohlicher, und ich bekomme große Angst und versuche, in die Schweiz zurückzugehen. Ich habe schon meinen früheren Schweizer Lehrer gebeten, mir eine Einladung zu schicken, ihn zu besuchen, für den Fall, dass es notwendig würde, diese den deutschen Behörden vorzulegen.

Was ich nicht weiß und, womit ich nicht gerechnet habe, sind die Verzögerungen, die mit der Beschaffung der notwendigen Papiere verbunden sind, um Deutschland zu verlassen. Obwohl ich einen gültigen deutschen Pass habe, brauche ich eine Bescheinigung vom Finanzamt und einige andere Dokumente, und dann, im letzten Augenblick, kommt noch eine zusätzliche Anforderung. Bis zu einem bestimmten Alter muss jeder eine Erlaubnis haben, das Land zu verlassen, das sich auf Krieg vorbereitet und nicht will, dass jemand ins Ausland geht. Dies hat zur Folge, dass ich zum zentralen Büro der Hitlerjugend gehen muss, das, entgegen meinen Erwartungen, nicht in einem grauen Bürogebäude mit langen, kahlen Fluren und endlosen Türen liegt, sondern in einer zweistöckigen Villa am Stadtrand. Das Gebäude des Stammbüros mit allen Akten war wahrscheinlich irgendwo in der Stadt, aber die Führungsspitze möchte gut leben. Es ist ein ziemlich elegantes Gebäude mit einem Empfangssekretär an der Türe, einem offenen, schönen Treppenhaus und einer Lichtkuppel. Ich werde in den zweiten Stock geschickt, wo mich ein uniformierter hoher Hitlerjugend-Funktionär am Treppenabsatz befragt.

Als er fragt, warum ich nicht Mitglied bin, sage ich ihm, dass ich Jude bin. Es herrscht allgemeine Verlegenheit, und er beeilt sich entschuldigend, mir das Papier zu bringen, das feststellt, dass ich als Jude nicht Mitglied der Hitlerjugend zu sein brauche.

Einige Tage später, nachdem ich Hitlers Rede, die die tschechische Krise einleitete, gehört habe, gehe ich in mein Zimmer, um fertig zu packen. Sehr früh am nächsten Morgen bringen mich meine Eltern zum Zug nach Zürich. Sie glauben, dass ich in den nächsten Schulferien zurückkomme, aber ich weiß, dass ich nie zurückkommen werde.

Es ist immer aufregend und abenteuerlich, mit diesen Zügen zu fahren, die vier Stunden lang durch die bayerische Landschaft rumpeln. Sie haben Gänge mit Fenstern, die man herunterschieben kann, und wenn der Zug hält, gibt es in jedem Bahnhof Schilder: ‚Nicht auf die Gleise spucken.' Die Lokomotiven sind kohlebetrieben, und wenn man sich gegen den Wind aus dem Fenster lehnt, bekommt man sehr oft ein Rußteilchen ins Auge, das dann sorgfältig mit einem sauberen Taschentuch entfernt werden muss.

richtung der ersten Konzentrationslager. Er war einer der Angeklagten im Nürnberger Prozess gegen die Hauptkriegsverbrecher; er wurde zum Tode verurteilt und entzog sich der Vollstreckung des Urteils durch Suizid.

Diese Reise ist anders. Ich sitze in der Ecke des Abteils, das eine eigene Tür hat und genügend Platz für acht Personen bietet. Aber diesmal fährt nur eine weitere Person mit: eine blonde, junge, gut aussehende Frau, die am Fenster sitzt und ein Buch liest. Ich habe Angst davor, mit ihr allein im Abteil zu sein. Ich denke immer an die Geschichte des Juden, der einer Frau die Straßenbahntüre öffnete und sich dann in einem Konzentrationslager befand, wegen ‚Rassenschande' angeklagt. Der Zug kommt in Lindau an, der Grenzstadt, die auf einem schmalen Streifen Land liegt, der in den Bodensee ragt. Pass- und Zollkontrolle verlaufen ohne Zwischenfall. Die Beamten haben wichtigere Dinge im Kopf als einen Teenager.

Draußen auf dem Bahnsteig zu den gegenüberliegen[den] Gleisen steht ein Regiment von SA-Leuten mit Fahnen und einer Blaskapelle; alle in braunen Uniformen mit Hakenkreuz-Armbinden und schwarzen Stiefeln. Sie tragen auch ihre eigenen Fahnen mit Hakenkreuzen aus Stoff am oberen Ende einer Stange. Der Stoff ist glatt gezogen und zeigt ein schwarzes Hakenkreuz auf weißem Grund mit roten Rändern und der Schrift: „Deutschland erwache." Um die Fahnen herum sind vergoldete Stäbe mit kleinen Glocken angebracht, die an den vier Seiten hängen. Vom Wind bewegt, oder, wenn sie getragen werden, klingeln die Glocken.

Die Nazis warten auf den Zug, der sie in die Gegenrichtung, nach Deutschland bringen wird. Es ist heiß. Es gibt keinen Schatten am Mittag, und sie schwitzen. Es ist eine sehr farbenprächtige Szene. Der Teufel ist nicht immer schwarz gekleidet.

Der Zug fährt langsam an, nimmt Fahrt auf und fährt auf die Schweizer Grenze zu, die er in wenigen Minuten erreichen wird. Plötzlich steht die blonde Frau auf, schiebt das Fenster herunter, und, während der Zug an der langen Reihe der SA-Männer entlangfährt, schreit sie sie an. Sie nennt sie ein Pack von dummen Idioten, die nichts Besseres verdienen, als in der sengenden Sonne zu stehen, und sie hat ein paar wenig schmeichelhafte Ausdrücke für ihren Führer, was sie fassungslos macht. Selbst wenn sie nicht vollkommen überrumpelt wären, so könnten sie dennoch nichts tun, denn der Zug eilt bereits auf die Schweiz zu. Als wir aus dem Bahnhof hinausfahren, schließt die blonde Frau das Fenster, setzt sich hin und liest weiter, offensichtlich hochzufrieden mit dem, was sie getan hatte.

Meine Geschichte

Von Jo Ann Glickman

Jo Ann Glickman wurde am 19. Dezember 1928 in Augsburg geboren. Ihre Eltern, der Einzelhandelskaufmann Louis (Ludwig) Lustig und seine Ehefrau Theresa (Therese), geb. Kahn, hatten sich in München kennengelernt, wo die Großeltern Albert und Charlotte (Lotte) Kahn bis zur erzwungenen Aufgabe des Familienbetriebs um 1935 das „Kaufhaus am Bahnhof" unterhielten.
Jo Ann Glickman, deren Geburtsname Hansi (Lustig) war, wuchs in einem religiösen Elternhaus auf. 1938 gelang es der Familie durch die Vermittlung von Großvater Albert Kahn, der Ende des 19. Jahrhunderts im Zuge seiner Ausbildung für einige Jahre in Nordamerika gelebt hatte, Kontakt zu entfernten Verwandten in den USA aufzunehmen. Nach Erhalt eines Hilferufs von Ludwig Lustig erklärten sich diese bereit, ein Affidavit für Hansi und ihre Eltern Ludwig und Therese zu übernehmen. Am 26. August 1939 verließ die Familie Deutschland und emigrierte über die Niederlande und Großbritannien in die USA, wo die Familienmitglieder ihre Vornamen wenig später amerikanisierten. Vier Wochen nach der Ankunft in New York zog die Familie weiter nach Appleton, Wisconsin, und später nach Milwaukee. Hier wurde Jo Ann Glickman 1943 im Temple Emanu-El konfirmiert. 1947 erhielt sie ihren Universitätsabschluss von Riverside (Milwaukee East) und heiratete zwei Jahre später Alan Mark Glickman. Jo Ann Glickman starb am 13. März 1999 in Green Bay, Wisconsin (USA).
Ihre in englischer Sprache verfassten und hier in leicht gekürzter Form abgedruckten Erinnerungen an die Emigration veröffentlichte sie gemeinsam mit einer Sammlung von Briefen, die ihr Großvater Albert Kahn zwischen 1939 und 1942 aus München an die Familie in den USA geschickt hatte. Trotz intensiver Bemühungen erhielten Albert Kahn und seine Frau Charlotte kein Visum für die USA, sondern wurden von München nach Theresienstadt und Auschwitz deportiert und dort ermordet.

[...]

Viele Jahre lang, wahrscheinlich bis in die späten 1970er oder frühen 1980er Jahre, habe ich bezweifelt, ob ich mich wirklich als Überlebende bezeichnen könne. Schließlich bin ich nie in einem der Konzentrationslager in Deutschland gewesen. Ich habe die „Endlösung" nicht unmittelbar erlebt. Ich habe erst in einem Fernsehbericht über einen Gottesdienst zur Kristallnacht im Süden von Wisconsin davon gehört. Der Sprecher hatte offenbar auch den Begriff Überlebender in Frage gestellt, und sein Kommentar war: „Natürlich bin ich ein Überlebender, sonst wäre ich heute nicht hier." Ich glaube, dass ich in dem-

US Identity Card für Hansi Lustig, ausgestellt 1939

selben Sinne über meine Erlebnisse sprechen kann, denn es ist tatsächlich so: wenn ich nicht überlebt hätte, wäre ich nicht hier.

Womit fange ich an? An was erinnere ich mich? Ich erinnere mich daran, dass ich auf dem Weg zur Schule einen Bogen um den kleinen Park in unserer Nachbarschaft machte, denn dort war eine Gruppe von Jungen der Hitlerjugend dabei, Kastanien im Park zu sammeln. Es war, als ob ich instinktiv gewusst hätte, dass es nicht ratsam gewesen wäre, ihnen zu begegnen. Ich ging in eine Klosterschule der Englischen Fräulein, eine katholische Institution, die mich auf die Bitte meiner Eltern[102] als Schülerin aufnahm. Sie gehörte zu einem Komplex mit verschiedenen Programmen, dazu gehörte die Lehrerausbildung, das Nonnenkloster, ein Waisenhaus, ein Heim für ältere Klosterfrauen usw. Die Nonne, die die erste Klasse unterrichtete, war Schwester Annastasia, eine kleine rundliche Frau; ihr Gesicht mit den roten Wangen und den strahlenden blauen Augen war das einzige, was über ihrem schweren Nonnengewand und unter der schwarz-weißen Kopfbedeckung von ihr sichtbar war. Sie war freundlich, aber streng; sie erwartete von mir ebenso viel wie von allen anderen. [...] Der Unterricht fand von Montag bis Samstag statt, mittwochs und samstags nur am Vormittag; sie sorgte dafür, dass ich am Mittwochnachmittag zum kunstgewerblichen Unterricht kommen konnte, sodass ich am Samstagvormittag nicht zu kommen brauchte. Sie wollte dafür sorgen, dass ich am Schabbat bestimmt zum Gottesdienst gehen würde. [...]

[102] Louis (Ludwig) Lustig (1899–1972) heiratete Theresa (Therese oder Thesy), geb. Kahn (1903–2003) am 25. Mai 1925 in München.

Ich ging im ersten und zweiten Schuljahr in die Klosterschule. Als ich in die
dritte Klasse kam, hatte die Synagoge eine jüdische Tagesschule gegründet, mit
einem Lehrer, Herrn Levy, in der alle 8 Klassen in einem Raum unterrichtet
wurden. Unter Berücksichtigung dieser Bedingungen erhielten wir eine ziemlich gute Schulbildung. Die Vorzüge der Schule waren die Bibliothek der Synagoge nebenan und das freie Gelände an der Seite des Gebäudes, das sich zum
Laufen und Spielen eignete. Es gab sogar eine Weitsprung-Sandanlage und ein
Klettergerüst. Eine sehr alte Dame mit roten Fingern kam einmal in der Woche
zum Handarbeitsunterricht, und ich habe Stricken und Sticken gelernt [...].

Obwohl meine Eltern mich von vielen Dingen, die sich zu der Zeit in Deutschland abspielten, abschirmten, spürte ich die Auswirkung auf mein Leben wohl
am stärksten, als der Film „Heidi" mit Shirley Temple[103] in die Kinos kam und
Juden nicht mehr ins Kino gehen durften. Das Buch von Johanna Spyri[104] war
eins meiner Lieblingsbücher, und ich war sehr traurig, weil ich Shirley Temple
nicht sehen konnte. [...]

Da die Situation in Deutschland immer bedrückender wurde, suchten Viele
nach Möglichkeiten, das Land zu verlassen und in viele verschiedene Teile der
Welt auszuwandern. Einige gingen nur nach Frankreich, wie Olga[105] und ihr
Ehemann Erich Mayer. Toni Lustig[106] ging nach Israel und heiratete Dr. Ernst
Steinitz. Großvater Albert Kahn[107] erinnerte sich an die Vettern und Cousinen
in Amerika. Jeder, der in die Vereinigten Staaten einwandern wollte, musste
nicht nur ein Ausreisevisum von Deutschland besorgen, sondern auch eine
Bürgschaft einer Person in den USA mit der Zusicherung, dass die Einwanderer dem Staat nicht zur Last fallen würden.[108] Meine Eltern schrieben an die
ihnen zuletzt bekannte Adresse der Familie Hirshheimer. Der Brief wurde von

---

[103] Der US-amerikanische Familienfilm aus dem Jahr 1937 zeigte Shirley Temple
(1928–2014), einen der größten Kinderstars der Filmgeschichte in der Hauptrolle. In
Deutschland lief der Film 1938 an.

[104] Johanna Spyri, gebürtig Johanna Louise Heusser (1827–1901); Schweizer Schrift-
stellerin und Schöpferin der Romanfigur Heidi.

[105] Olga Lustig Mayer (1910–1961) war die die jüngste Schwester von Jo Ann Glickmanns Vater und heiratete Kaufmann Erich Mayer.

[106] Antonia (Toni) Lustig Steinitz (1904–1990) war Jo Ann Glickmanns Tante väterlicherseits und heiratete Ernst Sigismund Steinitz (1907–1980) 1933 in Israel.

[107] Albert Kahn (1867–1943) heiratete seine Nichte Charlotte (Lotte) Kahn (1880–
1944) am 22. Mai 1899 in München. Ihre intensiven Bemühungen um Visa für eine
Emigration waren nicht erfolgreich. Albert starb zwischen dem 10. Juli 1942 und dem
4. Februar 1944 nach einem medizinischen Eingriff im Konzentrationslager Theresienstadt, wohin das Ehepaar am 11. Juli 1942 von München aus deportiert worden war.
Charlotte wurde am 18. Mai 1944 nach Auschwitz verlegt, wo sie innerhalb weniger
Tage ermordet wurde.

[108] Durch ein 1921 verabschiedetes und 1924 verschärftes Gesetz wurde die Einwanderung in die USA nach einem Quotensystem geregelt. Um ein Einreisevisum in die
USA beantragen zu können, brauchte jeder Emigrant zudem eine Eidesstattliche Erklärung (*Affidavit of Support*) eines amerikanischen Staatsbürgers, der notfalls bereit war,

Pittsfield, Illinois, nach Evansville, Indiana, nachgesandt, denn der Postamts-leiter von Pittsfield erinnerte sich, dass die Familie dorthin umgezogen war. Gott sei Dank gab es die persönliche Postzustellung in den 1930er Jahren.

Die Familien Hirshheimer und Hainzfurther waren ältere Leute und nicht fähig, oder nicht bereit, eine solche Bürgschaft zu übernehmen. Jedoch lebte Fanny[109] [geb. Hainzfurther] jetzt mit ihrer Tochter Marion[110] und ihrem Schwiegersohn Jay Wallens in Appleton, WI. Nach einem Briefwechsel über mehrere Jahre unterschrieb Jay schließlich die richtigen Papiere, und wir erhielten ein Einreisevisum für die USA.

Wir mussten noch den Gesundheitstest in Stuttgart bestehen. Dies war offen-bar die nächste US-Botschaft, und wir mussten aus Deutschland herauskom-men. Wir sollten planmäßig am 1. September 1939 von München abreisen. Wir hatten unsere Wohnung schon lange vorher aufgegeben, und unsere gesamte persönliche Habe war versandt worden und wurde in einem Lager in Rotter-dam, Holland, aufbewahrt, wo man auf Anweisungen wartete, an welchen Ort in den USA sie versandt werden sollte. Wir wussten ja nicht, dass wir nach Appleton, Wisconsin, ziehen würden. Wir hatten nur einen Koffer pro Person und 5 Dollar pro Person.

Unsere Habe, Wäsche, Geschirr, Kleidung, Bettzeug, Bilder, Andenken, all die Dinge, die sich in einem Haushalt über die Jahre ansammeln, waren in große hölzerne Container gepackt worden. Ich erinnere mich an die Packer, die von einem Mitglied der Gestapo beaufsichtigt wurden, der dafür sorgte, dass nichts eingepackt wurde, was Juden nicht besitzen und ins Ausland mitnehmen durften. Zu den eingepackten Dingen gehörte eine elektrische Kaffeekanne. Einen Tag, bevor alles verpackt wurde, hatte mein Vater die elektrischen Teile aus dem Inneren der Kanne entfernt und sie mit gut eingewickeltem Schmuck und anderen kleinen Wertsachen gefüllt, die meine Eltern bei vorherigen Kon-trollen verbergen konnten, als sie ihren Schmuck, mit Ausnahme der Eheringe und billiger Uhren, herausgeben sollten. Der Gestapo-Offizier fragte meinen Vater sogar, ob er wisse, dass in Amerika eine andere Stromstärke für Geräte benutzt werde. Mein Vater antwortete, er wisse ein wenig über Elektrizität und werde in der Lage sein, die Kanne in den Vereinigten Staaten anzuschließen. Leider war das nie mehr möglich, weil der Hafen von Rotterdam, Holland, bombardiert wurde, bevor wir diese Container nachsenden lassen konnten. Irgendwo auf dem Meeresgrund des Rotterdamer Hafens liegt eine silberne Kaffeekanne mit vielen Wertsachen. Ich frage mich, ob sie eines Tages von Tauchern gefunden wird, die sich fragen werden, warum in der Kanne kein

für den Unterhalt des Neuankömmlings aufzukommen, damit dieser der öffentlichen Wohlfahrt der Vereinigten Staaten nicht zur Last fiel.
[109] Fanny Hirsheimer (geb. Hainsfurther, 1866–1948) heiratete Charles Hirsheimer 1885.
[110] Marion Wallens (geb. Hirsheimer, 1889–1991) heiratete Jay Wallens 1919.

Kaffee gekocht wird. Meine Mutter hat oft den Verlust ihres goldenen Armbandes beklagt.

Großvater Albert Kahn kam von einer Einkaufstour nach Hause und sagte, wir sollten sofort aufbrechen, denn er hatte starke Truppenbewegungen beim Betriebshof gesehen. Ich glaube, er wusste, dass wir uns nie wiedersehen würden, und er wusste auch: wenn wir jetzt nicht aufbrachen, würden wir nicht mehr aus Deutschland herauskommen.

Also nahmen wir einen Zug in München. Ich erinnere mich an die Menschenmenge; dass ich vom Bahnsteig hochgehoben wurde und zum Abschied winkte. Der Zug war überfüllt, aber wir hatten Plätze. Viele Menschen standen in den Gängen. Ich weiß noch, dass meine Eltern kurz vor der holländischen Grenze mit unserem letzten deutschen Geld ein paar Butterbrote kauften. Aber auf dem Grenzbahnhof mussten wir den Zug verlassen, und man zwang uns, in der heißen Augustsonne auf dem Bahnsteig zu stehen. Ich hatte nie viel mit Puppen gespielt, aber ich hielt meine Puppe und mein rotes Geldtäschchen fest. In dem Geldbeutel war ein amerikanisches 25-Cent-Stück, das Opa Albert mir gegeben hatte. Es war wahrscheinlich sein letztes Erinnerungsstück von seinem Aufenthalt in Amerika vor vielen Jahren, jedenfalls war mir der Besitz nicht erlaubt. In diesem Grenzbahnhof warteten wir lange; schließlich erlaubte man uns, in einen anderen Zug zu steigen, und wir fuhren auf die holländische Grenze zu. Ein Mann drehte durch; nachdem wir über die Grenze gefahren waren, begann er, alle deutschen Münzen, die er hatte, aus dem letzten Zugabteil zu werfen, dabei schrie er und verfluchte die Deutschen.

Die holländischen Grenzbeamten befragten meinen Vater darüber, dass wir nur eine Grenzübertrittsgenehmigung für Holland hatten und eine Aufenthaltsgestattung für einen Tag in England; unser Abfahrtsdatum von Liverpool war erst in fünf Tagen. Ich weiß noch, dass er antwortete, darüber sollten sich die Briten Sorgen machen. Wir würden Holland nur durchqueren und mit dem Nachtschiff von Den Haag, Holland, nach Harwich, England, fahren.

Es ist viel darüber geschrieben worden, dass die meisten Deutschen, Polen und andere Völker in Europa die Gräueltaten, die an Juden verübt wurden, ignorierten. Aber hin und wieder gab es Menschen, die freundlich waren und sich betroffen zeigten. Zu diesen stillen Helden gehörte ein holländischer Herr, dessen Name unbekannt ist, der uns rettete. Wir waren aus dem Zug ausgestiegen und mussten durch die Stadt fahren, um zum Hafen zu kommen, wo wir das Nachtschiff nach Harwich nehmen wollten. Aber wir hatten keine holländischen Münzen, um die Straßenbahn zu bezahlen. Es fuhren noch einige andere Leute mit, außer meinen Eltern und mir. Dieser Herr sagte dem Fahrer, er solle uns in die Straßenbahn einsteigen lassen, und er bezahlte das Fahrgeld für uns alle. Möge sein Andenken gesegnet sein.

Wir kamen nach London; da meine Eltern eine Übernachtung schon bezahlt hatten, wurden wir in einem sehr eleganten Hotel untergebracht und erhielten ein wunderbares Essen im Speisesaal des Hotels. Der Bruder meiner Mutter,

Alfred Kahn[111], traf uns am nächsten Tag und half uns, eine andere Unterkunft in einer Pension zu finden. Alfred war einige Monate zuvor mit einer
Arbeitsgenehmigung nach England gegangen und arbeitete als Hausdiener in
einer Stadt mit dem Namen Maidenhead. London bereitete sich definitiv auf
den Krieg vor. Flugabwehrballons umkreisten die Stadt, und Suchscheinwerfer
durchkämmten den Nachthimmel.

Vater ging zur Schiffahrtslinie *Cunard White Star*, um unsere Überfahrt mit
der *Scythia* zu bestätigen, die in einigen Tagen ablegen sollte. Man teilte ihm
mit, „Die *Scythia* fährt nicht." Sie war von der britischen Marine zum Truppen-
transport übernommen worden. Aber wir konnten die Überfahrt auf einem Schiff
mit dem Namen *Van Dyke* buchen, und wir sollten in wenigen Tagen abreisen.

Fast ohne Geld wohnten wir nun in dieser Pension und wanderten in den
Straßen Londons umher. Ich erinnere mich an den ersten Morgen, als das Frühstück in das Zimmer gebracht wurde. Ein typisches englisches Frühstück mit
Eiern, Brot und Würstchen oder Schinken und Marmelade und Tee. Die erste
Reaktion meiner Eltern war, dass dies kein großes Frühstück für drei Personen
sei, aber es würde reichen. Dann brachten sie zwei weitere Frühstücksporti-
onen. Meine Mutter verpackte schnell einen Teil als Mittag- und Abendessen,
und so hatten wir den ganzen Tag genug zum Essen. Ich erinnere mich, dass
wir um den Piccadilly Circus herumgingen, und der Höhepunkt für mich war
ein Ausflug zum Londoner Zoo. Ich erinnere mich besonders an das Gehege
der Pinguine hinter einer großen Glasscheibe, sodass man die Pinguine unter
Wasser und auch auf dem Eis sehen konnte.

Nach einigen Tagen fuhren wir mit dem Zug nach Liverpool und gingen
an Bord der *Van Dyke*.[112] Es war ein kleines elegantes Kreuzfahrtschiff, das
Fahrten ins Mittelmeer gemacht hatte. Wir richteten uns in unserer Kajüte ein,
und mein Vater erklärte mir, dass wir bis zum Morgen nur noch Meer, Meer,
Meer von unserer Luke aus sehen würden. So schlief ich in meinem oberen
Etagenbett ein. Nun, dieses eine Mal irrte er sich. Der Morgen kam, und wir
waren immer noch im Hafen, und das Schiff wurde zur besseren Tarnung grau
angestrichen. Gegen 9 Uhr fuhren wir wirklich los. Um 11 Uhr wurde die

---

[111] Alfred Kahn (1906–1991) heiratete Greta Falkenstein am 6. Dezember 1942 in London. Er war Anfang 1939 nach England emigriert und wanderte 1946/1947 weiter in
die USA. Hier lebte er zunächst in Milwaukee und zog in den 1960er Jahren nach San
Diego, Kalifornien.

[112] Das Schiff verließ Liverpool am 1. September 1939 und erreichte New York am
13. September 1939. Ludwig, Therese und Hansi Lustig sind auf der Passagierliste als
Passagiere 9–11 aufgelistet. Vgl. Passenger and Crew Lists of Vessels Arriving at New
York, New York, 1897–1957. Microfilm Publication T715, 8892 rolls. Records of the
Immigration and Naturalization Service; National Archives at Washington, D.C., zitiert
nach: Year: 1939; Arrival: New York, New York; Microfilm Serial: T715, 1897–1957;
Microfilm Roll: Roll 6397; Line: 9–11; Page Number: 139, in: Ancestry.com. New
York, Passenger Lists, 1820–1957 [database online]. Provo, UT, USA: Ancestry.com
Operations, Inc., 2010.

Nachricht über den Schiffslautsprecher durchgegeben, dass Deutschland in Polen einmarschiert war. Es war der 1. September 1939, und der Zweite Weltkrieg hatte begonnen.

Unser Kapitän entschloss sich zu einer nördlichen Route über den Atlantik, um deutschen U-Booten auszuweichen. Später erfuhren wir, dass nicht allzu weit von uns entfernt das erste Schiff, das in diesem Krieg versenkt wurde, im Meer unterging; dass unser Kapitän jedoch das SOS nicht beantwortete, um seine Passagiere zu schützen.

Die Seereise verlief ohne Zwischenfälle. Wir waren eine Gruppe von Kindern verschiedener Herkunft und verbrachten unsere ganze Zeit zusammen. Eins der chinesischen Kinder war ein wunderbarer Künstler. Einige Töchter britischer Diplomaten waren dabei, ein weiteres deutsches jüdisches Mädchen, wie ich, und noch einige andere Kinder. Wir hatten keine gemeinsame Sprache, einige sprachen Deutsch, einige Englisch, einige Chinesisch; aber wir spielten alle zusammen und durchstreiften das Schiff von vorne bis hinten. Wir spielten im Sportgeräteraum, in der Bibliothek, auf den Gangways und auf Deck. Kinder erkennen keine Unterschiede zwischen Menschen.

Das Essen an Bord war wunderbar. Ich weiß noch, dass unser Kellner mir sagte, ich solle mein Gemüse essen. Wie auf allen Kreuzfahrtschiffen gab es Frühstück, Bouillon mit Crackers am Vormittag, Mittagessen, Tee am Nachmittag, Abendessen und Buffet am späten Abend.

Als das Wochenende kam, stellte mein Vater fest, dass es Hinweistafeln gab, die protestantische und katholische Gottesdienste für Sonntag ankündigten. Ich glaube, ich habe mein Bedürfnis, Dinge zu organisieren, von ihm; er ging zum zuständigen Offizier und fragte, ob sie einen jüdischen Gottesdienst am Samstag abhalten könnten. Die Vorbereitungen wurden getroffen, und ein Gottesdienst sollte abgehalten werden. Obwohl die Gemeinde in Augsburg als Liberale Gemeinde galt, waren wir daran gewöhnt, dass Männer und Frauen getrennt saßen. Derjenige, der den Gottesdienst leiten sollte, erwartete dies. Ein amerikanisches Ehepaar war daran gewöhnt, nebeneinander zu sitzen. Der ‚Rabbi‘ wollte nicht mit dem Gottesdienst anfangen, solange dieser Mann und diese Frau zusammen saßen, und dies verursachte offenbar erhebliche Unruhe. Schließlich ging das Ehepaar hinaus, und der Gottesdienst begann.

Wir kamen am Erev Rosch ha-Schana, am 13. September 1939, in New York an. Freunde meiner Eltern, die Kupfers, hätten uns abholen sollen, aber wegen der Änderung unserer Abfahrt waren sie nicht da, und wir konnten sie zu Hause nicht erreichen. HIAS, Hebrew Immigrant Aid Society, nahmen sich unseres Falles an und brachten uns in ihre Unterkunft. Wir bekamen Hühnerbouillon und Hähnchen zum Essen, schließlich war Jom Tov, und dann gaben sie uns eine Schlafstelle im Schlafsaal. Männer und Frauen waren getrennt untergebracht. Sie waren anscheinend in einer Umbauphase, der gesamte Bereich war durch Maschendraht abgetrennt, was meiner Mutter wie ein Gefängnis vorkam. Mich hat es nicht gekümmert, ich schlief. Am nächsten Tag konnten wir die Kupfers erreichen; sie kamen und holten uns zu sich nach Hause.

Wir blieben ungefähr 4 Wochen lang in New York. Ich blieb bei Kupfers, und meine Eltern fanden Beschäftigung als Hausangestellte bei einer syrischen jüdischen Familie. Vater putzte, und Mutter kochte. Sozialhilfe, wie wir sie heute kennen, gab es damals nicht. Wenn man Geld brauchte, musste man eine Arbeit finden, mochte sie untergeordnet sein oder ganz anders als alles, was man früher gemacht hatte.

Während dieser Zeit führten meine Eltern einen Briefwechsel mit der Familie Wallens in Appleton, und es wurde entschieden, dass wir nach Appleton kommen sollten. Wir fuhren mit einem Greyhound-Bus bis Oshkosh, wo Jay Wallens uns am Bus abholte; als ich ausstieg, um die Glieder auszustrecken, kam er auf mich zu und fragte mich, ob ich Hansi sei.

Auf der Autofahrt zurück nach Appleton, am Ufer des Lake Winnebago, zeigte mir Jay all die bewegungslosen Enten im Wasser. Was er mir nicht sagte: es waren hölzerne Attrappen, und deshalb bewegten sie sich nicht. Bei der Ankunft in Appleton setzte Jay uns am Conway Hotel ab, damit wir uns frisch machen konnten, später wollte er uns rechtzeitig zum Essen abholen. Was wir nicht wussten: die Wallens hatten in letzter Zeit nicht allzu positive Erfahrungen mit Flüchtlingen gemacht. Die Familien vor uns hatten nicht die gesellschaftlichen Umgangsformen gehabt, die dieser Familie wichtig waren. Viel später erzählten sie uns, dass Jay nach Hause gekommen war und verkündet hatte, wir seien „furchtbar" – zum Entsetzen von Marion und Fanny –, aber dann hatte er den Satz mit „furchtbar nett" beendet.

Wie versprochen, holte Jay uns ab und brachte uns zum Haus in der Union Street. PANIK. Als die Türe geöffnet wurde, begrüßte uns Zipper, der Hund der Familie. Ich hatte eine tödliche Angst vor Hunden. Ich nehme an, dass die einzigen Hunde, die ich früher gesehen hatte, Gestapo-Hunde waren. Tief in meinem Innern war mir jedoch klar, dass ich mit diesem Hund gut auskommen musste; aber ich weiß noch genau, dass ich auf dem großen Sofa saß und meine Füße hochhielt. Wir aßen im Esszimmer, mit Jay an einem Tischende und Marion am anderen. Damals wusste ich es nicht, aber ich hatte den Ehrenplatz rechts neben Jay. Fanny saß links neben ihm. Das Essen wurde von Verona aufgetragen, der Hausangestellten, die in der Wohnung wohnte, die nur am Sonntagnachmittag und -abend frei hatte; nach dem Essen wurde gespült und das Abendbrot vorbereitet, so wie es in den späten 30er Jahren üblich war. Im Verlauf der Abendstunden wurde ich müde, und man schlug vor, ich solle in Jeans Zimmer schlafen. Sie war im College der University of Wisconsin-Madison. Nachdem ich ein Bett mit den Kupfer-Mädchen geteilt hatte und mehrere Tage im Bus gesessen hatte, war ein Bett für mich ganz alleine ein Luxus.

Das Abendessen am Sonntag wurde zur Gewohnheit, und man erwartete von mir, dass ich das Geschirr spülte. Von Charles, der von allen Bud genannt wurde, erwartete man keine Hilfe. Nach dem Abendessen ging ich oft in Jeans

Zimmer hinauf und las in einigen der Bücher auf ihrem Bücherregal, oder ich
hörte zu, wie Bud Deklamationen übte. Und natürlich gab es die regelmäßigen
Radiosendungen am Sonntagabend. Jack Benny[113], Edgar Bergen und Charlie
McCarthy[114], Fanny Brice als Baby Snooks[115,] und die 64-Dollar-Frage[116], die
letzte von Eversharp gesponsert.

Während dieser ersten wenigen Wochen in Appleton wurden wir vielen
Freunden der Familie Wallens vorgestellt. Diese Vorstellungen begannen
immer so: „Ich möchte euch meine Leute (‚folks‘) vorstellen." Meine Eltern,
besonders meine Mutter, die das englische Wort ‚folk‘ mit dem deutschen
Wort ‚Volk‘ verwechselte, das eine ziemlich negative, ordinäre Bedeutung hat,
fühlte sich dadurch verletzt. Erst viele Monate später wurde uns bewusst, dass
das Wort gar nicht herablassend gemeint war, sondern eher liebevoll.

Die Jahre in Appleton waren gute Jahre. Da es fast niemanden gab, mit dem
wir Deutsch sprechen konnten, machten meine Eltern und ich viel schnellere
Fortschritte in der englischen Sprache. Mein Vater hatte in einer der Papierfa-
briken eine Stelle als Laborchemiker. Er musste verschiedene Routineprüfungen
bei der Zellstoffmischung und beim fertigen Papier durchführen. Er arbeitete
in drei verschiedenen Schichten, und während der Nachtschicht konnte er ein
Buch nach dem anderen lesen, was auch seine Sprachkenntnisse in Englisch
verbesserte. Meine Mutter war Hausfrau und Teilnehmerin an Veranstaltungen
von Organisationen. Einige Monate später starb Jays Mutter, und Großvater
Wallens zog zu uns in ein Haus, das in der Atlantic Street gemietet wurde, am
Ende des Blocks mit der konservativen Synagoge Moses Montefiore[117]. Die
Familie Wallens gehörte zur Reformgemeinde, und wir gingen gewissermaßen
zu beiden. Die religiöse Schule lag bei der konservativen Synagoge.

Während der Zeit in Appleton ging ich in drei verschiedene Schulen: zur
5. Klasse in die Morgan School, zur 6. Klasse in die Edison School und zur
7. Klasse und zum Beginn der 8. Klasse in die Theodore Roosevelt Junior
High. Miss Foss, die Lehrerin an der Morgan School, integrierte mich sofort

[113] Jack Benny (Benjamin Kubelsky, 1894–1974), US-amerikanischer Entertainer und
einer der beliebtesten Komiker des 20. Jahrhunderts.
[114] Der berühmte US-amerikanische Schauspieler und Bauchredner Edgar Bergen
(Edgar John Bergren, 1903–1978) wuchs als Sohn schwedischer Eltern in Michigan
auf. Er ließ sich eine Holzpuppe namens Charlie McCarthy anfertigen, mit der er
gemeinsam auftrat. Sie blieb ein Leben lang sein Markenzeichen. Von 1937 bis 1956
bestritt das Duo eine eigene Radiosendung.
[115] Die US-amerikanische Komikerin, Entertainerin, Sängerin und Schauspielerin
Fanny Brice (Fania Borach, 1891–1951) spielte von 1936 bis zu ihrem Tod 1951 in
einer Radiosendung das Baby Snooks.
[116] Die Radiosendung unter dem Titel „The $64,000 Question" war eine der popu-
lärsten US-amerikanischen Quiz-Sendungen der 1940er Jahre. Jede richtige Antwort
wurde mit 64 Dollar honoriert.
[117] Moses Montefiore (1784–1885), britischer Unternehmer und sephardisch-jüdischer
Philanthrop, gilt als Vordenker des Zionismus.

in die Klasse. Englisch als zweite Sprache – so etwas gab es nicht. Ich glaube, ihr wurde klar, dass Zahlen in beiden Sprachen dieselben sind; und mit Mathematik half sie mir, die Sprachbarriere zu überwinden. Ich weiß noch, dass ich im Frühjahr 1940 vor der Klasse stand und alles über unsere Reise in die Vereinigten Staaten berichtete und den Weg an der Wandkarte zeigte. Während der Sommerferien erhielt ich ein Stipendium zur Teilnahme an einem Pfadfinderinnenlager in Nord-Wisconsin, und meine Eltern überraschten mich, als sie mich in ihrem ersten amerikanischen Auto abholten.

Im folgenden Jahr an der Edison School geschah etwas Interessantes. Meine Eltern wurden zu einer Besprechung geladen, weil die Lehrerin glaubte, ich hätte gelogen; ich hatte gesagt, ich sei in Deutschland geboren und hatte ihr von unserer Reise in die USA etc. berichtet. Mutter und Vater konnten sie überzeugen, dass dies tatsächlich die Wahrheit war, und fragten, ob sie das nicht an ihrem Akzent bemerken könne.

Im Frühjahr 1942 zogen wir nach Milwaukee um, wo mein Vater eine Stelle als Speditionskaufmann in einer Fabrik bekam, die Schutzkleidung herstellte. Nachdem die USA im Dezember 1941 in den Krieg eingetreten waren, gab es eine große Nachfrage nach Schutzkleidung. Nachdem er so in die Bekleidungsbranche zurückgekehrt war, hat er zum Schluss als Handelsreisender an der Straße eine Reihe von Kleidungskollektionen verkauft, es war sein Lieblingsberuf. Mutter arbeitete an verschiedenen Stellen in mehreren Kaufhäusern; ich glaube, am liebsten hat sie Hüte im Boston Store verkauft, und am wenigsten gefiel ihr die Haustierabteilung bei Woolworth. Ich habe in der Zeit viel gekocht; das Essen sollte fertig sein, wenn meine Eltern nach Hause kamen. Manchmal habe ich sie mit einem Nachtisch überrascht. In der Zeitung sah ich ein Rezept für Apple Crisp, aber ich machte einen Fehler: ich nahm 1 Pfund Butter anstatt einen Stick. Das korrekte Rezept ist zum Lieblingsrezept der Familie geworden.

Ich ging zur Riverside High School (East High); obwohl wir aus dem Viertel wegzogen, ging ich weiter dort zur Schule, weil ich nicht wieder die Schule wechseln wollte. Ich war sehr aktiv in einer Reihe von schulischen Aktivitäten: Dramagruppe, Diskussionsgruppe, Fotogruppe und andere. Sonntags abends besuchte ich die Religious High School im Temple Emanu-El, und damit engagierte ich mich im Interfaith Youth Fellowship. Freitags abends hatten wir ein Sozialzentrum in einer der Kirchen und ein wöchentliches Radioprogramm auf WTMJ[118]. Nachdem ich 1947 die High School abgeschlossen hatte, ging ich zur University of Wisconsin-Madison, offiziell zum Vorstudium für Medizin. Die Tatsache, dass ich erhebliche Probleme mit Chemie hatte, und dass ich

---

[118] Newsradio 620 WTMJ nahm am 25. Juli 1927 seinen Betrieb auf und gehört heute zu den bedeutendsten Radiosendern in Milwaukee (Wisconsin) und Umgebung. Vgl. die Selbstdarstellung des Senders auf seiner Internetseite unter http://www.620wtmj. com/about (17. Februar 2015).

mich in Alan Glickman verliebte, all dies führte dazu, dass ich mein Studienfach wechselte. Nach eineinhalb Jahren ging ich für ein Semester an die University of Wisconsin-Milwaukee und heiratete dann im folgenden November. Ich beendete mein Studium schließlich – nach etwa 30 Jahren und 4 Töchtern.

[…]

Hansi
Seitdem ich hier einige meiner Gedanken formuliert habe, stelle ich fest, dass ich immer noch mit dem Thema konfrontiert bin, eine Überlebende zu sein. Als meine Eltern und ich nach Appleton kamen und mich an der Schule anmeldeten, wurde entschieden, mir den neuen Namen Joanne zu geben. Ich kann mich nicht daran erinnern, dass man mir Gelegenheit zu einem Beitrag zu dieser Entscheidung gegeben hätte. Ich änderte später die Schreibweise zu Jo Ann, was wahrscheinlich durch meine Einstellung als Teenager begründet war. Meine Eltern nannten mich Hansi. Dies verursachte kurz nach meiner Geburt einige Probleme, denn ich wurde als „Knabe" registriert. Meine Eltern erzählten mir, dass sie ein Schreiben von einer Versicherungsgesellschaft erhielten, sie sollten eine Versicherung für ihren „Sohn" abschließen. Sie mussten mich zu einem Arzt bringen […]; und er musste bestätigen, dass ich weiblichen Geschlechts war. Meine Geburtsurkunde zeigt die handgeschriebene Korrektur am Rand.

Was ist ein Name? Wie viel von unserem Namen ist ein Teil von uns selbst? Wo ist das Mädchen mit dem Namen Hansi? Ich bin durch mehr als 60 Jahre von dieser Person getrennt. Sie ist Teil meiner Erinnerung, aber ich bezweifle, ob sie ein Teil von mir ist. An sie zu denken, das ist so, als würde ich an jemanden denken, der seit Langem verschwunden ist. Vielleicht ist sie der Teil, der den Holocaust nicht überlebt hat. Sie gehört zu meiner Erinnerung. Aus diesem Grunde wünsche ich, dass nach meinem Tod mein Grabstein die folgende Inschrift trägt: Jo Ann (Hansi Lustig) Glickman.

Oft frage ich mich, ob ich eine andere Person geworden wäre, wenn mein Name Hansi geblieben wäre.

NEUANFANG
ERFAHRUNGEN DES EXILS

Ein Facit meiner 61 Jahre

Von Friedrich Bilski

Friedrich Bilski wurde am 9. Februar 1894 in Posen als Sohn von Berthold und Emilie Bilski geboren. Der Vater arbeitete als Bürovorsteher. Vor dem Ersten Weltkrieg studierte Friedrich Bilski in München und Berlin Medizin. Nach dem freiwilligen Kriegsdienst als Assistent eines Batallionsarztes kehrte der mit dem Eisernen Kreuz Erster Klasse ausgezeichnete Bilski nach München zurück und wirkte als Assistenzarzt an der hiesigen Haunerschen Kinderklinik. Es folgte eine Assistenzzeit am Physiologischen Institut in Halle. In der Folgezeit ließ er sich als Praktischer Arzt in der Palmstraße in der Münchner Isarvorstadt nieder. Neben seinen wissenschaftlichen Aktivitäten engagierte er sich als Mitglied in der sozialistischen Ärzteschaft, leitete Kurse bei den Arbeitersamaritern und hielt Vorträge bei Gewerkschaftsveranstaltungen. Bis zum Entzug der Approbation im Jahr 1938 praktizierte er als Praktischer Arzt und Geburtshelfer zusammen mit seiner Frau Dr. Alice Bilski (1895–1989), zuletzt am Bavariaring 45. Gemeinsam mit den beiden Kindern Berthold und Lotte emigrierte das Ehepaar Bilski im Februar 1939 über Triest nach Palästina. Dort erhielten beide ihre ärztliche Zulassungen erst im Juli 1942. Bis dahin verdiente Friedrich Bilski seinen Lebensunterhalt durch verschiedene Kleingewerbe im pharmazeutischen Bereich und im Lebensmittelsektor. Bis 1943 lebte das Ehepaar in Ramat Gan bei Tel Aviv und zog dann nach Haifa. Friedrich Bilski ist am 6. März 1976 in Haifa gestorben. Der hier abgedruckte Text stammt aus der 152 maschinenschriftliche Seiten umfassenden Autobiographie „Ein Facit meiner 61 Jahre", die Friedrich Bilski zwischen 1955 und 1967 verfasst hat. Friedrich Bilski hat seine Erinnerungen auf Deutsch geschrieben.

[...]

Es war mir gleich nach der Machtergreifung klar, dass ich Deutschland verlassen werde, und nach unserem ersten Besuch in Palästina 1933 stand es bei mir fest, dass kein anderes Land für mich zur freien Wahl in Frage käme, als das, in dem ich eigentlich seit meinem ersten Bewusstsein in Gedanken zu Hause war. Ich hatte keine Veranlassung, fluchtartig die alte Heimat zu verlassen. Ich hatte, wie schon erwähnt, eine reine Weste als Arzt und auch dem Finanzamt gegenüber ein gutes Gewissen. Zwei Gründe bewogen mich, Palästina zur Einwanderung zu wählen: die Mannigfaltigkeit und Schönheit der Landschaft und der Reiz des Aufbaus, des Chaluziuth (darüber später). Zunächst möchte ich ein Paradox aufklären. Ich ging nach Palästina trotz meiner antizionistischen Gesinnung, die sich in meiner Jugend entwickelt und später noch verstärkt

Friedrich Bilski, Anfang 1939

hatte. Der politische Zionismus, wie ich ihn von Deutschland her kannte, war für mich eine Assimilationsbewegung, die zur Säkularisierung des Judentums führte, oder davon ausging und an seinen wahren, seit Jahrtausenden gepflegten Werten vorbeiging. Abgesehen davon, dass ich überhaupt ein unpolitischer Mensch war, oder gerade deswegen, versuchte ich die Dinge objektiv in grösserem Masstab, nicht vom engstirnigen nationalistischen Standpunkt aus zu sehen. Es schien mir vom geopolitischen Gesichtspunkt aus unhaltbar, in diesem Lande, das ohne Bodenschätze war, umgeben von feindseligen Staaten, deren Widerstand gegen uns weltanschaulich begründet war und die uns als Fremdkörper in ihren kulturellen und nationalen Bestrebungen ansahen, einen politisch und wirtschaftlich selbstständigen kleinen Staat zu gründen. Aus zionistischem Dünkel und der Notwendigkeit, die billige arabische Arbeit durch die jüdische zu ersetzen, bestand von Anfang an eine Unterschätzung des arabischen Menschen bei den Juden, die im *circulus vitiosus*[1] dazu beitrug, den Widerstand aller arabischen Länder gegen uns zu vermehren. Damit ist die Vorstellung vieler Kreise, eine wirtschaftliche Prosperität [könne] als Vermittler von westlicher Civilisation zu orientalischer Lebensform [dienen], zunichte

---

[1] *Circulus vitiosus* (lat.): Teufelskreis.

geworden. Einst hatte Israel als Brücke zwischen Asien und Afrika, über das die Karawanenstrassen gingen, wirtschaftlich profitieren können, jetzt hat der arabische Boykott das zunichte gemacht.

Jetzt, nachdem durch den Druck des Nazismus der Staat Israel Wirklichkeit geworden ist, erkenne ich ihn an und bin sein loyaler Bürger, aber an meiner Grundvorstellung hat sich nichts geändert. Ich halte ihn nur für lebensfähig, wenn er unter Wahrung innerpolitischer und kultureller Autonomie, sich aussenpolitisch in eine Föderation der umgebenden arabischen Länder eingliedern kann.

Bei meinem ersten Besuch im Lande durfte ich noch legal Geld mitnehmen, das ausreichend war, die ersten Vorbereitungen für eine Umsiedlung zu schaffen.[2] Es war damals die Tendenz, besonders unter den akademischen Berufen – nolens volens zum Teil – sich umzuschichten. Bekanntlich waren in Deutschland gerade die Professionen stark von Juden besetzt, sodass durch den Druck von Hitler eine solche Fülle von Akademikern ins Land strömte, dass sie sich in ihren alten Berufen kaum halten konnten. Das galt besonders für Ärzte, sodass schliesslich von der Palästinaregierung eine Beschränkung der Zulassung verfügt wurde. Ausserdem war man damals noch jung und glaubte, ein anderes neues Leben aufbauen zu müssen. Das Aufbauideal war damals die Landwirtschaft. Ich hatte immer Neigung zur Landbearbeitung und hatte sie im kleinen in meinem Garten am Starnberger See betrieben. Es ergab sich Gelegenheit billig geeigneten Boden in schöner gesunder Lage nicht weit von Haifa zu erwerben, und ich griff gleich zu. Es war etwas Zukunftsmusik dabei, denn es gab noch kein Wasser und der Boden war noch nicht evakuiert, aber ich konnte und wollte mir ja Zeit lassen. Als Grundstock kaufte ich ein paar Kühe, die ich 2 jungen deutschen Juden, die wie ich aus Posen stammten, in Pension gab. Sie wollten etwaige Kälber für mich grossziehen, für Futter und Pflege sorgen und dafür die anfallende Milch behalten. Da das alles doch etwas ungewiss aussah, kaufte ich mit dem Rest meines Geldes sehr billig, weil in einer damals sehr abgelegenen, nicht entwickelten Gegend auf dem Carmel, einen prospectiven Bauplatz. Ehrlich gesagt, die Möglichkeit dort zu bauen erschien weiter als alles andere. Aber es wuchs ein junger Wald auf dem Platz und man hatte einen herrlichen Blick auf den schneebedeckten Hermon und auf die Haifabay, kurz die Stelle erinnerte mich an unseren schönen Platz am Ostufer des Starnberger Sees, wo wir so glücklich waren. Nun glaubte ich genügend vorgesorgt zu haben, nachdem ich mich noch in eine Bausparkasse eingekauft hatte, und kehrte nach München zurück unter dem Erstaunen und Missfallen meiner Bekannten. Der erste Schock nach Hitlers Umbruch hatte sich gelegt. Das Leben ging zunächst für die Juden ungestört weiter. Meine Praxis wuchs und damit meine Einnahmen und ich baute sogar in meinem Landsitz, wo nur 2 Holzhäuschen standen, ein schönes Landhaus, allerdings

---

[2] Dieser Besuch fand vermutlich 1934/35 statt.

auch mit der Idee, es gegen einen Besitz von deutschen Templern in Haifa zu tauschen. Damals bestand noch legal diese Möglichkeit. Auch einen anderen Plan fasste ich ins Auge, Transfer eines Kupferhauses, um es auf meinem Boden in Haifa aufzustellen und dort evtl. ein Kinderheim einzurichten. Ich hatte die Pläne dafür schon vorbereitet, wenn auch einige solcher Kupferhäuser nach Israel überführt wurden – und übrigens heute noch stehen und sich sehr bewährt haben – hatte ich den Zeitpunkt indessen versäumt, die Genehmigung wurde nicht mehr gewährt. Es blieb schliesslich nur eine legale Transfermöglichkeit für die tausend Pfund übrig, deren Nachweis die Palästinaregierung zur Gewährung eines „Kapitalistencertificats" forderte, das war der Erwerb von Pal. Obligationen, die mit erheblichem Aufschlag durch die Deutsche Regierung gekauft werden konnten. Ich tätigte schon frühzeitig den Erwerb dieser Papiere, aber da ich keine Beziehungen zur zionist. Organisation besass, kam ich nicht zum Zuge und nur dem Umstand, dass mein Bruder, der schon vor mir ausgewandert war, in Tel Aviv durch einen Rechtsanwalt auf Grund meines nachweisbaren Landbesitzes unmittelbar bei der Palästinaregierung mein Certificat erhielt und es mir in letzter Minute telegraphisch schickte, konnte ich mich noch aus Deutschland retten und meine Lifts mitnehmen. Darüber später. Jedenfalls war ich entschlossen ohne Überstürzung aber intensiv mich auf mein neues Leben vorzubereiten. Zunächst hielt ich an dem Plan, es mit der Landwirtschaft zu versuchen, fest. Als endlich in der Zeitung zu lesen war, dass [...] in meinem prospectiven Besiedlungsort Wasser gefunden war, fuhr ich – allein – wieder nach Palästina, um zu sehen, wie meine Sachen da standen. Da erlebte ich nun nichts als Enttäuschungen. Meine Registrierung als Arzt war nur möglich, wenn sie im Pass vermerkt war, das konnte ich nicht tun, da ich ja noch einmal nach München zurückkehren musste und ich dann den Entzug meines Passes befürchtete – der übrigens bald sowieso erfolgte. Das war nun nicht so ein Unglück, da ich sowieso nicht mehr Arzt sein wollte. Viel schlimmer war, dass ich noch nicht nach Joknem konnte, weil die Fellachen, die dort sassen, noch nicht umgesiedelt waren. Und der letzte „Blütentraum, der nicht gereift war", nämlich meine Kühe, hatten trotz aller Sorgfalt die Abortseuche bekommen [,] mussten geschlachtet werden, ohne einen Tropfen Milch, geschweige denn ein Kalb produciert zu haben. Damit waren die Aussichten zur bäuerlichen Umschichtung hinfällig geworden, denn ich war auch indessen zu alt geworden, um als völlig unerfahrener Landwirt anzufangen. Übrigens bekam ich da einen Wink vom Schicksal, denn das ganze Unternehmen Joknem, das so gut aussah, war zunächst ein Fehlschlag, aus dem ich mich, nach meiner endgültigen Einwanderung leidlich unbeschädigt herausziehen konnte. Es hat nicht jeder von den „Tausenpfündlern" das Glück gehabt. Sehr viel Geld ist bei diesen Neugründungen, besonders auf industriellem Gebiete verloren gegangen, teils weil die Unerfahrenheit der Neuankömmlinge von den Alteingesessenen ausgenützt wurde, teils weil bei dem überstürzten Aufbau des Landes von meistens „ungelernter" Seite durch „trial and

error" noch mehr Fehlinvestitionen gemacht wurden, als bei langsamerer orga-
nischer Entwicklung in anderen Aufbauländern. Charakteristisch für die Situation war der damals kursierende Witz: „Einwanderer, gehst Du in Haifa an
Land, gib unbesehen Deine tausend Pfund dem ersten Besten, der am Kai
steht, kommt das nächste Schiff, so nimm' Dein Geld von dem nächsten
Ankömmling zurück." Als ich nach München zurückkehrte, musste ich also
meine Pläne für die Zukunft radical umstellen. Indessen wurde den Juden die
Schlinge um den Hals langsam immer fester zugezogen. Es kam die „Nürnberger Gesetzgebung", die Devisenkontrolle wurde immer strikter, aber das
berührte mich nicht weiter, ich übersah dabei, dass das Gedränge bei den Juden
zur Auswanderung immer stärker und die Möglichkeit dazu immer mehr
erschwert wurde. Ich glaubte ja schon vorgesorgt zu haben, und meine ganze
Sorge concentrierte sich, wie soll sich nach meiner Einwanderung meine
Tätigkeit gestalten, was kann ich dafür noch vorbereiten? Mitnahme von Geld
war ausgeschlossen, denn ich wollte bis zuletzt legal bleiben, jeder Abzug von
meinem Vermögen, das voll dem Finanzamt bekannt war, wurde übrigens
nachkontrolliert, jeder Schwund musste nachgewiesen werden. Ein Transfer
von Sachwerten, die sich nur auf meine ärztliche Tätigkeit erstrecken konnten,
war zu vernachlässigen. Z. B. konnte ich nicht einmal eine Röntgeneinrichtung
mir mitnehmen, da ich kein Facharzt auf diesem Gebiete war. Da kam mir der
rettende Einfall, dass ich eine frühere Tätigkeit auf chemischem Gebiete aus-
geübt hatte und als Folge davon meinen Prosorbawirkstoff hergestellt und
sogar zuletzt in den Handel gebracht hatte. Denn ich liess am Anfang meine
Salbe nur für den Bereich meiner Praxis in meiner Apotheke herstellen, ohne
an eine commercielle Verwertung zu denken, denn das hatte ich nicht nötig. In
dem Masse aber, als meine Auswanderung näher rückte, und ich daran denken
musste, mich im Auslande eventuell umzustellen, um andere Verdienstmög-
lichkeiten zu haben, beschäftigte mich die Frage, meine Präparate allgemein in
den Handel zu bringen. Das war nun wieder ein neues Gebiet für mich, phar-
mazeutische Propaganda. Ich hatte weder Zeit noch Geld dafür übrig mit per-
sönlicher oder Zeitungsreklame die Salbe einzuführen. Auch fehlten mir Kli-
nikgutachten, die dafür nötig waren. So probierte ich auch hier einen eigenen
Weg aus, mit geringsten Unkosten und Risiko, Prosorba bei den Ärzten einzuführen. Ich verband mich mit einem zuverlässigen jungen Apotheker, der als
Provisor in meiner, der „Lindwurm-Apotheke", die Wirksamkeit und Verkäuf-
lichkeit meiner Präparate kennen gelernt hatte. Ich schaffte eine Tubenfüllma-
schine an, Tuben und Packmaterial dazu, liess Prospekte drucken und den
ganzen Vertrieb durch meinen Mitarbeiter gehen, der indessen selbst ein kleine
Apotheke erworben hatte und Zeit für den Betrieb hatte. Ich entwarf, zeichnete
und liess Reklamepostkarten drucken, in denen Wirksamkeit und Anwendung
entsprechend meiner praktischen Erfahrung kurz und treffend beschrieben
waren und schickte sie als „Postwurfsendung" mit der Aufforderung, Muster
anzufordern.

[...]

Während ich in der „Fabrik" den Monteuranzug trug, musste ich ihn in der Praxis mit dem weissen Mantel vertauschen, denn die Medicin bzw. die Patienten verlangten weiter ihre Rechte. Ausserdem frassen die Verhandlungen mit den Behörden an meiner Zeit und Kraft. Immer neue Aufstellungen wurden verlangt, Abgaben da, Abgaben dort. Die meisten nahmen Auswanderungsberater, aber mein Transfer war so spezialisiert, dass ich sie keinem anvertrauen wollte. Mir grauste manchmal vor meinem eigenen Mute und Selbstvertrauen in der Angelegenheit. Aber die Behörden waren correct, ja sogar entgegenkommend und als ich den massgebenden Beamten fragte, ob ich nicht doch einen „Transferberater" nehmen sollte, meinte er, ich hätte den Antrag ganz richtig gemacht und er hätte ihn befürwortend weitergegeben, und wirklich bekam ich bald meine Genehmigung.

Ich will die Erinnerung an die Aufregungen und Anstrengungen des Packens und Abschiednehmens übergehen. Wir konnten in letzter Minute quasi-zwei grosse Lifts, das Auto und viele Kisten mit den Maschinen und den Laborgeräten mitnehmen, ein hilfsbereiter Zollbeamter gab uns noch den Rat, das Silber in einem Koffer, den er versiegelte, als Handgepäck mitzunehmen. Später wurde uns klar warum: die Lifts wurden unterwegs auf Silber durchsucht. So nahmen wir mit mehr Trauer als Bitterkeit Abschied von unserem schönen München. Am schmerzlichsten war es, meine Mutter[3] zurücklassen zu müssen, deren Mitnahme die englischen Behörden verweigerten, und die wir nicht mehr wieder sahen.

Meine erste Aufgabe in meiner neuen Heimat war, Geld flüssig zu machen, um leben zu können. Meine teuer bezahlten tausend Pfund steckten in Aktien, deren Verkaufswert nur 700 Pfd. waren. Ich verkaufte zunächst meinen Boden in Jokneam zum Gestehungspreis an einen schon dort sitzenden jungen Münchner. Im allgemeinen haben alle hier im Lande und besonders die früheren Einwanderer davon profitiert – welche Bodenbesitz erworben und behalten haben, im Laufe der Jahre einen erheblichen Wertzuwachs erzielt. Allerdings nur in der Gegend, wo die Entwicklung vorwärts ging, also besonders in Tel-Aviv oder anderen Entwicklungszentren. Das war ein reines Glückspiel, denn auch die Eingeweihten wurden oft überrascht, wie Stellen, welche die besten Aussichten hatten, zurückblieben und andere einen Auftrieb bekamen. So war es auch mit Jokneam und ich habe den Verkauf nicht bereut, ausser dass ich gar keine Wahl hatte. Anders war es mit dem zunächst hoffnungslosen Bauplatz auf dem Karmel. Obgleich er schon damals einen erheblichen Wertzuwachs hatte, wollte ich an ihm festhalten, bis ich mein ganzes Geld aufgegessen hatte, eigentlich nur aus sentimentalen Gründen, weil ich einmal auf eigenem Boden

---

[3] Emilie Bilski (1873–1943) war verwitwet und wurde 1943 aus Halle nach Theresienstadt deportiert, wo sie am 1. Juni 1943 ermordet wurde.

sitzen wollte. Später werde ich zeigen, wie mich mein Gefühl richtig geleitet hatte und sich auch real belohnt gemacht hat. Die nächsten Aktionen waren Verkauf des Autos – ein grosser fast neuwertiger Opel. Erlös nach Abzug der Steuer etwa 100 Dollar, so gross war das Überangebot. Durchkämmen der Lifts von entbehrlichen Sachen, Fahrräder, Waschmaschine etc., überflüssiger Laboratorgeräte, für die ein relativ guter Preis zu erzielen war. Wir verkauften in einer Art Panik, weil doch zunächst nicht die kleinste Aussicht einer Verdienstmöglichkeit bestand. Wir hatten ein noch gutes Klavier mitgebracht. Eines Tages sagte meine Frau, dass ein Händler es für c. 60 Dol. kaufen wollte. Sie habe aber 65 gefordert, so ist glücklicherweise aus diesem Verkauf nichts geworden, und ich habe später, wo ich viel Zeit zum Spielen hatte, was ich immer dilettantisch mein Leben lang betrieben habe – noch sehr viel Freude von dem Nichtverkauf gehabt.

Die ersten wenn minimalen Einnahmen erzielte ich durch den Verkauf meiner Salbe, die mit dem mitgebrachten Wirkstoff von einer kosmetischen Firma, in der ein hilfreicher Vetter Chemiker war, hergestellt wurde. Die Einführung bei den Ärzten übernahm ich persönlich. Das war ein unerquickliches Geschäft, das antichambrieren. Dabei war ich in der besseren Situation, als die üblichen pharmaceutischen Vertreter, denn ich war Arzt, hatte eigene Erfahrungen mit dem Präparat und habe auch manche angenehme persönliche Beziehung zu manchen Kollegen anknüpfen können. Trotzdem natürlich lohnte sich nicht der persönliche Aufwand für einen einzigen pharmaceutischen Artikel. Inzwischen arbeitete ich an meiner Hauptaufgabe, (…) meiner Apparatur und ihrer nutzbringenden Verwendung.

Ursprünglich wollte ich mich in der Gegend von Haifa niederlassen, entsprechend meinen ersten Plänen. Mir war nicht bekannt, oder ich hatte es übersehen, dass die Citruswirtschaft in der Gegend von Tel-Aviv und südlich davon zu Hause war. Also dirigierte ich meine Lifts um und fand auch bald in der Gegend von Tel-Aviv, dem damals noch ländlich reizvollen Ramath-Gan, eine passende Wohnung, die den Vorteil hatte, dass ich mir ein Dachzimmer als Labor einrichten und meine Lifts in einem Garten unterbringen konnte. Ein anderer Vorteil war, dass eine Anzahl von Verwandten schon dort wohnten, die uns die Eingewöhnung erleichterten. Für die Kisten mit meiner Apparatur fand ich in dem benachbarten Bneberak[4] einen primitiven Schuppen. Nun musste ich auf die Suche gehen für den Ort, wo ich meine Maschinen aufstellen und arbeiten lassen konnte. Ein guter Stern hat mich davor bewahrt, selbstständig einen Betrieb einzurichten. Ich war ahnungslos gegenüber den Schwierigkeiten, die mich dabei betroffen hätten, abgesehen von der Geldinvestition. Wieviele finanziell gut fundierte ähnliche Betriebe mit erfahrenen Fachleuten an der Hand mussten zunächst liquidieren, und erst der nächste Inhaber, der das Inventar zu Schleuderpreisen übernehmen konnte, hat langsam darauf auf-

---

[4] Gemeint ist vermutlich Bnei Berak.

bauen können. Mein guter Stern in negativem Sinne war zunächst die Regierung. Ich hatte schon viele preislich günstige Angebote von Fabrikräumen besichtigt, aber die strikten sanitären Verordnungen von bestimmter Raumzahl, anderen Forderungen über Kachelung, hygien. Installation etc., welche theoretisch ganz berechtigt waren, aber von vielen durch entsprechende Verbindungen umgangen werden konnten, forderten soviel Geld, dass ich von vornherein abgeschreckt wurde. Wenn ich retrospectiv auf Grund meiner später gesammelten Erfahrungen zurückdenke, was alles zu einem Betrieb hier gehört um ihn überhaupt laufen zu lassen schon mit fertigem Programm und Absatzgebiet, so ist mir klar, dass ich wirtschaftlich Selbstmord verübt hätte, wenn ich selbständig damals etwas angefangen hätte. Ich hatte aber auch in positivem Sinne Glück. Ich fand – ich weiss nicht mehr auf welchem Wege – die Verbindung zu Bravermann, dem damaligen technischen Leiter einer der ersten citrusverarbeitenden Fabriken des Landes, „Jafora" in Rechowoth. Später wurde er auf Grund seiner Kenntnisse und Erfahrungen Professor am Haifaer Technion. Er war schon lange im Lande, aus Russland stammend. Er hatte seinen Betrieb vorsichtig in einem aufgegebenen Weinkeller des Baron Rothschild aufgebaut und prosperierte aus verschiedenen Gründen. Abgesehen von seiner persönlichen Tüchtigkeit war er sehr sparsam in Neuanschaffungen, dabei neuen Ideen gegenüber aufgeschlossen. Die meisten Vorrichtungen wurden von erfahrenen Facharbeitern in der Fabrik selbst gebaut. Er war einer der ersten, welche die Schalen der Orangen zu trockenem Viehfutter verarbeiteten. Es war für die Verhältnisse des Landes ein Grossbetrieb mit viel Raum. B. war bereit, mir Platz, Wasser und Dampfanschlüsse und Arbeit unentgeltlich zu geben, wenn ich ihn mit meiner Apparatur für seine eigenen Versuche arbeiten liesse, die sich mit der Pectinherstellung aus der Schale befassten. Das war für uns beide ein sehr günstiger Handel. Er brauchte für ein fragliches Experiment keine eventuell unnützen Ausgaben zu machen und ich bekam freien Platz und brauchte mich nicht um Arbeiter zu kümmern, stand sogar unter hilfreicher sachverständiger technischer Aufsicht, was gar nicht hoch genug für mich, den technischen Laien, anzuschlagen war, wie sich bald herausstellte, denn eine Vacuumapparatur hat erhebliche Tücken. Der einzige Nachteil für mich war, dass die Fabrik in Rechowoth stand, das nur umständlich damals von Ramath-Gan zu erreichen war. Das aber wurde dadurch wieder gut gemacht, dass B. ein sehr gutmütiger und hilfsbereiter Mann war, der mich mit seinem eigenen Wagen sehr häufig mitnahm, wenn er von Tel-Aviv nach Rechowoth fuhr. Obgleich unsere Interessen sich nicht weiter berührten, stand ich doch noch lange nachdem ich seine gastliche Fabrik verlassen hatte, in freundschaftlichen Beziehungen zu B. und empfand besonders wohltuend die beinahe patriarchalischen Beziehungen innerhalb der ganzen Belegschaft seines Betriebes. Dabei war ich damals noch unfähig, mich an einer Unterhaltung in Ivrith zu beteiligen, aber alle nahmen darauf Rücksicht und verstanden auch mehr oder weniger Deutsch.

[...]

Man trat zunächst an mich heran von Seiten einer Cooperative von selbstständigen Kleinbauern, die grössere Orangengärten gemeinsam bearbeiteten,
in Kfar Vitkin eine Saftgewinnung einzurichten. Es war nichts vorhanden
ausser einem kleinen Packhaus, alles andere musste erst beschafft werden:
Pressköpfe, Fässer, Organisierung der Arbeit unter primitivsten Verhältnissen.
Dazu kam, dass der Platz ziemlich abgelegen war, die Financierung ungenügend. Innerhalb der Cooperative bestanden Streitigkeiten, kurz, das Arbeiten
dort war für mich um so schwieriger, als die Autobusverbindung hinüber ein
Stunde dauerte und ich dort zeitweise schlecht untergebracht wohnen musste.
Ich hielt es nicht lange in Kfar Vitkin aus und als mir vom Direktor Tnuva
ein anderes Angebot von einem seiner Klienten gemacht wurde, lehnte ich
jede weitere Tätigkeit auf dem Gebiet der Orangenverwertung ab. Dieses neue
Angebot ging von Gan-Schmuel aus, einem Kibbuz des Haschomer Hazair.
Verschiedene Emissäre des Kibbuz erschienen mehrfach bei mir in Ramath-Gan
und versuchten, mich zu überreden, meinen Entschluss zu ändern. In dem
Masse, als ich sie persönlich näher kennen lernte, sah ich, dass ich es hier
mit ganz anderen Persönlichkeiten zu tun hatte, als den hartköpfigen und engstirnigen Bauern, mit denen ich mich vorher ärgern musste. Und ich sagte
schliesslich zu. Damit begann ein neuer fruchtbarer Lebensabschnitt für mich
in materieller und besonders in menschlicher Hinsicht. Wir haben viele Jahre
zusammengearbeitet und zum Teil zusammengelebt. Ich habe dadurch Einblick bekommen in die Lebensform des Landes, die grundlegend war für seinen Aufbau, in seine Probleme, seine Leistungen und seine Schwächen. Das
Curiosum war, dass ihre jüdische Ideologie weit entfernt von der meinen war,
aber auch die Chawerim dieses Kibbuz wurden in ihrer Lebensführung geleitet durch eine Idee und legten sich derentwegen Beschränkungen auf und so
hatten wir gegenseitig mehr Verständnis für einander, als für die pragmatische
flache Ideenlosigkeit des politischen Lebens hier.

Der Kibbuz Gan-Schmuel liegt ungefähr in der Mitte zwischen Haifa und Tel-
Aviv. Er wurde in einem alten *Pardess*[5] für *Ethrogeim*[6] aufgebaut. Er machte
damals noch den Eindruck eines alten Gutshofs mit einem centralen weiten
Platz umgeben von niedrigen Gebäuden, sehr malerisch gelegen. Von allen
Seiten Citruspflanzungen mit gut gepflegten alten, reichlich tragenden Bäu-
men. Diese wurden nach damaliger Art bewässert von Kanälen, die von einem
grossen offenen betonierten Sammelbecken ausgingen. Der Kibbuz war einer
der ältesten des Landes und durch den Eifer und die Fähigkeiten seiner Chawerim einer der reichsten. Es war ein für damals charakteristischer gemischter

---

[5] *Pardess* (hebr.): Obstgarten.
[6] *Etrog* (hebr.): Zitrusfrucht (auch: Paradiesapfel) mit ritueller Bedeutung im Judentum. Teil des Feststraußes, der an Sukkot beim Gebet gehalten wird.

Landwirtschaftsbetrieb mit Ackerbau, Geflügel- und Viehzucht, ausser dem Citrusbau, der sich noch auszeichnete durch eine Gänsefarm – unter alten Ölbäumen – die insofern in Symbiose lebten, als die Bäume ausser Früchten sehr erwünschten Schatten gaben und die Gänse nahrhaften Dung. Ferner war berühmt eine Imkerei. Die Bienen bezogen, wenn sie nicht zu Hause gefüttert wurden, ihre Nahrung von der reichen Orangenblüte und einem benachbarten alten Eukalyptuswalde. Ausserdem war da ein bekannter Spezialist für Saatenzucht. Das Ganze war mustergültig gehalten. Die Wohnungen, damals meistens noch Holzhäuser und Zelte für die jüngeren Mitglieder umgeben mit prächtigen Blumenbeeten. Ein Luxus, weil er kostbare Arbeitszeit wegnahm, aber ein Beweis für die ästhetischen Bedürfnisse der Bewohner. Natürlich war eine gut eingerichtete Schlosserei und Tischlerei vorhanden. Ich hatte schon vorher kleine und grosse Kibbuzim gesehen, aber keiner hatte diesen blühenden und geordneten Eindruck auf mich gemacht. Als ich die Chawerim näher kennen lernte, war es mir klar, warum das so war. Die leitenden Köpfe waren Persönlichkeiten, zum Teil mit höherer Schulbildung, zum Teil selfmademan, von der alten Garde der früheren Einwanderung, die als junge Menschen Wege gebaut und Sümpfe entwässert hatten unter Entbehrungen, aber zusammengeschweisst durch Kameradschaft und die Idee, eine Gemeinschaft mit gleicher gegenseitiger Verantwortung und der gleichmässigen Teilung aller Güter und Rechte. Alles dies im Rahmen der kapitalistischen Gesellschaftsordnung der Umgebung. Sie alle waren Menschen, wie alle mit Neigungen und Abneigungen, verschiedenen Begabungen und Temperamenten, und ich habe mich immer wieder gewundert, wie über dem Individuum immer wieder der Geist der Gemeinschaft siegte, über alle Differenzen im Alltag den Ausgleich fand. Gewiss gab es Konflikte besonders menschlicher Art, die einzelne nicht durchstehen konnten, aber das kam relativ selten vor. Ich will mich über die Problematik des Kibbuzlebens hier nicht auslassen, es sind viele Bücher darüber geschrieben worden. Die Bereicherung für mich, den Einzelgänger, sich nicht nur reibungslos da einfügen zu können, sondern produktiv mitarbeiten zu können möchte ich betonen und dass ich bald mit Menschen Freundschaft geschlossen habe, die meinem Lebens- und Interessenkreise ganz fern gelegen haben.

[...]

Une Longue Marche. Souvenirs et Réflexions
(Ma Longue Marche, Paris, 1976)

Von François J. Herzfelder

Dr. jur. Franz Jakob Herzfelder wurde am 29. Mai 1901 in München als Sohn des Geheimen Justizrats und Rechtsanwalts Dr. jur. Felix Herzfelder und seiner Frau Emma (geb. Oberndoerffer) geboren. Bereits 1911 trat Franz J. Herzfelder aus der jüdischen Religionsgemeinschaft aus. Er studierte in München und Berlin und promovierte 1927 in Erlangen. Im selben Jahr absolvierte er die Staatsprüfung und wurde 1928 in München zur Anwaltschaft zugelassen. Sein Schwerpunkt war das Gesellschaftsrecht. Bis zum Entzug seiner Zulassung am 5. September 1933 war er in der Kanzlei seines Vaters in der Karlstraße 10 tätig. Nach der Emigration im Mai 1934 arbeitete Herzfelder bis 1936 als Übersetzer am Tribunal Civil in Nizza und war Testamentsvollstrecker von Magnus Hirschfeld[7]. Nach dem Einmarsch der Deutschen in Frankreich wurde Herzfelder zunächst in verschiedenen Lagern interniert, bevor er von 1942 bis zur Befreiung Frankreichs im Untergrund lebte. Von 1948 bis 1957 übernahm Herzfelder die Leitung des Büros der United Restitution Organization (U.R.O.) in Paris und arbeitete anschließend als Rechtsanwalt mit Praxisschwerpunkt Wiedergutmachung in Paris unter dem Namen François Jacques Herzfelder. Von 1962 bis 1995 war Herzfelder auch wieder in München als Anwalt zugelassen. Er starb am 6. Juni 1998 in Paris.
Der hier abgedruckte Auszug aus der Autobiographie von Dr. François J. Herzfelder wurde dem Stadtarchiv München von der in Israel lebenden Nichte des Verfassers, Miriam Schmidt, überlassen.

Ich glaube, dass mein Lebenslauf zutiefst beeinflusst worden ist von meiner Auswanderung im Mai 1933. Ich war damals 32 Jahre alt, und es scheint mir heute merkwürdig, dass ich diese 32 ersten Lebensjahre in Deutschland verbracht habe. Ein Teil meines Lebens so fern von mir, dass er mir unwirklich erscheint.

Ich bin nach dem Zweiten Weltkrieg mehrmals nach München, meine Geburtsstadt, zurückgekehrt und habe mich dort wie ein Tourist gefühlt, keineswegs bewegt von Erinnerungen. Das erste Mal habe ich nur die Ruinen gesehen, dort, wo der Bahnhof gestanden hatte und davor einige andere grosse Gebäude. Meine Reaktion? Ich fing an zu lachen, als ich mich an Hitlers Voraussage erinnerte: „Gebt mir nur 10 Jahre, und Ihr werdet Deutschland nicht wiedererkennen!"

---

[7] Magnus Hirschfeld (1868–1935) war ein deutscher Arzt, bedeutender Sexualforscher und ein Vorkämpfer für die gesellschaftliche Akzeptanz von Homosexualität.

Ich vergesse meine Vergangenheit nicht – das wäre Unsinn. Ich vergesse auch nicht die wesentlichen Elemente unserer intellektuellen Struktur, die sich in unserer Kindheit und Jugend formen. Aber ich bin davon überzeugt, auf Grund meiner persönlichen Erfahrungen, dass diese Transformation nie endgültig ist, weil man neuen Erfahrungen und Reaktionen ausgesetzt ist, und das Mutationen unserer Psyche und unseres Verstandes in jedem Alter plötzlich auftreten können. Im Traum bin ich tatsächlich manchmal in München, aber im wachen Zustand rufe ich mir sehr selten meine deutsche Vergangenheit zurück, die mich nach meiner Ausreise tatsächlich nicht mehr interessierte. Ich glaube nicht, dass die Auswanderung in mir weder Schock noch Rachegefühle erweckt hat. Im Gegenteil: Ich [h]abe sie als wunderbares Abenteuer angesehen. Niemals habe ich Sehnsucht nach Deutschland gehabt. Ich habe dem Führer immer gedankt, dass er mich vertrieben hat. [...]

Die Emigration
Mit der Machtergreifung Hitlers waren wir im Käfig der wilden Tiere. Die S.A. waren Herren der Strasse. Man begann die Lager zu füllen. Einer meiner jungen Kollegen, ein Jude, der von den Nazis besonders gehasst war, wurde ohne dass ich den Grund dafür kannte, in Dachau ermordet. Ein anderer wurde barfuss durch die Strasse geschleppt mit einer beleidigenden Karte am Hals. Der Jude war rechtlos, verteidigungslos. Der 1. April 1933 wurde als Boykottag der Juden erklärt. Vor jedem Geschäft, das einem Juden gehörte, stand ein Posten der S.A. Was für Gewaltakte fanden statt! Vor dem Gerichtshof riesige Plakate: „Eintritt für Juden untersagt!" Da fasste ich endgültig den Entschluss das Land zu verlassen. Kein Zögern mehr! Das Büro, die Stellung, das juristische Werk, das von einem deutschen Herausgeber bestellt worden war, und an dem ich 2 Jahre arbeitete – alles unwichtig. Fast ohne geldliche Rücklagen, fragte ich mich, wie wir im Ausland leben könnten.[8] Aber alle meine Zweifel wurden weggefegt aus dem einzigen Wunsch, so schnell wie möglich auszuwandern. Die Wahl von Frankreich war natürlich für mich. Ich kannte die Sprache und Kultur – ich war in 1928 und 1932 kurz in Paris gewesen. Wie könnte ich je diesen Tag im Mai 1933 vergessen: Die Kontrolle am Bahnhof in München, das Cello unter dem Arm. Bis zum letzten Augenblick fürchtete ich ein Hindernis, eine Einmischung der Hitler-Polizei.

Arbeit in Nizza
Es war ein bekanntes Rechtsbüro mit ungefähr 20 Angestellten. Der Leiter, wie ich später erfuhr, war ein ehemaliger Anwalt. Ein sehr intelligenter Mann, aber von leidenschaftlichem und cholerischem Temperament. Als er mich empfing, sagte er mir, dass er nicht für internationale Fälle spezialisiert sei

---

[8] Franz Jakob Herzfelder war inzwischen mit Herta Hildegard Haensel (geb. 1907 in Dresden) verheiratet.

und hoffte, dass ich die Qualitäten „meiner Rasse" besässe. Meinte er deutsche oder jüdische?

Seine Fachbibliothek war so reich, wie ich nie eine ähnliche bei einem französischen Anwalt gesehen habe. Der Vergleich zwischen dem französischen und dem deutschen Recht interessierte mich sehr. Auf jedem Gebiet werden die Ziele des Rechts – Gesetzgebung, Doktrine oder auch Rechtsprechung von Bedingungen der Moral, Religion, Wirtschaft und Wohlfahrt bestimmt. Also sind sie von Land zu Land verschieden. Aber, von Interesse für Juristen, selbst wenn die Resultate die gleichen sind, sind die rechtlichen Mittel, um sie zu erreichen, oft verschieden, abhängig von dem juristischen Denken, der Konzeption, der gesetzgebenden Technik. Also habe ich das vergleichende Recht studiert, und dieses Thema hat mein natürliches Interesse als Flüchtling an der Gegenüberstellung der französischen und deutschen Zivilisation und Psychologie verstärkt. Das ist ein Gebiet von groben Verallgemeinerungen, vorgefassten Ideen und vereinfachten Schlagworten. […]

Mit jedem Schritt fühlte ich, wie sehr das psychologische und kulturelle Klima in Frankreich von dem deutschen verschieden war. Aber es ist schwierig die Kriterien zu definieren, die diese Verschiedenheit bestimmen. Und je mehr ich mich in diese Frage vertiefte, desto klarer wurde mein Urteil. Man kann leicht die Schablonen ausschalten, aber es ist schwierig, sie durch befriedigende Formeln zu ersetzen. So zum Beispiel die Vorsicht und den Konservativismus der Franzosen zu erklären, während sie doch die erste grosse politische Revolution unternommen haben. Die Deutschen waren dazu nicht fähig, obgleich sie doch so unternehmend und für jede Neuigkeit zu haben sind. Der kleinbürgerliche Geist des durchschnittlichen Franzosen schadet keineswegs dem allgemeinen Eindruck, den dieses Volk macht, dass es die menschlichen Probleme grosszügiger betrachtet als die Deutschen, die trotz ihrer grossen Denker oft so provinziell erscheinen. […]

Ich hatte mir vorgenommen mich nicht mehr mit Jura zu befassen. Ich hatte die Idee über philosophische oder soziologische Fragen zu schreiben. Ich fasste selbst ein kleines Werk ab, in dem ich vorschlug, deutsche Kinder eines gewissen Alters, zeitweilig zu verpflanzen. Nach der Idee, dass ihre Eltern und Erzieher von Hitlers Ideologie vergiftet waren, schlug ich vor, die Kinder für einige Jahre diesem schädlichen Einfluss zu entziehen und sie französischen, englischen oder amerikanischen Familien von intellektuellem, fortschrittlichem und nicht militaristischem Milieu anzuvertrauen. Gewisse Zeitschriften fanden meine These verlockend, aber zu[m] Glück für mich – diese utopische und kindische Schrift fand ein kurzes Ende.

Paris

Mit Unlust kehrte ich zu Jura zurück. Es bildete sich ein kleiner Kern von Klienten und ich löste bald einige wichtige Fälle. Parallel mit der Praxis bot sich in 1945/46 die Möglichkeit für eine mehr theoretische Arbeit. Einige frühere deutsche Juristen – Emigranten, die in Paris lebten, hatten eine kleine Studiengruppe gebildet mit dem Ziel, ein deutsches Gesetz auszuarbeiten, um die Wiedergutmachung für die Opfer des Nazismus zu regeln.[9] Ich akzeptierte die Mitgliedschaft dabei ohne jede Begeisterung; denn wenn das Projekt nützlich sein sollte, schien es mir von äusserster Wichtigkeit, die Vertiefung der Quellen und Erscheinungen des Nationalsozialismus zu studieren. Und ausserdem, wie konnte dieses zerstörte Deutschland jemals in der Lage sein, irgendwelchen Schaden wieder gut zu machen? Es fanden einige Sitzungen unseres Komitees statt und ich, als Opfer meines Perfektionismus, meiner dauernden Sorge zu vertiefen und erforschen, wurde bald der einzige, der diese Arbeit mit Ernst begann. Unser Rechtsprojekt wurde durch die deutsche Rechtsabgebung selbst überholt, aber die Dringlichkeit, mit der ich den Plan behandelt hatte, sicherte meinen Namen unter den Kollegen, was unerwartete Folgen für meine berufliche Zukunft haben sollte. Nach dem Beispiel anderer Länder gab unser Komitee sich eine juristische Form unter dem ziemlich pompösen Namen „Vereinigung zur Verteidigung der Interessen der Opfer der Achse" (A.D.I.V.A.), deren Generaldirektor ich unter dem Ehrenpräsidium des berühmten Rechtsanwalts Maitre Moro-Giafferé[10] und anderer französischer politischer Personen wurde. All das schien mir ziemlich lächerlich – wenn man betrachtet, dass hinter unserer grossartigen Fassade niemals mehr als 15 ehemalige deutsche Juristen standen! Und dennoch, diejenigen unter uns, die es gefordert und geplant hatten, und die mit Sinn für das Praktische, der mir immer gefehlt hatte, hatten recht. Um zu handeln brauchten wir eine Organisation. Und so wurde die A.D.I.V.A. als kompetent und repräsentativ in Angelegenheiten der Wiedergutmachung der Naziopfer von den deutschen und französischen Behörden anerkannt, und auch von den juristischen Organisationen. Noch heute sitzen ihre Abgeordneten in den Verwaltungsräten gewisser jüdischer Organisationen, die auf diesem Gebiet geschaffen wurden. Die A.D.I.V.A. unternahm zahlreiche Schritte über gesetzgebende Probleme, und manche von ihnen wurden mit Erfolg gekrönt.

Die Geschichte der Gesetzgebung, die in der deutschen Bundesrepublik geschaffen wurde, um die Opfer der Rassenverfolgungen und politischen Verfolgungen zu entschädigen, ist lang und kompliziert und ist der Gegenstand eines grossen Werkes, das die Behörden zu veröffentlichen unternommen haben. Man kann sich eine Vorstellung von der Menge der gesetzgebenden und fina[n]ziellen Probleme machen in Bezug auf die Menge der Opfer und ihrer Ansprüche, die Masse und Verschiedenartigkeit der materiellen und mora-

---

[9] Zur „Wiedergutmachung" des NS-Unrechts: Winstel, Verhandelte Gerechtigkeit.
[10] Vincent de Moro-Giafferi (1878–1956), einer der berühmtesten französischen Strafverteidiger seiner Zeit und von 1946 bis 1956 Abgeordneter der Nationalversammlung für den Rassemblement des gauches républicaines (RGR), eine linksgerichtete Gruppe der Republikaner.

lischen Vorurteile. Ohn[e] zu vergessen, dass die Interessenten in der ganzen
Welt verstreut sind und dass, Jahrze[h]nte nach ihren Leiden, Beweise für die
Natur und Schwere der Schäden zu erbringen und zu beweisen, dass die Verfolgungen und Misshandlungen Ursache für indirekte Folgen sind, äusserst
komplex sind. Die Gesetzgebung ad hoc wurde in Ostdeutschland und West-
berlin für einen beschränkten Sektor von den Besatzungsbehörden geplant und
realisiert: Von den amerikanischen, britischen und französischen Behörden,
aber im wesentlichen von der deutschen Bundesrepublik selbst. Die Geschichte
hat selten solche Kollektivverbrechen in einem solchen Ausmass gesehen; und
niemals ist eine so wichtige Gesetzgebung zur Wiedergutmachung, so unvoll-
kommen und unvollständig auch immer, ausgedacht worden. Man muss auch
sagen, dass die Summen, die von der deutschen Regierung ausgezahlt und
noch auszuzahlen sind gemäss den Verträgen mit Israel und anderen Ländern
äusserst gewichtig sind, ohne das nationale Budget übermässig zu belasten,
dank dem wirtschaftlichen Aufschwung seit 1949. Wohlverstanden, die ganze
Wiedergutmachung betrifft einen Teil der materiellen Schäden, Deutschland
selber, sowie die Repräsentanten der Opfer, die formell erklärt haben, dass die
moralische[n] Schäden nie repariert werden können.

Im demokratischen Deutschland sah man in der Wiedergutmachung eine
Ausnützung des deutschen Volkes. Die dort wohnenden Opfer scheinen trotzdem gewisse Entschädigungen bekommen zu haben.

Im Winter 1948 wurde die A.D.I.V.A. über die Schaffung einer jüdischen
sozialen Organisation unter dem Namen U.R.O. (United Restitution Organization[11]) in London informiert. Ihr Ziel war die individuelle Verteidigung der
Opfer des Nazissmus [sic!] vor den deutschen Behörden; aber sie beschränkten
ihre Dienste auf diejenigen, die sich nicht die Dienste eines Anwalts leisten
konnten. Die Erfüllung ihrer Aufgabe verlangte eine gewisse Anzahl von deutschen Büros, deren Aufgabe es war, ihre Klienten zu verteidigen, und äussere
Fühler in den Ländern, die ein bedeutendes Potential der Berechtigten hatten,
zu schlagen.

In der Zeit, als die U.R.O. sich an die A.D.I.V.A. wandte, waren bereits
einige deutsche und ausländische Büros geschaffen worden, die in der Folge
ihre Anzahl beträchtlich erweiterten. Einer der Direktoren kam also nach Paris,
um uns die Schaffung einer Fühlungsstation (Antenne) mitzuteilen, und bat
uns, ihm eine geeignete Person für die Leitung vorzuschlagen. Das Gehalt
war bescheiden, und jeder war skeptisch, was die Tätigkeit und Zukunft der

---

[11] Die *United Restitution Organization* (U.R.O.) wurde 1948 nach britischem Recht in
London gegründet. Sie richtete in verschiedenen Ländern Büros ein und unterstützte
europäische Überlebende des Holocaust in Verfahren für Wiedergutmachung, die
sich keinen Rechtsanwalt leisten konnten. Sie wurde 1951 offiziell als Vertretung und
Rechtsberatung der am Rückerstattungsverfahren Beteiligten vom Hohen Kommissar
zugelassen und legte ihr Büro 1955 mit der aus der amerikanischen Zone hervorgegan-
genen Rechtshilfeabteilung zusammen.

U.R.O. betraf. Zu dieser Zeit waren erst zwei Gesetze in Kraft, die sich mit der Restitution zerstörter Güter befassten – eins für die amerikanische Zone, das andere für die französische. Und ohne der Tatsache Rechnung zu tragen, dass die Wirtschaftslage jenseits des Rheins so katastrophal war, dass die Zahlung irgendwelcher Reparationen uns ausserhalb jeder Möglichkeit schien. Aber ich sah die Aussicht auf ein kleines regelmäßiges Einkommen, und so erklärte ich mich als Bewerber für den Posten. Wir waren zwei Bewerber von dem Komitee. In der geheimen Abstimmung wurde ich gewählt, aber nur mit einer kleinen Majorität. Ich war davon enttäuscht. Wieder einmal war mein Schicksal vom Zufall bestimmt.

Am 4. Dezember 1948 begab ich mich an meine Aufgabe. Ich hatte zwei kleine Zimmer bei einer Frau in Chartier des Halles gemietet. Ich verfügte über eine halbstündige Sekretärin. Auf diese Weise leitete ich die französische „Antenne" der U.R.O. bis zum 1. Februar 1957. Damals verfügte ich über 30 Angestellte und 5 juristische Mitarbeiter. Tatsächlich war ich vom ersten Tag an voll beschäftigt, und die Arbeit hörte nicht auf zu wachsen, allein durch die Tatsache, dass in R.F.A.[12] die Gesetzgebung über Entschädigung auf alle wichtigen Kategorien von Schäden ausgedehnt wurde. Und ohne Zögern musste ich unsere Lokale erweitern. Es ging nicht alles ohne Schwierigkeiten vor sich. Ich musste um jeden Angestellten, um jeden zusätzlichen Quadratmeter argumentieren, kämpfen und überzeugen. Tatsächlich war die U.R.O. lange finanziell vom amerikanischen „Joint" abhängig[13], die darin eine Last sah und an ihren Erfolgschancen zweifelte. Ausserdem waren für diese amerikanischen Juden, die alle aus Osteuropa stammten, das alles Angelegenheiten der „Jeckes" (Juden aus Deutschland), und meine Beziehungen zu dem Pariser Direktor des „Joint" blieben lange Zeit stürmisch. Andere Kämpfe erwarteten mich. Mit den deutschen Büros der U.R.O., die lange Zeit unzufriedenstellend waren; mit den deutschen Behörden über Prinzipfragen; mit der französischen Verwaltung, die nicht immer zum Verständnis geneigt war, und deren Unterstützung wir doch brauchten. Ich erinnerte mich damals an Cyrano: „Ich schlage mich, ich schlage mich, ich schlage mich!"

Gewisse menschliche Erfahrungen, die ich in der U.R.O. erlebte, scheinen mir wichtig. Zuerst, und zum ersten Mal in meinem Leben traf ich eine sehr grosse Anzahl von Juden aus allen Ländern Europas und aus unterschiedlichen sozialen und kulturellen Schichten. Ich lernte ihre Verschiedenheit in Mentalität und Benehmen kennen. Oft empfindet man eine unmittelbare Osmose zwischen Juden der Diaspora, eine Art gegenseitiges sofortiges Verstehen, ein Gefühl von Solidarität, Verwandtschaft, kurz gesagt – die Stimme des Blutes. Ich muss gestehen, dass ich niemals solche Gefühle empfunden habe. Ich war

[12] R.F.A.: République fédérale d'Allemagne; gemeint ist die Bundesrepublik Deutschland (BRD).
[13] JOINT: *American Jewish Joint Distribution Committee*, jüdische Hilfsorganisation.

in der Gegenwart von mehr oder weniger sympathischen oder unangenehmen
Männern und Frauen, für mich Fremde.

Ich stellte fest, dass im allgemeinen, wer mehr gelitten hatte, bescheidener
und zurückhaltender war. Es wunderte mich das Mass, in dem diese Märtyrer,
oft die einzigen Überlebenden ihrer Familie, den Willen und die Kraft auf-
brachten, ein gewisses psychisches Gleichgewicht zu bewahren, sich wieder
an das tägliche Leben zu gewöhnen. Da ich oft mit sehr primitiven Menschen
zu tun hatte, und da ich sie nur von aussen beobachten konnte, gelangte ich
zu keiner endgültigen Ansicht über diese Angelegenheiten. Es stimmt, dass
Reaktionen individuell und sehr verschieden sind.

Was meine eigene Reaktion betrifft, so bemerkte ich wie schnell Mitleid
und Mitgefühl sich abstumpfen, wenn die Berührung mit Leiden und seinen
verschiedenen Seiten täglich oder häufig ist. Ich verstand sehr schnell, dass es
für mich wichtiger war, eine befriedigende Lösung der juristischen oder pro-
zeduralen Probleme zu finden, als dem Klienten humanitäre Hilfe zu bringen.

Dies war eine Periode, die mir erlaubte meine beruflichen Qualitäten und
Fähigkeiten zu beurteilen. Ich repr[a]esent[iert]e ein gutes Mittelmass, was
meine letzten Erfahrungen bestätigten. Ich war ein guter Techniker und setzte
alles daran, mein Wissen über die Gesetzgebung und Jurisprudenz zu kon-
sol[id]ieren und mich über Fortschritte zu informieren. Wenn ich mich der
Aufgabe widmete, fand ich gewöhnlich eine annehmbare Lösung für die mir
gestellten Aufgaben und Fragen.

Im Jahre 1956 gab es eine berufliche Wendung. Eine Organisation spanischer
Flüchtlinge wandte sich an mich als Direktor des Pariser Büros der U.R.O.
Ich hörte von ihrer tragischen Geschichte. Am Ende des Bürgerkrieges[14], im
Frühling 1939, gab es zahllose Republikaner, die auswanderten, nachdem sie
Franco bekämpft hatten und in Frankreich Zuflucht fanden. Dann kam der
Zweite Weltkrieg; und diese Männer, die zu alt waren, wurden in die auslän-
dischen Arbeitsgruppen eingeordnet. Einige verpflichteten sich auch der französischen Armee. Nach der Niederlage im Mai-Juni 1940 wurde die Mehrzahl
von den deutschen Truppen gefangen genommen. Sie wurden in den Stalags[15]
interniert, und man überführte sie auf Himmlers Befehl in das Lager von Mauthausen, wo von 6000 Männern 4000 umkamen. Andere spanische Flüchtlinge
wurden in die Südzone deportiert, und ein Teil kehrte nicht zurück.

Auf Bitte dieser Organisation nahm ich die Verteidigung diese[r] Überlebenden an, während die deutschen Behörden sich aus Prinzip weigerten, das

---

[14] Gemeint ist der Spanische Bürgerkrieg, der von Juli 1936 bis April 1939 ausgetragen
wurde. Er endete siegreich für die rechtsgerichteten Putschisten unter General Francisco Franco (1892–1975), der bis zu seinem Tod 1975 das Land als Staatschef von
Spanien diktatorisch regierte.
[15] Stalag, kurz für Stammlager, bezeichnete zur Zeit der Weltkriege größere Kriegsge-
fangenenlager. Im Zusammenhang mit deutschen Konzentrationslagern wird der Begriff
Stammlager als Bezeichnung für die Verwaltungsstelle für Nebenlager verwendet.

Gesetz zur Wiedergutmachung auf sie auszudehnen. Ich brachte die Angelegenheit vor das Zentralbüro in Franklfurt [sic!] das, obgleich es eine jüdische Organisation war, diesen Unglücklichen eine Verteidigung nicht versagen konnte. Die Antwort war nicht nur negativ, sondern etwas gereizt. Ich erbat also vom Zentralbüro die Erlaubnis, in meinem eigenen Namen bei den deutschen Behörden einige Verfahren einzuführen. Mit seiner Bürgschaft unterbreitete ich dem zuständigen Büro in Köln mehrere Anträge auf Wiedergutmachung. Zwei wurden abgewiesen, die anderen unentschieden gelassen. Ich legte also dem Tribunal zwei Lösungen vor, und ich gewann diesen Prozess am Schluss einer langen Prozedur.

Seit langem erwog ich, die U.R.O. zu verlassen und mich selbständig zu machen. Ich erwog das für und gegen, aber der Entschluss war nicht leicht in Hinsicht auf mein Alter und das Risiko, eine lange Anstellung mit festem Gehalt aufzugeben. Für meine Kündigung sprach meine dauernde Unzufriedenheit mit den deutschen Antennen. Ich neigte auch dazu, meine Arbeitslast zu erleichtern und nicht nur mit Wiedergutmachung zu handeln. Und es gab auch die Versuchung, mehr zu verdienen, besonders auf meine eigene Rechnung. Ermuntert durch den erfolgreichen Prozess für meine beiden Spanier, überschritt ich den Rubikon, kündigte meinen Vertrag und wurde mit 55 Jahren mein eigener Arbeitgeber.

Meine Resultate übertrafen die tollsten Hoffnungen. Vom ersten Tag an wurde ich von Klienten überlaufen – Spanier und andere – soweit war mein Ruf als Spezialist in Fragen der Wiedergutmachung von Deutschland gesichert. 1957 beauftragte mich die Organisation der deportierten Spanier mit der Verteidigung der Rechte der Opfer (Witwen, Waisen, Enkel). Trotz dem Risiko willigte ich ein. Eine weitschauende Aktion war notwendig um mit der neuen zahlreichen Klientel, die in Spanien lebte, Kontakt aufzunehmen. Und die Vorbereitung der Akten verlangte eine sehr wichtige Investition in Spesen und Arbeit. Anderseits hing der Erfolg des Unternehmens von der Lösung eines grundsätzlichen Rechtsprinzips ab, das vom deutschen Obergericht noch nicht behandelt worden war. Zum Glück geschah das, und in einem günstigen Sinne. Meine gute Beherrschung der spanischen Sprache, die ich einem Zufall verdanke, erleichterte mir die Aufgabe: In dem Krankenhaus in Oran, wo ich mich sehr langweilte, gab es zahllose Iberer. Ein Handbuch zum Selbst[l]ernen und mein Fleiss erleichterten guten Fortschritt, ohne dass ich natürlich ahnte, dass dieser Fleiss belohnt werden würde.

In meiner Arbeit wurde meine anfängliche Voraussicht getäuscht. Lange Zeit war ich mit Arbeit überlastet, die mit der deutschen Wiedergutmachung verbunden war. Erst vor kurzem habe ich einen gewissen Abstand von dieser Eintönigkeit genommen, um mich sehr anregenden theoretischen juristischen Problemen zu widmen, die sich mit dem vergleichenden und dem internationalen Privatrecht befassen.

Tatsächlich verursachte der Wechsel meiner Betätigung Adaptionsschwierigkeiten. In den letzten Jahren der U.R.O. widmete ich den allgemeinen juristischen Fragen sehr viel mehr Zeit als den individuellen Akten. Administrative Schriftarbeiten (Buchführung, Sozialversicherung usw.) wurden von dem Sekretariat ausgeführt. Anderseits hatte ich keine direkte Verbindung mit den deutschen Behörden – eine Funktion, die den lokalen Büros oblag. Von jetzt an war die Situation anders. Ich musste mich um die Führung des Büros kümmern.

Nachdem ich in meiner Praxis installiert war, musste ich mich mit meinen Gegenanwälten von jenseits des Rheins in Verbindung setzen, und lange Zeit war ich im Hin- und Her zwischen Köln und Düsseldorf. Noch heute ist die Anzahl der Akten in Verbindung mit den deutschen Gerichten und Verwaltungsdiensten beträchtlich. Die Wiedergutmachung ist eine komplizierte Materie, und selbst die Gesetzgebung ist weit von ideal. Ausser dem Recht gibt es zahllose Probleme zu lösen, die oft von Tatsachen handeln, die in einer fernen Vergangenheit geschehen sind. Sie berühren alle Zweige des Lebens, höchst verschiedene Fragen – medizinische, wirtschaftliche, berufliche, historische, politische, etc.

Und man muss auch die dialektische, delikate und konfliktreiche Lage dieser Richter und Verwalter, die zu entscheiden hatten, in Rechnung ziehen. Wenn sich Menschen gegenüber stehen, die vom Nazismus schwere Vorurteile erlitten haben, die oft irreparabel sind, können sie manchmal dazu neigen, sich in die Haut eines Angeklagten zu versetzen. Und man darf nicht vergessen, dass sie beauftragt sind, die Interessen des deutschen Staates zu vertreten, vielleicht selbst Schuldige. Man muss sich fragen, welche Rolle, besonders unter den kleinen Angestellten der Verwaltungsdienste mit geringem Gehalt, die Entscheidung spielte manchmal grosse Summen zu bestätigen. Da es sich um Interessenten handelte, muss man zugeben, dass der Missbrauch nicht selten war. Oft handelte es sich um unfeine Geschäftsleute ohne Skrupel oder die geringsten Gewissensbisse – und Empfänger von fantastischen Gehältern.

Es ist schwierig, ein allgemeines Urteil über die Haltung der deutschen Richter und Beamten abzugeben. Man konnte dort auch eine grosse Verschiedenheit feststellen. Man muss sich zuerst vorstellen, dass die Rechtsprechung der obersten Gerichte (Bundesgericht, oberstes Gericht für Restitution, Grundgesetz, Bundesverwaltung) zwar wenig zufriedenstellend, aber im allgemeinen bemüht war, im ganzen entsprechende Lösungen für die Probleme zu finden. Die Rechtsprechung der anderen Tribunale ist so heterogen, dass eine globale Bewertung nicht realistisch wäre. Dasselbe ist von den Verwaltungsdiensten zu sagen. In Berlin zeigte man sich im allgemeinen grosszügig und verständnisvoll. Dasselbe kann über Düsseldorf gesagt werden; aber nicht über Stuttgart, Mainz, Wiesbaden, München usw. Es gab auch Fälle von Korruptor, die alle Stufen der Verwaltung vergifteten. Das Gegenteil wäre erstaunlich gewesen. Man muss nicht vergessen, dass die Rekrutierung von Personal, das für diese Arbeit geeignet war, schwierig war, weil aus Prinzip jeder Bürger ausgeschlossen wurde, der eine pro-Nazi politische Vergangenheit hatte. Doch habe ich in dem Personal und unter den Funktionären in Köln und Düsseldorf viel Freundlichkeit und guten Willen gefunden. An anderen Stellen, muss man zugeben, gab es kleinlichen Formalismus oder einen deutschen Geist, der zu Schwerfälligkeit und Mangel an Fingerspitzengefühl neigte.

Die Feuerwolke

Von Karl Stern

Karl Stern wurde 1906 im niederbayerischen Cham geboren. Sein Vater war dort Inhaber des Textilgeschäfts „Moritz Stern". Später besuchte Karl das Humanistische Gymnasium in Weiden und ein Gymnasium in München. 1925 legte er sein Abitur ab und studierte anschließend in München, Berlin und Frankfurt Medizin. In den 1920er Jahren suchte Karl Stern intensiv nach religiös-politischer Orientierung und lavierte zwischen jüdischer Orthodoxie und Zionismus. Zum Dr. med. promovierte er 1930 an der Universität Frankfurt am Main. Seine ersten beruflichen Erfahrungen sammelte er als Medizinalpraktikant an der neurologischen Abteilung des Städtischen Krankenhauses Berlin-Moabit. Seit 1932 war er Stipendiat der Rockefeller Foundation an der Deutschen Forschungsanstalt für Psychiatrie in München. Später wirkte er als Psychiater an der Universitätsklinik München bei Prof. Bumke (Institut Kraepelin). 1936 emigrierte Karl Stern nach England. Bis zur Weiteremigration 1939 nach Kanada war er in einem Forschungsprojekt des National Hospital for Diseases of the Nervous System in London tätig.
In Kanada konvertierte Karl Stern zum Katholizismus. Bis zu seiner Emeritierung 1975 war er Professor für Psychiatrie an der University of Montreal und der University of Ottawa. Karl Stern starb 1975 in Westmount, Montreal. In seiner Geburtsstadt Cham ist die Dr.-Karl-Stern-Straße nach ihm benannt.

[...]

London
Als mein Schiff in Harwich anlegte, mußte ich mit einer großen Anzahl von Menschen Schlange stehen, um von einem Einwanderungsbeamten genau geprüft zu werden. Als ich an die Reihe kam, fragte er mich, ob ich in England Arbeit suche. Ich war entsprechend vorbereitet worden und sagte: „Nein, ich will zwei Wochen Ferien bei Freunden verbringen." Er fragte mich nach meinem Einladungsbrief. Auch darauf war ich vorbereitet. Triumphierend griff ich in meine Tasche. Aber, ach, ich konnte den Brief nicht finden. Fieberhaft durchsuchte ich alle meine Taschen. Die Menge hinter mir wurde ungeduldig. Endlich beschloß der Beamte, zuerst die übrigen Leute vorzunehmen, während ich nach meinem Brief suchte. Als alle Menschen schon in den Zug gestiegen waren, befragte er mich noch einmal. „Haben Sie denn gar keinen einzigen Brief? Irgend einen Brief, wenigstens einen, um zu beweisen, wer Sie sind". Nun beruhigte ich mich und zog ein Schreiben vor. Es war von Frau Spielmeyer, an einen Professor für Neurologie in London gerichtet. „Der Überbringer dieses Briefes war der letzte Assistent und Lieblingsschüler meines ver-

Vorlesung von Dr. Karl Stern für Studierende in psychiatrischer Krankenpflege am
Albert-Prévost Institute, Montreal, 1956.

storbenen Mannes. Er sucht nach einer Forschungsarbeit in England..." Der
Dolmetscher las dem Beamten diesen Brief vor. Dieser schüttelte den Kopf
und sagte: „Es tut mir leid, aber Sie müssen wieder nach Deutschland zurückfahren..." Der Zug hatte auf mich gewartet, und schon pfiff die Lokomotive.
Der Dolmetscher schaute unverwandt auf meinen Hut, nahm den Beamten bei-
seite und flüsterte etwas. Darauf schauten sie beide auf meinen Hut. Schließlich sagte der Beamte: „Schon gut, steigen Sie ein."

Jetzt war ich ein Flüchtling wie alle anderen. Zuerst ließen wir uns unmerklich, wie Staub, auf die Städte der westlichen Hemisphäre nieder. Dann gab
es Ecken, in denen sich der Staub mit Vorliebe ansammelte, und wo man ihn
leicht sehen konnte. Wir füllten ganze Straßenzüge: Greencroft Gardens, London N.W.; Washington Heights, New York. Manche ließen sich auch wie ver-
streute Einzelteilchen in Paddington, Ealing oder Hendon nieder. Jeden von
uns umgab eine Mauer der Fremdheit, weil jene Sommerabende unserer Kindheit in Königstein oder Wiesbaden nicht mitteilbar waren.

Es kam der Augenblick, in dem man sich an seinen Nachbarn wenden mußte,
ein Sonntagmorgen, an dem man Kleingeld nötig hatte, um den Automaten des
Gasbadeofens in Gang zu bringen. Dann händigte der Nachbar einem höflich
die Münzen aus; für ihn war der Mann im Schlafrock, mit einem Handtuch
um die Schultern, der jüdische Emigrant von nebenan, ein Teil der Anony-
mität einer Stadt, ein Eindringling wie der Nebel. Eltern trafen ein und auch
Großeltern. Alte Männer, vormalige Patriarchen in ihren Läden in Reutlingen

und Chemnitz, oder in ihren Büros in Magdeburg und Ulm, deren Leben einen
Teil der Jahreszeiten und der Atmosphäre von Schwaben oder Sachsen gebildet hatte, verwandelten sich in Pensionäre und Zimmerherrn. Ihr anfängliches
Glücksgefühl war die Freude, entkommen zu sein; es verflüchtigte sich und
wurde bald von der Stadt absorbiert. Die Arme der Großmut öffneten sich
ihnen; aber Großmut war keine Mutter. Sie war eine Krankenschwester und
roch nach Antisepsis.

Wir alle, selbst die ältesten, lernten die neue Sprache. Die Stadt gab uns
jedoch nur die allernötigsten, die zweitklassigen Wörter, praktische Hilfsmit-
tel, ebenso nützlich und bequem für Fremde wie die Untergrundbahn, der Park
und die Öffentliche Badeanstalt. Die Unendlichkeit einer Sprache ist etwas,
was die allgemeine Konvenienz weit übersteigt. In unserem neuen Lande war
sie, bevor wir unsere Pässe in Harwich vorzeigten, eine Ewigkeit, unter den
Giebeln in Cotswold, über Bächen und Heiden in Nordengland und über den
Londoner Werften herangereift.

Eine neue Art des Glücksgefühls und der Kraft lag darin, so schnell in
Läden, Omnibussen, im Laboratorium und im Gespräch mit Patienten „weiterzukommen". Mit Geschicklichkeit und List gebrauchten wir unerschöpfliche
Varianten von Haupt-, Eigenschafts- und Zeitwörtern oder Phrasen, während
wir doch während der ganzen Zeit keine blasse Ahnung von der eigentlichen
Sprache hatten. Unsere Muttersprache war die des Feindes geworden. Irgendwie hing sie für uns mit dem „Ding" in unserem Rücken zusammen, der mon-
strösen Anti-Mutter, dem dunklen, dämonischen Krater, dem wir entronnen
waren. Daher versuchten viele von uns, leidenschaftlich alles zu verstecken,
was uns je an sie erinnern könnte, sogar das

„Füllest wieder Busch und Tal

Still mit Nebelglanz" –,

den Ausdruck der unwiederbringlichen Melodie.[16]

Als ich in London angekommen war, erhielt ich ein Forschungsstipendium
vom „Medical Research Council" am berühmtesten neurologischen Zentrum
der angelsächsischen Welt. Eine jüdische Familie, welche dieses spezielle Forschungsstipendium stiftete, hatte eine Verfügung getroffen, daß ein jüdischer
Emigrant es haben solle. „Queen Square" war ein ebensolcher Mikrokosmos
von England wie es die Forschungsanstalt in München von Deutschland dargestellt hatte. Die konsultativen und die lehrenden Ärzte verbreiteten die Atmosphäre von Harley Street, eine Mischung von nüchterner Besonnenheit, Prag-
matismus, Trockenheit und bestechender Klarheit, wie sie charakteristisch für
die angelsächsische Wissenschaft ist. In keiner Luft kann Neurologie besser
gedeihen; und es war deshalb nicht verwunderlich, daß die „Queen Square"-
Leute diesen Zweig der Medizin zu solcher Vollendung gebracht hatten, und

---

[16] Karl Stern zitiert hier die ersten zwei Zeilen aus dem Gedicht „An den Mond" von
Johann Wolfgang von Goethe. Das Gedicht wurde von Franz Schubert vertont.

das Niveau immer auf dieser Höhe hielten. Der Homburghut, die feingestreif-
ten Beinkleider, der fest zusammengerollte Regenschirm und die ärztliche
Ledertasche schienen gut zu einem methodischen, verwickelten Netzwerk von
Neuronen zu passen, die glatt funktionierten oder ausbrannten und versagten,
alles außerhalb der Welt menschlicher Leiden und Leidenschaften.

Im Innersten des Krankenhauses lagen die altmodischen Laboratorien. Das
neuropathologische Laboratorium war ein riesiger Raum, in dem ein Fenster
eine ganze Wandfläche einnahm, ein Raum, der einen an die alten Holzschnitte
von Laboratorien erinnerte, denen man gelegentlich in einer Ausgabe der
„London Illustrated News" von 1890 begegnet.

Aber selbst im Innern des Gebäudes arbeitete man in der von Dunst und
Nebel geschwängerten Luft von London; unsere Kästen für die Präparate
waren immer mit einer samtenen Rußschicht bedeckt. Die Laboranten schienen die Welt der „hohen Tiere" im humoristischen Sinne zu spiegeln, wenigstens sah ich es so. Der erste histologische Laborant, ein kleiner Mann namens
Anderson, war ursprünglich Grubenarbeiter in Yorkshire gewesen. Auf seinem
kleinen Körper der Kopf eines Professors, der sich nur durch jenes Imponderab-
bile unterschied, das mit irgendeinem flüchtigen Zug die Gesichtszüge aller
intelligenten Menschen, die in Armut geboren wurden, zu entwerten sucht.
Von seinem neunten Lebensjahr an hatte er im Bergwerk gearbeitet, und seine
Finger zeigten die charakteristischen, „Klopfmale". Im Ersten Weltkrieg hatte
ihn der Dekan der medizinischen Fakultät und Chef der pathologischen Abteilung in einem Hospital der Etappe entdeckt, und seit der Zeit war Andersons
Genie der heiklen Kunst des mikroskopischen Färbens gewidmet gewesen. Er
hatte neue Methoden des Färbens erfunden und sogar ein erfolgreiches kleines
Handbuch darüber veröffentlicht. Anderson arbeitete am ersten Arbeitsplatz
und redete, sang und pfiff unaufhörlich.

Außer dem England einer anscheinend unbeteiligten Zurückhaltung, das
in den Zeitschriften auf dem Kontinent immer als ein langbeiniger Mann mit
einer kurzen Pfeife im Mundwinkel dargestellt wird, gibt es ein ebenso charak-
teristisches England, das unglaublich redselig ist. Der Chef der Pathologie und
sein erster Assistent waren Vertreter dieser beiden englischen Typen.

Das Laboratorium war ein Ort, an dem Philosophien aufeinanderprallten. Ich
konnte es mir nicht zusammenreimen, daß Anderson trotz seiner Vergangenheit und gegenwärtigen Lage konservativ war, mit einem ganz winzigen Schuß
faschistischer Sympathien. Einer der Laboranten gehörte dem linken Flügel
der Arbeiterpartei an; ein anderer war ein treuer Katholik; der Biochemiker ein
gläubiger Baptist in der charakteristischen liberalen Tradition des englischen
Nonkonformismus. Die jungen wissenschaftlichen Arbeiter waren Ärzte aus
Schottland, Irland, Australien, den Vereinigten Staaten und Kanada. Während
alle sich eifrig damit beschäftigten, Nervenzellen mit Silbersalzen oder Azo-
farben zu imprägnieren, mikroskopische Schnitte behutsam in kleinen Glas-
gefäßen zu baden, oder zu titrieren oder zu zentrifugieren, ging eine ständige

Unterhaltung hin und her, in, wie mir schien, vielen Sprachen. Mir unverständ-
liche Bemerkungen schwirrten an meinem Kopf vorbei, Ladungen von kurzen
Lachsalven oder verzwickte Kontroversen. Manchmal ging es anscheinend
heiß her. Der Konservatismus schien dann vom Sozialismus und Liberalis-
mus seines Glorienscheins schändlich beraubt zu werden. Oder die katholische
Kirche wurde in der Zange von Nationalismus und Marxismus unbarmher-
zig gepreßt. Die Gemüter entflammten, und Perioden des Schweigens folgten.
Aber eine Unterbrechung wie „Teezeit" genügte, daß sich alle in Frieden und
Freundschaft niedersetzten, wie Ballspieler in den Pausen.

Die Beziehungen zwischen den verschiedenen Rangstufen der professionellen Hierarchie unterschieden sich grundlegend von allem, was ich jemals
auf dem Kontinent erlebt hatte. Zwischen den Chefs, Assistenten, Technikern
und Putzfrauen waren Wände, die ich erst nach geraumer Zeit bemerkte. An-
drerseits standen die Türen zum Arbeitszimmer des Chefs immer offen, sowohl
die zum Laboratorium wie die zum Korridor. Brauchte ein Techniker Präparate
aus dem Zimmer, so ging er einfach hinein, ohne sein Pfeifen zu unterbrechen,
und der Chef schaute nicht einmal von seinem Mikroskop auf.

Als ich das erste Mal erschien, war kein Sekretär da, um mich anzumelden. Ich mußte meinen Hut – eine unmögliche kontinentale Angelegenheit mit
einer schirmartigen Krempe – direkt auf ein Zelloidin-Mikrotom legen. Ich
hatte nicht einmal Zeit, den Mantel auszuziehen: meinen ungeheuren, grauen
Münchner Mantel, der mich wie ein Iglu umgab. Alle arbeiteten weiter, bemüht,
so zu tun, als bemerkten sie meine Anwesenheit nicht. Trotzdem bin ich noch
heute überzeugt, daß mein Hut und mein Mantel, und die Tatsache, daß ich
mich beim Rundgang verzweifelt bemühte, auf der linken Seite des Chefs zu
gehen, mir das Stipendium verschaffte. Wunderlichkeit wurde geschätzt.

Dies fand ich, nebenbei gesagt, überall in England bestätigt. Als zum Beispiel
später einmal eine technische Hilfskraft angestellt werden sollte, und sich viele
Bewerber meldeten, erhielt den Posten ein blasser, unterentwickelter junger
Bursche, mit rotgefrorener Nase und bläulich-amphiboiden Gliedmaßen, einer
der Jungen aus den Londoner Proletarierviertein, deren Erscheinung allein
nach mehr Nahrung und Sonnenschein zu rufen scheint. Er hieß Bradshaw und
hatte den ganzen Weg von Clapham Junction auf dem Fahrrad zurückgelegt,
um sich für den Posten zu bewerben. Der Chef taufte ihn ohne die geringste
Bosheit, „Fötus"; es hätte auch keine bessere Beschreibung seines Aussehens
geben können. Bradshaw wurde also mehr oder weniger für immer unserer
Sammlung einverleibt. Es handelte sich hier aber keineswegs um einen Fall
von Durchschnittsmenschen, denen es Spaß macht, sich Sonderlinge auszu-
suchen. Jedermann mußte, um etwas zu gelten, selbst ein wenig sonderbar
sein. Dieses komplizierte System mag immerhin Englands Rettung bedeuten
innerhalb der Art von Zivilisation, die auf der Welt im Entstehen begriffen ist.

Wir alle, selbst die wissenschaftlichen Arbeiter von internationalem Ruf,
mußten unsere eigene manuelle Arbeit verrichten, das Schneiden und Einbet-

ten von Organstücken, das Bedienen der Wärmeschränke und Mikrotome, und das Färben. Ebenso wie viele Leute aus dem Norden Englands, hatte Anderson in Chören gesungen und kannte sich besonders gut in Händels Oratorien aus. So sangen wir, wenn wir nicht gerade debattierten, um die langweilige und monotone Arbeit an unseren Plätzen zu beleben. Anderson dirigierte, und es geschah nicht selten, daß ein prominenter Neurologe aus dem Ausland, der im Krankenhaus herumgeführt wurde, das ganze Laboratorium, Ärzte wie Techniker, den „Halleluja-Chor" aus dem *Messias* singend vorfand, während sie winzige Organstückchen schüttelten, die in verschiedenen Metallösungen hingen.

Primrose Hill[17]
Ich machte keinen Versuch, mich als zugehörig zu betrachten. Die jüdische Tragödie hatte mich für falsche Fassaden empfindlich gemacht, und manchmal glaubte ich eine Tarnung zu sehen, die keine war. Selbstverständlich gab es den älteren jüdischen Emigranten, der sogar im engsten Familienkreise Englisch sprach, Knickers trug und Golf spielte. Ich wollte nicht „einer von ihnen" sein; ich hatte erfahren, was dabei herauskam. Bradshaw und ich wurden jedoch beide akzeptiert, und zwar eben aus dem Grunde, weil wir „anders" waren. Noch etwas hielt uns Emigranten gleichsam in einem Gehege, und das war unser angstvoller Blick in den Krater, in dem die andern noch um ihr Leben kämpften. Während Hitler für unsere Umwelt nur ein weiteres Beispiel europäischer Barbarei war, ein abstraktes politisches Phänomen, wußten wir, daß es um die allmähliche Vernichtung individueller Leben ging. Für uns war es nicht das „faschistische Problem" oder die „tschechische Frage", oder „Chamberlains moralischer Sieg" oder „Chamberlains moralische Niederlage". Dies waren alles Abstraktionen, mit denen man leicht fertig werden konnte. Wir dachten an den halbseitig gelähmten alten Mann in Eisenach, dem man seine Haushälterin wegnahm, und daran, daß meine Großmutter, mein Onkel und meine Tante nicht vor Anbruch der Dunkelheit das Haus verlassen durften, die Menschen, mit denen ich fröhlich in den blauen Bergen der Rhön Fußwanderungen gemacht hatte. Immer mehr Briefe trafen ein, die in versteckten Andeutungen verrieten, daß es keine Freude und kein Lachen mehr gab; daß Herr und Frau Masser mit ihrem achtjährigen Jungen schweigend in ihrer Dachkammer saßen und wissen wollten, was ich wohl für sie tun könnte.[18] Es schien, als ob sich Schraubstöcke unmerklich um hunderttausende von Hälsen legten. Dies war der Grund, warum wir für uns blieben, da all dies in seiner greifbaren Wirklichkeit von den „andern" nicht wiedererlebt werden konnte.

[17] Stadtviertel in London.
[18] Gertrude Masser (geb. 1891 in München) war Musikerin. Mit ihrem Ehemann, dem früheren Bankdirektor Lothar Masser, wurde sie am 20. November 1941 ins litauische Kaunas deportiert und dort am 25. November 1941 ermordet. Ihrem 1927 geborenen Sohn Wolfgang glückte im Dezember 1939 die Emigration in die Schweiz.

Frau Massers Brief war in der verzweifelten Gewißheit eines Todesurteils geschrieben. Briefe müssen aber von Komitees erledigt werden. Ich selbst bin nur Nummer 73 in der Schlange von Menschen, die anstehen; so wenigstens sagt meine kleine Karte. Die Dame hinter dem Schreibtisch sagt mir, ich müsse Form D ausfüllen, dann wiederkommen und vor dem Zimmer 6 Schlange stehen, wo ich Form A und B erhalten würde. Wenn Frau Massers reicher Onkel innerhalb der nächsten drei Tage den Beweis erbringen kann, daß er sie im Falle eines Unfalls oder einer Krankheit garantiert zu unterstützen bereit ist, könnten wir ihren Fall vielleicht innerhalb der nächsten drei Monate durchdrücken. Nein, ein Onkel in den Vereinigten Staaten sei unbrauchbar, weil seine Garantie beim „British Home Office" nichts nütze.[19] In diesem Fall müsse ich Form C ausfüllen. Das Zimmer, wo ich Form C erhalten kann, sei jetzt geschlossen; aber am kommenden Montag könne ich dort hingehen. Mittlerweile hat sich der Schraubstock um ein Tausendstel eines Zentimeters enger geschlossen. Wie eng wird er sein, wenn ich nach drei Monaten zurückkomme?

Frau Masser hat ein schönes Gesicht und spielt die Bach-Solosonaten besser als ich sie jemals hörte. Aber dies sagt der Dame hinter dem Schreibtisch gar nichts, und ich kann es ihr nicht übelnehmen. Die Dame ist sehr freundlich und sitzt nur aus Güte dort. Sie war ebenso freundlich mit den zweiundsiebzig Leuten, die vor mir da waren, und sie kann nichts anderes tun. Vor ihr, in der Kartothek, sind eine Unmenge von Lebensschicksalen, voll Liebe, Schmerz und Glück, zusammengedrängt. Wahrscheinlich gibt es noch Gott weiß wie viele Frau Massers, die Bach-Solosonaten spielen und kleine Jungen haben. Aber Form C muß erst von dem Onkel unterzeichnet und vom „Home Office" bestätigt werden. Das „Home Office" ist mit solchen Fällen überlastet.

Ich verrichte „Forschungsarbeit". Ich bin an Tumoren des Thalamus interessiert, einem Feld im Zwischenhirn, und auch am Roten Kern beim Menschen. Der Rote Kern ist ein eigentümliches motorisches Feld im menschlichen Hirn. Viele Leute wollten etwas über seine Funktionen erfahren und haben Versuche an Kaninchen gemacht. Der menschliche Rote Kern unterscheidet sich aber von dem der niederen Formen, sogar von dem des Menschenaffen. Vielleicht geht seine morphologische Veränderung parallel mit der Entwicklung der aufrechten Gangart. Ich bette Hirne in Celloidin ein. Es dauert vier Wochen, bis ich mikroskopische Schnitte machen und sie färben kann. Anderson und Doktor Cumings, die mir zusehen, wie ich am Mikrotom sitze, machen sich augenscheinlich Gedanken über mich. Sie wissen, daß mein Bruder und meine Eltern noch drüben zurückgeblieben sind.

Beim Komitee suche ich wieder Zimmer 6 mit der ausgefüllten und unterzeichneten Form auf. Inzwischen ist eine gänzlich neue Regelung herausgekommen. Das „Home Office" hat Form C überhaupt fallen lassen. Könnten wir nicht versuchen, die Familie Masser nach Australien zu bringen?

---

[19] British Home Office: Britische Einwanderungsbehörde.

Wenn ich nur Frau Masser mit einem Zauberstab hierher in das Haus bei
Hampstead Heath versetzen könnte, in dem die Leute so viele Zimmer haben,
die keiner benutzt. Sie könnten dann abends ums Kaminfeuer herum sitzen und
zuhören, wie sie eine Bach-Solosonate spielt, oder, falls die ihnen nicht gefällt,
Mendelssohns Violinkonzert. Sie würden die schöne Musik anhören und ihren
schönen Kopf anschauen. Sie würden sagen: „Wir sind froh, daß diese Frau
hier bei uns ist; wir werden sie und ihren Mann und ihren Sohn in dem Zimmer
im oberen Stock wohnen lassen. Für sie mit ihrer Musik wird es nicht schwierig sein, ihren Weg in der Welt zu machen."

Diese Leute lernten Frau Masser nie kennen. Deren Briefe wurden inzwischen immer flehender und häufiger. Vielleicht lag es wirklich nur an Form
C, dem „British Home Office", dem „High Commissioner" von Australien,
dem Affidavit des reichen Onkels. Vielleicht hielt etwas anderes sie und ihre
Familie zurück. Schließlich hatten sehr viele Menschen ihren Weg nach England gefunden, sogar, im Verhältnis zu den Bevölkerungszahlen, mehr als nach
irgendeinem anderen Land. Aber Herr und Frau Masser kamen um.

[…]

Erinnerungen

Von Hanns Peter Merzbacher

Hanns Peter Merzbacher wurde am 4. Dezember 1910 in der Wohnung seiner Eltern Otto Friedrich Merzbacher und Emmy Elisabeth Helene Merzbacher (geb. Herz) in der Elisabethstraße 38 in München-Schwabing geboren. Sein Vater war Kürschnermeister und gewerbeamtlich mit dem Konfektions- und Rauchwarengeschäft „E. u. O. Merzbacher" in der Theatinerstraße 42, später am Promenadenplatz 6 gemeldet. Dieses wurde am 1. April 1938 in die Leopoldstraße 52a verlegt und am 7. Januar 1939 für den 31. Dezember 1938 restlos abgemeldet.

Hanns Peter Merzbachers Schulzeit begann in der Mitte des Ersten Weltkriegs. Nach Beendigung der Volksschule besuchte er das Alte Realgymnasium an der Siegfriedstraße in Schwabing. Es folgten einige Wochen an einer kaufmännischen Privatschule und im väterlichen Büro sowie etwas Zeit in der Schweiz und England, bevor er zu seinem Onkel mütterlicherseits nach Berlin zog und als Lehrling in dessen angesehenem Exportgeschäft arbeitete. 1931 kehrte er für fünf Jahre zurück nach München, ins elterliche Geschäft, ins elterliche Haus. Sein drei Jahre jüngerer Bruder Wilhelm Eduard emigrierte bereits 1935 nach Südafrika. Hanns Peter Merzbacher wandte Deutschland Ende 1936 den Rücken zu und reiste als „Commercial Traveler" auf der „Highland Chieftain" am 5. Dezember 1936 von London nach Rio de Janeiro, wo er am 21. Dezember 1936 an Land ging. Er lebte zunächst in Rolandia, verließ Brasilien jedoch am 24. September 1948 und zog nach New York, wo seine Eltern seit Anfang 1946 lebten. Ihnen war es noch Ende Oktober 1941 gelungen, über Barcelona nach Havanna zu emigrieren, von wo sie im Juni 1946 nach New York ausreisten.

Hanns Peter Merzbacher heiratete und bekam zwei Kinder. Im Januar 1954 erhielt er die amerikanische Staatsbürgerschaft und starb am 7. Juli 2006 in Greenwich, Connecticut. Für die engste Familie notierte er seine Erinnerungen in Buchform. Den hier in Auszügen wiedergegebenen zweiten Teil des dreiteiligen Berichts – Deutschland – Brasilien – USA – verfasste Hanns Peter Merzbacher 1996 in deutscher Sprache nach einem Besuch im Stadtarchiv München.

[...]

Ankunft und Aufenthalt in Rio

Am Tage meiner Ankunft, 21. Dezember 1936, wachte ich mit unangenehmen Ischiasbeschwerden auf, ein Problem, das mir schon frueher in Deutschland zugesetzt hatte. Nervositaet? Mag sein. Schliesslich stand ich vor einem ausge-

Peter Merzbacher,
20. Februar 1937

sprochen kritischen Moment. Von der Einfahrt in die weltberuehmte Guanabara
Bucht merkte ich nichts. Es war eine gewisse Unruhe auf dem Schiff eingetreten. Man packte ein und machte sich landefertig. Es war Hochsommer und
sehr heiss. Eine Barkasse naeherte sich. Beamte, meist braeunlicher Hautfarbe,
stiegen aus. Tische wurden in den Gesellschaftsraeumen aufgestellt. Lautspre-
cher gaben Anordnungen. Es bildeten sich Warteschlangen, ich selbst darunter.

Ein paar Minuten spaeter und ich war ohne Pass. Man hatte ihn mir abgenommen und durch einen gruenen Zettel mit unleserlichen Daten und einem
Stempel ersetzt. Herunter vom Schiff erwarteten mich meine vorher nie gesehenen Verwandten und begruessten mich freundlich.

Was meinen Pass anbetraf, zeigten sie sich ruhig, zuversichtlich. Es seien nur
ein paar Formalitaeten zu erledigen, aber alles wuerde sich von selbst regeln.
Ein paar Tage zum Eingewoehnen koennten mir bestimmt nicht schaden.

Untergebracht wurde ich in einer Art Pension, in einem grossen alten Haus
im historischen Flamengo Viertel, der Schauplatz bekannter romantischer
Romane der Jahrhundertwende. Von der Romantik bekam ich nichts zu spue-
ren. Es herrschte grosser Wassermangel in Rio. Leitungen und Klo liefen nur
ein paar Stunden am Tag. Es muessen ungemuetliche, gespannte Tage fuer
mich gewesen sein. Die Vertroestungen meiner Verwandten trugen wenig

zu meiner Beruhigung bei. Als sie erfuhren, dass ich noch ueber eine zweite
Adresse in Brasilien verfuegte, schien ihre immer zur Schau getragene Zuversicht etwas ins Wanken zu geraten. Sie gingen nicht so weit, mir einen „Ausflug" nach dem Landesinnern nahezulegen, straeubten sich aber auch nicht
gerade, als ich die Idee erwaehnte. Ich war ungeduldiger und ungeduldiger
geworden. Schliesslich entschloss ich mich, mein Schicksal selbst in die Hand
zunehmen und – zu verduften. Es war ein ganz weittragender Entschluss mit
lange waehrenden, einschneidenden Folgen.

Abschied von Rio

Es duerfte nicht viel Menschen geben, die, wie ich damals, hoechst wenig von
den gepriesenen Schoenheiten Rios sahen. „Cidade maravilhosa?" Sie war es
nicht fuer mich. Es half, dass ich im Besitz eines Gutscheines fuer die Rio –
Sao Paulo Bahnfahrt war (vorausbezahlt in Deutschland) und es half auch,
dass meine Unruhe durch aufsteigende Neugier und Abenteuerlust verdraengt
wurde. Von meinen, noch recht maessigen Sprachkenntnissen abgesehen, war
ich ein ahnungsloses „greenhorn". Waere dem nicht so gewesen, haette ich
bestimmt kein Billet 2. Klasse gekauft, etwas was dort niemand tut, der etwas
auf sich haelt und nicht zu den untersten Bevoelkerungsschichten gehoert. So
stand ich eines Morgens auf dem Bahnsteig und betrachtete meinen Zug. Die
grosse, in England gebaute Lokomotive fauchte bereits. Alle Wagen, 1. sowie
2. Klasse waren aus Holz. Anscheinend etwas an Altersschwaeche leidend,
hingen sie in der Mitte durch. Die Ausstattung der 2. Klasse bestand aus dem
Ruecken und dessen Verlaengerung nicht gerade harmonisch angepassten
Holzbaenken. Weisser Hautfarbe wie ich nun einmal war, muss ich unter der
Menge meist etwas dunkelhaeutiger Reisegefaehrten wohl aufgefallen sein.
Aber es stoerte mich nicht, mich in so unvertrauter Umgebung zu finden. Das
Gepaeck der meisten Menschen bestand aus einfachen Buendeln, ausreichend
fuer die Hab-nichts-Seligkeiten dieser Leute. Alle waren jedoch in saubere,
billig-weisse Anzuege – nie ohne Jacke – gekleidet. Alle Altersgruppen beider-
lei Geschlechtes waren vertreten. Der Zug setzte sich in Bewegung. Die stau-
bigen, armseligen noerdlichen Arbeitervororte der Stadt waren bald hinter uns.
Die Fahrt wurde interessant. Eine andere Naturwelt tat sich auf. Kurvenreich
ging es hoeher und hoeher, durch Tunnels, ueber Bruecken, darunter Wasser-
faelle, immer durch den Dickicht feuchter Vegetation. Die holzbeheizte Lokomotive spruehte Funken, die es ratsam machten, die Fenster geschlossen zu
halten. 800m Hoehenunterschied waren zu ueberwinden, aber schliesslich war
das „planalto", die Hochebene erreicht. Eine Landschaft ganz anderer Prae-
gung tat sich auf. Ueppig-gruene Weiden, viel Vieh, bebaute Felder, hie und da
ein Palmenhain, ein grosser Fluss, der uns begleitet.

Das breite Tal war, rechts in der Fahrtrichtung, von den Umrissen einer
Bergkette umrahmt, davor eine besiedelte Gegend. Kleine Staedtchen folgten
einander, eines dem anderen aehnlich, eine Kirche, davor eine etwas steife

Plaza-Anlage mit Baenken, rund herum ein- oder zweistoeckige, meist weisse (oder ehemals weisse) Haeuser mit flachen Daechern. Gelegentlich haelt der Zug an immer belebten Stationen vor denen klapprige Taxis stehen. Der Menschentyp der ein- und aussteigt ist derselbe mit dem ich in meinem 2.-Klasse-Wagen sitze. Verwitterte Gesichter in den verschiedensten Weiss- bis Braunschattierungen.

Nach ca. 7-stuendiger Fahrt erreichen wir die Peripherie Sao Paulos, Fabriken, Arbeitersiedlungen, Lagerhaeuser, Bahngeleise die sich trennen, kreuzen, wieder zusammenfinden. Der Zug laeuft in die „Roosevelt" Station ein. Hier setzt mein Gedaechtnis voellig aus. Es beduerfte wohl einer Hypnose, um mir die Szene und die darauf folgenden Stunden ins Gedaechtnis zurueckzurufen. Ich war allein in einer grossen Stadt in der ich niemanden kannte, keine Beziehungen hatte und in der fuer mich ohne Papiere sowieso keine Bleibe war. Aber jemand hatte mir in Rio ein Hotel empfohlen, Hotel Aurora in der Rua Aurora. Es war klein, sauber und preiswert und anscheinend bei deutschen Reisenden beliebt.

An dieser Stelle meiner Geschichte ist es noetig, den Bericht durch eine Pause zu unterbrechen, um den Fortlauf durch einige prosaische Erklaerungen verstaendlich zu machen.

Der grosse Sprung ins Ungewisse

Die Rio-Beziehung hatte also klaeglich versagt. Warum suchte ich eine Loesung in Sao Paulo? Ich erhoffte mir keinen *deus ex machina*[20], aber es war von dort aus leichter, die zweite mir zur Verfuegung stehende Verbindung aufzunehmen. Woraus bestand sie, um was und um wen handelte es sich? Menschlich gesprochen war es die ultra-lose Verbindung zu einem Ex-Freund einer (nun) Ex-Freundin. Er war verheiratet, berufsmaessiger und promovierter Agronom, der dabei war, sich im Norden des Bundesstaates Parana ein neues Leben aufzubauen. Der Plan bestand darin, ein – je nach Vermoegen – grosses oder kleines Stueck Urwald zu kaufen und es in eine gewinnbringende Kaffeeplantage zu verwandeln. Das Projekt hatte eine solide Grundlage und bestach auch andere, die – weswegen auch immer – Deutschland verlassen wollten.

Eine grosse englische Gesellschaft, Paraná Plantations, erhielt vom brasilianischen Bundesstaat Paraná eine Konzession, ein ausgedehntes aus Urwald bestehendes Areal zu erschliessen und zu kolonisieren, d.h. zu besiedeln und produktiv zu machen. Als Gegenleistung wurde der Bau einer neuen Bahnlinie vertraglich festgelegt. Ich habe keine zuverlaessige Kenntnis ueber die Groesse der Konzession; es mag sich um einen Landstrich von etwa 200 km

---

[20] Lat. wörtlich „der Gott aus der (Theater)maschine" (im antiken Theater schwebten die Götter an einer kranähnlichen Flugmaschine auf die Bühne). In diesem Kontext verweist dieser Ausdruck auf einen unerwarteten, im richtigen Moment auftauchenden Helfer in einer Notlage bzw. die überraschende, unerwartete Lösung einer Schwierigkeit.

x 150 km gehandelt haben, alles Wald, mit viel Nutzholz, reich bewaessert, gutem Klima und, zum grossen Teil, hervorragendem Boden. Die Grundlage fuer Deutsche, sich dort niederzulassen, hatte mit dem Bahnbau und mit der damaligen Unmoeglichkeit, Kapital ins Ausland zu transferieren, zu tun. Das Bahnmaterial wurde in Deutschland gekauft und von Interessenten in deutschem Geld in Deutschland bezahlt. Als Gegenleistung erhielten die Kaeufer „Landbriefe", d.h. Anweisungen auf Besitz eines rodbaren und bebaubaren Grundstueckes. Zu diesem Zweck hatte die Muttergesellschaft, Paraná Plantations, eine brasilianische Tochtergesellschaft, Companhia de Terras Norte do Paraná, ins Leben gerufen. Die Gegend wurde kartographisch aufgenommen und in grosse und kleine Parzellen aufgeteilt. Eine zuverlaessige, erstklassige Organisation wurde geschaffen, die allgemeines Vertrauen genoss.

Als ich in Sao Paulo ankam, war die Familie – ich will sie hier nennen – bereits 1½ Jahre dort. Der Aufbau hatte bereits begonnen, ein Stueck Wald war geschlagen und zur Bepflanzung vorbereitet. Auch war das erste Stueck der Bahn in Betrieb, eine ca. 200 km lange Nebenstrecke, die an eine wichtige Hauptstrecke angeschlossen war.

Mein Problem lag in der Schwierigkeit, mich von Sao Paulo aus mit der Familie rasch in Verbindung zu setzen. Man wusste von mir und ich war sehr darauf bedacht, den Staub Sao Paulo's von den Fuessen zu schuetteln. Es existierte weder eine normale Telefon-, Post- oder Telegraphieverbindung. Zwar stand das Telegraphiesystem der Bahn der All[ge]meinheit zur Verfuegung, aber nur bis zum Endpunkt der Linie, von wo aus es keine Auslieferung gab. Telegramme blieben einfach liegen bis sich eine gute Seele ihrer annahm und den Empfaenger benachrichtigt, was Tage dauern konnte. Soweit die wichtigsten Tatsachen und ich kann mit meinem Bericht fortfahren:

Durch Nacht, durch Wald ins Land der Roten Erde
Ich will mir und anderen nichts vormachen. Es war eine Flucht, eine Notwendigkeit, keineswegs romantische Abenteuerlust, die mich veranlasste, die Stadt Sao Paulo zu verlassen. Papiere, die ich nicht hatte, spielten dort eine Rolle. Ohne sie konnte man keine Arbeit finden. Im Landesinnern kraehe kein Hahn danach, man fuehre dort Autos ohne Kennummer, so sagte man mir. Man waere dort sicher, so beteuerte man.

So ermutigt, begab ich mich eines Abends zum Sorocabana Bahnhof, um den Nachtzug Richtung Landesinnere zu nehmen. Die ganze Reise, einschliesslich Schlafwagen, war in Deutschland vorbezahlt. Es war ein schoener, heller, moderner Bahnhof mit breiten Bahnsteigen auf dem ich nun stand und meinen Zug betrachtete. Vorne eine Krauss-Maffei Lokomotive, dahinter wieder hoelzerne, rot-lackierte aber sehr gut gehaltene Wagen, einschliesslich Schlaf- und Speisewagen. Auf dem Bahnsteig eine Mischung von Menschen, Militaer und Zivilisten, alt und jung, arm und wohlhabend aussehend, viele in langen, weissen Staubmaenteln, deren Notwendigkeit mir bald klar werden sollte.

Ich habe keine Erinnerung an mein Schlafwagenabteil, die Spannung war doch zu gross, ich schlief nur wenig, das wehmuetige Heulen der Lokomotive – ein Moll-Akkord – hielt mich wach. Ich sah nichts von der Landschaft, ahnte nur endlose, nie gesehene Kaffeeplantagen. Ein- oder zweimal ein Halt an einer groesseren Station. Kleine, kaerglich beleuchtete Bahnhoefchen flitzten gelegentlich am Fenster vorbei. Kurz nach Morgengrauen erreicht der Zug die Knotenpunktstation Ourinhos, wo ich umzusteigen hatte.

Der naechste Zug brachte mich in eine andere Welt, in Neuland. Ich hatte mich durch Kartenstudium vorbereitet, merkte aber bald, dass man sich nur „in loco" eine wirkliche Vorstellung machen kann. Sehr bald ueberquert man einen breiten Fluss, den Paranapanema, der den Staat Sao Paulo von Paraná trennt. Auf der anderen Seite vorerst viele Stunden durch selten unterbrochenen, subtropischen Wald. Der Zug kriecht auf Geleisen, die – so scheint es – auf der nackten, roten Erde liegen. Die geringe Geschwindigkeit erlaubt es, Voegel aller Farben und Groessen zu beobachten. Auch wilde Tiere soll es dort geben aber man sieht sie nicht. Gelegentlich veraendert sich das Bild, der Waldrand rueckt in den Hintergrund, der Blick faellt auf eine Rodung, eine mit gefaellten Baumstaemmen und Aesten bedeckte Flaeche, auf der im Wachsen befindlicher Mais zu sehen ist. Hie und da auch armselige Bretterbuden mit Fenstern ohne Glas, offensichtlich die Behausungen der Landarbeiter. Es ist ein unordentliches Bild. Doch gnadenvoll schliesst sich der Wald wieder und die Fahrt geht in einer engen Schneise weiter. Bald ist der Wald verlassen. Ein offener, wesentlich groesserer Landstrich tut sich auf.

Der Zug haelt an einer recht belebten Station, an der viele der Passagiere aussteigen. Ein aus einstoeckigen Holzhaeusern bestehendes Staedtchen ist zu sehen. Auf einem Huegel sogar eine kleine Kirche. Wir sind in Londrina (Klein-London), dem Zentrum der „Cianorte" angekommen, aber noch immer nicht am Endpunkt der Bahnlinie. Mein Bericht wird spaeter noch auf Londrina zurueckkommen. Noch eine halbe Stunde und das Ende der Strecke ist erreicht. ROLANDIA[21] steht gross an der Mauer des einfachen, kleinen Gebaeudes. Ich bin noch nicht am Ziel, aber die Bahn hat ihre Schuldigkeit getan, ich steige aus und stehe auf der roten Erde: TERRA ROXA.

Nochmals eine Erlaeuterung
Nun, an einem ganz kritischen Punkt meines Berichtes angekommen, will ich folgende Bemerkungen einfuegen:

Die Geschehnisse spielen sich ab 1937 ab. Absolut nichts von dem von mir damals gesehenen oder erlebten existiert noch. Eine unglaubliche Entwicklung und Veraenderung hat stattgefunden.

---

[21] Insgesamt lebten ca. 400 deutsche Familien in dieser nach dem Wahrzeichen Bremer Roland benannten Urwaldplantage.

Der erste Teil meines Berichtes war auf ein dem eventuellen Leser bekanntes Europa beschraenkt. Der Schauplatz erlaubte mir eine gewisse Chronologie. Diese Struktur wird fortan nicht mehr moeglich sein. Land, Arbeit und Erfahrungen werden etwas chaotisch vermischt werden, was ich zu entschuldigen bitte.

In Rolandia

Mit einem Koffer in der Hand – mehr Gepaeck hatte ich aufgegeben – stehe ich nun neben dem Zug. Die ausgestiegenen Passagiere beginnen, sich zu zerstreuen. Ich sehe mich um. Niemand da, der so aussieht als wolle er mich abholen. Ich hatte nur den Namen meiner erhofften Gastgeber-Arbeitgeber, aber keine Adresse, nicht so ungewoehnlich in einer Gegend ohne Postamt. Eine, nicht sehr bewandert aussehende Gestalt schlug mir schliesslich eine Richtung vor von der sie annahm, zumindest in die Naehe meines Zieles zu fuehren. Aber es sei weit, etwa 1½ Stunden zu Fuss. Es war heiss, frueh am Nachmittag. Mit einem Koffer zu tragen, der Richtung nicht einmal ganz sicher, begann ich, mich auf den Weg zu machen. Es war kein ermutigender oder vielversprechender Auftakt. Ich kreuzte die Bahnlinie, passierte ein kleines Saegewerk. In der Hoffnung, von meiner Unsicherheit etwas befreit zu werden, ging ich hinein und fragte wieder. Sehr idiomatisch schien ich nicht geklungen zu haben, denn ein Mann antwortete mir in einem seltsam gefaerbten, aber immerhin gut verstaendlichen Deutsch. Ja, ich sei auf dem richtigen Weg. Die Strasse war eben und so, etwas ermuntert, ging ich weiter. Ein von einem Pferd gezogener Wagen, eine Art grosser Leiterwagen, kam mir entgegen. Der Fahrer, ohne Zweifel kein eingeborener Brasilianer, hatte wohl denselben Eindruck von mir, hielt an. In demselben Moment wurde es uns beiden klar, dass dieses Zusammentreffen den Kontakt darstellte, den beide Teile gesucht hatten. Ja, er sei es, den ich suchte und er befaende sich auf dem Wege, mich abzuholen. Es handelte sich wieder um einen Nachrichtenkurzschluss. Er schlug vor, sofort weiterzufahren und meine Habseligkeiten vom Bahnhof abzuholen. Der Weg gab ausreichende Gelegenheit, sich kennen zu lernen. Der sehnlich gesuchte Kontakt war nun hergestellt. Es begann ein neues, vollkommen ungewohntes Leben fuer mich.

Auf dem Weg zur neuen Bleibe

Mein aufgegebenes Gepaeck, das nun aufgeladen wurde, bestand aus einem Handkoffer und einer stabilen Holzkiste. Die Strasse, auf der wir zurueckfuhren, war ein gut gehaltener aus roter Erde bestehender, auf beiden Seiten von einer Zitronellahecke gesaeumter Fahrweg. Daneben, noch im Werden begriffene Felder, auf denen noch nicht ausgereifter Mais stand. Auch dort wieder die ganze Flaeche mit halbverkohlten Baumstaemmen und Aesten bedeckt. Gelegentlich zweigt rechts oder links ein Weg ab. An einer Gabelung stiessen wir auf eine nicht sehr einladend aussehende Holzbude. VENDA war angeschrieben, ein „Beisel", d.h. Schnapskneipe und Treffpunkt der Landarbeiter. Fuer ein paar Kilometer verlief die Strasse weiter eben, aber immer, so schien es, auf dem Ruecken eines langen Huegels, denn nach beiden Seiten ging es abwaerts. Es war nicht sichtbar, wohin. Bald bogen wir selbst nach links ab. Die Strasse wurde enger und holpriger. Es ging nun abwaerts bis wir den Rand eines Waldes erreichten, den ersten Urwald, den ich von der Naehe betrachten konnte. Umgeben wie dieses Waldstueck war, von bebauten oder zumindest gerodetem Land, machte es den Eindruck eines botanischen Gartens. Aber echt war er, dieser Wald und, wie ich erfuhr, noch immer von allerlei Tieren, darunter viele Affen, bewohnt. Nach einer kurzen Strecke durch die schattige Schneise, bot sich uns ein ueberraschender, freier Ausblick: Ein maessig steil abfallendes Tal, der Hang im Rohzustand von Pflanzungen. Mittendrin ein von Bananen-stauden und anderen Baeumen umgebenes Holzhaus, dessen Einzelheiten von dieser Stelle noch nicht zu erkennen waren. Hier wurde mein Gepaeck abge-laden. Der kerzengerade verlaufende, nun etwas abschuessige Weg fuehrte zu einem Holzschuppen-Komplex, eine Art Hof, an den eine Weide grenzte. Die Weideflaeche, wie nun schon so oft gesehen, unordentlich bedeckt von einem Kunterbunt von Ueberresten eines abgebrannten Waldes. Auf der Talsohle, nur stellenweise sichtbar, ein Bach und an dessen anderer Seite fast ein Spiegelbild unseres eigenen Hanges. Es war das erste Mal in dieser Gegend, dass sich ein wirklich huebsches Bild vor mir auftat, eine „Landschaft", noch nicht so ganz fertig, aber im vielversprechenden Werden.

Unten am Hof angekommen, empfing uns ein Arbeiter, der das Pferd abschirrte und sich seiner annahm. Wir gingen bergauf zurueck zum Haus [...] und zu dem mir zugedachten Bretterhaeuschen. Viel ist nicht zu beschreiben, denn viel war nicht drinnen. Die Spalten zwischen den ungehobelten Waenden moegen oder moegen nicht mit den ueblichen Latten bedeckt gewesen sein. Der Raum hatte keine Decke. Ueber mir war das steile, mit Holzschindeln gedeckte Dach. Es lag nicht direkt auf den Waenden, sondern liess einen Raum frei, der fuer Durchzug von Luft jeder Temperatur sorgte, aber auch einer reichhaltigen Fauna gefluegelter Natur freien Eintritt gewaehrte. Meine Beschreibung der Waende gilt auch fuer den Boden. Es ist mir heute nicht mehr ganz klar, wie es mir moeglich war, mehr als ein Jahr, von einer einfachen Pritsche abgese-hen, ohne jedes Mobiliar auszukommen. Hatte der Raum ein Regal? War alles was ich besass in Koffern und Kiste untergebracht? Jede Erinnerung ist ausge-loescht. Sicher ist, dass fuer den taeglichen Bedarf nur ein Minimum vonnoeten war. Wie dem auch immer gewesen sein mag, ich hatte meine Privatsphaere.

Nach dieser kurzen Beschreibung will ich die Nacht ueberspringen und zum naechsten Tag uebergehen. K. hatte wieder im Ort zu tun, diesmal jedoch ohne Wagen. So bedienten wir uns des beliebtesten Verkehrsmittels, wir rit-ten. Mein erster Ritt hier in Brasilien und meine erste Bekanntschaft mit Rolandia, ein winziges Zentrum, das Deutsch-Sprechende meist als „Stadt-platz" bezeichneten. Jeder Ort auf dem Gebiet der CIANORTE war geplant und in Zonen geteilt. Alle Strassen verliefen kerzengerade. Noch waren sie ungepflastert, aber sie hatten bereits Namen, die Haeuser sogar Nummern. Es gab weder Elektrizitaet, noch eine Post oder einen Polizeiposten. Um den Bahnhof herum hatte sich bereits ein kleines Geschaeftszentrum gebildet, dessen Mittelpunkt das im laendlichen Brasilien allgegenwaertige ARMAZEM DE SECOS E MOLHADOS bildete, eine Kreuzung zwischen Eisenwaren- und Kolonialwarenhandlung. Es gab dort alles was man brauchte und man traf dort alle, die man treffen oder nicht treffen wollte. Es war eine Art Nachrichtenaustausch-Boerse. Es gab auch eine Eisdiele (mit eigenem Generator), ein von Syrern gefuehrtes Textiliengeschaeft, einen Friseur und eine Apotheke.

Ich entsinne mich keines, auch noch so einfachen Hotels oder Restaurants, aber auch hier gab es einige „vendas", von denen man sich besser fernhielt. Die Wohnzone bestand aus einer Reihe von einstoeckigen Holzhaeusern, jedes mit einem kleinen Vorgarten, fast alle mit Fenstern und nicht selten mit Blumen geschmueckt. Das Ganze, vorausgesetzt das Wetter war trocken, machte einen freundlichen, geordneten Eindruck. Noch ein anderes „Gebaeude" sei hier erwaehnt, ein kleines Zweitbureau der CIANORTE, auf dessen besondere Funktion ich noch zurueckkommen werde.

Der etwa einstuendige Ritt zum „Stadtplatz" gab Gelegenheit zu einer klaerenden und erklaerenden Unterhaltung mit K., der bisher nur ungenuegend ueber meine Situation orientiert war. Er verstand, dass ich nicht hier gelandet war, um eine landwirtschaftliche Laufbahn einzuschlagen, sondern um den Krallen der Einwanderungsbehoerde zu entkommen und um schliesslich meine Niederlassungserlaubnis zu erhalten. Meinerseits, war es mir klar, dass ich zu arbeiten hatte und mit keinerlei Verdienst rechnen konnte. Meine Arbeit wird also das Hauptthema der naechsten Abschnitte bilden. Ich schreibe ohne die Unterstuetzung eines Tagebuches, weshalb mein Bericht, was den Zeitablauf angeht, ein unzuverlaessiges Konglomerat von Erinnerungsfetzen sein wird. Was die Tatsachen angeht, ist mein Bericht, soweit meine Erinnerung es erlaubt, sachgemaess.

Der Tag begann bei Morgengrauen – im Winter vor Sonnenaufgang – und mit einer, fuer einen Neuling wie mich, schweren Aufgabe, naemlich die Pferde – es moegen deren drei oder vier gewesen sein – aus der dunklen oder halbdunklen Weide herauszulocken und zum Stall zu bringen. Je nach Laune moegen sie oder moegen sie nicht willig gewesen sein. Im letzteren Fall war es noetig, Halfter in der Hand, und pferd-orientierte Ueberredungskunst im Kopf, in die letzten Ecken der Weide vorzupirschen und die Tiere zu fangen. Es war oft ein Katz- und Maussspiel, das wohl die Gesuchten mehr amuesierte als mich selbst. Dessen ungeachtet, bin ich zeitlebens ein grosser Pferdefreund geblieben. Diese daemmerigen Stunden am fruehen Morgen waren harte Stunden fuer mich, besonders an kalten und regnerischen Wintertagen. Ein schweres, mehr zum Reiten geeignetes cape („capa") schuetzte mich.

Waehrend ich mit dem Pferdefang beschaeftigt war, wurden in einem stallartigen Schuppen ein paar Kuehe gemolken und es war meine Aufgabe, die Milch in zwei vollen Eimern nach oben ins Haus zu tragen. Der Weg, wie bereits beschrieben, war ziemlich steil, zwei Eimer voll mit Milch sind schwer, vor allem fuer jemanden der, wie ich damals, nicht an derartige Arbeit gewoehnt war. Wirklich erschoepfend wurde der Weg an Wintertagen, wenn Regen die Terra roxa in Seife verwandelte, auf der man – ja sogar Pferde – keinen Halt fand. Aus der Milch, soweit sie nicht als solche gebraucht wurde, wurde Butter gemacht, was ich noch nie vorher gesehen hatte.

Ich zoegere hier, mit meinem Bericht weiter zu fahren, denn der Zweck der Uebung ist nicht, ein landwirtschaftliches Traktat zu verfassen. Ich verbrachte mehr als zwei Jahre auf diesem Betrieb. Es waren, was meine koerperliche Anpassung an dieses Leben angeht, die schwersten Jahre. Es gab kaum eine Arbeit, an der ich nicht teilnahm, durchaus nicht immer mit Begeisterung, noch weniger immer mit vollendeter Geschicklichkeit. Ich harkte auf den Fahrwegen, die instand gehalten werden mussten, ich fuetterte die Schweine und verbrachte viel Zeit bei der Maisernte, die das Tragen der Maiskolben in grossen Koerben zum Strassenrand erforderte. Ich lernte, zu meinem eigenen Erstaunen, ziemlich rasch, schwere Saecke aufzuheben und auf einen Wagen zu laden. So mancher Fortschritt brachte mir eine gute Portion Befriedigung, wie zum Beispiel, dass ich, nach wiederholten klaeglichen Versuchen, Maehen lernte. Maehen was? Nach ein oder zwei Jahren war es moeglich, kleine Flaechen von Holz zu befreien und Alfafa zu pflanzen, was regelmaessig geschnitten werden musste. Am unangenehmsten war die Arbeit, die bepflanzten Flaechen von Unkraut freizuhalten. Es war eine Sisyphusarbeit, an feuchten Tagen in einer wahrlichen Wolke von Moskiten, gegen die man sich durch Verhuellen des Kopfes zu wehren suchte. Wenn manches, was ich berichte, etwas melodramatisch klingt, will ich mich beeilen, eine falsche Perspektive zu korrigieren. Es gab so manches, was die Muehsal der allerersten Zeit zumindest linderte, spaeter sogar mehr als aufwog. Der naechste Abschnitt soll diese Seite meines damaligen Daseins beleuchten:

Zu den Belohnungen gehoerten menschliche Kontakte verschiedener Art. Tagaus, tagein, auf den rohen Feldern, auf den Wegen und auf den „terreiros" (Patios, wo Bohnen getrocknet werden und gedroschen wird) verbrachte ich meine Zeit in engem Kontakt mit den meist maennlichen Landarbeitern, Leute denen noch nie etwas anderes als Muehsal beschert war. Gelegentlich gesellten sich Frauen zu uns, Ehefrauen oder Kinder, die den Leuten das Mittagessen brachten. Die Mahlzeiten, sehnlich erwartete Unterbrechungen der Arbeit, bestanden fast ausschliesslich aus Reis und Bohnen, das eine oder andere Mal mit einem kleinen Stueck „xarque" = Trockenfleisch. Baumstuempfe und Staemme dienten als Tisch und Stuhl. Ich brachte kein Opfer, an diesen Mahlzeiten teilzunehmen. Noch heute esse ich Reis und Bohnen mit grossem Behagen. Die entspannte Atmosphaere und die sich daraus ergebenden Unterhaltungen erlaubten es mir, die idiomatische Sprache dieser Menschen zu erlernen, was mich oft als Uebersetzer und Aufklaerer von Missverstaendnissen nuetzlich machte. Ungeachtet meines anderen Aussehens, von anderer Erziehung ganz zu schweigen, fuehlte ich mich wohl unter diesen Menschen. Der Kontrast zu den Siedlern – die Kawe Familie und deren Nachbarn und Bekannte – haette nicht groesser sein koennen, waren diese doch fast ohne Ausnahme gebildete, oft akademisch gebildete Mitteleuropaeer. Obwohl durchaus nicht immer auf derselben intellektuellen Hoehe, fand ich mich auch in diesem Milieu gut zurecht, machte Bekanntschaften und schloss sogar Freundschaften. Ein gelegentlicher Abend und die Sonntage boten die einzige Moeglichkeit, diese Kontakte zu pflegen. Nachbarn waren oft durch ansehnliche Entfernungen getrennt, die einen Ritt oder eine […] Fahrt von 1–2 Stunden erforderten.

Aber nicht nur Menschen brachten das noetige Gleichgewicht ins Leben. Die, damals noch, gewaltig ausgedehnte und unangetastete Natur stellte eine nie versiegende Quelle von Anregung, manchmal Aufregung dar. Zu letzteren gehoeren die naechtlichen Ritte auf Urwaldpfaden ("picadas"), in Dunkelheit, bestenfalls durch Mondlicht erhellt. Man hoerte viel in den Baeumen, Geraschel im Unterholz, aber man sah nichts. Es war voelliger Verlass auf die Pferde, die ihren Weg mit erstaunlicher Sicherheit und ohne zu straucheln fanden.

Was die Pferde nicht sahen und nicht sehen konnten, waren die Lianenschlingen, die, in der Finsternis unsichtbaren Galgenstricken aehnlich, von den Baeumen herunterhingen. So eingefangen, waere man vom Pferd herunter gerissen worden.

Der Vollstaendigkeit halber soll hier noch erwaehnt werden, dass die von mir berichteten Erfahrungen nicht alle aus K.'s Betrieb stammen. Ich arbeitete und wohnte auch anderswo, mit Gelegenheit manches dazu zu lernen. Mein taegliches Arbeitsprogramm war nicht immer dasselbe. Allmaehlich hatte ich mehr mit Tieren zu tun und hatte viel Gelegenheit, in der Gegend herumzureiten. Von den Bekanntschaften, die ich machte, sollten sich einige spaeter als recht nuetzlich erweisen.

Fuer ganz kurze Zeit arbeitete ich im Zentralbureau der CIANORTE in Londrina, wo ich einen Englisch sprechenden Angestellten aushilfsweise zu ersetzen hatte. Die leitenden Angestellten dort waren Leute von etwas Einfluss und ich erzaehlte ihnen von meiner heiklen Lage. Sie rieten mir ganz dringend, das Geld, das ich mitgebracht hatte, in ein Stueck Land zu verwandeln. Ich wuerde dann als „lavrador" (= so etwas wie ein Landbearbeiter) angesehen und sei praktisch von ernsten Schwierigkeiten mit der Einwanderungsbehoerde befreit. Und so wurde ich Besitzer von ca. 20 Hektar Land. Es war jederzeit verkaeuflich und es bestand kein Risiko fuer mich. Das Stueck war viel zu klein um je rentabel bearbeitet werden zu koennen. Man versprach mir, zu versuchen etwas fuer mich zu tun, was ich mir allerdings mit der mir eigenen Skepsis anhoerte. Ich sollte zur Abwechslung einmal Unrecht behalten.

[...]

Nun zu Telefon und Post: Es gab keinerlei Privattelefone in der ganzen Gegend, noch einen Anschluss an das nationale Telefonnetz. CIANORTE unterhielt jedoch eine eindraehtige Leitung zu ihrer Zweigstelle in Rolandia und von dort aus sogar 40 km weiter zu einem Vorposten.

Die Post war ein Fall fuer sich. Es gab kein Postbureau in Rolandia. Post wurde nur bis Londrina befoerdert, von wo sie, unsortiert in einem Sack nach Rolandia gesandt wurde. Dort schuet[t]ete man den Inhalt einfach auf einem grossen Tisch aus. Jeder konnte in dem Haufen nach Belieben herumkramen, um festzustellen, ob Post fuer ihn da war. Das Chaos war gross und verursachte viel Aerger, manchmal Verzweiflung, besonders in der damaligen, hoellischen Zeit in Europa. Briefverlust, von dem auch ich betroffen war, war unvermeidlich.

Von Vogelfrei zu freiem Vogel
Zurueck in Rolandia und nun mit Aufenthaltserlaubnis versehen, haette ich den roten Staub Nord-Paranas von den Fuessen schuetteln koennen, aber mein Beduerfnis, zu einem staedtischen Leben zurueckzukehren, war verschwunden. Ich hatte mich inzwischen gut eingewoehnt, war koerperlich den Anspruechen des Lebens dort mehr gewachsen und hatte eine Reihe von Menschen kennen gelernt. Die verschiedenen von Emigranten gefuehrten landwirtschaftlichen Betriebe waren allmaehlich etwas weniger spartanisch geworden.

Mein Entschluss, auch ohne dringende Notwendigkeit zu bleiben, hatte bald unerwartete Folgen: Ich bekam ein richtiges Stellenangebot, nicht nur Gehalt, sondern auch Abenteuer versprechend. Ein Bekannter von mir, ein Katholik, der Deutschland aus Glaubensgruenden verlassen hatte, war von einem mysterioesen Praelaten beauftragt worden, weit entfernt von hier eine grosse Kaffeeplantage aufzubauen. Es schien sich um ein religioes orientiertes Unternehmen zu handeln. Der gekaufte Trakt lag noch innerhalb der CIANORTE Region, jedoch wesentlich westlich von den bereits erschlossenen oder im Erschliessen befindlichen Gebieten. Er bestand aus unangetastetem Urwald. Es existierte eine Zugangsstrasse, die vom aeussersten CIANORTE Telefonposten ausgehend in Richtung des grossen Tibagi Flusses lief. Der Rand des erworbenen Landes war etwa 40 km entfernt.

Meine auf etwa ein Jahr beschraenkte Aufgabe war, die Waldschlagarbeiten und, daran anschliessend, die Pflanzung des Kaffees zu ueberwachen. Auch hatte ich fuer die Verpflegung der Leute zu sorgen. Es war noetig, mit den Arbeitern im Wald zu kampieren, von jeglicher Unterstuetzung weit entfernt, war das eine etwas prekaere Angelegenheit. Ich hatte eine Waffe, aber sie inmitten dieser Umgebung zu benutzen, waere Selbstmord gewesen. Es kam nie zu einer Krise.

Ich will meine Erzaehlung nicht durch einen Schritt fuer Schritt Bericht belasten und beschraenke mich auf eine kurze Zusammenfassung des Verlaufs.

Das Land muss vermessen werden – der Wald wird geschlagen – der Wald wird abgebrannt – Pflanzung kann beginnen. Mit der Vermessung hatte ich nichts zu tun. Um so mehr mit dem was folgt. Eine Gruppe von erfahrenen, zuverlaessigen, an Urwald gewohnten Holzfaellern musste angestellt werden, was mit Hilfe eines Gruppenfuehrers geschah. So wurde eines Tages ein Lastauto hoch mit Saecken voll von Reis, Bohnen und anderen Lebensmitteln, sowie den noetigen Werkzeugen wie Saegen und Beilen beladen. Hoch oben sassen die Leute, einschliesslich mir selber und los ging es auf der langen, einsamen Strasse, eine monotone Schneise durch schier endlosen Wald. Nach langer Fahrt verwandelt sich die Strasse in einen, kurz vorher angelegten, holprigen Fahrweg. Er endete an der Stelle an der sofort ein primitives Lager fuer die erste Nacht aufzurichten war. Der Urwald liefert Baumaterial, vor allem Palmitenstaemme, duenn und weich, die sogar mit einem Buschmesser gefaellt werden koennen. Lianen sind da, um die Staemme zu Waenden zu binden. Und gross ist die Auswahl an Blaettern, die als Dachdecke dienen koennen. Binnen zwei Stunden ist eine gedeckte, langgestreckte Unterkunft entstanden, in der ein paar Pritschen Platz haben. In einem gewissen Umkreis wird der Boden von Gestruepp freigemacht, nicht nur um Feuer machen zu koennen, sondern auch um es Schlangen nicht zu leicht zu machen, sich in dieser Nachbarschaft allzu zuhause zu fuehlen. Kessel, Toepfe, Essgeraete werden ausgepackt. Bald brennt ein Feuer. Der Urwald ist feucht. Brandgefahr besteht hier nicht. Geschickt ausgesucht wurde dieser Platz denn, kaum sichtbar aber nur ein paar Schritte entfernt, fliesst ein kristallklarer Bach, der uns nicht nur Trink- und Kochwasser liefert, sondern in dem man sich auch leicht waschen kann. An diesem ersten Abend kann es nichts anderes geben als Reis, Bohnen und ein Stueckchen Trockenfleisch. An das letztere muss ich mich erst ein wenig gewoehnen. Zum Trinken gibt es Mate Tee, sehr stark zubereitet. Stark gekuehlt ist Mate ertraeglich. Lauwarm oder heiss sagt mir das Getraenk nicht zu, aber es soll sehr gesund sein. Wir haben Decken und Strohmatten mitgebracht. An Ausziehen denkt hier niemand, aber man ist muede und, ungeachtet des urwaldlichen Abendkonzertes, schlaeft man ein.

Ein Aprilmorgen im Norden von Paraná, auf einer Hoehe von etwa 800 m, ist kalt. Langsam kommt Leben ins Camp. Leute gehen zum Bach und kommen gewaschen zurueck. Andere erscheinen woanders her aus dem Dickicht. „Besetzt" Zeichen gibt es hier nicht. Wer ueberhaupt koennte schon zusehen? Hoechstens ein ueber den ungewohnten Anblick erstaunter Tukan, hoch oben im Geaest. Der mit der Kueche beauftragte Arbeiter hatte laengst Feuer gemacht. Rauch stieg auf durch die Lichtung und ein vielversprechender Geruch von starkem Kaffee wehte durch das Lager. Das durch braunen Zucker stark gesuesste Getraenk wird mir fuer immer als das Nektar naechstbeste in Erinnerung bleiben. Auf Baumstuempfen sitzend, einfache Emaille-Becher in der Hand, sass die Gruppe von recht wild aussehenden Gesellen um das Feuer herum. Wir assen dazu Brot aus Maismehl, an dessen Provenienz ich mich nicht entsinne. Das ganze Bild dieser morgendlichen Szene ist tief in mein Gedaechtnis graviert.

Es war nun Zeit zur Arbeit aufzubrechen. Jeder war mit einer schweren Axt und einer „foice" ausgeruestet, letztere eine Kreuzung zwischen Beil und Sense, zur Lichtung des Unterholzes besonders geeignet. Zur Ausruestung gehoerte auch ein Trinkwasser oder Mate Tee enthaltender Kuerbis, „calabaça" genannt. Alle hatten den Kopf in Tuecher eingewickelt, denn die Moskiten wuerden nicht auf sich warten lassen.

Bevor ich versuche, die Arbeit der Holzfaeller zu beschreiben, muss ich vorausschicken, dass ich mich oft fragen musste, warum ich die Leute eigentlich begleitete. Mein Auftrag war, zu beaufsichtigen, aber alles was ich tat war besichtigen ohne „auf" und meiner Leica Arbeit zu geben. So manches hatte ich gelernt, aber zum Holzfaeller hatte ich es und haette ich es nie gebracht.

Unser Wald stand auf ausgesuchtem, fuer Kaffeepflanzung geeignetem Boden. Das war an der Vielfalt von erstklassigem Hartholz zu erkennen. Peroben, Embuyas und andere Prachtbaeume liefern wertvolles Bau- und Tischlerholz, aber sie wollen erst einmal aus dem Wald herausgeholt werden, vorlaeufig ohne Interesse fuer Saegereien, des unrentablen Transportes wegen. Zum Abschlagen von Baeumen kleiner oder mittlerer Groesse genuegten zwei Leute, aber es gab Riesen, vor allem sogenannte Weisse Feigenbaeume, die ein Quartett benoetigten, einen Ausdruck, den ich ganz bewusst waehle, denn die Arbeit war ein faszinierendes, rhythmisches Zusammenspiel von vier Aexten. Laengst vergangen ist dieser Klang aus einer Zeit, in der es noch keine heulenden Kraftsaegen gab

Haette es diese naemlich gegeben, haette ich nicht meine schoenen sonntaeglichen Urwaldspaziergaenge machen koennen, deren ich mich noch heute so gerne entsinne. Es gab wirklich nur einen Weg, auf dem das moeglich war, die Zufahrtsstrasse. Man sah eine Reihe von Tieren, man hoerte deren noch mehr. Da traf man Affen, die immer in Herden auftraten, Rehe, die sich, ohne Ursache Unheil [sic!] zu ahnen, nicht stoeren liessen. Gelegentlich mag ein Ameisenbaer gemuetlich ueber den Weg gegangen sein. Ueberall flatterten aller Art Schmetterlinge in den wunderbarsten Farben. Eine Vielfalt von Voegeln aller Groessen machte sich bemerkbar. Eine Begegnung mit Schlangen war nicht selten, aber ohne Gefahr, denn ich trug, aus Gewohnheit, immer Reitstiefel. Die Natur war durch nichts gestoert. Es gab eine Ausna[h]me: In einer so unzugaenglichen Gegend, bestand die einzige Sonntagsbeschaeftigung der Arbeiter in der Jagd. Der eine oder andere hatte ein Gewehr und grosse Erfahrung, auch ohne Strasse tief in den Wald einzudringen. Dort lebten Tiere, die ich von der Strasse aus nicht zu Gesicht bekam, vor allem „antas", eine Art Tapir, deren Fleisch eine willkommene Zutat zu unseren nicht sehr abwechslungsreichen Mahlzeiten, bildete. Auch gab es sehr gesuchte, fasanenartige Voegel, die ein aehnliches Ende fanden wie die antas. Ich habe nie einen lebendigen Jaguar zu Gesicht bekommen, aber sie existierten, wie einer unserer Arbeiter bewies als er einen, um die Schultern geschlungen, ins Lager brachte. Der Jaguar war das einzige der groesseren Tiere, die gefaehrlich waren. Unter den fliegenden und kriechenden gab es deren eine ganze Reihe: In den Baeumen eingenistete wilde Bienen konnten Waldschlaeger ueberfallen. Bedrohlicher als Schlangen waren giftige Spinnen verschiedener Groessen, die nur schwer sichtbar unter trockenem Holz lebten. Es waren behaarte, furchterregende Wesen, die nicht nur springen konnten, sondern es auch taten.

Es moegen sechs bis acht Wochen vergangen sein. Eines Tages war aus einem grossen Stueck Wald eine Rodung entstanden. Es war nun noetig, etwas Glueck zu haben und nicht durch unerwarteten Regen gestoert zu werden. Die gefaellten Riesen mussten, so weit wie moeglich, von Aesten befreit werden, um das Trocknen von Laub und Unterholz zu beschleunigen. Viel haengt von der Wirksamkeit des nun anzulegenden Brandes ab. Ein ungenuegend abgebrannter Wald erschwert die Pflanzung. Auch ist die Richtung des Windes ein Faktor, der in Betracht gezogen werden muss. Alles verlief programmgemaess. Ein veraendertes Bild ist entstanden. Die Sonne [scheint] nun auf ein offenes, chaotisches Areal von Asche und endlosen Barrikaden von verkohltem Holz. Durch muehsame Raeumungsarbeiten versucht man bepflanzbare Felder zu schaffen auf denen Mais gesaeht werden kann.

Inzwischen war man an einer anderen Stelle dieses Besitzes [auch] mit der Schaffung eines „zivilisierteren" Verwaltungshauses, permanenten Arbeiterwohnungen und – einer Kirche beschaeftigt gewesen. Ich hatte nichts mit diesem Projekt zu tun, aber es wuerde eines Tages das Ende jeder Urwald-Romantik bedeuten. Schon jetzt war ich etwas d[a]von betroffen. Ein Verbindungsfahrweg zu uns wurde angelegt. Der Verwalter des Ganzen liess sich nun gelegentlich sehen. Ein Lastwagen wurde gesandt, um die nun nicht mehr noetigen Holzfaeller abzuholen. Es kamen Bauarbeiter und Handwerker. Ein kleiner Laden mit Lagerraum fuer die grundlegenden Lebensmittel wurde ins Leben gerufen. Kurzum: Alles wurde anders. Meine Aufgabe, die allerersten Schritte dieses Wachstums zu begleiten, ging zu Ende. Ich haette bleiben koennen, aber meine Pflichten waeren dann administrativer Art geworden, wozu ich nicht die geringste Lust hatte. Noch ein anderer Faktor beschleunigte meinen Drang nach Veraenderung: Ich bekam „Klimawunden", eitrige Stellen, vor allem an den Beinen, die nicht heilen wollten. Viele litten darunter, aber ich hatte immer gedacht immun zu sein. Die Ursache dieses Gesundheitsproblems lag wahrscheinlich an der nicht idealen, Gemuese mangelnden Ernaehrung. Ein paar Versuche, mich in Rolandia zu kurieren scheiterten. Heilung war nur in Sao Paulo moeglich. Halb nolens, halb volens trat eine grosse Veraenderung in mein Leben.

Deus ex machina

Anfangs meines dritten Jahres in der CIANORTE Region erhielt ich eine voellig unerwartete Nachricht aus Curitiba, der Hauptstadt des Bundesstaates, wo ich lebte. Der Absender war der dortige Vertreter der Gesellschaft, ein Anwaltsbureau. Der Inhalt war eine Aufforderung, mich so bald wie moeglich nach Curitiba zu begeben und mich bei der Polizeidirektion zu melden. Es erwarte mich dort eine permanente Aufenthaltsgenehmigung, vorausgesetzt ich koennte den Besitztitel zu meinem „Land" und eine Quittung ueber den bezahlten Betrag vorweisen. Beides hatte ich. Es schien klar zu sein, dass die Gesellschaft in Londrina tatsaechlich Schritte unternommen hatte, mir behilflich zu sein. Eingefleischter Skeptiker der ich war, hatte ich nie ernstlich daran geglaubt, dass die Leute sich fuer mich ins Zeug legen wuerden. In diesem Falle waere mit Geld nicht viel zu machen gewesen, aber die Gesellschaft hatte etwas Wichtigeres, naemlich Beziehungen und Einfluss.

Jedenfalls liess ich es mir nicht zweimal sagen und machte mich auf den Weg. Es war eine lange und umstaendliche Reise. Die Fahrt, teils per Bahn, teils per Bus, erforderte eine Uebernachtung in einem, schwer in salonfaehigen Worten beschreibbaren Gasthaus. Im Gegensatz dazu schwelgte ich in Curitiba in schon fast vergessenem Luxus, dem grossstaedtisch ausgestatteten Hotel Johnscher.

Dort angekommen lernte ich den CIANORTE Vertreter kennen, der mich zur Polizei begleitete. Ich wurde hoeflich empfangen, legte meine Papiere vor, worauf mir – ein wahres Wunder – mein alter konfiszierter Pass zurueckgegeben wurde, mit einem eindrucksvoll gestempelten Vermerk, das ich, gemaess § soundso zum permanenten Aufenthalt im Lande berechtigt sei. Beglueckt und dankbar konnte ich das Polizeigebaeude verlassen. Ich leistete mir noch einen Ausflug nach Paranagua, eine Fahrt auf einer der waghalsigsten Bahnstrecken der Welt, herunter vom Planalto zum Meer. Dann zurueck nach Rolandia.

Der Vogel war nun frei, aber er flog nicht aus seinem Nest. Der Mensch sehnt sich nach dem, was er nicht hat. Hat er es einmal, verfluechtigt sich der Wunsch.

Zurueck zum Leben in der Stadt

Waehrend ich in Rolandia vergeblich nach einer Heilung meiner Klimawunden suchte – es gab keinen richtigen Arzt dort – lungerte ich arbeitslos bei Freunden herum, wo ich gearbeitet hatte. Auch spannte ich, per Post, ein paar Faeden nach Sao Paulo.

Der Abschied von Freunden, vom Ort, aber wirklich von einem ganzen Lebensstil fiel mir ausserordentlich schwer. Es war der dritte schwere Abschied in meinem Leben. Was ich nicht wusste: Es sollte nicht der letzte sein.

Bevor ich in grossen Zuegen mein weiteres Leben in der grossen Stadt beschreibe, will ich versuchen, sie zu schildern: Das Sao Paulo der vierziger Jahre war etwas groesser als Muenchen, ca. 800 m hoch gelegen und mit einer interessanten Topographie gesegnet. Quer durch das Zentrum lief ein Tal mit einem kleinen Fluesschen. Es bot eine gute Entschuldigung, ein paar eindrucksvolle Bruecken darueber zu legen. Schon damals gab es einige Hochhaeuser in der Stadtmitte, aber im Grossen und Ganzen hatte die Sonne noch reichlich Zutritt. Eine Reihe von Anlagen und Parks sorgte fuer Gruen. Das Geschaefts-viertel war kompakt. Man konnte gut zu Fuss gehen, um Einkaeufe zu machen. Es fehlte nicht an einer Reihe von imposanten Gebaeuden, sowohl privater wie auch oeffentlicher Natur, wie z. B. das sehr schoene Staedtische Theater, ein modernes Bibliotheksgebaeude und zwei recht sehenswerte Bahnhoefe. Ein her-vorragendes Netz von Strassenbahnen und Bussen ermoeglichte es, jeden Teil der Stadt zu besuchen. Die Umgebung war anziehend. Gute Bahnverbindungen die Bergkette herunter, zu den Meeresbadeorten bei Santos, machten den Besuch zu einem Tagesausflug. Der Rand der Stadt lief in Felder aus, auf denen man gemuetlich herumwandern konnte, nicht unaehnlich dem (damaligen) Muench-ner Oberwiesenfeld. Ich war mir nie eines Sicherheitsproblems bewusst. S. Paulo war eine sympathische Grosstadt, in der es leicht war, sich einzugewoehnen.

Nach dieser Beschreibung des „ambiente" will ich versuchen, von meinem Leben waehrend der Sao Paulo Jahre zu berichten:

Nach Ankunft in der Stadt hatte ich kaum Zeit zu „verschnaufen". Leute, die ich in Rolandia kennen gelernt hatte, erwarteten mich mit der angenehmen Nachricht, dass sie bereits ein einfaches, moebliertes Zimmer fuer mich gemietet hatten. So war ich von diesem Problem entbunden, was eine grosse Erleichterung fuer mich bedeutete, um so mehr als ich durch ungewoehnliches Glueck, innerhalb weniger Tage eine bescheidene, aber immerhin zum Leben ausreichende Stellung fand.

Leider liefen die Dinge nicht so glatt. Kurz nach meiner Ankunft in Sao Paulo, aber vor Antritt meiner Stellung, kam ein Telegramm aus New York. Absender war der Schwager meiner Mutter[22], der bereits einige Zeit vorher ausgewan-dert war. Das ganz dringend abgefasste Telegramm forderte mich auf, unver-zueglich alles mir zur Verfuegung stehende Geld nach USA zu ueberweisen, um die Ueberfahrt meiner Eltern[23] nach Kuba zu bezahlen. Ich habe keinerlei Erinnerung an irgendwelche Einzelheiten des Vorganges, in dem offensichtlich eine juedische Hilfsorganisation eine massgebende Rolle spielte.

Das Telegramm weckte mich wie ein Donnerschlag aus meinem ahnungs-losen Dornroeschenschlaf auf. Gerade aus dem Urwald angekommen, war ich mir des Ernstes der Lage meiner Eltern hoechst ungenuegend bewusst. Natuer-lich zoegerte ich keinen Moment, der Aufforderung meines Onkels nachzu-kommen. Ich wusste wohl, dass mein „Land" jederzeit sofort verkaeuflich war. Es war aber noetig, der Transaktion persoenlich beizuwohnen und so war ich gezwungen, in grosser Eile nach Londrina zurueckzufahren. Und so geschah

---

[22] Gemeint ist vermutlich Dr. Alfred Selz, der mit Emmy Merzbachers Schwester Alice (1896–1941) verheiratet war. Er emigrierte im August 1939 nach England.

[23] Otto Friedrich Merzbacher (1874–1950) und Emmy Elisabeth Helene Merzbacher, (geb. Herz, 1882); das Ehepaar emigrierte 1941 nach Kuba und von dort 1946 in die USA.

es, ohne den geringsten Zeitverlust. Ich brachte den Erloes nach Sao Paulo und liess den Betrag, an dessen Hoehe ich mich nicht erinnere, durch eine Bank nach USA ueberweisen.

Ich war froh getan zu haben, was mir moeglich war. Rein praktisch aenderte sich nichts an meiner Lage. Bargeld in mehr als ganz bescheidenem Masse hatte ich sowieso nicht. Benoetigte es auch nicht. Ich war jung, gesund, hatte Arbeit und keine Verantwortung ausser fuer mich selbst. An dieser Stelle ist es nun unvermeidlich, einen Einblick in die Lage meiner Eltern zu geben. Nur so wird der weitere Verlauf meines Lebens verstaendlich werden.

Das Schicksal meiner Eltern

Die Reise meiner Eltern nach Kuba war also bezahlt. Sie nahmen die allerletzte Gelegenheit wahr, ihre Heimat zu verlassen und entgingen Deutschland im Oktober 1941. Die Reise ging ueber Frankreich nach Barcelona. Am 31. Oktober lief ihr Schiff „Isla de Teneriffa" aus Barcelona aus. Details dieser Reise gehoeren nicht in diesen Bericht. Ich will es nur gesagt sein lassen, dass sie eine wahrlich hoellische Zeit durchleben mussten, vor allem [da] auf dem Schiff menschenunwuerdige Zustaende herrschten.

Sie verbrachten 4½ Jahre in Havanna wo sie, ohne Arbeitserlaubnis, geduldet und auf die Unterstuetzung durch Familie und juedische Organisationen angewiesen waren. Davon abgesehen, hatten sie es gut. Manche Emigranten konnten sich durch Schwarzarbeit ein Taschengeld verdienen. Auch meiner Mutter gelang das in kleinstem Masse. Sie verrichtete Naeharbeiten, war aber durch schlechte Augen ziemlich behindert. Fuer meinen Vater, ein Pelz- und Fellfachmann, war die Lage in dieser Beziehung hoffnungslos. In einem warmen Land wie Kuba war die Nachfrage nach Pelzen nicht gerade ueberwaeltigend.

Im Juni 1946 gelang es ihnen schliesslich ein regelrechtes Einwanderungs-visum nach Amerika zu erhalten. Obwohl er bereits 70 war, versprach er sich noch etwas von Amerika, das er aus seiner Jugend und einem spaeteren Besuch gut kannte. Er sprach fliessend Englisch und hatte sogar Beziehungen zu alten Freunden aufrecht erhalten. Dank derselben gelang es ihm in der Pelzabteilung eines angesehenen Modewarenhauses eine subalterne Stellung zu finden, in einer Branche in der er fuehrend und angesehen war. Es war ein beschwer-liches Leben, aber fuer kurze Zeit ging es gut. Eines Tages jedoch ging er in einem schweren Schneesturm zu Fuss nach Hause, ein Leichtsinn der ihm eine Koronartrombose kostete.

Was ich auf dieser Seite berichte, trug sich waehrend meiner letzten zwei Jahre in Brasilien zu.

Erste Arbeit in der Stadt

Nach diesem unvermeidlichen Abstecher in das Leben meiner Eltern, kann ich nun mit meinem Bericht fortfahren:

Die Stellung die ich nun, nach meiner Rueckkehr von Londrina, antreten konnte, war eine Kreuzung von Torhueter und Lohnbuchhalter in einer
einer italienischen Familie gehoerenden Spinnerei und Weberei. Es war ein
einstoeckiges Fabrikgebaeude in einer Gegend ungepflasterter Strassen,
von denen die meisten von ganz bescheidenen, kleinen Arbeiterhaeuschen
gesaeumt waren. Viele Leute unserer Belegschaft wohnten dort und genossen
die Annehmlichkeit zu Fuss nach Hause gehen zu koennen. Ich selbst zog um
in die Naehe der Fabrik, was auch fuer mich Vorteile mit sich brachte.

Der technische Leiter der Fabrik war ein junger deutscher Emigrant, der
das Fach schon in Deutschland erlernt hatte. Der Betrieb mag ungefaehr 100
Arbeiter beschaeftigt haben. Mein Vorgesetzter und ich waren die einzigen
Europaeer unter dem Personal. Wie ich spaeter erfuhr, war ich ein willkom-
mener Ersatz fuer meinen Vorgaenger, der ein grosser „Windhund" gewesen
zu sein schien. An dieser Stelle konnte viel Schmu gemacht werden und eine
Vertrauensperson auf diesem Posten stellte eine grosse Erleichterung fuer den
Betriebsleiter dar. Meine Arbeit war nicht gerade anspruchsvoll, verlangte aber
grosse Genauigkeit, um Reibungen mit den Leuten zu vermeiden. Ich hatte
viel mit den Arbeitern und Arbeiterinnen zu tun, was mir, nach meinen Rolandia Erfahrungen, nichts Neues war. Als ich bei der Fabrik eintrat, im April oder
Mai 1940, war der Krieg in Europa schon in vollem Gange, aber Brasilien
hatte sich bis dahin neutral verhalten. Mein Vorgesetzter und ich galten als
Deutsche. Der Durchschnitts-Brasilianer hatte keine rechte Vorstellung von
unserem Status als Emigranten.

Brasilien im Krieg
Das sollte sich bald gruendlich aendern. Als die brasilianische Regierung
merkte, dass es nicht gut stand um die „Axe", hielt man es fuer angeraten,
sich auf die Seite der Alliierten zu schlagen, ja sogar brasilianische Truppen
zum Kriegsschauplatz in Italien zu senden. Fuer uns Emigranten hatte das zur
Folge, dass wir nun ploetzlich zu feindlichen Auslaendern erklaert wurden.
Alle wurden ueber einen Leisten geschlagen. Sprachen wir nicht alle Deutsch?
In unserem Betrieb aenderte sich gluecklicherweise nichts fuer uns. Am Tag
nach Brasiliens Kriegserklaerung an Deutschland wurde die ganze Fabrikbe-
legschaft zusammengerufen und die Direktion versuchte, so gut es moeglich
war, unseren etwas heiklen Status zu erklaeren. Es wurde energisch betont,
dass wir unveraendert das Vertrauen der Leitung genoessen und entsprechend
zu behandeln seien, was auch geschah.

Ausserhalb der Fabrik hatte die veraenderte Situation jedoch sehr wahrnehmbare Folgen. Auch fuer Emigranten, da in Brasilien nie ein Unterschied
gemacht wurde. Ich hatte als Folge der Nuernberger Gesetze meine deutsche
Staatsangehoerigkeit schon laengst verloren (aber nicht meinen deutschen
Pass, in dem nicht einmal das beruechtigte „J" eingestempelt war), aber davon
nahm man hier keinerlei Notiz. Der Gebrauch der deutschen Sprache in der

Oeffentlichkeit wurde verboten (was es allerdings mit sich brachte, dass sich
nun so einige Emigranten auf die Hosen setzten und endlich Portugiesisch
zu lernen begannen). Wir durften die Stadt nicht mehr ohne eine besondere
Erlaubnis verlassen. Bahnen und Busse wurden daraufhin kontrolliert. Jeder
kleine oder groessere Ausflug bedurfte eines „salvo conduto", der allerdings
ohne grosse Schikanen leicht zu erhalten war. Von der Ambivalenz unserer
Lage abgesehen, konnten sich Emigranten (auch Nicht-Emigranten) nicht
ueber schl[e]chte Behandlung beklagen.

Wie und wo wohnte und lebte ich waehrend der drei Jahre meiner Arbeit
bei Fiaçao e Tecelagem Sant'Ana? Anfangs hatte ich ein Zimmerchen, das
sehr frueh aufstehen erforderte, um rechtzeitig bei der Arbeit zu sein. Noch
bei Morgengrauen musste ich einen (an beiden Seiten offenen) Tramwagen
besteigen, was, kalt wie es oft war, ziemlich ungemuetlich war. Es gelang mir
schliesslich, ein aehnliches Zimmer unweit der Fabrik zu finden, von wo aus
ich zu Fuss gehen konnte. Es war wieder ein Emigrantenhaushalt, Wiener, die
sich durch Schneiderei sehr muehselig durchs Leben schlugen.

Mein Leben – zumindest mein Werktagsleben – spielte sich jedoch keineswegs in Emigrantenkreisen ab. Abgesehen von dem brasilianischen Milieu in
dem ich arbeitete, nahm ich mein taegliches Mittagessen im Haus einer ganz
einfachen brasilianischen Familie ein, eine Erbschaft, die mir mein „Windhund" Vorgaenger gemacht hatte. Ich hatte mich schon immer von einfachen
Brasilianern aller Farben angezogen gefuehlt und es war kein Wunder, dass
mein taeglicher Kontakt mit dieser Familie noch lange anhielt und sogar zu
einem gelegentlichen Picknick am Meeresstrand fuehrte. Ich sprach nun sehr
idiomatisches, vielleicht sogar manchmal zu idiomatisches Portugiesisch.

In vieler Hinsicht war ich zufrieden und fuehlte mich wohl in der Textilfa-
brik, aber, obwohl ich eine Gehaltserhoehung bekommen hatte, verdiente ich
nur sehr wenig, gerade genug um auszukommen. Davon abgesehen, hatte ich
keine Moeglichkeit, von dem was ich zu bieten hatte, Gebrauch zu machen.
Glueck und eine Freundschaft warfen mir eine Veraenderung in den Schoss.
Ich hatte Gelegenheit meine Stellung zu wechseln. Was mir bevorstand war
mehr Geld, aber auch wesentlich aufreibendere Arbeit bei einer Firma, die
eine Mischung von Fabrik und Import war, geleitet von einem gemischten
Team von Deutschen, Emigranten und Brasilianern. Das Programm bestand
aus der Fabrikation von elektrisch betriebenen Werkzeugen und dem Import,
hauptsaechlich aus Amerika, von gewissen dazu gehoerigen Teilen, wie z.B.
Motoren und Kugellagern. Auch Stahl aller Art gehoerte zum Importpro-
gramm. [...] Viel und komplizierte Papierarbeit, immer mit bald ablaufenden
Terminen verbunden, gehoerte zu meinen Pflichten, die oft Arbeit bis in die
spaeten Stunden des Abends erforderten. Im Gegensatz zu meiner vorigen Stellung, war die Atmosphaere dort nicht gerade entspannt, sondern hektisch-ge-
spannt, was gelegentlich zu kleinen Explosionen fuehren konnte. Ich schloss
dort keine Freundschaften, aber ich verdiente gut und konnte zum ersten Mal

etwas zuruecklegen. Ein Weihnachtsbonus erstaunte mich ueber seine voellig unerwartete Hoehe. Als Folge davon war ich nun auf den Geschmack gekommen, was sich nicht als unbedingt positiv auswirken sollte. Der Schuster blieb nicht bei seinen Leisten und er wuerde es bereuen. Als sich die vermeintliche Moeglichkeit einer weiteren Verbesserung bot, wechselte ich wieder die Stellung mit dem Resultat, dass ich versagte und, noch schlimmer, das erste Mal in meinem Leben fuer drei Wochen arbeitslos wurde. Ich erinnere mich nicht, von Panik erfasst worden zu sein. Warum auch? Ich war Junggeselle, ohne jegliche Verantwortung ausser fuer mich selbst und die allgemeine Arbeitslage war guenstig. Nach zwei weiteren Fehlschlaegen landete ich schliesslich bei meiner letzten Stelle, die, nicht geahnt bei Antritt, meine letzte in Brasilien werden sollte. Dort, in einem anglo-brasilianischen Arbeitsmilieu hatte ich es sehr gut. Zwar war das Gehalt schlecht, dafuer aber die Atmosphaere um so besser und das Arbeitsgebiet – Bahnmaterial – von einem gewissen Interesse fuer mich.

Bevor ich die letzte Phase meines brasilianischen Daseins schildere, ist es noetig, den Zeiger der Zeit etwas zurueckzudrehen.

Freizeit-Vertreib

Ich will die gesellschaftliche Seite meiner Sao Paulo Wochen und Monate nur oberflaechlich streifen, kann sie aber nicht ganz uebergehen.

Schon aus Rolandia hatte ich gewisse Anschlussmoeglichkeiten, ueberwiegend Menschen meines Alters oder aelter, mitgebracht. Kontakte mit juengeren Leuten schuf ich mir selbst. Mein Besuch einer vom BRITISH COUNCIL unterhaltenen Schule spielte dabei eine gewisse Rolle. British Council ist dem Goethe Institut und der Alliance Française aehnlich und verfolgt dieselben Ziele. Obwohl ich schon seit juengeren Jahren ziemlich fliessend Englisch sprach, wollte ich in Uebung bleiben und mich wenn moeglich verbessern, um beruflich weiterzukommen. Gesellschaftliche Hintergedanken waren auch dabei. Ich begann mit den Kursen schon sehr bald nach Antritt meiner ersten Stellung, setzte sie lange fort und war eines Tages im Besitz des CAMBRIDGE CERTIFICATE.

Meine „traditionellen" gesellschaftlichen Beziehungen waren anregend. Die Leute, bei denen ich verkehrte, waren ohne Ausnahme gebildet und vielseitig interessiert. Alle waren durch die Emigration aus ihrer Bahn geworfen worden. Es gab Musikabende, Dramalesungen mit verteilten Rollen, ein Marionettentheater und sogar eine richtige Theatergruppe, der ich angehoerte. Ganz allgemein moechte ich hier erwaehnen, dass mitteleuropaeische Emigranten damals dem Kultur- und Industrieleben in Sao Paulo einen sehr wahrnehmbaren Aufschwung gaben.

Mein Freizeitleben war aber nicht auf „Kultur" beschraenkt. Um die Stadt herum gab es viele Ausflugsmoeglichkeiten, von denen ich in geeigneter Gesellschaft Gebrauch machte. Ein zweitaegiger Ausflug ermoeglichte den

Besuch einer alpenaehnlichen Berglandschaft und es ist etwas grotesk, dass es brasilianischer Felsen bedurfte, einen (ehemaligen) Oberbayern mit alpinistischem Familieneinschlag in den Gebrauch eines Seiles einzuweihen.

Ich schliesse dieses Kapitel mit ein paar Zeilen ueber das Wohnen. Um es gleich vorwegzunehmen: Es gelang mir nie, zu einer eigenen Wohnung zu kommen, anfangs aus Geldmangel, spaeter der allgemeinen Wohnungsnot wegen. Dieser Lebensstil stoerte mich nur wenig, hatte sogar gewisse Vorteile fuer mich. Innerhalb meiner materiellen Grenzen baute ich einen kleinen Haushalt auf, der mir eine gewisse Unabhaengigkeit von Restaurants und Ersparnis ermoeglichte. Geeignete Zimmer zu finden war leicht, vor allem bei anderen Emigranten, da sich viele von ihnen am Anfang sehr schwer taten und ein Zimmer vermieten mussten.

Eines Tages stieg ich eine Stufe hoeher und wurde aufgefordert in ein Haus zu ziehen, dessen Besitzer es absolut nicht noetig hatten, einen Fremdling ins Haus zu nehmen. Es war ein sehr wohlhabend gewordenes Ehepaar, mein Zahnarzt und seine Frau, eine talentierte Malerin. Auch sie waren Emigranten nach Brasilien, aber einer der allerersten. Als Emigrant war man natuerlich nie wirklich ein vollkommener Fremdling. Wenn man sich auch nicht direkt kannte, so war es doch meist leicht herauszufinden, wer die betreffende Person war. Ich zog also in ein wunderschoenes Haus in einem der besten Viertel der Stadt und hatte ein ungewoehnlich grosses Zimmer mit direktem Ausgang zu einer Gartenterrasse mit Aussicht. Eigene Moebel, die ich mir anschaffte, trugen zu Bequemlichkeit und Verschoenerung bei. Man behandelte mich wie ein Familienmitglied und ich nahm an den vielseitigen kulturellen Darbietungen im Hause teil. Ich machte mir keine grosse[n] Gedanken ueber die Frage, was die Leute bewog, mich zu dieser „Kohabitation" aufzufordern. Die Tatsache, dass das Ehepaar kinderlos war, erschien mir als genuegend plausible Erklaerung.

Der Himmel ueber dem Haus war jedoch bewoelkt, was ich – blind-naiv wie ich war – nicht bemerkt hatte. Die Wolken verdunkelten sich langsamer, eine Gewitterstimmung legte sich auf den Haushalt. Es erfolgten blitzartige Entladungen, auf die ich in diesem Bericht nicht eingehen kann. Aber sie hatten einschlagende Auswirkungen fuer mich, von denen ein spaeteres Kapitel berichten wird.

Ausklang in Brasilien

In dem Masse, in dem sich die Wolken ueber dem Sumare Haushalt verdunkelten, begann ich mich, ungeachtet meiner Zufriedenheit bei meiner Arbeit, langsam unruhig und unbehaglich zu fuehlen. Rein materiell gesehen konnte ich es, was Bequemlichkeit und Anregung anging, nicht besser haben. Jede Veraenderung konnte nur eine Verminderung bedeuten. Zumindest nicht so schnell erwartet, traten deren gleich zwei ein, ohne dass ich mich heute an die Reihenfolge erinnern koennte.

Eines Vormittags – ich sass ahnungslos bei der Arbeit – kam ein Telefonanruf aus dem Haus, in dem ich wohnte. Am Apparat war das Maedchen, die mir, vor Entsetzen kaum imstande zu sprechen, mitteilte, Dr. G. habe sich auf einem Friedhof in der Naehe erschossen. Ich moege sofort nach Hause kommen, was ich tat. Es ist hier nicht der Ort, den Hintergrund dieses Endes mit Schrecken zu erklaeren. Eine grauenhafte Episode wie von Saeure zersetzter Psyche, Ehebruch und brutaler Erpressung hatte sein unaufhaltsames Ende genommen.

Ungefaehr um dieselbe Zeit hatte ich einen Brief von meiner Mutter aus New York erhalten, in dem sie mich von einem verschlechterten Zustand meines Vaters in Kenntnis setzte und, ohne Druck auf mich auszuueben, mir es anheim stellte, nach Amerika zu kommen. Es sei nur eine Formalitaet fuer Eltern, die Einwanderungserlaubnis fuer ein Kind zu erhalten.

Noch ein Jahr frueher haette mich der Empfang eines solchen Briefes in einen schweren Zwiespalt gebracht. Auch jetzt noch verspuerte ich ein gewisses Dilemma, aber keine wirklich schwere Belastung. Meine alte Abenteuerlust und die Enttaeuschung mit dem gerade Erlebten hatten begonnen, meine Wurzeln etwas zu lockern.

Noch war meine Anwesenheit im Hause fuer eine gewisse Zeit noetig. Ich hatte dort schliesslich nicht als Fremder gelebt. So, nach einer kurzen Uebergangszeit, entschloss ich mich zu einer zweiten Auswanderung. Der Entschluss war, vor allem meinen Vorgesetzten und Kollegen, absolut unverstaendlich. Hatte ich nicht einen recht zufriedenen Eindruck gemacht? Aber schliesslich – ich war ja nicht gerade unersetzlich – machten sie gute Miene zum unverstaendlichen Spiel und zeigten sich bis zum letzten Moment von der besten und grosszuegigsten Seite.

In einer Art Trancezustand zwischen tiefer Betruebnis und Erwartung, der Schwere meiner Entscheidung wohl bewusst, entschloss ich mich, eine kurze Abschiedsreise nach dem Bundesstaat Minas Gerais zu machen, eine Gegend von groesstem kulturellen, historischen und kunsthistorischem Interesse. Ich besuchte die vielen beruehmten Orte und, darueber hinaus, reiste ich in eine damals touristisch ganz unerschlossene Gegend, wo alles noch unverfaelscht war und man sich mit primitiven Unterkuenften zufrieden geben musste. Alles per Eisenbahn. Auf der Rueckfahrt entgleiste der Zug, was der Schildkroeten-Geschwindigkeit wegen keine Katastrophe aber eine, in meiner Situation angsterregende Verzoegerung hervorrief. Das Schiff in Santos wuerde nicht auf mich warten. Das kleine Abenteuer machte mir klar, wie unentwickelt damals das brasilianische Hinterland war. Der Bahnlinie entlang lief keinerlei Telefonleitung. So was geschah? Die Lokomotive heulte buchstaeblich mitten im Wald um Hilfe, bis sie dann schliesslich erhoert wurde und ein Werkzeugzug zu uns abgesandt wurde. Ich benutzte die Zeit, auf dem Bahndamm spazieren zu gehen und dort schoene Bergkristalle zu sammeln. Der Staat ist u. a. auch seiner Edelsteine wegen bekannt.

Es verblieben mir nur noch ein paar Tage, alle Formalitaeten zu erledigen, ein paar Besuche zu machen und mein Gepaeck auf den Weg zu bringen. Der Abschied von den verbleibenden Mitgliedern des [...] Haushaltes fiel mir ausserodentlich schwer, vielleicht gerade weil ich dort nicht nur Traurigkeit, sondern grosse Trauer und Niedergeschlagenheit zurueckliess.

Ein paar Kollegen meiner aufgegebenen Stelle brachten mich in ihrem Auto nach Santos zum Schiff, eine Geste von grossem Format, eine Art goldener Schlusspunkt unter einem bedeutenden Kapitel meines Lebens.

Am 24. September 1948 verliess das Schiff den Hafen von Santos. Es war ein gewoehnliches U.S. Frachtschiff, das 12 Passagiere mitnehmen durfte. Ich habe kaum eine Erinnerung an die Reise. Die anderen Passagiere waren junge Amerikaner. Die Kabine war einfach, aber bequem und sauber. Es gab nur einen allgemeinen Aufenthaltsraum, in dem auch die Mahlzeiten eingenommen wurden. Das Essen war ausgezeichnet.

Am naechsten Tag legten wir in Rio an, aber nur fuer ein paar Stunden. Dann fuhr das Schiff (ich kann mich nicht einmal mehr seines Namens erinnern) nach Victoria, eine Stadt, deren Lage der Rio's fast gleichkommt. Sonst liegt Victoria's Bedeutung nur darin, dass es ein bedeutender Erzausfuhrhafen ist. Dann ging es bei immer wunderbarem Wetter weiter direkt nach New Orleans. Wir waren im Ganzen 21 Tage unterwegs.

Ankunft und Einreise in Amerika

Als ich am Morgen des 15. Oktober 1948 in meiner Kabine aufwachte, fiel mir ctwas als ungewoehnlich auf, naemlich eine ungewohnte Ruhe. Die Motoren des Schiffes waren nicht zu hoeren. Keinerlei Bewegung konnte man wahrnehmen. Ich zog mich an und ging aufs Deck, wo nichts zu sehen war als dichter Nebel. Eines stand fest: Wir hatten geankert, schienen also in Amerika angekommen zu sein. Langsam lueftete sich der Nebel-Vorhang und die erste Szene wurde allmaehlich im Morgengrauen sichtbar. Es kam etwas Leben auf die Buehne in Form von ein paar Moewen. Im Wasser begannen ein paar delphinenartige Geschoepfe das Schiff erwartungsvol[l] zum umkreisen. In dem Masse, in dem Tageslicht den Nebel zu durchdringen vermochte, wurden aus dem Wasser ragende Pfaehle und pfahlbauartige Bretterbuden sichtbar. Grosse, pelikanaehnliche Voegel sassen regungslos auf den Pfaehlen. Fuer sie scheint der Anblick des Schiffes nicht ungewoehnlich gewesen zu sein. Wir hatten das Delta des riesigen Mississippi Stromes erreicht und damit die amerikanische Hoheitszone. Das Bild war nicht das, was man sich als Einwanderer vorgestellt hatte, keine Wolkenkratzer, weit und breit nicht einmal ein bescheidenes Steinhaus.

Die Besatzung erklaerte uns, wir haetten hier die Ankunft des amerikanischen Lotsen abzuwarten, der uns stromaufwaerts nach New Orleans begleiten wuerde. Meine Annahme, New Orleans sei ein Meereshafen, erwies sich als ein Zeichen von Unkenntnis. Es sollte fast einen ganzen Tag dauern bis die

Stadt erreicht war. Da ich ein regelmaessiges Einwanderungsvisum hatte, verliefen die Formalitaeten ohne Probleme, mit der Ausnahme, dass ich nach der
Zollkontrolle feststellen musste, dass eine Flasche „Cachaça", die ich aus Brasilien mitgebracht hatte, dort „haengen" blieb. Die Hotelreservierung, die ich
von Sao Paulo aus gemacht hatte, klappte nicht und ich musste in einem wenig
anziehenden, bestenfalls zweitklassigen Hotel uebernachten. An die Stadt
selbst habe ich keinerlei Erinnerung. Ich hatte die Reise ueber New Orleans
deshalb geplant, weil ich vor Ankunft in New York etwas vom Land sehen
wollte, was nur in sehr beschraenktem Masse geschah.

Meine jungen amerikanischen Reisegefaehrten schienen mindestens so
wie ich selbst der Landung mit ungeduldiger Spannung entgegen zu sehen.
Ich hatte den Eindruck, sie lechzten buchstaeblich nach besonderen amerikanischen Leckerbissen. Mit einem derselben machten sie mich bereits kurz
nach Ankunft bekannt. Es war eine riesige, dick belegte und von Mayonnaise
triefende Semmel, „sandwich" genannt, als Imbiss gedacht, aber fuer eine
Mahlzeit ausreichend. Der zweite Leckerbissen wurde mir an selbigem Abend
in einem Gartenlokal vorgesetzt. Sie hatten mir den Mund nach dieser Delikatesse waessrig gemacht. Sie (pl) entpuppten sich im Laufe des Abends als,
auch als Photographen fungierende Delikatessinen. Ich war etwas erstaunt
ueber die Sehnsucht der beiden nach dieser amerikanischen Spezialitaet, war
dieselbe doch zu wesentlich erschwinglicheren Preisen und durchaus konkur-
renzfaehiger Qualitaet in Brasilien erhaeltlich. Es muss wohl an den Entbehrungen der langen Seereise gelegen haben. Ich jedenfalls verabschiedete mich.
Ich hatte an das bevorstehende Wiedersehen mit meinen Eltern zu denken und
wollte weder pekuniaer erleichtert noch etwa sonst beschwert in der grossen
Metropole ankommen.

Von diesem Abend an, laesst mich mein Gedaechtnis wieder schaemlich
im Stich. Ich fuhr mit der Eisenbahn – meine erste Bahnfahrt in USA – nach
Atlanta und von dort in einer langen und anstrengenden Fahrt per Bus nach
New York. Nur wenig von dieser Busreise ist in meinem Gedaechtnis haengen
geblieben. Es gab noch keine Schnellstrassen zu dieser Zeit. Die Raststaetten,
an denen der Bus gelegentlich hielt, waren nicht einladend. So wenig komfor-
tabel diese Reise gewesen sein mag, sie war interessant und vermittelte mir ein
unverfaelschtes Bild von einem kleinen Teil des Landes und seinen Bewoh-
nern. Waehrend der Nachtfahrt konnte von Schlafen nicht die Rede sein. Nicht
nur war es kalt, auch die endlose Prozession der Scheinwerfer entgegenkommender Lastwagen stoerte. Wirklich unvergesslich ist mir die Einfahrt in die
auf der New Jersey Seite gelegenen Vororte von New York. Die Daemmerung
war schon hereingebrochen. Der Bus fuhr auf einer vierbahnigen, von Bogen-
lampen hell erleuchteten und sich auf dem nassen Asphalt spiegelnden Strasse.
Noch nie hatte ich einen so breiten Strom von Verkehr gesehen. Schliesslich
tauchte die Silhouette der Stadt auf, wir aber unter in einen der Tunnels unter
dem Hudson Fluss. Auf der anderen Seite eine verwirrende Folge von kurven-

reichen Viadukten, und schliesslich die Einfahrt in einen nicht sehr eindrucks-
vollen Busbahnhof.

Nochmals: Abseits der Geschehnisse

Hier scheint mir eine kurze Unterbrechung meines Berichtes angebracht. Die
rasche Folge von Abschied, Reise und neuen Eindruecken hatte meine Gedanken an was mir bevorstand weitgehend verdraengt. Doch ist es kaum vorstell-
bar, dass ich nicht in meinem Innersten von einem gewissen Unbehagen ueber
das mir Bevorstehende belastet war. Wie schon oefter in der Vergangenheit
hatte ich vielleicht gezoegert, mir kuehl Rechenschaft ueber die Vertraeglich-
keit meiner Vergangenheit mit der nun mahnenden Zukunft abzulegen.

Als der Bus den Tunnel unter dem Hudson durchfuhr, mag ich wohl geahnt
haben, ohne mich jetzt daran erinnern zu koennen, dass der Ausstieg aus diesem Bus den Einstieg in einen radikal veraenderten Lebensabschnitt bedeutete.

[…]

Ein erfülltes Leben
Ein HNO-Chirurg erinnert sich

Von Peter E. Roland

*Peter Ernest Roland (Rosenbaum) wurde am 26. April 1912 in München geboren.
Sein Vater war der Kinderarzt Dr. med. Josef Rosenbaum, der seine Praxis zuerst
in der Barer Straße 52 und dann am Hohenzollernplatz 8 betrieb. Seine erste
Frau, Marie Stern (1886–1908), starb nach der Geburt ihres ersten Sohnes Heinz
(Heinrich) am Kindbettfieber. Erst seit dem 7. Juli 1910 war er mit der Mutter von
Peter Ernst Roland, Paula (geb. Stern), verheiratet. Peter E. Roland feierte am
9. Mai 1925 in München seine Bar Mizwa. Er hielt sich bereits 1933 und 1934
vorübergehend in London auf, studierte nach dem Besuch des Theresiengymnasi-
ums jedoch zunächst zwei Jahre an der Universität München Medizin.
Einer der Gründe für seine frühe Emigration war die Ermordung seines Freundes Hans Cohen im KZ Dachau. In England, wo sein Bruder Heinz bereits seit
1928 lebte, mußte er sein Studium von vorne anfangen und machte 1939 sein
Examen. Während des Krieges war er als Krankenhausarzt tätig, spezialisierte
sich als Hals-Nasen-Ohrenarzt und wurde Leiter der Abteilungen im Rugby- und
Coventry-Hospital. 1942 heiratete er eine Engländerin und änderte, nachdem
er 1947 die britische Staatsbürgerschaft erhalten hatte, seinen Familiennamen
in Roland. In den Jahren 1957–1959 arbeitete er als Facharzt in Uganda und
unterrichtete an der Makarere-Universität in Kampala. Einer seiner Söhne ist
Arzt in Cambridge.
Peter E. Roland starb am 29. März 2013 im Alter von 101 Jahren in Leamington
Spa, Warwickshire (England). Seine Memoiren verfasste er in englischer Sprache und veröffentlichte sie 1995 im Selbstverlag.*

[...]

Emigration

Obwohl man bezüglich der eigenen Zukunft unsicher war, hoffte man, dass
die Dinge zur Ruhe kommen würden und man mit einer milderen Form des
Antisemitismus weiter in Deutschland leben könne, und man wollte nicht so
schnell wie möglich Deutschland verlassen. Die eigenen Gefühle änderten sich,
als Gerüchte kursierten, dass an den bayerischen Grenzen Juden Deutschland
nicht verlassen durften. Dann brachte uns am ersten Sonntag im April, gerade,
als ich mich für eine Tagesradtour mit einem Freund vorbereitete, ein Freund
meiner Eltern[24] die Frankfurter Zeitung mit einem Artikel, in dem festgestellt

---

[24] Josef Rosenbaum (genant Teddy, 1875–1963) war seit dem 7. Juli 1910 mit Paula
Stern (genannt Muhle, 1890–1973), der Mutter von Peter Ernest Roland, verheiratet.

Peter E. Roland, ca. 1982

wurde, dass diese Einschränkungen in der nächsten Woche für ganz Deutschland gelten würden. Dies war tatsächlich nicht richtig, aber das wussten wir zu dem Zeitpunkt nicht. Wir kontaktierten meinen Vater, der Besuche machte, und als er nach Hause kam, entschied er, dass ich Deutschland so schnell wie möglich verlassen sollte, um nicht überrascht zu werden und nicht mehr ausreisen zu können. Mittags war ich im Zug nach Straßburg und Frankreich. Zu der Zeit brauchte man Visa für Frankreich, und ich hatte keins. Jedoch gab es Gerüchte, dass dies nicht notwendig sei, wenn man vor den Nazis floh. Als wir die deutsche Grenzstadt Kehl erreichten, wurde es dunkel. Passkontrolle wurde im Zug durchgeführt, und die französischen Passkontrolleure wollten mich ohne Visa nicht hineinlassen. Sie rieten mir, am nächsten Morgen zum Konsul zu gehen; mein Argument, dass mich dann die Deutschen nicht mehr hinauslassen könnten, war nutzlos. Ich musste aussteigen, und auf dem Bahnsteig fand ich einen weiteren Juden in derselben Zwangslage. Wir beschlossen, sofort zum französischen Konsul zu gehen, obwohl es Sonntagabend war. Wir fanden sein Haus, aber er ließ uns nicht hinein und sagte, wir sollten am Montag kommen. Nachdem wir ihn flehend gebeten hatten, schlug er uns vor, es auf der Brücke zu versuchen, die von Kehl über den Rhein nach Straßburg führt. Das taten wir. Auf der deutschen Seite überprüften uns SA-Männer vom

Zollhaus unendlich lange, ließen uns aber schließlich durch. Dann wussten wir nicht, ob die Franzosen uns auf der anderen Seite hineinlassen würden. Glücklicherweise taten sie es. Sie behielten unsere Pässe bis zum nächsten Morgen und übergaben uns der Polizei in Straßburg, die uns eine Aufenthaltserlaubnis gab und ein Papier für das Arbeitsamt in Frankreich mit der Bitte, uns zu helfen, da wir Flüchtlinge waren. Ich habe es immer noch und glaube, es ist das einzige, das noch existiert.

Nun war ich nicht mehr in Deutschland, aber ich hatte keine bestimmten Pläne, was ich als Nächstes tun wollte. Ich wollte mein Medizinstudium fortsetzen, wusste aber nicht, wo. Da [mein Bruder] Heinz[25] in England war, war England für mich das Land mit der höchsten Wahrscheinlichkeit, aber ich wollte mich in Frankreich und Holland erkundigen, bevor ich den Kanal überqueren würde. Ich rief Heinz an, und wir verabredeten, uns in einer oder zwei Wochen in Paris zu treffen; er hatte geplant, zu Ostern mit Tuffy dorthin zu fahren. Vorher traf ich in Straßburg Herbert Kander[26], der später mein guter Freund und Kollege wurde. Er lebte in Mannheim, war kurz zuvor nach Straßburg gekommen und hatte seine Freundin und spätere Frau, Edith Lissmann[27], gebeten, mit ihm zu kommen. Edith kam von München, und unsere Familien waren befreundet. Sobald sie hörten, dass ich in Straßburg war, vereinbarten sie ein Treffen, und an einem schönen Sonntag machten wir eine Wanderung zusammen in den nahegelegenen Vogesen.

Meine Erkundigungen in Straßburg zeigten schnell, dass Frankreich nicht das richtige Land war, wo ich mein Medizinstudium fortsetzen wollte. Zunächst hätte ich das normale Baccalauréat bestehen müssen, eine sehr schwierige Prüfung, bevor ich die Zulassung zu einer Universität erhalten hätte. Zweitens hätte ich am Ende des Studiums nur die Prüfung zur Erlangung des Doktorgrades ablegen können, aber nicht das Staatsexamen, das zum Praktizieren in Frankreich benötigt wird – es sei denn, ich hätte die französische Staatsbürgerschaft erworben. Ich fuhr dann über Belgien nach Holland. In Holland wäre mein früheres Studium in Deutschland wahrscheinlich anerkannt worden, aber der holländische Abschluss hätte mir nur erlaubt, in Holland und seinen wenigen Kolonien zu praktizieren. Ein englischer Universitätsabschluss hätte mir dagegen das gesamte englischsprachige Empire eröffnet, ganz abgese-

---

[25] Nach dem Tod seiner ersten Frau Mariechen (geb. Stern, 1886–1908) im Kindbett heiratete Peter E. Rolands Vater Josef im Jahr 1910 die jüngere Schwester seiner verstorbenen Frau, Paula (genannt Muhle, 1890–1973). Heinz (1907–1993) war demnach Peter E. Rolands Halbbruder.

[26] Herbert Siegmund Kander (1911–1961) war in Karlsruhe geboren worden, studierte Medizin in Wien und München und emigrierte 1933 nach England, wo er sich zum Hals-Nasen-Ohrenarzt ausbilden ließ. Zur Biographie siehe Royal College of Surgeons of England (RCS), Plarr's Lives of the Fellows Online, Biographical Entry Kander, Herbert Siegmund, http://livesonline.rcseng.ac.uk/biogs/E005083b.htm (14. März 2015).

[27] Edith Kander, geb. Lissmann (1910–1964).

hen davon, dass Heinz sich in London niedergelassen hatte, und ich wusste, dass ich auf seine Hilfe zählen konnte, wann immer nötig. In Holland hatte ich jedoch ein Erlebnis, das mich tief beeindruckte und das ich nie vergessen habe. Als ich zum Jüdischen Flüchtlingskomitee in Amsterdam ging, um mich wegen einer annehmbaren Unterkunft und der Fortsetzung meines Studiums beraten zu lassen, musste sich das Büro mit vielen Flüchtlingen befassen, die aus Deutschland geflohen waren – ohne einen Pfennig in den Kleidern, die sie trugen. Obwohl sie ihr Bestes taten, diesen bedauerlichen Menschen zu helfen, musste ich doch feststellen, dass sie mich, der keine finanzielle Hilfe benötigte, anders behandelten. Während ich die Unsicherheit eines Flüchtlings nie ganz verloren habe, hatte ich den Wunsch, wenigstens finanziell unabhängig zu sein und bin immer vorsichtig beim Geldausgeben gewesen. Wie Eileen[28] sagte: Ich habe nie vergessen, dass ich kein Student mehr war.

Meine Eltern waren dank der gutgehenden Praxis meines Vaters ab Mitte der zwanziger Jahre bis zum Beginn der Hitler-Zeit wohlhabend, wenn auch nicht reich, dennoch wussten weder sie noch ich, wie lange sie mich in England unterstützen konnten, da es eine strenge Devisenkontrolle gab. Als ich fortging, konnte ich wohl 200 Mark mitnehmen, und ein ähnlicher Betrag durfte mir monatlich zugesandt werden. Als diese Erlaubnis etwa im Jahre 1937 aufgehoben wurde, gelang es uns, eine offizielle Genehmigung zu bekommen, dass meine Eltern das Geld bezahlten, das eine englische Dame, gebürtige Deutsche, regelmäßig an ihre alternde Mutter in Deutschland geschickt hatte. Das war weniger, zumal wir nicht den offiziellen Wechselkurs bekamen, und mein Bekannter, Herr Balsen, der uns mit den Leuten bekannt gemacht hatte, nahm auch einen Anteil. [...] Außer diesem legalen Geldtransfer erhielt ich bei mehreren Gelegenheiten Geld auf andere Art und Weise; einmal, als Else Hylskamp, Cousine zweiten oder dritten Grades, die von Argentinien nach München gekommen war, einen Geldbetrag abheben und mir schicken konnte. Ein andermal hatten meine Eltern einem jüdischen Patienten von Teddy Geld gegeben, der Verwandte in London besuchte. Nach mehreren Versuchen gelang es mir, ihn am letzten Samstag vor seiner Rückreise nach München zu treffen. Beim Tee war er freundlich und teilte mir mit, welchen Geldbetrag er für mich hatte, aber er konnte ihn mir nicht geben, weil er als orthodoxer Jude kein Geld am Sabbath in die Hand nehmen durfte. Schließlich erhielt ich das Geld von seinen Verwandten, aber das trug nicht dazu bei, meine Ansicht über die Orthodoxie zu verbessern. Bis Ende 1938, als meine Eltern Deutschland verließen, hatte ich mehr als 1000 £ gespart; das ermöglichte es mir, mein Studium abzuschließen und zum Lebensunterhalt meiner Eltern beizutragen. Als Student rechnete ich mit nicht viel mehr als 10 £ Ausgaben für monatliche Lebenshaltungskosten. Ich zahlte 10 Shilling wöchentlich für mein Zimmer und etwa denselben Betrag an Tuffy für Lebensmittel. Oft fuhr ich mit dem

[28] Margaret Eileen Osborne (1908–2002), seit 1942 Ehefrau von Peter E. Roland.

Fahrrad durch den Regents Park zum Middlesex-Hospital, um das Busticket zu sparen, und weil es mir Spaß machte. Das Mittagessen in der Studentenmensa kostete etwa einen Shilling, aber samstags leistete ich mir etwas bei Poggiolis in der Charlotte Street, wenn ich mich mit Heinz, Tuffy und Freunden traf und bestellte Steak, Obstsalat und Sahne für etwas mehr als 2 Shilling. Der Rest wurde für Ausflüge und andere Ausgaben verbraucht. Die einzige große jährliche Ausgabe war die Gebühr der Medizinischen Hochschule von 45 £.

Ich war zweimal während der Sommerferien 1931 und 1932 für jeweils etwa einen Monat in England gewesen, um die Englischkenntnisse aus dem Schulunterricht zu verbessern. Ich wohnte in derselben Pension in Bayswater wie Heinz, wo auch Gustav Delbanco, der Partner von Heinz, wohnte. Oft wanderte ich zum Marble Arch, um den Rednern zuzuhören und besuchte Vorträge in verschiedenen Museen. Dies hat mir sehr geholfen, als ich schließlich herkam, um hier zu leben. Damals hatte ich keine Schwierigkeiten mit den Einwanderungsbeamten; als ich jedoch als Flüchtling ankam, ließen sie mich ziemlich widerwillig herein, gaben mir eine Aufenthaltsgestattung für einen Monat und teilten mir mit, dass ich mich innerhalb einer Woche als Ausländer registrieren lassen müsse; wenn ich länger bleiben wolle, müsse ich eine Genehmigung vom Innenministerium besorgen. Ich tat das, was man mir gesagt hatte und erhielt die Genehmigung, ein Jahr zu bleiben, mit der Einschränkung, dass ich keinerlei Beschäftigung, bezahlt oder unbezahlt, aufnehmen dürfe. Diese Genehmigung musste jährlich erneuert werden.

[...]

Nach der Ankunft in London waren die nächsten beiden Hindernisse zu überwinden: die ‚Besondere Zugangsprüfung‘ für Ausländer an der Universität London und die Zulassung an einer medizinischen Hochschule. Die Zugangsprüfung war nicht sehr schwierig, da die Englischprüfung nur aus einem Aufsatz bestand, der zeigen sollte, dass man genügend Sprachkenntnisse hatte, um die Vorlesungen zu verstehen. Meine anderen beiden Fächer waren Physik und Chemie, die ich gut beherrschte. Die andere Schwierigkeit bestand darin, die Zulassung zu einer medizinischen Hochschule zu erlangen. Sie gaben uns zu verstehen, dass dies sehr schwierig sein könnte, aber schließlich fanden alle Flüchtlinge einen Platz. Jeder bemühte sich um Beziehungen. Teddy besorgte mir ein Empfehlungsschreiben von einem Medizinprofessor in München an Professor Dodds, den Biochemiker am Middlesex-Hospital, der mich weiterempfahl an Samson Wright, Professor für Physiologie, selbst ein Jude, und ich glaube, dass ich dort zugelassen worden wäre. Es wurde mir leicht gemacht, denn während der Woche hatte ich Samson Wright, Tuffy und Heinz getroffen und war mit Lucy Cohen, einer entfernten Verwandten, zum Essen gegangen. Als wir ihr von meinen Versuchen berichteten, ins Middlesex zu kommen, sagte sie: „Ach, das dürfte nicht schwer sein. Ich werde Sam bitten, mit dem Dekan zu reden." Sam, ihr Vetter, war Samuel Barnato-Joel, der sein Vermögen in Südafrika gemacht hatte und ein großzügiger Wohltäter des Middlesex-Hospital war; der Radiotherapie-Trakt wurde nach ihm benannt. So wurde ich Student am Middlesex. Ich hatte eine weitere Empfehlung für das University-College-Hospital, wo Max Rosenstein damals Facharzt war, bald leitender Oberarzt wurde und schließlich Präsident des Royal College of Physicians; er war der Schwager eines Freundes meiner Eltern. Ich hatte auch eine Empfehlung zum St. Mary's Hospital von den Freimaurern (Teddy war Freimaurer), wo ich einem Arzt vorgestellt wurde.

Studentenjahre in England

Ich studierte am Middlesex von Oktober 1933 bis Juni 1939. Tatsächlich machte ich im April 1939 den Abschluss mit dem Conjoint Board Examen, bestand das London M.B. [Bachelor of Medicine] aber erst im Sommer. Ich war ein ziemlich durchschnittlicher Student und habe nur eine Auszeichnung in Biochemie erhalten. Mein Studium in Deutschland befreite mich nur von dem Kurs zum ersten M.B., jedoch nicht von irgendwelchen Examen. Ich machte das Examen im Dezember 1933, bestand in Physik und Chemie, aber fiel in Biologie durch, das ich erfolgreich im Sommer 1934 wiederholte. Ich erinnere mich, dass wir in Physik, worin ich recht gut war, meistens an den Wochenenden Fragen zu beantworten hatten. Der Physik-Professor hatte eine sehr leise Stimme, und, da mein Englisch nicht besonders gut war, verstand ich oft die Nummern falsch, die er den Aufgaben zuordnete; daher waren meine Ergebnisse gewöhnlich falsch, obwohl die Methode, die ich zur Beantwortung der Frage anwandte, richtig war. Ich erinnere mich daran, dass er sagte: „Ich weiß nicht, wie Sie hoffen können, das Examen zu bestehen"; aber ich bestand es mit Bravour, da ich die Frage schriftlich vor mir hatte. Gesprochenes nur zum Teil oder falsch verstehen, das erleben die Schwerhörigen. Dass ich aufgrund meiner eingeschränkten Englischkenntnisse in einer ähnlichen Lage war, hatte zur Folge, dass ich in meinem späteren Berufsleben mehr Sympathie für die Schwerhörigen hatte. Yates, der Anatomie-Professor, war ein ziemlich eigenartiger Ire. Er ging gern die Straße entlang mit einem Fuß im Rinnstein und dem anderen auf dem Bürgersteig. Wenn man ihn fragte, warum er das tat, antwortete er: „Hey Mann, es gefällt mir." Sein Unterricht muss gut gewesen sein, denn er brachte die meisten von uns durchs Examen, und er hatte eine große Primary Fellowship Klasse, zum großen Teil australische Postgraduierte.

[...]

Im Herbst 1936 begann ich mit der klinischen Arbeit. Wir absolvierten zwei Perioden von 3 Monaten mit verschiedenen Teams auf medizinischen und chirurgischen Stationen. Die Medizin war damals ganz anders als heutzutage; es gab keine Antibiotika, und Sulfonamide wurden in dieser Zeit eingeführt. [...] Jedem Studenten wurden gewöhnlich vier bis sechs Patienten zugewiesen; wir mussten die Anamnese erstellen, sie untersuchen, den Bericht schreiben und ihn dem Chefarzt bei der Stationsvisite vorlegen und wurden darüber befragt. In der Chirurgie mussten wir auch den Patienten für die Operation vorbereiten, d.h. ihn mit einer scharfen Klinge rasieren, wenn möglich, ohne ihn zu verletzen, den betroffenen Bereich waschen, mit Jod oder einer anderen Desinfektionslösung desinfizieren und mit sterilen Tüchern bedecken, wie es damals routinemäßig gemacht wurde. Im Operationssaal mussten wir aufwischen und die Retraktoren während der Operation halten; so hatte man eine bessere Chance, die Operation zu verfolgen, als nur vom Hintergrund aus zuzusehen. Wenn man einer der Assistenten von Gordon Taylor war und es kam der Augenblick, in dem die Haut zusammengenäht wurde, dann machte er einen Schritt rückwärts und übergab einem mit einer leichten Verbeugung die Nadel und sagte: „Würden Sie bitte die Operation für mich abschließen?" Er war nicht nur ein ausgezeichneter Chirurg, sondern auch ein einmaliger Gentleman. Er trug immer eine frische Nelke im Knopfloch, die ihm vermutlich von einem dankbaren Patienten geliefert wurde. Zu seinem Team zu gehören, hatte einen weiteren Vorteil; er besorgte seinen Studenten immer eine große Platte mit Sandwiches mit Eiern. Außer der Arbeit auf der Station wurde ein großer Teil des Lehrbetriebs in allen Ambulatorien durchgeführt, wo wir eine enorme Vielfalt von Fällen kennenlernten.

Unsere Erfahrungen in der Obstetrik erhielten wir zum Teil am Middlesex und zum Teil am Queen Mary's Hospital, Stratford im East End. Es war eine viel beschäftigte Abteilung, da sie nicht nur die Arbeit in der Klinik hatte, sondern auch einen großen Bezirk versorgte. Wenn die Entbindung in der Klinik war, blieben die Mütter zwei Wochen lang in der Klinik, und sie waren froh darüber, denn es war gewöhnlich für sie die einzige ruhige Zeit in einem arbeitsreichen Leben. Sterile Packungen für Hausgeburten gab es damals nicht. Wohlhabendere Familien hatten Packpapier über den Laken, aber in den meisten Familien stand nur Zeitungspapier zu diesem Zweck zur Verfügung. Als ich mich einmal darüber beklagte, dass ich mir bei einer dieser Hausgeburten einen Floh geholt hatte, antwortete die Hebamme: „Wie sich doch die Zeiten geändert haben, wir fanden es bemerkenswert, wenn wir nicht ein paar Flöhe sammelten." Queen Mary besuchte die Klinik in der Zeit, als ich dort war, sie ging durch die Stationen und fuhr mit der Hand über Kommoden und Schränke, um festzustellen, ob man ordentlich Staub gewischt hatte. Ich musste eine Patientin von Drillingen entbinden, was einige Aufregung in der Abteilung verursachte. Es war eine leichte Entbindung, da sie klein, aber gesund waren, und alle drei überlebten.

Nachdem ich in München mit dem Boxen angefangen hatte, nahm ich es an der medizinischen Hochschule wieder auf. Es war ein gutes Training, aber ich gab es wieder auf, als man andeutete, dass ich gut genug sei, am Wettkampf der Kliniken teilzunehmen. Ich hatte zu viele schaurige Geschichten gehört, wobei gebrochene Zähne noch harmlose Verletzungen waren. Angesichts meiner unsicheren finanziellen Lage glaubte ich, mir das nicht leisten zu können.

Am Samstagnachmittag spielte ich Tennis im Sommer und Fußball im Winter; ich war in keiner der Sportarten überragend, fand aber großes Vergnügen daran. Ich ging auch zum Jollensegeln in Burnham on Crouch. Wir hatten gute Segler und waren gewöhnlich erfolgreich im Wettkampf der Kliniken. Sehr oft war das Preisgeld höher als die Kosten für das Wochenende. Ansonsten verbrachte ich mein soziales Leben hauptsächlich mit Heinz und Tuffy, bei denen ich wohnte, und mit ihren Freunden. Walter Frolic[29] war ein treuer Freund; oft kam er abends vorbei, wenn ich meinen Studientag beendet hatte und zu Bett gehen wollte. Sonntags machten wir oft Wanderungen in den Chiltern Hills, und an warmen Sommertagen fuhren wir zum Schwimmen nach Rickmannsworth.

Ich lernte Eileen bei einem Tanz im Sommer 1938 in der Münchener Zeit kennen. Wir hatten viele gemeinsame Interessen und Ideen, und wir wurden bald gute Freunde und Liebende. Ein Thema, bei dem wir verschiedener Meinung waren und dies auch anerkannten – sie war Pazifistin und Mitglied der Peace Pledge Union, während ich nicht glaubte, dass Pazifismus die Aggression Hitlers aufhalten könne. Dies verhinderte aber nicht, dass unsere Beziehung immer intensiver wurde, und wir sind nun seit über 50 Jahren glücklich verheiratet.[30]

1938 war ein tragisches Jahr für alle deutschen Juden – es war das Jahr der Kristallnacht am 9. November, in der ein konzertierter Angriff auf die deutschen Juden stattfand. [...] Mein Vater war unterwegs und machte Hausbesuche, als sie kamen, um ihn festzunehmen. Sie hinterließen die Aufforderung, sich sofort nach seiner Rückkehr in der Polizeistation zu melden. Er hatte die Wahl, dem Folge zu leisten oder sich zu verstecken. Er weigerte sich, Letzteres zu tun, denn er wusste nicht, wie lange er sich verstecken müsste, und, was geschehen würde, wenn er aus dem Versteck käme oder gefunden würde. Auch war er noch in dem naiven Glauben, dass ihm nichts Schlimmes passieren würde, da er nichts Falsches getan hatte. Von der Polizeistation wurde er in das Konzentrationslager Dachau gebracht, aus dem er nach etwa einer Woche entlassen wurde, als erster der verhafteten Juden. [...]

Heinz hatte vorher versucht, für meine Eltern die Erlaubnis zu erhalten, nach England zu kommen, und die notwendigen Zulassungspapiere waren zum Zeitpunkt der Kristallnacht unterwegs nach Berlin oder schon in Berlin. Über einen Bekannten im Innenministerium konnte er dafür sorgen, dass die Papiere ohne Verzögerung von der Botschaft in Berlin nach München weitergeleitet wurden, und Teddy kam unter der Bedingung aus Dachau heraus, dass er unverzüglich Deutschland verlassen würde. Ich werde nie vergessen, wie wir uns bei seiner Ankunft in London gefreut haben, und auch nicht, wie schockiert wir waren, denn sein Aussehen zeugte nur allzu deutlich davon, was er erlitten hatte.

[...]

[29] Walter Jakob Fröhlich (geb. 1912 in München); emigrierte bereits im März 1933 nach London.
[30] Die Hochzeit fand 1942 statt.

Meine Eltern kamen praktisch mittellos in England an. Sie durften 10 Mark mitbringen, damals etwa 1 £. Zum Glück hatte ich während meines Studiums sparen können, und sie lebten davon und von dem Geld, das Heinz und ich ihnen gaben (nachdem ich angefangen hatte, Geld zu verdienen), bis sie eine deutsche Rente bezogen, für die mein Vater während seiner Arbeit in den 50er Jahren eingezahlt hatte. […] Die Ersparnisse meiner Eltern in Bargeld und Aktien wurden auf typisch deutsche systematische Art und Weise konfisziert. Fünfundzwanzig Prozent wurden nach der Kristallnacht als Judensteuer genommen, um den Schaden auszugleichen, den die Nazis in der Nacht verursacht hatten, aber natürlich nicht, um den Schaden zu reparieren, der jüdischem Eigentum zugefügt worden war. Weitere 25 % wurden als Gebühr für die Ausreise aus Deutschland genommen. Der Rest wurde auf ein gesperrtes Konto gelegt, das konfisziert wurde, als bei Beginn des Krieges meinen Eltern und mir die deutsche Staatsbürgerschaft aberkannt wurde.

Ein junger Arzt
Ich machte im April 1939 den Conjoint Board Abschluss und ging im Mai in die Examen zum M.B. [Bachelor of Medicine] und B.S. [Bachelor of Surgery] der London University, bestand nur den medizinischen Teil, musste den chirurgischen Teil wiederholen, obwohl meine Kenntnisse in Medizin nicht so gut waren wie in Chirurgie. Sobald ich die Examen abgeschlossen hatte, erhielt ich einen Brief vom Innenministerium mit der Frage, welche Vorbereitungen ich getroffen hätte, um das Land zu verlassen, da ich nun nicht mehr Student sei; dies geschah einige Monate, nachdem England auf einer internationalen Konferenz erklärt hatte, dass es Flüchtlingen aus Deutschland helfen werde. Ich antwortete, dass ich praktische Erfahrungen sammeln und einen höheren Universitätsabschluss machen wolle. Der Krieg brach aus, bevor ich eine Antwort erhielt, und ich habe vom Innenministerium nichts mehr gehört, bis ich 1947 eingebürgert wurde. Nach einigen erfolglosen Versuchen am Middlesex und an Kliniken in der Provinz wurde ich im August 1939 zum Klinikchirurg der Radiotherapie-Abteilung am Middlesex ernannt. Ich hatte Freude an dieser Arbeit, denn sie brachte mich in Kontakt mit einer großen Vielfalt an Fällen und Ärzten; und, obwohl das Hauptleiden der Patienten der Krebs war, litten sie außerdem an einer Vielzahl von erschwerenden Erkrankungen, für deren Behandlung ich verantwortlich war. Radiotherapie war noch nicht weit entwickelt, und nicht alle Kliniken hatten Radiotherapie-Abteilungen, geschweige denn Radiumbestrahlung. Das Middlesex verfügte über ein Gerät. Ich nehme an, es enthielt 5 Gramm Radium und wurde hauptsächlich für Tumoren im Kopf und Hals benutzt. C.P. Wilson[31], einer der HNO-Chirurgen, interessierte sich besonders für diese Krebsleiden, und ihm wurden Patienten aus anderen

---

[31] Charles Paul Wilson (1900–1970), HNO-Arzt und Chirurg am Middlesex Hospital von 1930 bis 1962.

Londoner Universitätskliniken überwiesen. In einem neuen Projekt führte er eine wöchentliche gemeinsame Beratung mit dem Radiotherapeuten Bryan Windyer[32] durch, und, was ich dort lernte, war mir sehr nützlich für meine spätere Spezialisierung in der HNO-Heilkunde.

Als der Krieg im September 1939 ausbrach, erwarteten alle, dass London sofort bombardiert würde. Die Radiotherapie-Abteilung wurde geschlossen, die meisten Patienten nach Hause geschickt, und das Radium wurde in einem 30 Fuß tiefen Schacht vergraben. Die meisten anderen Patienten der Klinik wurden ebenfalls nach Hause oder in Notfallkliniken auf dem Land geschickt, und die Klinik bereitete sich auf die Notfallversorgung vor. Ein großer Teil des medizinischen Personals und der Krankenschwestern wurde ebenfalls an Notfallkliniken in einer Entfernung von 20 oder 30 Meilen außerhalb von London versetzt. Diese Lazarette bestanden gewöhnlich aus Baracken, die anderen Kliniken angegliedert waren oder in ihrer Nähe lagen, manchmal in den großen Anlagen von Nervenkliniken. Nach dem Krieg wurden sie zu einem wichtigen Teil des National Health Service, und einige wurden Kompetenzzentren für Spezialgebiete, wie zum Beispiel Herzchirurgie in Harefield und Wirbelsäulenverletzungen in Stoke Mandeville.

Ich gehörte zu den wenigen Klinikchirurgen, die am Middlesex-Hospital zurückbehalten wurden, und ich wurde Klinikchirurg bei Peter Ascroft[33]. Ascroft war der jüngste Chirurg des Ärzteteams und einer der besten. Er war ein hervorragender Facharzt für Allgemeinchirurgie und hatte außerdem begonnen, sich in Hirnchirurgie zu spezialisieren. Nach dem Krieg wurde er der erste Professor für Chirurgie am Middlesex-Hospital.

[...]

Klinikchirurgen am Middlesex-Hospital und an anderen Universitätskliniken erhielten vor dem Krieg freie Unterkunft, Verpflegung und Wäsche, aber kein Gehalt. In einigen Fachbereichen konnten sie unterschiedliche Beträge verdienen, wenn sie bei Privatpatienten assistierten. Im ländlichen Bereich erhielten sie gewöhnlich etwa 100 £ im Jahr. Als der Krieg ausbrach, wurden alle Klinikärzte in den Rettungsdienst übernommen, und wir Klinikchirurgen erhielten 350 £ jährlich; etwa dasselbe Gehalt, das ein junger Arzt in der Armee bekam. Es schien ein Vermögen zu sein, und ich konnte anfangen, meine Eltern zu unterstützen.

Mein Vertrag am Middlesex endete am 31. Dezember 1939, und, da ich keine besonderen Perspektiven hatte, blieb ich im medizinischen Notdienst.

[...]

---

[32] Sir Brian Wellingham Windeyer FRCS (1904–1994), von 1942 bis 1969 Professor für Therapeutic Radiology an der Middlesex Hospital Medical School der University of London.

[33] Peter Byers Ascroft (1906–1965), Gehirnchirurg am Middlesex Hospital.

Bei Beginn des Krieges wurden Deutsche offiziell eingeteilt in „gewöhnliche feindliche Ausländer", von denen die meisten interniert wurden, und „freundliche feindliche Ausländer". Als freundlicher feindlicher Ausländer, d.h. jemand, der offensichtlich Anti-Nazi war, hatte ich praktisch keine Einschränkungen und musste nur die Polizei informieren, wenn ich an eine neue Adresse umzog. Diese offizielle Einstellung änderte sich radikal nach Dünkirchen; man fürchtete eine Invasion. Zunächst wurde mir die Stelle [inzwischen in der Notfallstation am Grove Hospital Tooting in London] gekündigt, und man sagte mir, ich müsse die Klinik innerhalb weniger Stunden verlassen. Man hatte große Angst, ich könne die Soldaten, die ich behandelte, verraten. Da die Gefahr einer Invasion immer drohender schien, begann die unterschiedslose Internierung von Deutschen und Italienern. (Italien war inzwischen in den Krieg eingetreten.) Die Regierung hatte für diese Aktion keine Vorbereitungen getroffen, und zunächst wurden die Internierten auf Pferderennbahnen und anderem Gelände, das man finden konnte, untergebracht, bei unzureichender Verpflegung und sehr schlechten Lebensbedingungen. Später wurden die meisten auf die Isle of Man gebracht und einige nach Kanada und Australien. Unglücklicherweise wurde ein Schiff auf dem Weg nach Kanada von einem deutschen U-Boot beschossen, mit großem Verlust an Menschenleben, sowohl von Nazis als auch von Anti-Nazis. Nach einiger Zeit kamen die Behörden zur Vernunft und erkannten, dass Juden den Deutschen wahrscheinlich nicht helfen würden. Auf der Isle of Man konnten sich Juden freiwillig zum Pionierkorps melden und wurden, noch als Internierte, von den Soldaten ausgebildet, die sie bewachen mussten.

Anfang 1940 hatte ich versucht, als Mediziner in die Luftwaffe oder Armee einzutreten, wurde aber aufgrund meiner Nationalität abgewiesen. Ich entging der Internierung, wahrscheinlich deshalb, weil ich zu dem Zeitpunkt, als sie auf ihrem Höhepunkt war, selbst als Patient ins Krankenhaus kam. Im Sommer 1939 hatte ich eine schwere Mandelentzündung und entschied, dass es nun an der Zeit war, mir die Mandeln entfernen zu lassen. Ich blieb mehr als eine Woche in der Klinik, und als ich entlassen wurde, hatte die Hektik der Internierung nachgelassen.

Der Sommer 1940 war heiß, und es war eine beunruhigende Zeit. Ich durfte nicht arbeiten, und die Drohung einer Invasion lag in der Luft. […] Im September nahm ich wieder an der Prüfung zum London B.S. teil. Ich hatte es niemandem mitgeteilt für den Fall, dass ich durchgefallen wäre. Die Prüfung fand in der Examination Hall am Red Lion Square, Central London, statt. Als wir unsere Unterlagen bekamen, sagte man uns, wir sollten nicht auf Luftalarm achten, da Artillerieflugzeuge auf dem Dach waren, und, wenn feindliche Flugzeuge sich näherten, würde man uns in den Keller schicken; danach würden wir eine andere Prüfungsaufgabe erhalten. Natürlich konzentrierten wir uns zuerst auf die Aufgaben, die wir am besten lösen konnten. Bald ertönte der Luftalarm, und wir konnten Flugzeuge über uns hören, aber wir wurden nicht in den Luftschutzkeller geschickt. Glücklicherweise habe ich dieses Mal die Prüfung bestanden.

Als ich am zweiten Tag des Examens nach Hause kam, sagte Heinz, er hätte für mich eine Stelle angenommen, die ich an demselben Abend oder am nächsten Morgen antreten solle. Es war eine Stelle am National Throat, Nose and Ear Hospital in der Gray's Inn Road, Central London. Es lag im Zentrum des ‚Blitz', und einer der beiden Klinikchirurgen, die dort wohnten, konnte den Lärm nicht ertragen und hatte die Stelle aufgegeben. Die Stelle war einem der Ärzte angeboten worden, mit denen ich mich regelmäßig getroffen hatte. Er litt unter Diabetes und befand, dass die Stelle für ihn zu anstrengend wäre; er gab sie an mich weiter. Ich beschloss, noch am selben Abend hinzugehen und mein Examen von dort aus fortzusetzen. Als ich meine Vorbereitungen beendet und der Polizei meine neue Adresse mitgeteilt hatte, war es dunkel, sogar sehr dunkel – wegen der Verdunkelung. Ich nahm ein Taxi, das brachte mich bis Kings Cross, und der Taxifahrer sagte, ich solle mich von dort selbst zurechtfinden. Ich ging die Gray's Inn Road entlang und traf auf einen Polizisten und ein Seil, das quer über die Straße gespannt war, um allen Verkehr zu stoppen – der Grund: eine Landmine hing in einem Baum im Hof des Royal Free Hospital neben der Straße. Als ich ihm vortrug, dass ich zur HNO-Klinik gehen müsse, sagte er, ich sei schon daran vorbeigegangen, ich müsse nur ein kurzes Stück zurückgehen. Als ich Mr John Young, dem Kliniksekretär, der ein sehr tüchtiger Verwaltungsbeamter war, mitteilte, dass ich eine Erlaubnis des Innenministeriums benötigte, um eine Arbeit aufzunehmen, antwortete er: „Machen Sie die Arbeit, und ich erledige das mit dem Innenministerium", und er hat sein Wort gehalten.

Das Leben an der HNO-Klinik war natürlich anders als in Friedenszeiten. Der einzige Operationssaal, der in Betrieb war, lag im Untergeschoss neben der Ambulanz. Nur die unteren Stationen wurden von HNO-Patienten benutzt, die obere war von Patienten der Maida Vale-Nervenklinik belegt, die ausgebombt waren; diese Patienten und einige unserer Patienten verbrachten die Nacht auf Matratzen in der Ambulanz im Untergeschoss. Die Klinik hätte Feuermelder auf dem Dach haben sollen, konnte sie sich aber nicht leisten. Also wechselten wir uns auf dem Dach ab – der andere Klinikchirurg, der Sekretär und ich – bis wir müde waren, und legten uns dann zum Schlafen auf ein Bett auf dem oberen Flur; wir verließen uns darauf, dass eine Schwester oder Pflegerin auf einer der oberen Stationen uns informieren würde, wenn wir von einer Feuerbombe getroffen würden. Glücklicherweise passierte das nie. Jedoch gab es oft viel Lärm um uns herum, und ich erinnere mich an eine besonders unruhige Nacht, als Jock, der Pförtner, eine kleine Flasche Whisky öffnete und sagte: „Wenn ich gehe, dann geht dies mit." Vorbeifliegende Bomben erschütterten oft das Gebäude. Es war in einer Nacht, in der ich Eileen zur U-Bahnstation Kings Cross gebracht hatte, als eine Bombe mir äußerst nahe kam. Eine Bombe fiel etwa 37 m von mir entfernt in den Schacht der Metropolitan Line. Ich lag ebenso schnell am Boden wie die Bombe, und, abgesehen davon, dass ich von Glassplittern bedeckt war, trug ich keine Verletzung davon. Die Nacht, in der die City von Brandbomben angegriffen wurde, wird unvergesslich bleiben.

Wir hatten einen erstklassigen Blick von unserem Dach, und die Kuppel von St. Pauls, vom Feuer eingeschlossen, wäre ein großartiger Anblick gewesen, wenn er nicht so furchtbar gewesen wäre. Unser Verhältnis zur Polizei am Ort war sehr gut; vielleicht, weil unsere Verdunkelung keineswegs perfekt war; der Sekretär meinte dazu, es sei billiger, den Polizisten Tee anzubieten, und die Polizisten schienen diese Strategie gutzuheißen. Wenn ich nachts nicht in der Klinik bleiben wollte, musste ich dies immer der Polizei mitteilen. Nachdem ich das erste Mal dort gewesen war, sagten sie mir, es sei nicht nötig, dass ich selbst käme, eine Krankenschwester könne es für mich erledigen. Die Krankenschwestern freuten sich darüber und verbrachten mehr Zeit bei der Polizeiwache als ich, denn die Polizei erwiderte unsere Gastfreundschaft mit einer Tasse Tee.

Was die Arbeit betraf, so wurde ich ins kalte Wasser geworfen. Zunächst mussten wir beiden Klinikchirurgen alle Anästhetika geben. Der Narkosefacharzt war an die Notfallkliniken außerhalb des Zentrums gegangen. Wir wurden sehr geschickt beim Einführen von Endotrachealtuben, bevor Muskelrelaxantien eingeführt wurden. Wenn der eine für den anderen die Narkose durchführte, ließen wir gewöhnlich den Chirurgen die Narkose kontrollieren, sobald der Patient auf dem Tisch war, und verschwanden, um Patienten in der Ambulanz nebenan zu behandeln. Wenn wir die Narkose für unsere Fachärzte machten, wuschen wir uns die Hände und assistierten, sobald der Patient auf dem Tisch war, und kontrollierten die Narkose. Während dieser Zeit hatte ich nur einen Todesfall, und ich erwähne ihn nur deshalb, weil er der Anlass war, dass ich Sir Bernard Spilsbury[34] kennenlernte, er war damals der bekannteste Gerichtsmediziner. Der Patient war ein Mann mit fortgeschrittenem und inoperablem Krebs des Hypopharynx und massiven sekundären Halsdrüsen, die, wie sich herausstellte, auch infiziert waren. Mein Oberarzt bestand darauf, eine Biopsie unter Narkose zu machen. Fast unmittelbar nach Einleitung der Narkose entwickelte der Patient einen Kehlkopfverschluss, den ich nicht beheben konnte, und er starb – in seinem Fall war es die falsche Form der Sterbehilfe. Sir Bernard Spilsbury machte die gerichtsmedizinische Obduktion, an der ich teilnahm. Er war sehr freundlich zu mir und erklärte, dass bei diesen Patienten mit infizierten sekundären Halsdrüsen immer die Gefahr eines plötzlichen tödlichen Kehlkopfödems besteht, und er entlastete mich vom Vorwurf des Fehlverhaltens.

Als ich dort war, gab es an der Klinik Gray's Inn Road keinen systematischen Lehrbetrieb. Wir lernten, indem wir unseren Oberärzten assistierten, die Fälle besprachen und durch Erfahrung. Obwohl die Klinik im Zentrum des ‚Blitz' lag, kamen immer noch Kinder zur Mandeloperation, diese Operation machten wir Klinikchirurgen gewöhnlich früh morgens; der eine operierte, und

---

[34] Sir Bernard Henry Spilsbury (1877–1947), berühmter britischer Pathologe und Rechtsmediziner.

der andere behandelte Patienten in der Ambulanz, nachdem er die Narkose eingeleitet hatte. Antibiotika waren noch nicht erfunden worden. Sulphonamide reduzierten die Fälle von akuter Mastoiditis, aber sie war immer noch häufig, und ich führte 30 Operationen akuter Mastoiditis während meiner Zeit an der Klinik durch. Ein Jahr zuvor hatte ein australischer Klinikchirurg 100 Operationen während seines 9-monatigen Aufenthalts gemacht – vielleicht war er nicht allzu penibel mit seinen Indikationen. Patienten wurden damals viel länger im Bett und in der Klinik behalten als heute, nach einer Mastoid-Operation blieben sie mindestens eine Woche lang im Bett und wurden danach in unsere Genesungsstation in Ealing überwiesen, wo wir Klinikchirurgen sie einmal in der Woche besuchten, ihre Verbände erneuerten und den Heilungsfortschritt beurteilten. Es war eine angenehme Abwechslung vom Klinikalltag. Wir hatten wöchentlich einen halben freien Tag, nahmen ihn aber nicht immer wahr, da er mit dem eines unserer Oberärzte zusammenfiel. Wir beiden teilten den Nachtdienst und die Wochenenden; diese begannen am Samstagnachmittag. Wir erhielten jährlich 75 £ bei freier Unterkunft und Verpflegung, und gelegentlich verdienten wir 2 oder 3 Guineas dazu für Narkose und Assistenz bei Privatpatienten; davon gingen wir einmal zum Essen und abends aus.

Nachdem ich einige Zeit an der Klinik Gray's Inn Road gearbeitet hatte, vermittelte ich meinem Vater eine Anstellung an Ambulanzkliniken. Als praktischer Arzt hatte er sich immer für die Hals-Nasen-Ohren-Heilkunde interessiert, und er setzte diese Arbeit bis zum Kriegsende fort. Er bekam kein Gehalt, nur das Fahrgeld für den Bus. Arbeiten zu können und das Gefühl, gebraucht zu werden, dies machte ihm Freude und gab ihm etwas von seiner Würde zurück, die im Konzentrationslager so sehr gelitten hatte. Ich war sehr glücklich, ihn regelmäßig zu sehen und mit ihm über Fälle zu sprechen, die uns beide interessierten. Etwas später erhielt auch Teddy eine Stelle als Assistenzarzt in einer Ambulanz am Willesden General Hospital, die bezahlt wurde und die er bis zu seinem 75. Lebensjahr behielt.

[...]

1947 wurde ich britischer Staatsbürger; ich änderte dann meinen Namen von ‚Deed Poll' zu ‚Roland', wie Heinz es getan hatte, nachdem er 1935 eingebürgert worden war. Da ich nun britischer Staatsbürger war, konnte ich meine Zukunft planen, ohne das Innenministerium berücksichtigen zu müssen.

[...]

Tossed By The Storms Of History. Experiences Of A Survivor

By Charlotte Haas Schueller

Charlotte Haas Schueller wurde am 30. Juni 1912 in München geboren. Ihr Vater war der angesehene Chirurg Dr. Alfred Haas; ihre Mutter Elsa Haas war die Tochter des bekannten Münchner Brauereibesitzers Joseph Schülein. Charlotte, die mit ihren Eltern in der Richard-Wagner-Straße unweit der elterlichen Klinik lebte, besuchte von Mai 1922 bis März 1931 das Städtische Mädchenlyzeum an der Luisenstraße. Im September 1934 emigrierte sie nach England, um zunächst an der renommierten London School of Economics zu studieren. Später entschied sie sich für Sprachen und Alte Geschichte. Auch ihr 1917 geborener Bruder Gerhard ging nach England, um in Cambridge zu studieren.[35] Nachdem die Eltern Alfred und Elsa Haas im Frühjahr 1940 über England in die USA ausgewandert waren, entschied sich Charlotte ebenfalls für New York als neuen Lebensmittelpunkt.

Die Bindung zur alten Heimat hat Charlotte Haas Schueller nach 1945 nicht abreißen lassen. Bis ins hohe Alter hat sie München regelmäßig jedes Jahr besucht, um hier ihre zahlreichen Freunde zu treffen. Am 5. Juni 2010 ist Charlotte Haas Schueller kurz vor ihrem 98. Geburtstag in einem Krankenhaus in New Jersey gestorben.

Ihre auf Englisch geschriebenen Erinnerungen verfasste sie im Jahr 2002. Sie umfassen 112 maschinenschriftliche Seiten.

[...]

During the school year I had a very busy schedule. After leaving elementary school the school day changed to 8 a.m. to 1 p.m plus homework. Two afternoons a week a Swiss lady from Neufchatel gave me French lessons and took me for walks. To speak French in the streets of post-World War I Germany was embarrassing, especially to a ten-year old. But I learned to love the French language for its elegance and logic. In addition, twice a week I had drawing lessons. Father considered drawing ability and three-dimensional perception essential to a career in surgery. He was sure that I would follow in his footsteps. When I was sixteen I started ballroom dancing lessons. My teacher, a Mr. Herbst, thought I showed talent and I loved every minute of it. After a year of instruction Mr. Herbst suggested that I should do exhibition dancing but the parents disapproved.

After the fourth year of elementary school we had to pass an exam to qualify for the next stage which, in the case of the girls, was the *Töchterschule*; in fact

---

[35] Vgl. dazu den Text von Gerhard J. Haas in diesem Band auf S. 46.

Charlotte Haas Schueller
als junge Frau, undatiert

it was called the *Höhere Töchterschule* "higher daughter's school", literally translated. We were taught French and the other basic subjects like history, geography, some arithmetic and a smattering of natural sciences as well as needlework and sewing. Resentful and clumsy because of my lefthandedness I was the despair of the sewing teacher. Finally she made me read to the class while somebody else took care of my assignments. I never learned to mend or sew, a problem all my life.

After three years of *Töchterschule* you had to qualify for admission to the *Gymnasium* (high school). There were two possibilities – you could go to the *humanistische* or the *real Gymnasium*. In my case, the choice was the *humanistische Gymnasium* because my father didn't consider anyone educated who didn't read Latin and Greek. Antiquity to him was the basis of all culture.

Ours was an experimental school; the city had only recently created such an institution for girls, enabling them to remain in a girl's school if they wanted to qualify for the university. In a way it was an elite school; there were only twenty girls in our class, which for that time was a very small number. We had the advantage of having excellent teachers who were drawn partly from a reservoir of rejected or unemployed university teachers. Mathematics was my weak point. Our math teacher made me realize the close connection of math and philosophy by discussing the great thinkers of antiquity and Leibnitz, the 17th – 18th-century German philosopher. He changed my attitude towards the natural sciences forever. Our highly qualified teachers in literature, history, and other subjects gave us a first class education and countless ideas. However, because we had already spent three years at the *Töchterschule* we had to cover in six years much of the materials that the boys covered in nine. Pressure was ever present.

I made two or three intimate friends in those years. One of them was a girl named Rose Heller[36] and another was Gretel Szkolny[37]. Rose Heller, daughter of a publisher and printer, finally went to Israel. Gretel was the daughter of a numismatic dealer and was orphaned while she was at school. My parents took her in and she stayed with us for several years. My father arranged for her to become a medical technician. She also went to Israel. I never visited there because they had made me feel inferior for not choosing the hard way and going into a kibbutz in the Holy Land; I went to England instead. I never wanted to face them again and feel like a traitor.

Our teachers were superior as I mentioned but many of them were National Socialists even in the 1920s. I never really felt warm towards any of my instructors or was able to have any real intimate friendships with my gentile classmates. I had amiable relationships with many but I never was invited to any of their homes and they didn't come to mine. So things were shaping in a certain direction many years before Hitler came to power.

Father was a great opera enthusiast and he took me to my first opera when I was about six years old. It was Wagner's Lohengrin. I felt sorry for the swan who had to pull Lohengrin who was a big fat *Heldentenor* named Knote[38]. Opera was an essential part of my education and Munich at that time had one of the best in the world. Wagner's "Meistersinger" was one of my favorites. "The Magic Flute" speaks to my soul. Father made sure that I witnessed as many as possible of the great artistic events. I cried when Pavlova did the dying swan, relished Shaljapin's concerts, savored Yvette Guilbert – although she was already well past her prime – and I saw Elizabeth Bergner in Pygmalian.

[…]

Time was also set aside for religious instruction. Twice a week the class divided into three different rooms: Catholic, Protestant (Lutheran), and Jewish. In elementary school the Jewish group had included both boys and girls. Here I

---

[36] Rose Heller (geb. 1912), Tochter des Verlegers Dr. Alfred Heller. Heiratete 1934 Fritz Harburger, mit dem sie 1935 nach Palästina emigrierte.
[37] Margarete Szkolny (1912–1992), Tochter des angesehenen Numismatikers Franz Szkolny, emigrierte im Juli 1936 nach Jugoslawien, wo sie den Münchner Siegfried Mendle heiratete. Das Ehepaar Mendle emigrierte im August 1937 nach Haifa.
[38] Heinrich Knote (1870–1953), legendärer Wagner-Sänger und Heldentenor.

encountered my first male admirer. His name was Kurt and he said I had eyes like ripe cherries. I liked the idea. We had a very old, shaky teacher with a poor voice who spat when he spoke. We were supposed to learn to read Hebrew. I never learned and simply memorized the words. The stories of the Old Testament in expurgated form were the good parts of the lessons. In the three years of the *Töchterschule* we had one intelligent and interesting teacher who make us aware of the beauty of the traditional prayers (in good German translations, of course), who made us read and savor the poetry of the psalms and taught the Old Testament as you would history. When he was not teaching "religion" he taught math. The last six years in the *Gymnasium* our teacher was Dr. Baerwald[39], chief rabbi of Munich. He gave us a little comparative religion, a lot of Jewish history, both biblical and in the Diaspora, and little tidbits of Talmudic wisdom. Most of my "religious" information was acquired in an unorthodox manner however. As a teenage I was a voracious reader of suitable as well as unsuitable material. It got to the point where I was forbidden books. So I found a complete edition of the Old Testament that I read over and over again. No one could find fault with that and the ban was soon lifted.

[...]

When I turned seventeen and a half it was arranged that I should go to so-called "dancing classes" that were really social occasions with members of a student fraternity. For that purpose and to go to the dances I had to get an evening dress. I was rather fat and shapeless but my mother was very clever. She took me to the fashionable store where she bought her clothes. The head of the store went to Paris twice a year and brought back models that she then showed her clients and they could order pieces made to measure for the individual. Mother took me there and showed me evening dresses. I fell in love with a beautiful yellow changeant taffeta dress. My mother said if I lost enough weight to fit into the model by the fall when the dancing classes started I could have the dress. I set to work and lost twenty pounds in two months simply by not eating any sweets, no soup and no baked goods. I fitted into the dress and was launched into my social career.

I enjoyed going to the fraternity which was a predominantly Jewish fraternity called the Thuringia. It had a few gentile members who were liberal minded and anxious to demonstrate their tolerance. I made lots of friends and went to delightful parties and dances. While it just lasted for two years, I did have fun. I met several young men there who played a role in my life. One was Hans Schindler who was my very special friend. Another boy was called Gerd Salomon, a very gifted young man. Both of them eventually came to New York. There were also a couple of gentile boys who courted me. One young man

---

[39] Dr. Leo Baerwald (1883–1970); Rabbiner der Israelitischen Kultusgemeinde München. Leo Baerwald emigrierte 1940 nach New York.

who I remember particularly was an ardent communist and idealist. He was aflame with all the ideas preached by Marx and his disciples. He eventually disappeared into Russia and probably was killed as a rebel against the cruel practical applications of the communist doctrine. He was one of many young idealists who met this fate.

Hans Schindler and I fell in love. We had a sweet and innocent relationship. We did a lot of things of which my parents disapproved such as seeing the *Threepenny Opera* and going to political lectures. We had a lot of fun socially. One summer he went home to his parents in Hamburg and I was in Bernried. My parents opened a letter, which he had written to me, and which mentioned a rendezvous we were planning. We were each to take a trip to Switzerland where we would meet. The parents were indignant and forbade me to see him again. I was outraged that they had opened my mail and hurt because they were simply set on my marrying a doctor, a successor to my father. They made it impossible for me to see Hans again and he never returned to Munich. In Germany you could transfer your credits from one German-speaking academic institution to another. Hans simply went and studied in Berlin and then, later, in Prague. I didn't see him again until we were both a great deal older when we met in America. By then he was happily married and I was adrift.

[…]

When I had passed my *Abitur*, the exam which opens the door to university, my graduation present was a trip to Paris with the parents and Onkel Fritz.[40] We stayed in a famous hotel on the Place Vendôme, went to all the obligatory museums and to Versailles as well as to the opera and to some "wicked" shows. Most of all we walked the streets and enjoyed. I have visited Paris many more times but no visit ever had the magic of this first time.

After leaving school I had to decide what to study at the university. My parents pressured me to go into medicine. But I have always been in love with languages and I wanted to study *germanistic*, which is German language and literature, and also history of language. That is what I did for the first semester and I loved it. On the side I took courses in drama and acting. But the pressure built and after the first semester I broke down and went to a cramming institute to catch up so I could enter pre-medical school.

When I entered medical school I made friends with a whole group of young people. We socialized and also worked together, meeting once or twice a week to study together. That group consisted of two Jewish boys, three gentiles, and myself. One of the Jewish boys disappeared; he was killed – I believe he was gassed. The other one reemerged after years in America. He finished his studies in this country and practiced medicine somewhere in the Middle West.

---

[40] Fritz Schülein (1885–1963), Sohn von Brauereibesitzer Joseph Schülein; emigrierte 1939 in die USA.

The gentile boys all of course had to join the army. Their lives were ruined just as much as the lives of the Jewish boys. One was killed as a rebel against the government. He was a beautiful young man called Bruno. Another one went to war and contracted a hasty marriage before being called up. He was very unhappy. The third one disappeared from my life; I don't know what happened to him.

In the cramming institution there were a lot of young men who hadn't bothered to work and who had to catch up. In my day at the German university there was a system very different from England or America. You were not checked on how many lectures you attended and there was no formal supervision. You had to pass certain exams at much longer intervals than here and once you passed the exam nobody asked how you had managed to acquire the necessary knowledge. You could do it at home, privately, anywhere at all. You had to be matriculated and paid a fee, which was very modest. The only subjects where your attendance was checked were the chemical and physiology labs, where you had to perform experiments, and you also had to prove that you were present in the dissecting lab a certain number of times but that was it! If you took a subject like germanistic or any other of the humanities, there was nothing to check you or control you except whether you passed the exam or not. That was what was called academic freedom!

[...]

The University of Munich in general and its natural sciences department in particular were of very high caliber. Chemistry for many years was headed by Willstätter[41], a Nobel Prize winner and pioneer in many fields. My teacher was Professor Wieland[42], his successor. Zoology was taught by Professor von Frisch[43], an outstanding entymologist. We had equally illustrious and inspiring teachers in botany and physiology. Molier[44] was the anatomist, succeeded by Wasserman[45], both inspired teachers. Both Willstätter and Wasserman had to leave Germany, victims of persecution.

Life at University became increasingly unpleasant and embarrassing for Jewish students. It is hard to describe the atmosphere – an unholy mixture of aversion, guilt, and malevolence on the part of the gentile students and fear plus helpless outrage on the part of the Jews. One of the gentile boys in our study group had a brother in the SS, the Nazi elite troupe. This brother threatened to falsely accuse my colleague – his brother – and myself of *blutshande* in order to gain advancement in the party. That did it for me. I decided to quit.

---

[41] Zu Richard Willstätter vgl. den Text auf S. 114 in diesem Band.
[42] Heinrich Otto Wieland (1877–1957), Chemiker, Nobelpreisträger (1927).
[43] Karl von Frisch (1886–1982), Zoologe, Nobelpreisträger (1973).
[44] Siegfried Mollier (1866–1954), Ordinarius für Anatomie in München.
[45] Friedrich Wassermann (1884–1969), Anatomieprofessor in München.

So I never took the *Physicum*, which is the first major exam, the end of pre-
med and the beginning of medical training. My parents suspected that I was
leaving in order to avoid the exam. At that time they had not recognized the
lethal nature of the persecution. Furthermore, they could not leave and aban-
don grandfather[46] who was too old and sick to be moved. Mother, a dutiful
daughter and Father, his physician.

Grandfather was the only family member who encouraged me to leave. He
said, "Die gehen zum Teufel und wir zahlen den Fuhrlohn." ("They go to the
Devil and we pay the fare.") He wore no blinders and no rosy glasses. Another
useful piece of his wisdom: "Never throw away anybody; if necessary, just
lean them aside." Above the mantelpiece in the salon at Richard Wagnerstrasse
No. 7 he had his motto engraved into the marble: "Wärme schafft Leben,
Wärme schafft Kraft. Oft Feuer zerstöret was Wärme erschafft." ("Warmth
creates Life, Warmth creates Power. Often Fire destroys what Warmth had
created.")

[…]

Shortly before I left for England, when the Nazis were already fully in power
but before the Anschluss, the unification of Austria and Germany, my brother
and I went alone to the Walsertal which is a dead-end enclave in the Bavarian
alps, although politically it was part of Austria. We spent a week there and
everybody looked at us askance. It was not very comfortable. We went there
because most of the German places said, "Jews not admitted." It was my last
stay in a German-speaking hostelry before I left Germany for good.

In 1933 we had our last summer that was normally and fairly peacefully
spent in Bernried. The outside world was already hostile. I decided that summer to leave Germany and in fall I went to England to stay with Doris H.[47]
as her guest and companion. I matriculated at the London School of Economics and spent one term improving my English essay writing. I had no trouble
with the language, in fact, not at any time in my further studies at London
University or, in Gerhard's case at Cambridge, did either of us have to pass
a language exam. We interviewed and were accepted thanks to our parents'
foresight giving us English as a second language. We were way ahead of most
other refugees, something that I've always appreciated.

Leaving what I had believed to be home and going to England was not an
easy decision. It was a brutal break. I had grown up the granddaughter of Josef
Schülein, a prominent citizen of Munich with a square and a street named after
him as well as the daughter of an extremely well known and popular physician.

---

[46] Joseph Schülein (1854–1938), Brauereibesitzer; Eigentümer der Unionsbrauerei und
von Löwenbräu; Münchner Wohltäter.
[47] Doris H., eine britische Freundin der Familie Haas. Der Name wurde von den
Herausgebern anonymisiert.

And, after all, somebody in my own right. In London I was nobody. Still, it was better than being what the Nazis labeled us to be which was a cockroach to be exterminated.

To leave Bernried and the mountains was hard, as it was to live on sea level where I have always been miserable. I have been doomed to live on sea level for the rest of my life. I became dependent on Doris H. who turned out to be a very possessive and domineering woman. My position with Doris was very ambiguous. She gave me refuge and gave me a roof over my head in a comfortable place. I was her companion but she also tried to own me, which is not a healthy thing.

To go from Munich to London you could take the night train to France and cross the Channel either from Calais to Dover or from Boulogne to Folkestone. We usually took the day train to the Hoek of Holland and then a night boat across the North Sea to Harwich. The boat train from Harwich to London was usually full of substantial businessmen eating a hearty breakfast of kippers or haddock. After a rough crossing that was hard to stomach.

Upon arrival on British soil, regardless of whether you came as a visitor or a would-be resident, you had to swear never to take a position nor aspire to earn a living in the British Isles. This hasn't changed; I think they are still doing it. I had previously been in England as a visitor but in 1933 I arrived as a would-be student and I got a student's permit but had to promise never, ever to be a liability to the British labor market.

After one semester at the London School of Economics I switched to University College on Gower Street. I matriculated there for a major in French and minors in Latin and Ancient History. I thought I was going to teach. In addition to functioning as a companion to Doris, I was a student at University College until I took my Bachelor three years later. Among my fellow students I just made one real friend, Sybil Hart, a very bright, extremely nervous Jewish girl. She was an excellent student but was never able to pass an exam. By contrast, I never worried too much about exams and usually squeaked through with a minimum of work, just relying on my memory, which was excellent when I was young. I managed to pull Sybil through the exams by bullying and ridiculing her. We became fast friends for many years.

Making friends was difficult. Being an alien in England was like being a hunchback. "Poor thing, she can't help not being British." It was considered a birth defect. This was the time of Chamberlin's appeasement policy, fervently embraced by the majority of Brits. I was not allowed to mention what was happening at home. Any mention was branded as "spreading atrocity stories." England's rude awakening came later.

Fortunately I had some connections dating back to the days when British surgeons stopped in Munich to watch Father at work. Peter Wright, for instance, had quite a crush on my parents and used to visit us in Munich and Bernried frequently. He was a surgeon himself, married to Helena Wright, one of the pioneers in the birth control movement. They had three sons, lived in a large, untidy house with a garden in the north of London and were warm-hearted, highly intelligent, stimulating, and incredibly hospitable. Their house was home away from home. It was warm, full of humanity, and pleasantly quirky.

Another Harley Street surgeon and his wife, the Milligans, were a childless couple deeply involved in the Oxford Group, a sect bent on making converts. The Milligans practiced what they preached. They were truly good people and were extremely kind to me.

Then there were the Millers, a Harley Street doctor with a Jewish wife and two daughters. I made friends with Susie, the older girl and stayed at their country house. It was an ancient cottage and a little spooky. One night I woke and saw a patch of white light on the floor. I could not identify any possible source of light and it gradually moved at a snail's pace and seemed to change its contours a little. After what seemed like hours it disappeared. Well, it turned out to be moonlight shining down an ancient, straight chimney. I had never heard of such a thing. It was scary!

Doris and I first lived at Grosvenor House, a very ritzy hotel on Park Lane. Eventually, she rented an apartment in the Boltons, a garden square in South Kensington, off the Old Brompton Road. She hired a decorator at Harrod's and bought all the furnishings at that world famous emporium. We had fun choosing colors and making mistakes. Neither of us had any experience. We chose blue paint for one of the bedrooms that ended up looking like an aquarium and had to be redone. Then she hired a cook and a maid and the household was launched.

The first few years that I was in London Doris and I used to go back to Munich every year in the summer. This was feasible up through 1937. We would stay with the parents in Bernried. It was a very strange sort of double life for me. Things in Germany became very difficult and our horizon became more and more restricted. The village of Bernried itself remained comparatively peaceful and people continued to be nice to us. The mayor was a social democrat and kept unpleasant and active anti-Semitic symptoms away from us. But one became more and more isolated.

In the spring of 1938, at Easter time, my grandfather sent me a message in England. He had advanced Hodgkin's disease, which was incurable at that time. He let me know that he wanted to see me. I thought that he had become senile and that he was bringing me back to Germany to say goodbye. It was risky but I felt that I had no choice. My passport had run out and new passports issued to Jews were now stamped with a large "J" which made you easy prey to every horror. I went to the consulate general in London and saw an elderly civil servant who said he couldn't issue me a new passport without a J. I told him I had to go back and see my grandfather. He asked me if I knew what might happen to me once there. I said yes, but I have no option. So he did something unheard of and extended my old passport by three months. So I gathered up my passport and went back into Germany.

It was too dangerous for me to stay too long in one place. I spent two or three nights in Munich and two or three nights in Bernried, then I went to Kaltenberg and then started all over again. What I found, to my consternation, was that Grandfather wasn't at all senile and not at all sentimental. When I arrived at Kaltenberg, he had Onkel Fritz go to the office, open the safe and bring back a box that contained the family jewels. It wasn't much because he had really fed his wife mediocre baubles as I mentioned before. But there were some good pieces and Grandfather told me to take it abroad. He said, "If I don't give it to you now, I know you'll never get it."

I then had the scariest trip in all my life because I had to take the bloody jewelry out of the country and there was a death penalty for smuggling valuables out of Germany at that time. I put it in my luggage and was sick all the way to the Dutch border because I was so scared. The pass controller and the luggage controller came in and they never opened my bags. They looked at my peculiar passport, gave me a strange look, and gave it back to me. Nothing happened. I went over the frontier, went to the toilet and took some time to be able to leave it again. And that is the story of the jewelry. That was the last time I went to Germany and the last time I ever saw my Grandfather.

[...]

On many weekends we went down to Blofield to Doris' home. We visited with her sister Sybil who also had a house in Norfolk and lots of horses of course; she was Master of the Hunt. When Sybil wasn't hunting she was Justice of the Peace. I also met some interesting people there including Mr. Coleman of mustard fame. He was quite a character. He was a self-made man with a strong accent. I sat next to him on one occasion and had no idea who he was. He said to me, "I am the man who got rich by what people leave on their plates." – of course, it was the mustard! He was someone who, despite having the wrong accent, made his way to the top of society in the county of Norfolk.

Here I should explain that at that time in England, and maybe even still today, language was really your passport and your label in society. While you might be a highly educated person, your accent always gave away your origin. There was no eradicating it and the barriers between the classes had not broken down. We were lucky because we had always had governesses with the right accent! So there wasn't any problem in that department. But society was extremely bigoted. I remember one incident that profoundly shocked me. Doris went to some sort of hen party and took me along. The party was all ladies of a certain standing and a couple of army wives. One of the women piped up and said, "I went to so-and-so's party the other day and who do you suppose was there? Mrs. X; wife of the head of X department stores in London (one of the biggest and most fashionable at the time.) Fancy inviting someone from the trade to that sort of party." This mentality left me completely speechless and numb but it certainly was prevalent among that class. The barriers didn't really begin to break down until well after the war and I'm not certain that they have completely disappeared. This was worlds apart from the milieu in which I grew up. I was instructed never to call my father "Doctor Haas", always *Mr.* Haas because he was a surgeon and therefore socially acceptable in Doris' circle.

But English society also had some admirable features. The "upper class" and intellectuals displayed serious concern, knowledge and true involvement in political problems and their treatment. They were informed and took action. In German society, the upper class, the middle class and intellectuals did not participate actively in the political life of the nation. "Politics" was almost a dirty word – "Politisch Lied, ein garstig Lied." (A song of politics is an ugly song.) These people (including my own) did not wake up until politics touched their personal lives and comfort. The British tradition of charity and philanthropy practiced as a duty by those lucky enough to belong to the upper crust impressed me enormously. Social work, voluntary and often demanding, was routinely considered the responsibility of the "leisure classes." Please note that I am discussing English society, not British. The social structure in Scotland is very different and I don't know enough about Ireland.

To make friends in England was tough. Once established, friendships usually were firm and permanent. This admirable trait may in part be due to the way the British Empire functioned. Civil servants, regardless of rank, were sent to the far corners of the globe for extended periods, sometimes for the duration of their professional lives. Every few years they went home on leave, usually for several months and picked up with members of their circle where they had left off. The same system applied to all types and ranks of the commercial and industrial underpinnings of the empire and to certain ranks in the armed forces. This system was part of the cement that kept the British Empire British. Permanence of human ties to the fountainhead of British-ness was essential.

[…]

In 1936, Gerhard came and joined us in London. He had passed his *Abitur* and finished high school. When he arrived he looked around London and became acclimated more or less, and then took a course at the Polytechnic. In the fall he started his first term at Trinity College, Cambridge where Doris had some connections. She arranged for him to be interviewed and he was accepted without an exam. I was very upset when we took him to Cambridge. He didn't know anyone there and seemed small and very much alone. I hardened my heart and didn't contact him for a week. Then, the weekend following the one when we had delivered him, he called me and he said, "Come to visit – I have lots of friends. Dress nice and look young"! He was a changed person, part of society and able to deploy his considerable talent for making friends and making waves. It was a great relief to find him so happy. I went and found indeed that he had made friends and was at home.

The more we became dependent on Doris, the more difficult she became. She really was a power person. She liked to own people and control people's lives. In the summer of 1938, when we couldn't go back to Germany anymore, she closed her apartment and left Gerhard and me high and dry in London. We had no money and no place to go. Luckily Maxwell Ray and his wife were on tour and they put their apartment at our disposal. We stayed there and I sold some jewelry so that we could buy food. It was a hurtful and really frightening experience to see how helpless we were and how dependent because we could not work.

In September of 1938 Grandfather Josef died. The parents prepared, late as it was, to leave Germany. In November, there was a big round up of Jews[48] who were taken to the various concentration camps where they were "exterminated." On that day, my father was at the tailor getting measured for suits to take abroad, for after they left they were going to be penniless. Jews were allowed at that time to take only 10 marks out of the country. A former patient came to the tailor's and warned father that they were looking for him. Father found refuge in a very romantic way, the sort of thing you read in a book but never really believe. A very old lady, a former patient, who was actually the sister of one of the dignitaries of the Catholic church in Augsburg, had seen him many months before and had given him a key to her apartment. She told him never to leave the house without that key in his pocket. She wouldn't and couldn't tell him more than that.

When he got the warning at the tailor, he took out the key and went to the old lady who lived alone with a housekeeper and a dog. Those two women hid him. The storm troopers came and just like in fiction the ladies hid him in a cupboard. He wasn't found but during this time a list appeared in the London Daily Mail of prominent men who had been taken to Dachau or killed. My father's name was on this list and we didn't find out until quite a few days later that indeed he was still alive. Father came out of hiding when Peter Wright, the surgeon from London, arrived in Munich and started negotiating for a permit for Father to leave the country. He succeeded by promising the *Gauleiter* (the regional boss)[49] a racehorse. The trade was one Jew for a horse. I am glad to say the *Gauleiter* never got his horse. Peter Wright and his wife had worked for many years as missionaries in the interior of China. They had become proficient in an obscure dialect not on the list of the Gestapo's censorship. Negotiations in that language enabled the Wrights to best the horse crazy *Gauleiter*.

Father came to London late in November and Mother stayed behind to supervise the packing of the things they were allowed to take. Not very long after-

[48] Allein in München wurden im Zuge der „Reichskristallnacht" etwa 1.000 jüdische Männer verhaftet und im Konzentrationslager Dachau interniert.
[49] Gauleiter des „Traditionsgaus" München-Oberbayern war Adolf Wagner (1890–1944).

wards, they arrested Mother and took her to prison. They tried to intimidate her into confessing that the family's jewelry had been taken abroad which would have condemned her at once. But she was very firm and denied any such thing. Then, very mysteriously and probably through the machinations of another ex-patient, she was released. It took several weeks to deal with the painful and humiliating formalities required to claim a fraction of our possessions. Michel, the chauffeur, took her to the train station and she left for London. We had all spent an appalling month waiting for her to arrive safely. Father was frantic with fear for her. She finally arrived in London on Christmas Eve of 1938. Once again, the family was together all in the same country.

The parents stayed in Doris' apartment for a few days and then she shipped them off to the little house she owned in Bexhill-on-Sea and made them stay there with the old housekeeper-caretaker. She gave them very little money to manage on their own. They were humiliated and helpless and unable to take up their London connections and thereby their hopes for a halfway normal life. But once we were nobodies and had nothing to offer, Doris was a changed person. Eventually, Onkel Hermann[50], who had left Germany earlier for New York and had been able to take most of his fortune with him, sent money to England, which enabled the parents to rent a tiny apartment in London and finally take up their connections. Some were pleased to see Father but others kept a safe distance from the alien who might want something. Peter Wright proved to be a true friend. He and Dr. Miller managed to arrange for Father to attend operations at University Hospital on Gower Street so that he could keep up his interests. The authorities, however, would not accept his German qualifications and he was not allowed to practice. Consider that this was wartime and father had run a base hospital in World War I! He would have had to study medicine all over again. The British weren't very friendly. As I said before, to meet sympathy in London, you have to be a horse or a dog.

Mother did her best to run a small household on a minute allowance. She never lost courage and she never lost her sense of humor. I can see her now – after we had finished dinner, she would ring the bell for herself and then she would clear the table! Poor as they were, Mother went to the pound and adopted a Pekinese to make them feel at home. One's ideas change under duress. Here is an illustration: Mother loved fruit. She was too poor to buy nice fruit out of season. Harrods' fruit department was gorgeous. I can feel myself now, standing and looking at the luscious display. I was aching to steal some fruit for Mother. I felt no scruples, only fear of detection and deportation, along with helpless rage.

I was dependent on Doris and, up to a point, so were the parents. I was walking a diplomatic tightrope, which was not comfortable. The parents waited a

[50] Dr. Hermann Schülein (1884–1970), Sohn von Brauereibesitzer Joseph Schülein; emigrierte im Dezember 1935 über die Schweiz in die USA.

year for father to get a permit to practice and then one day Father decided he'd had it. Within two weeks they dissolved their household and went to America. They had a visa due to the fact that Onkel Hermann and great uncle Julius[51] already lived there and were able to sponsor them. England was already at war but it was the "phony" war. Things hadn't really erupted in the west. The parents left just before the Germans invaded the Netherlands. So they were able to cross in a normal passenger ship to America. That left Gerhard and me, who had applied for British citizenship, or rather to become subjects of his Majesty.

The solid relationship between Father and Mother prevented one disastrous change common in refugee marriages. Britain would not allow anyone to take any work other than domestic service. The men were stuck. But the women got permits to become servants and thus became the breadwinners. The normal balance of a German Jewish family was disturbed as the women became the dominant element in the household. This destroyed many marriages and made trouble in a great number of families. Our family was spared that because my mother never stopped looking up to my father as the dominant member of the household. She never doubted him.

Early in 1939 we received a copy of a German government gazette. It contained a list of prominent individuals who had been expatriated by name. All four of us shared that privilege. To be deprived of your birthright, to be stateless, is an experience that defies description. Father was hit the hardest.

[...]

---

[51] Gemeint ist vermutlich Dr. Julius Schülein (1881–1959), Sohn von Brauereibesitzer Joseph Schülein; emigrierte im Dezember 1938 in die USA.

Sehnsucht nach München. Zwei Gedichte

Von Schalom Ben-Chorin

Schalom Ben-Chorin wurde am 20. Juli 1913 in München als Fritz Rosenthal in einer liberalen, assimilierten Familie geboren. Er besuchte das Luitpold-Gymnasium und beschäftigte sich schon früh mit religiösen Fragen. Beeinflusst von der Münchner zionistischen Bewegung und der Gedankenwelt Martin Bubers nahm er 1930 den Namen Ben-Chorin [Sohn der Freiheit] als schriftstellerisches Pseudonym an. Erst später, in Palästina, kam der Namenszusatz Schalom [Friede] dazu. Von 1931 bis 1934 studierte er an der Universität München Philosophie, Literaturgeschichte, Vergleichende Religionswissenschaften und Theatergeschichte; gleichzeitig absolvierte er eine Buchhändlerlehre. Bereits früh veröffentlichte er Gedichte und kurze Prosastücke. Ben-Chorin betätigte sich auch aktiv in der Münchner Ortsgruppe des Jüdischen Kulturbundes.

Im Herbst 1935 entschloss er sich zur Auswanderung nach Palästina. In Jerusalem fand er eine neue Heimat. Von 1970 bis 1982 war er als Gastprofessor an den Universitäten Jerusalem, Tübingen und München tätig. Sein besonderes Interesse galt dem jüdisch-christlichen Dialog, dem er dank seiner zahlreichen Reisen nach Deutschland nachhaltige Impulse gab. Bis heute gilt der 1999 verstorbene Schalom Ben-Chorin als einer der wichtigsten Brückenbauer zwischen Christen und Juden, Deutschen und Israelis. Besonders stark war zeitlebens die Beziehung zu seiner Heimatstadt München.

Als Schenkung der Familie befindet sich seit 2010 das Arbeitszimmer von Schalom Ben-Chorin mit seiner Bibliothek im Stadtarchiv München.

Die hier abgedruckten Gedichte entstanden in den ersten Jahren der Emigration. Sie zeigen die tiefempfundene Verbundenheit des Verfasssers mit seiner verlorenen Heimat.

Schalom Ben-Chorin, 1958

München
Immer ragst Du mir in meine Träume
Meiner Jugend – zartgeliebte Stadt,
Die so rauschende Kastanienbäume
Und das Licht des nahen Südens hat.

Ja, die Schatten deiner schlanken Türme
Liegen blau auf meinem Augenlid.
Deine langen Regen, deine Stürme
Rauschen, brausen noch durch mein Gemüt.

Daß ich dir so sehr gehöre
Stadt am Rand der Berge und der Seen,
Daß ich deine Kirchenchöre
Deine Schrammel-Weisen in mir höre,
Wußte ich – und mußte dennoch gehn.

Ist das Echo meiner Kinderschritte
In den Straßen dort noch nicht verhallt?
Hängt noch manche ungewährte Bitte
In den dunklen Kronen dort im Wald?

Sitzt vielleicht ein Mädchen noch am Fenster
In dem stillen Hause vor der Stadt,
Die mich einst vergnügter und beglänzter
Und beschwingter auch gesehen hat.

Sicher binden mich solch feine Fäden
– Wie Altweiberhaar im Sommerwind
Warum machtest du mich sonst in jedem
Meiner Träume krank und tränenblind?

Sicher träumst du, wenn die Ave-Glocken
Aus den Türmen auf die Dächer taun,
Von den wilden, hellen Kinderlocken,
Von den Augen, die dich staunend schaun.

Meine Augen waren's und mein Haar. –
Der Vertriebenen gedenkst du nun.
Der ich, ferne Stadt, der deine war
Darf in deinen Mauern nicht mehr ruhn.

Aber deine Mauern ruhn in mir.
In den Nächten baue ich dich neu,
Durch die nieverschlossne Träume-Tür
Darf ich dich betreten ohne Scheu.

                                        (1937)

Traumgeographie
Daß die Fremde heimisch mir geworden
Weist des Traumes lächelnd leise Spur
Zwischen neuen und verlornen Orten
Spann der Traum nun seine Silberschnur.

Immer ging ich in den letzten Jahren
Nur durch meiner Kindheit Straßennetz,
Fern den Tagessorgen und Gefahren
Heimgekehrt durch heimliches Gesetz.

Aber jetzt umfängt die Stadt der Träume
Meiner Träume, Nacht um Nacht
Ungeheure traumverbundne Räume
Die ich schlafend mir in Eins gedacht.

Es geschieht nun, daß ich ungehindert
von Jerusalem nach Schwabing geh...
Tausend Meilen sind zum Sprung vermindert
Tel Aviv liegt nah am Tegernsee.

Sprachen fließen seltsam bunt zusammen,
Fremde Völker, Länder trennt kein Meer.
Schnaderhüpfl und Makamen
Sag und sing ich durcheinander her.

Meiner Träume Internationale
Hat die Grenzen aus der Welt gefegt:
Überglobus wird mir meine schmale
Bettstatt, kaum hab ich mich hingelegt.

                                    (1938)

Memoiren

Von Ernst D. Gern

Ernst Dietrich Gern wurde am 9. Februar 1916 als ältester Sohn von Dr. Artur Gern und seiner Frau Elisabeth in München geboren. Der aus Ludwigshafen stammende Jurist Artur Gern war ein auf Grundbuchrecht spezialisierter Anwalt, der zuerst in der Reichenbachstraße, später in der Hartmannstraße eine Kanzlei betrieb. Aufgrund der nationalsozialistischen Berufsverbote musste Dr. Gern seine Kanzlei aufgeben. Gemeinsam mit seiner Frau Elisabeth engagierte er sich für das Israelitische Lehrlingsheim in der Hohenzollernstraße, dessen Leitung er übernahm. Ernst Gern konnte noch in München sein Abitur machen und entschloss sich 1935 zum Chemiestudium in der Schweiz. Seine Eltern wurden am 20. November 1941 mit dem ersten Transport aus München deportiert und am 25. November 1941 im litauischen Kaunas ermordet. Die beiden Brüder Helmut (geboren 1917) und Günther (geboren 1918) wurden vom Umschulungslager „Grüner Weg" in Paderborn im März 1943 nach Auschwitz deportiert und dort ermordet.

Die Erinnerungen von Dr. Ernst Gern bestehen aus einem 49-seitigen maschinenschriftlichen Manuskript, das dem Stadtarchiv München im Jahr 2009 von der Familie Gern überlassen wurde. Die Memoiren enden mit der Hochzeitsreise im Jahr 1949. Über das weitere Leben von Dr. Ernst Gern schreibt seine Tochter Gabrielle: „1950 kam schon meine älteste Schwester Elisabeth zur Welt, 1951 die nächste Tochter, Andrée. 1957 konnte sich mein Vater in Zürich einbürgern lassen und kriegte so den Schweizer Pass (mittlerweile sprach er akzentfreies Schweizerdeutsch). Ich, Gabrielle, wurde als jüngste Tochter Ende 1957 geboren. Von seiner Kinderlähmung blieben ihm eine gelähmte linke Hand und ein leicht hinkendes Bein. Er liess es sich deshalb aber nicht nehmen, auf Bergtouren zu gehen, zu schwimmen und zu kochen. Auch seine Memoiren tippte er mit einer Hand. Mein Vater blieb bis zu seiner Pensionierung in der gleichen Firma (Ozalid) tätig. Er wurde dort Direktor, und als das Lichtpausen von anderen Drucktechniken abgelöst wurde, spezialisierte sich die Firma auf neue Druckverfahren, u.a. Offsetdruckmaschinen und Fotokopiergeräte. Trotz der schlimmen Zeiten, die er erlebt hatte, blieb er ein humorvoller Mensch. Erst in seinen letzten Lebensjahren, als er an Krebs erkrankte, begann er uns Kindern vom Krieg zu erzählen. Zu jener Zeit wurde der Holocaust in den Medien zum Thema, und es war für mich das erste Mal, dass ich meinen Vater weinen sah." Dr. Ernst Gern ist am 25. März 1983 in Zürich verstorben.

Ernst Gern in einem
Chemielabor, 1935

[...]

Meine Eltern glaubten leider immer noch, ihnen und uns könne nichts passieren. Mein Vater war schliesslich Offizier des Ersten Weltkriegs, hatte das
Eiserne Kreuz als Tapferkeitsorden und war überzeugt, damit seine Treue zum
Vaterland genügend unter Beweis gestellt zu haben. Unsere Familien waren
seit über 300 Jahren in Deutschland sesshaft gewesen, und es werde sicher
nicht so heiss gegessen wie gekocht. Den eigentlichen Zusammenbruch dieser
vermeintlichen Sicherheit habe ich nicht mehr aus nächster Nähe miterlebt.
Viele Demütigungen und Entbehrungen sind mir so erspart geblieben.

Nach bestandenem Abitur – so lange es noch möglich war – ein Studium
im Ausland anzufangen, schrieb ich mich an der Universität Lausanne für ein
Chemiestudium ein. Noch war es erlaubt sich hierfür 300.– Mark pro Monat
überweisen zu lassen. Mitnehmen durfte ich schon damals kein Bargeld mehr
und weil die erste Überweisung natürlich mit Verspätung ankam, schlief ich
die ersten Nächte bei der Armée du Salut unter dem Grand Pont.[52]

---

[52] Große Brücke im Stadtteil Centre von Lausanne.

Erst in der Schweiz sind mir die wahren Zusammenhänge und die akute Gefahr richtig bewusst geworden. Hier gab es noch eine freie Presse, die sich nicht scheute, ausführlich von den Greueln zu berichten, die in Deutschland tagtäglich passierten. Als im Sommer 1935 am Parteitag in Nürnberg die „Rassengesetze" verkündigt wurden und den deutschen Juden die Reichsbürgerschaft aberkannt wurde, erklärte ich meinen Eltern, dass ich nicht nach Deutschland zurückkehren würde. Für meine Eltern kam die Einsicht zu spät: Meinem Vater wurde das Anwaltspatent entzogen. Die Wohnung an der Schweigerstraße wurde ihnen gekündigt.

Nach zwei Nächten bei der Heilsarmee unter dem Grand Pont war endlich Geld für mich angekommen. Ich machte mich also mit meinem Fahrrad auf die Zimmersuche. Lausanne ist keine fahrradfreundliche Stadt: überall geht es steil hinauf oder hinunter. Ich wusste, dass ich sparsam mit meinem „Taschengeld" umgehen musste, denn es war mehr als unsicher, wie lange meine Eltern mir noch etwas schicken durften. Nach langem Suchen fand ich eine „Bude" weit draußen in Pully[53] bei einem Bäckermeister. Monsieur Racine sprach kein Wort Deutsch, aber seine Frau gab sich grosse Mühe, mir über die ersten sprachlichen Hürden zu helfen und für alle Fälle war da noch seine Schwiegermutter, eine behäbige Bernerin, die, wenn alle Stricke rissen, die nötige Übersetzung auf Bärndütsch[54] beisteuerte. Die Sprache meines Bäckermeisters war nicht sehr gewählt, aber ich pickte auf was ich konnte.

[...]

Ich schrieb mich an der école de chimie bei Prof. Goldberg ein, war aber recht enttäuscht, als ich merkte, dass mein Französisch nicht ausreichte, um der Vorlesung wirklich zu folgen. Ich versuchte auf Deutsch mitzustenographieren, was auf Französisch doziert wurde, aber ich merkte bald, dass nicht allzuviel hängen blieb. Kurz entschlossen belegte ich Sprachkurse am Institut de langue française. Auch dort war ich zunächst völlig überfordert. Ich erinnere mich an den ersten Aufsatz: „Le caractère d'Elmire dans le Tartuffe de Molière". Ich versuchte, so gut es ging etwas zusammenzustiefeln, ging dann zu meiner Bäckersfrau um mir mein Elaborat korrigieren zu lassen. Das Resultat muss niederschmetternd gewesen sein. Der Professor rief mich auf: „Monsieur Gern, vous avez un vocabulaire de pompier." Ich konnte nicht gut antworten: „Was anderes erwarten Sie von meinem Bäckermeister?" Aber es ging vorwärts, ich lernte schnell.

[...]

Inzwischen verdüsterten sich die Lebensbedingungen für meine Eltern und Geschwister immer mehr. Im Herbst 1938 wurde die Ermordung des deutschen

---

[53] Vorort von Lausanne.
[54] Schweizerdeutscher Dialekt.

Botschaftsrats in Paris durch einen aufgebrachten Juden namens Grünszpan der Anlass zur Kristallnacht.[55] Die Synagogen in ganz Deutschland gingen in Flammen auf, die Schaufenster aller jüdischen Geschäfte wurden eingeschlagen und die Läden geplündert und den Juden wurde eine Kollektivbuße von 1 Billion Mark auferlegt. Das bedeutete die Sperrung aller Bankkonten und den Entzug jeder Existenzgrundlage.

Mit einem Wochenbudget von frs 50.– für 3–4 Personen auskommen: Wohl war 1939 ein Franken noch ein Franken: ein Zehnerstückli Patisserie kostete wirklich nur 10 Rp[56] und der Coiffeur etwa 2.– fürs Haarschneiden: aber 50 frs für den Haushalt von Mama Krebs[57] pro Woche war alles, was ich ausgeben durfte. Da musste man jeden Gelegenheitsposten ausnützen: 5 Minuten vor ll Uhr, wenn die Marktfahrer zusammen räumten und etwa nicht verkauftes Gemüse fortwarfen oder ganz billig abgaben. Frühmorgens auf den Grosshandelsmarkt an der Ausstellungsstraße, wo etwa angefaultes Obst weggeworfen wurde. Vergünstigte Kartoffelabgabe. Mit dem Metzger König in der Fleischhalle verhandeln, damit ich einen Schafskopf umsonst bekam. Das bedeutete Kochen mit der Kochkiste: Fleisch und Gemüse wurden nur angekocht und dann in eine gut isolierte Kiste (mitsamt dem Topf) gestellt. Nach 5–6 Stunden war das Essen noch warm und „gargekocht", ohne dass die Gasrechnung belastet wurde. Nur das Spaghettiwasser als „Suppe" zu servieren brachte ich nicht fertig (das konnte nur die noch sparsamere Mama Krebs). Dafür wurde in der Saison fleissig eingemacht: Tomatenmark (das kg Tomaten für 30 Rp in der Hochsaison), Apfelmus, Johannisbeergelee, Orangenkonfiture oder auch Zwetschmarmelade, das waren unsere Billig-Spezialitäten. Fleisch gab es selten: hin und wieder einen „Klöpfer" (Baselditsch[58] für Cervelat) oder dann, wenn alle Kusinen (es gab deren zwölf) zu Besuch kamen, dann gab es „suur-süesse Paschtete" und Oepfelkuchen. Mama Krebs exerzierte mir hin und wieder vor, dass man mit noch viel weniger auskommen kann: sie brauchte dann einfach alle Vorräte auf (deren Wert sie nicht rechnete). Auswärts essen in der Mensa war ein seltener Luxus. Es gab dort einige erschwingliche Standardmenus: Linsentopf (ohne Wurst) oder Kartoffelpuffer mit Apfelmus (alles für jeweils 6 Rappen). Im Café NEVA gab es Borscht (eine russische Kohlsuppe mit roten Rüben) und in der Altstadt gab es ein paar pommes frites Buden. (Portion 80 Rp.)

Mein Vater und mein Bruder wurden ins Konzentrationslager nach Dachau gebracht. Sie wurden damals zwar nach 3 Monaten wieder entlassen, aber die Aussichtslosigkeit der Situation muss ihnen schon damals klar gewesen

[55] Herschel (Hermann) Feibel Grynszpan (1821–1942/1945) war polnischer Staatsbürger jüdischen Glaubens, der nach seiner Emigration von Deutschland nach Frankreich im Jahr 1935 am 7. November 1938 in Paris ein Attentat auf den deutschen Diplomaten Ernst vom Rath verübte.
[56] Rappen; Schweizer Kleinmünzeinheit.
[57] Mietgeberin von Ernst Gern.
[58] Baseldeutsch.

sein. Meine Grossmutter Ehrlich[59] in Kaiserslautern hat den Untergang ihres Lebenswerks Gott sei Dank nicht mehr miterlebt. Sie starb ihn München an Krebs.

Mit der Kristallnacht versiegten auch die Überweisungen von Studiengeldern nach der Schweiz. Ich hatte zwar so lange es möglich war eisern gespart, musste aber der guten Frau Krebs erklären, dass ich zahlungsunfähig geworden bin. Ich durfte mir eine Kammer im Estrich einrichten. Bei der Heilsarmee erstand ich eine Matratze. Mit Kisten fabrizierte ich mir „Möbel", soweit in der Kammer überhaupt Platz war. Die Wände überspannte ich mit einem billigen Stoff. Heizen konnte man nicht und im Winter gefror gelegentlich das Waschwasser, aber ich durfte bleiben und verpflichtete mich für die Familie zu kochen, wenn ich dafür mitessen durfte. Das Budget für den Haushalt betrug frs 50.–/Woche. Damit musste ich auskommen. Ich lernte fünf vor elf Uhr auf den Markt zu gehen, um Restbestände billig einkaufen zu können. In der Fleischhalle erhielt ich vom Metzger König gelegentlich einen Schafskopf, den man auskochen konnte und ich lernte schnell, mich nach der Decke zu strecken. Gleichzeitig war ich von jetzt an „staatenlos". Das Deutsche Reich bürgerte alle jüdischen Staatsbürger aus. Zuvor hatten Herr Dr. Rothmund[60] von der eidgenössischen Fremdenpolizei und der Schweizer Botschafter in Berlin, Minister Fröhlicher[61], durchgesetzt, dass Pässe deutscher Juden mit einem J gestempelt werden mussten, damit bei einem etwaigen „illegalen" Grenzübertritt auch jeder Zollbeamte gleich wusste, dass er einen Flüchtling vor sich hatte. Ich musste mich auf dem deutschen Konsulat an der Kirchgasse melden, wo dann das J eingestempelt wurde und der Vorname Israel eingetragen wurde. Die Fremdenpolizei in Zürich wurde aufsässig und arrogant. Ich sollte beweisen, woher ich Geld für meinen Lebensunterhalt her habe. Der Aufenthalt wurde „auf Zusehen hin" dreimonatlich gestattet. Eine Arbeitsbewilligung wurde grundsätzlich verweigert.

Meine Brüder versuchten sich viel zu spät und ohne echte Überzeugung zionistischen Organisationen anzuschliessen. Es bestand ja auch keine andere Wahl. Mein Bruder Helmut machte eine Kochlehre. Günter zog zunächst auf ein zionistisches Trainingslager nach Lobitten in Ostpreussen[62] und zog später nach Erfurt, wo er versuchte, noch eine kaufmännische Lehre zu machen. Meine Eltern sammelten die gestrandete jüdische Jugend in München. Sie gründeten ein Lehrlingsheim mit einer Gemeinschaftsküche und Lagerbetreuung und sprachen den jungen Leuten so gut es ging Mut zu.

---

[59] Frieda Ehrlich, die Mutter von Elisabeth Gern.
[60] Heinrich Rothmund (1888–1961), zwischen 1919 und 1955 Chef der Eidgenössischen Fremdenpolizei.
[61] Hans Frölicher (1887–1961), seit 1938 Schweizer Gesandter in Berlin.
[62] Gemeint ist vermutlich das Lehrgut Lobitten in Ostpreußen.

Ich habe erst viel später stückweise zusammentragen können, wie es allen wirklich ergangen ist. Der ganze Horror der Konzentrationslager wurde nur sehr langsam ruchbar. Der bald einbrechende Krieg und die strenge Zensur machten die Information immer schwieriger. Die Nachrichten aus Deutschland wurden immer spärlicher. Die Gerüchte über Ausschreitungen und Verhaftungen, über Konzentrationslager und Brutalitäten waren nicht mehr zu überhören. Nach der „Kristallnacht" (1938) ging noch ein Aufschrei durch die Presse. Die Nachrichten wurden von den deutschen Medien so weit wie möglich heruntergespielt. Man sprach von „Greuelmärchen" und massloser Übertreibung. Die Betroffenen waren bereits so eingeschüchtert und in ihrer Bewegungsfreiheit so eingeschränkt, dass man selbst zwischen den Zeilen der wenigen Briefe nur einen Bruchteil der Wahrheit herauslesen konnte. Erst viel viel später – viele Jahre nach dem Krieg – erfuhr ich allmählich, was sie alle ausgestanden haben und wie sie umgekommen sind.

Meine Eltern wurden zusammen mit den ihnen anvertrauten Lehrlingen aus München in Richtung Riga[63] deportiert. Der Zug ist nicht bis nach Riga gekommen. Etwa 40 km vor Riga wurden alle aus den Wagen getrieben und in vorbereiteten Gräben erschossen. Ein schwacher Trost: es war eine kurze Leidenszeit (als ich 5 Jahre nach dem Krieg einen Totenschein verlangte, hatte das Ministerium in München noch die Frechheit zu bescheinigen „nach Riga abgereist").

Meine Brüder hatten gehofft der Deportation dadurch zu entgehen, dass sie sich „freiwillig" zum Bergbau in die Kohlengruben des Ruhrgebiets meldeten. Günter hat dort (in Oberhausen) noch geheiratet. Es hat ihnen nichts genützt. Sie wurden wie Vieh nach Auschwitz transportiert und dort „vergast".

Meinen übrigen Verwandten ging es nicht besser. Die Einsteins wurden mit den anderen Juden aus München nach Lettland deportiert und dort in die Wälder gejagt, wo sie verhungert und erfroren sind. Mein Vetter Fritz (Einstein) wurde der „Blutschande" angeklagt, weil er ein Verhältnis mit einem christlichen Mädchen hatte. Man brachte ihn nach Dachau und hat ihn dort zu Tode geprügelt. Seine Schwester Gretl[64] war ein bildhübsches Mädchen. Sie wurde von der SS aufgegriffen, massenvergewaltigt und aus einem fahrenden Zug geworfen.

Die Verwandten aus Ludwigshafen kamen zunächst nach Gurs in Südfrankreich. Onkel Heinrich ist dort an Hunger gestorben. Tante Thesi hat ihn überlebt und wurde von Gurs nach Auschwitz verbracht. Die Cousinen aus Ludwigshafen sind noch davongekommen: Ilse ist in Holland untergetaucht und

---

[63] Erst lange nach Kriegsende wurde bekannt, dass der für Riga vorgesehene erste Transport aus München ins litauische Kaunas umgeleitet wurde, wo alle Männer, Frauen und Kinder aus München am 25. November 1941 ermordet wurden; dazu Heusler, Fahrt in den Tod.

[64] Margarete Einstein, geb. am 17. Januar 1921 in München, wurde am 25. November 1941 in Kaunas ermordet.

wurde dort von den Bauern versteckt. Liselotte kam nach Israel und ist dort aber an Typhus gestorben. Evi kam auch nach Israel, wo sie heute noch lebt.

Mehr und mehr wurden die Studienjahre durch die Ereignisse in Deutschland und den Krieg überschattet. Am chemischen Institut der Universität waren wir eine kleine Gruppe von Ausländern und Emigranten, die zusammenhielten. Mit den Schweizer Kollegen hatten wir wenig Kontakt. Keiner von uns wurde etwa zu Familien von Mitstudenten eingeladen. Für die meisten von uns war es klar, dass die Schweiz nur „Durchgangsland" sein wollte, und dass wir über kurz oder lang nach Übersee auswandern sollten. Die Fremdenpolizei sorgte dafür, dass es keinem von uns zu wohl wurde. Sie verlangte den Nachweis der „Subsistenzmittel" und Beweise, dass sich jeder bemühte, ein Auswanderungsland zu finden.

In der Zeit vor dem Kriegsausbruch und der letzten großen Emigrationswelle nach dem „Anschluss" Österreichs (1938) organisierten wir noch Laborfeste und andere gesellige Anlässe. Berühmt wurde der „Chemiker-Cotillon", bei dem die Herren eine Formel zogen, während die Damen das entsprechende Parfum (oder einen anderen charakteristisch riechenden Stoff) erhielten. Der Partner musste so die Erwählte des Abends erriechen. Auch die Orangenliqueur-Fabrikation brachte uns viele Freunde: die Orangen wurden wochenlang mit Alkohol mazeriert.

Ein letztes Mal entstand eine Grundwelle der Euphorie, eine letzte Hoffnung dass sich die gespannte internationale Lage noch beruhigen könnte, anlässlich der LANDI (der Landesausstellung 1939). Für einen Sommer zeigte sich Zürich im Festtagskleid. Mit der Höhenstraße und dem Schifflibach, mit Landidörfli und den vielen Ausstellungshallen demonstrierten alle ein gewisses Zusammengehörigkeitsgefühl, den Willen, die Werte der Demokratie zu verteidigen. Man war stolz auf die Schweizer Eigenart und Sonderstellung inmitten der braunen Brandung.

Kurz vor der LANDI erhielt ich auch meinen ersten Job: für die Ausstellung war ein Auftrag für ein staubbindendes „Bodenöl" ausgeschrieben, mit dem Sägemehl getränkt werden sollte, das dann zur Reinigung der Wege und Hallen verwendet werden sollte. Ein Herr Neuenschwander gab mir den Auftrag, ein Rezept auszuarbeiten. Das Zeug sollte möglichst billig sein. Stadt und Kanton hatten einen maximalen Preis von 47 Rappen vorgeschlagen und die Spezifikationen festgelegt. Ich fand schliesslich eine Mischung von Sulfitablauge (ein Abfallprodukt vom Auslaugen der Holzspäne in der Papierfabrik, das gratis zu erhalten war) und Spindelöl (die billigste Mineralölfraktion), Einstand 17 Rp/kg. Herr Neuenschwander erhielt den Auftrag für immerhin 20.000 kg und bezahlte mir für das Rezept ganze 50 frs. Ich hatte weder damals noch später gelernt, im voraus ein Erfolgshonorar festzulegen und verliess mich oft zu Unrecht auf die Fairness der Auftraggeber. Schliesslich hatte ich ja auch keine Arbeitserlaubnis. Das haben später auch andere „Auftraggeber" ausgenützt. Am meisten hat es mich gekränkt, als ein Mitbewohner […] seine ganze Diss[ertation] von mir tippen liess und dann nichts dafür bezahlte. Oder ich einem Kollegen im Labor die ganzen chemischen Präparate für seine Dissertation herstellte und ich dann ausser einem Dankeschön leer ausging.

[...]

Mit dem Ausbruch des Krieges wurde auch die Fremdenpolizei in Zürich immer aufsässiger. Meine Aufenthaltsbewilligung war auf die Stadt Zürich und einen Umkreis von 20 km beschränkt. Für jeden Ausflug (oder jede Reise) in einen anderen Kanton oder über die Bannmeile hinaus, musste man eine Bewilligung einholen. Natürlich stand auch die Polizei unter Druck: einerseits von Bern, wo die Bundesräte von Steiger[65] und Pilet-Golaz[66] besonders emigrantenfeindlich waren, andererseits durch die fast täglichen Vorsprachen der deutschen Botschaft in Bern, die sich über die Schweizer Presse und Berichterstattung beschwerte und Listen über „unerwünschte Schweizer und Ausländer" anlegte, die man bei einer allfälligen Invasion sofort verhaften wollte.

Als der jüdische Student Frankfurter[67] den bereits bestimmten deutschen „Gauleiter" für die Schweiz, Gustloff, in Davos ermordete, hatte man in Bern sicher keinen einfachen Stand. Ein verschwindend kleiner Teil der Bevölkerung, die Nationale Front, sympathisierte mit Hitlerdeutschland. Die grosse Masse und vor allem der General (Guisan)[68] war eher deutschfeindlich. Als der Bundesrat eine Delegation der „200" Fröntler empfing, die eine Petition überbrachten, man solle sich mit dem tausendjährigen Reich arrangieren, ging eine Grundwelle der Empörung durch das Land.

Im Frühjahr 1940, als nacheinander Dänemark, Belgien und Holland überrannt wurden, wurden Gerüchte herumgeboten, wonach die Schweiz als nächstes Land an der Reihe sei: Ich erinnere mich noch gut an den Auszug ins Reduit[69]. Das Familienauto hoch bepackt mit allen wichtigen Habseligkeiten, die Züge nach der Innerschweiz überfüllt. Ich stand auf der Strasse und schaute dem Auszug zu. Wenn es wirklich brenzlig würde, wo könnte ich untertauchen? Würde mich die Familie Krebs verstecken? Sollte ich nicht besser zu meinem Bäckermeister nach Lausanne fahren, der mich sicher untertauchen lassen würde? Ich beschloss einmal zunächst abzuwarten...

Inzwischen richtete die Fremdenpolizei Arbeitslager für Emigranten ein. Für Zürich war ein Lager im Wauwiler Moos vorgesehen. Infolge meiner Kinderlähmung war ich sicher, ausgemustert zu werden. Aber einige Kollegen waren nicht so glücklich. Unsere kleine Gruppe an der Uni wurde auseinandergerissen. Gesuche, auch solche höchster Stellen, nützten gar nichts.

[65] Eduard von Steiger (1881–1962), Schweizer Politiker.
[66] Marcel Pilet-Golaz (1889–1958), Schweizer Politiker.
[67] Der jüdische Emigrant David Frankfurter (1909–1982) verübte am 4. Februar 1936 in Davos ein tödliches Attentat auf Wilhelm Gustloff (1895–1936), den Landesgruppenleiter der NSDAP-Auslandsorganisation in der Schweiz.
[68] Henri Guisan (1874–1960), General und Oberbefehlshaber der Schweizer Streitkräfte.
[69] Geschütztes Rückzugsgebiet.

Der schlimmste Fall war sicher der von Rudi Borth. Seine Mutter war Jüdin und er hatte wie alle Deutschen ein Dokument unterschreiben müssen, wonach er sich dem deutschen Militär stellen würde, wenn er eingezogen würde. Als dann seine Mutter verhaftet und nach Theresienstadt deportiert wurde, widerrief er seine Bereitschaft Militärdienst zu leisten. Er wurde als wortbrüchig von der Fremdenpolizei verhaftet und ins Zuchthaus Witzwil eingeliefert. Alle Interventionen des Rektors der ETH[70], seines Professors (Rucizka) und aller möglichen Organisationen nützten nichts. Im Gegenteil. Rudi Borth wurde ein Fall und Herr von Steiger widersetzte sich persönlich einer vernünftigen Lösung. Das ganze kostete Rudi drei Jahre: zuerst Witzwil, später Wauwil.

Auch die positiven Seiten der Kriegsjahre sollen hier festgehalten werden. Zürich war das Zentrum des ideologischen Widerstands gegen die Braune Flut. Das Cornichon im Hirschen[71] war eines der Sprachrohre dieses Widerstands. Wir versäumten kein Programm und tankten dort Hoffnung und Selbstvertrauen. Ebenso wichtig waren die Vorlesungen von Prof. Meier an der ETH über aktuelle Geschichte und seine Kommentare zur Weltlage. Besonders in der Zeit der ersten deutschen Blitzsiege, als sich nichts mehr der deutschen Vorherrschaft in Europa entgegenzustellen schien, waren diese Lageberichte ein letzter Hoffnungsschimmer. Im Schauspielhaus Zürich hatte sich eine Gruppe von Emigranten zusammengefunden, die mit einem kleinen Rest couragierter Schweizer dafür sorgten, dass in Zürich die letzte freie Bühne deutscher Sprache entstand. In Zürich lagen wirklich „die Bretter, die die Welt bedeuten". Die Presse hatte weit weniger Mut, mit Ausnahme der damals neuen *Weltwoche*, wo sich wieder eine Reihe prominenter Journalisten zum grossen Teil aus der Emigration zusammenfanden. Dass alle diese Menschen, trotz der Fremdenpolizei und gegen die offizielle Politik, wirken konnten, war einer Gruppe mutiger Schweizer zu verdanken, die keine Angst vor deutschen schwarzen Listen und fünfter Kolonne hatten.

Nach Stalingrad, als man auch in Bern am deutschen Endsieg zu zweifeln begann, hat sich die Lage auch für die Emigranten gebessert. Vielleicht schon vorher, als beim Zusammenbruch der französischen Front ein ganzes polnisches Regiment im Jura auf Schweizer Boden übertrat und dort entwaffnet wurde, war plötzlich das Boot nicht mehr voll. Am Ende des Krieges erhielt ich eine normale Arbeitserlaubnis. Mein Ausländerausweis wurde von A auf C geändert, das heisst, ich erhielt eine Niederlassungsbewilligung und bekam so auch das Anrecht auf einen Nansenpass[72]. Ich war als „staatenlos" anerkannt und musste mich nicht mehr alle drei Monate bei der Polizei stellen.

[…]

---

[70] Eidgenössische Technische Hochschule, Zürich.
[71] Gemeint ist das Cabaret Cornichon (Gewürzgurke), das im Hotel Hirschen auftrat.
[72] Völkerrechtlich anerkanntes Pass-Dokument für staatenlose Flüchtlinge.

STATT EINES NACHWORTS

Juden – 30 Jahre danach

Von Hans Lamm

Hans Lamm wurde am 8. Juni 1913 als zweiter Sohn von Ignaz Lamm und seiner Frau Martha (geb. Pinczower) in München geboren. Sein Bruder Heinrich hatte bereits am 19. Januar 1908 das Licht der Welt erblickt. Erst kurz zuvor waren die Eltern aus dem schwäbischen Buttenwiesen in die Residenzstadt München gezogen, wo Ignaz Lamm als Inhaber einer Metallschmelze zu den königlichen Hoflieferanten zählte. In ihrer Kindheit wurden Hans und sein Bruder nicht nur mit den Grundlagen des jüdischen Glaubens, mit denen seine Eltern groß geworden waren, sondern gleichermaßen selbstverständlich mit der bayerischen Tradition vertraut gemacht. Auf Drängen seines Bruders entschied Hans Lamm diesem 1938 in die USA zu folgen. Nach seiner Ankunft in Kansas City, Missouri, arbeitete er im Jewish Children's Home und finanzierte so sein Studium der Soziologie und Social Work. 1943 brachte ihn eine Anstellung beim American Zionist Emergency Council nach New York. Ein Jahr vor Ende des Zweiten Weltkriegs wurde Lamm amerikanischer Staatsbürger.
Nach Ende des Zweiten Weltkriegs erlebte Hans Lamm eine doppelte Rückkehr in seine alte Heimat: zunächst kam er 1945 für einen Zeitraum von sieben Jahren aus dem Exil zurück, bevor 1955 – nach drei weiteren Jahren Aufenthalt in den USA – die zweite, dauerhafte Remigration erfolgte. Er überquerte die Grenze erstmals 1945 als Gesandter der American Jewish Conference und machte sich anschließend als Dolmetscher bei den Nürnberger Prozessen, als Journalist und als Gründer des ersten Verlags für Judaica in der Bundesrepublik einen Namen. In dieser Zeit promovierte er außerdem bei Prof. Hans-Joachim Schoeps.[1] Spätestens in seinen Funktionen als Kulturdezernent des 1950 gegründeten Zentralrats der Juden in Deutschland (1956–1960) und als Präsident der Israelitischen Kultusgemeinde in München (1970–1985) wurde er in ganz Deutschland und weit darüber hinaus bekannt. Es war schließlich eine Anstellung als Abteilungsleiter bei der Münchner Volkshochschule (1961–1978), die es ihm ermöglichte, in seine Geburtsstadt zurückzukehren.
Hans Lamm starb am 23. April 1985 in München. Bis zu seinem Tod setzte er sich in seinen verschiedenen Funktionen für ein Miteinander von Juden und Nichtjuden in Deutschland ein. Erst in der späteren Phase seines Lebens integrierte der gebürtige Münchner seine Erfahrung als „Wanderer zwischen den Welten" in sein journalistisches Schreiben und versuchte, die Situation für Juden in Deutschland nach dem Holocaust zu erklären.

---

[1] Hans-Joachim Schoeps (1909–1980), deutsch-jüdischer Religionshistoriker; 1938 bis 1946 Exil in Schweden; 1947 Habilitation in Marburg, danach a.o. Professor auf dem Lehrstuhl für Religions- und Geistesgeschichte an der Universität Erlangen.

Hans Lamm, ca. 1960

Das hier abgedruckte Manuskript war die Vorlage für den gleichnamigen,
1975 in der „Tribüne. Zeitschrift zum Verständnis des Judentums" erschie-
nenen Aufsatz, in dem der aus dem amerikanischen Exil zurückgekehrte
Emigrant versucht, seine persönlichen Erfahrungen und seine Sicht auf das
Selbstverständnis von Juden in Deutschland 30 Jahre nach dem Holocaust
zum Ausdruck zu bringen.[2]

Der Untertitel der „Tribüne" lautet „Zeitschrift für die Verständigung des
Judentums" und so ist es nicht unangebracht, wenn auch ein deutscher Jude
(seit 1945 ist zwar der Ausdruck „Jude in Deutschland" mehr gebraucht und
der von mir verwendete mit einem anachronistisch werdenden Tabu belegt,
aber ich zögere nicht, mich „deutscher Jude" zu nennen und zwar nicht nur mit
Rücksicht auf historische Gegebenheiten) versucht, nach dem Ablauf von drei
Jahrzehnten seit dem Zusammenbruch des NS-Systems und der Befreiung der
KZs eine Bilanz zu ziehen. Diese Bilanz kann nur eine vorläufige sein, denn
entgegen einem Wort des damaligen Bundeskanzlers Ludwig Erhard[3] ist die
„Nachkriegszeit" noch nicht beendet (und wird auch nicht beendet sein, so

---

[2] Hans Lamm, Juden – 30 Jahre danach, in: Tribüne. Zeitschrift zum Verständnis des
Judentums, Jg. 14, Heft 54 (Juni 1975), 6270–74.
[3] Ludwig Erhard (1897–1977), deutscher Politiker der CDU und Wirtschaftswissen-
schaftler; von 1949 bis 1963 Bundesminister für Wirtschaft; gilt als Vater des „deut-

lange hier eine nennenswerte Zahl von Menschen irgendeiner Rasse, Religion oder Nationalität lebt, die noch an Kriegsfolgen leiden), und diese Zwischenbilanz kann auch nur eine sehr persönliche sein. Die etwa 30 000 Juden, die heute in Deutschland wohnen (bis auf etwa 1000 in der DDR leben alle in der Bundesrepublik und West-Berlin), stellen weder historisch noch soziologisch, weder religiös noch politisch eine uniform denkende und fühlende Gruppe dar. Bei einem emotional so hochgeladenen Thema sollte keiner versuchen, als Repräsentant aller zu sprechen: sein Schicksal und seine Reaktion darauf sind die seinigen allein und wenn sie zum Teil auch auf andere zutreffen, dann soll er es sich dennoch versagen, sein Erleben als „pars pro toto" darzubieten.

Vom V(ictory in) E(urope)-Day (8. Mai 1945) an zog es mich nach Deutschland zurück: wie weit es sublimiertes Heimweh, wie weit es der Wunsch, den befreiten Juden (die zu Zehntausenden ausgemergelt aus den Konzentrationslagern Ost- und Mitteleuropas quollen) behilflich zu sein und wie weit es die journalistische Neugier war, bei historischem Geschehen „dabei zu sein", das sei dahingestellt. Jedenfalls, als ich im November 1945 (als Repräsentant einer amerikanisch-jüdischen Organisation) in Belgien die ehemalige „Reichsgrenze" überschritt – im Juli 1938 hatte ich in der Gegenrichtung, auf dem gleichen Weg das Reich verlassen, ohne damit zu rechnen, seinen Boden je wieder zu betreten –, da erfüllte mich eine Mischung von Wehmut, Furcht und Spannung. Zu den starken Eindrücken, die ich bewahrte, gehört das Gefühl das ich empfand, als ich erstmalig den Ausdruck „Freie deutsche Jugend" hörte, Worte, die mich an Heine[4] und die unverdorbene Jugendbewegung der zwanziger und frühen dreissiger Jahre gemahnten und mit Hoffnung auf ein Neubeginnen erfüllten. Dass ich nicht ahnen konnte, was aus der FDJ in West- und Ost-Deutschland werden würde, mag Beweis für meine politische Arglosigkeit sein, oder auch dafür, dass unter dem Schock des Erkennens, welches Unglück Hitler über Deutschland und einen Grossteil der Welt gebracht hatte, sich Neuansätze abzeichneten, die dann versumpften oder in W[e]ge des Überwunden-Geglaubten wieder einmündeten: das erste CDU-Programm (Ahlen, 1947) wird heute knapp dreissig Jahre danach wohl von keinem CDU/CSU-Politiker mehr als das seinige betrachtet.

Die Tätigkeit als Dolmetscher beim „Prozess gegen die Hauptkriegsverbrecher" vor dem I(nternationalen) M(ilitary) T(ribunal) in Nürnberg[5] und nachfolgenden Verfahren vor amerikanischen Gerichtshöfen dort[6] gewährte mir

---

schen Wirtschaftswunders" und der Sozialen Marktwirtschaft; von 1963 bis 1966 zweiter Bundeskanzler der Bundesrepublik Deutschland.

[4] Heinrich Heine (1797–1856), einer der bedeutendsten deutschen Schriftsteller, Dichter und Journalisten des 19. Jahrhunderts.

[5] Der Nürnberger Prozess gegen die zwölf Hauptkriegsverbrecher vor dem Internationalen Militärgerichtshof fand vom 20. November 1945 bis zum 1. Oktober 1946 im Justizpalast Nürnberg statt.

[6] In den Jahren 1946 bis 1949 wurden in der amerikanischen Besatzungszone vom Office of the US Chief of Counsel for War Crimes (OCCWC) zwölf weitere Prozesse

zwar detaillierte Akteneinsicht und tagtägliche Kontakte mit den erbärmlichen
Menschlein, die auf der Anklagebank sassen, aber der Abstand war zu gering,
um sie im historischen Kontext zu sehen oder gar unter dem Blickwinkel viel-
tausendjähriger Exilgeschichte der Juden. Dazu führte erst eine längere Studie
„Über innere und äussere Wandlungen des deutschen Judentums 1933–45", die
ich 1951 in Erlangen abschloss.[7] In den fünfziger Jahren begann der peinvolle
und oft peinliche Prozess der „Bewältigung der Vergangenheit", der von echter
Einsicht und Wiedergutmachungswillen einerseits gekennzeichnet war (ich
erinnere z.B. an die Lüth-Küster-meyer'sche Aktion „Friede mit Israel" des
Jahres 1950[8]), aber auch von Ausbrüchen von Antisemitismus, die im Ausland
zu neuer Skepsis dem jungen Pflänzlein „Demokratie" in Deutschland gegenüber führte, wie auch zu erneuter Angst unter den Juden Deutschlands. Aus
dieser Stimmung heraus erwuchs mein Aufsatz „Aufhören toll zu sein", der in
den „Frankfurter Heften"[9] [...] publiziert wurde. Jener Artikel und andere am
gleichen Ort und in anderen Zeitschriften (sie erschienen seinerzeit in grosser
Zahl, voll Wagemut und Ideen) lassen die Zeichen der Zeit [erkennen]: die
Zeit mahnte zu mutigen Versuchen der Wiedergutmachung. Sie schlugen sich
zunächst in einer fast einstimmig gebilligten Erklärung der Bundesregierung
vom 27. September 1951 vor dem Bundestag und dann in Gesetzgebung „zur
Wiedergutmachung nationalsozialistischen Unrechts"[10], die Hunderttausen-
den von NS-Opfern (nicht nur, aber vor allem Juden) zur Wiedereinordnung
ins Wirtschaftsleben oder zu einem gesicherten Lebensabend verhalf, nieder.
Da sie sich heute dem Abschluss zuneigt, gebieten es Anstand wie historische
Gerechtigkeit festzustellen, dass sie (bei allen Mängeln, die ihr anhaftete)
nicht bloss ein Novum in der Gesetzgebung darstellte (wie auch der Genozid,
der zu ihr führte, Novum war – sprachlich wie sachlich[11]), sondern auch eine

---

gegen NS-Kriegsverbrecher durchgeführt.
[7] Bei dieser Arbeit handelt es sich um Hans Lamms Dissertation.
[8] Der deutsche Journalist Erich Ernst Lüth (1902–1989) übernahm nach Kriegsende
die Position als Direktor der staatlichen Pressestelle Hamburg. Er war im August 1951
Initiator der Aktion „Friede mit Israel", die für eine Auseinandersetzung mit der NS-
Vergangenheit, eine Anerkennung des Staates Israel und Wiedergutmachungszahlungen plädierte.
[9] Hans Lamm publizierte den Beitrag „Aufhören toll zu sein" unter dem Pseudonym
Peter Halm in den Frankfurter Heften (Januar 1950), 16–19.
[10] Das Bundesergänzungsgesetz zur Entschädigung der Opfer der nationalsozialistischen Verfolgung (BErgGes) trat am 1. Oktober 1953 in Kraft und schuf die Grundlage
für individuelle Wiedergutmachungsforderungen (BErgGes in BGBl. 1953, S. 1387).
Zahlreiche Mängel und Unklarheiten führten dazu, dass bereits ein Jahr später die
Arbeiten zu einer großen Novelle begannen. Das neue Bundesgesetz zur Entschädigung
für Opfer der nationalsozialistischen Verfolgung (BEG) wurde 1956 verabschiedet und
trat rückwirkend ab 1953 in Kraft (BEG vom 29. Juni 1956 in BGBl. 1956 I, S. 559).
[11] Die Generalversammlung der Vereinten Nationen beschloss am 9. Dezember 1948
in der Resolution 260 die „Konvention über die Verhütung und Bestrafung des Völker-
mordes". Diese trat am 12. Januar 1951 in Kraft.

Leistung, die moralisch wie materiell der Bundesrepublik zur Ehre gereichte. Konrad Adenauer[12], der mit Nachum Goldmann[13] und David Ben Gurion[14] zum Architekten der Wiedergutmachung und der Finanzhilfe für Israel wurde, hat sich damit Dankbarkeit im Herzen vieler Juden inner- und ausserhalb Deutschlands gesichert, und die Bewunderung für diese staatsmännische Tat (deren Motivation wohl verschiedenartige Quellströme hatte) ist auch in Juden lebendig, die ihm parteipolitisch so ferne standen wie ich.

In vielen meiner Glaubensgenossen lebte eine ähnliche, fast unkritische Verehrung für Franz Josef Strauss[15], weil er in entscheidenden Jahren mit Simon Peres[16] für die Waffenversorgung Israels sorgte. Die davon unabhängigen Taten (oder Untaten) des früheren Verteidigungsministers fallen demgegenüber für die meisten Juden in Deutschland kaum ins Gewicht. Daraus darf man zwei Schlüsse ziehen: sie leben auch noch 30 Jahre nach der Zerstörung der NS-Ghettos in selbstgeschaffenen Ghetti, mit geringem innerem Anschluss ans deutsche Zeitgeschehen oder echter Beziehung zur nichtjüdischen Umwelt. Ausserdem, und das ist von überragender Bedeutung: ihre Verbundenheit zum Staat Israel ist innig, vielfältig und überragend, – so gewaltig und alle Wesensschichten erfassend, dass der Begriff der „Ersatzreligion" sich aufdrängt. Diese kleine Schar Juden, von denen beinahe jeder fast alle seiner Nächsten unter den Nazis verloren hat, haben dieses Trauma nicht überwunden: nachdem viele von ihnen nach Auschwitz den Gottesglauben ihrer Väter nicht mehr zurückgewinnen konnten, ist ihnen in Zion eine neue, letzte Hoffnung erwachsen. Aus eigener jahrelanger Erfahrung weiss ich, dass viele Juden, die keinen Pfennig für ihre Kultusgemeinde opfern, großzügig für Israel spenden und zwar nicht nur in den Jahren der militärischen Gefährdung (1967 und 1973).[17] Schlechtes Gewissen darüber, dass sie nicht in Israel ihren endgültigen Wohnsitz nahmen, sondern in Deutschland verblieben, mag mit dazu beigetragen haben, dass mit dem per-capita-Spendenbetrag die Juden Deutschlands an der

---

[12] Konrad Adenauer (1876–1967), deutscher Politiker und Begründer der CDU, deren Parteivorsitzender er von 1950 bis 1966 war; von 1949 bis 1963 erster Bundeskanzler der Bundesrepublik Deutschland.

[13] Nachum Goldmann (1895–1982), Gründer und langjähriger Präsident des Jüdischen Weltkongresses.

[14] David Ben Gurion, geb. als David Grün (1886–1973), erster Ministerpräsident Israels und einer der Gründer der sozialdemokratischen Arbeitspartei Israels, dessen Vorsitzender er von 1948 bis 1963 war.

[15] Franz Josef Strauß (1915–1988), deutscher Politiker der CSU, deren Vorsitzender er von 1961 bis zu seinem Tod war.

[16] Simon Peres (geb. 1923), israelischer Politiker und Friedensnobelpreisträger (1994); von 2007 bis 2014 Staatspräsident von Israel.

[17] Bei den zwei militärischen Konflikten handelt es sich um den Sechstagekrieg zwischen Israel und den arabischen Staaten Ägypten, Jordanien und Syrien im Juni 1967 und den Jom-Kippur-Krieg im Oktober 1973, der von Ägypten, Syrien und weiteren arabischen Staaten gegen Israel geführt wurde.

Spitze aller Judenheiten stehen und in ihrer Durchschnittsleistung z.B. die Juden der USA in den Schatten stellten. Diese Israel-Verbundenheit und die Distanz gegenüber Deutschland (und man setze „Distanz" nicht mit „Feindschaft" gleich) ist ein Schlüssel zum Verhalten vieler, wohl der allermeisten meiner Brüder in diesem Land. Ob sie je das ungebrochene und zwanglose Verhältnis zu ihren Nachbarn finden werden, das die meisten – keineswegs alle – Juden anderer Länder kennzeichnet, mag eine Frage sein; wer dies wünscht, wird dadurch ermutigt sein, dass unter den nach 1945 hier geborenen jungen Juden (ihre Zahl ist etwa 4000) viel von der Problematik, die ihre Eltern bis zum Ende ihrer Tage innerlich belasten und oft zerreissen wird, kaum existiert.

Die Haltung, die gegenüber Adenauer und sogar Strauss so positiv ist, erweist sich als nicht so einheitlich gegenüber Willy Brandt[18] und gar seiner Partei. Viele der hier lebenden Juden haben es erstmalig nach 1948 wirtschaftlich „zu etwas gebracht" und teilen die Vorbehalte anderer Klein- und Grossbürger gegenüber dem Sozialismus. Viele von ihnen hatten schmerzliche Erfahrungen nicht allein mit Nazis, sondern auch mit der UdSSR, und sie differenzieren nicht fein säuberlich zwischen demokratischem Sozialismus und Kommunismus.

Dennoch ist der Respekt für Brandt als Mensch gross, was nicht Vertrauen in den Politiker Brandt bedeuten muss. Juden in Deutschland wissen, dass Brandt 1933 emigrierte und die Nazis konsequenter bekämpfte als jeder seiner Vorgänger im Kanzleramt, sie achten ihn für sein Verhalten vor dem Ghetto-Mahnmal in Warschau[19] und waren beeindruckt von seiner Haltung während der Israel Reise im Juni 1963[20] Die respektvolle Haltung gegenüber Brandt hat jedoch nicht zu seinem ähnlichen Vertrauen in seine Partei oder SPD-F.D.P.-Koalition geführt [...]. Unvergessen sind aber auch Negative aus der Zeit Adenauers: sein Zögern, diplomatische Beziehungen zu Israel aufzunehmen – ein Schritt, den erst sein Nachfolger Erhard 1965 tat – hinterliess Skepsis und Unbehagen. Genauso wirkte die lange Debatte über die Verjährung von Kriegs- und anderen Verbrechen der Nazis (für deren juristische Feinheiten wenige der Opfer Verständnis aufzubringen vermochten) und die Verschleppung von NS-Prozessen – von denen dreissig Jahre danach noch etliche der Urteilsfindung und

---

[18] Willy Brandt, geb. als Herbert Ernst Karl Frahm (1913–1992), deutscher Politiker der SPD, dessen Parteivorsitzender er von 1964 bis 1987 war; von 1957 bis 1966 Regierender Bürgermeister von West-Berlin; von 1966 bis 1969 Bundesaußenminister und Vizekanzler während der ersten Großen Koalition der Bundesrepublik; und von 1969 bis 1974 vierter Bundeskanzler der Bundesrepublik Deutschland.

[19] Willy Brandts Kniefall von Warschau am 7. Dezember 1970 war eine Demutsgeste und ein wirkungsmächtiges Symbol der Bitte um Vergebung für die deutschen Verbrechen des Zweiten Weltkriegs.

[20] Gemeint ist das Jahr 1973: Als erster deutscher Bundeskanzler besuchte Willy Brandt vom 7. bis 11. Juni 1973 den Staat Israel, mit dem die Bundesrepublik 1965 diplomatische Beziehungen aufgenommen hatte.

zum Teil der Anklageerhebung harren. Die Wunden schlugen die Hitlers und Himmlers[21], für ihre Heilung und Vernarbung sorgten Heuss[22] und Adenauer, sorgten ebenso Heinemann[23] und Brandt mit Lauterkeit und gutem Willen, aber alle Beteiligten handelten nicht immer mit Beschleunigung und Konsequenz. So verblieben zwiespältige Eindrücke bei den Juden, deren Wachsamkeit und Empfindlichkeit begreiflicherweise übersteigert sind. Diese Juden in Deutschland, tausendfach beraubt und geschlagen im Tausendjährigen Reich, bewahrte sich einen Sinn für Recht und Gerechtigkeit. Dass ihre Masstäbe unter den Schicksalsschlägen ramponiert wurden, darf nicht verwundern, und so sehen sie schärfer und klarer das Leid, das sie erlitten haben, als das anderer verfolgter Menschen hier und anderswo.

Führen sich die Juden 30 Jahre danach in Deutschland zuhause? Wie ich mit eigenen Erlebnissen begann, so darf ich mit einem persönlichen Bekenntnis abschließen. Dass ich wieder in meiner Geburtsstadt München lebe und schaffe, ist wohl kein Zufall: es beinhaltet ein Ja-Sagen zu diesem Land und seiner Bevölkerung, auch wenn sich natürlich die Worte des Überschwangs, die ein Heine und selbst Tucholsky[24] noch finden konnten, nicht mehr einstellen. Ob die Vokabel „Distanzliebe", die Max Brod[25] 1934 geprägt hat, vierzig Jahre später wieder anwendbar sein sollte? Viele – wohl die meisten – Juden in Deutschland würden sich auch 1975 kaum zu meinem Bekenntnis verstehen. Ihr Verhalten und ihre Haltung sind nicht frei von rationalen Widersprüchen, aber warum sollten Juden in ihrer Haltung mehr von kühler Ratio geleitet sein als andere Menschen? So gibt es Juden hier, die noch immer behaupten, sie sässen auf Koffern und sie bauten dennoch ihre Villen mit swimming pools...

Dieser kurze Abriss mag kein geschlossenes Bild einer einheitlichen Haltung der Juden Deutschlands anno 1975 geben. Das uneinheitliche Bild mag aber ein getreueres Porträt sein, als es eine fein abgestimmte und abgewogene Erklärung gewesen wäre. Die Welt, in der wir alle leben, ist keine heile und unähnliche der „brave world", die Huxley[26] 19[32] vorschwebte. Dass die Welt der Juden, die sich hier angesiedelt haben (oder, – was nur für ein Häuflein gilt

---

[21] Heinrich Himmler (1900–1945), deutscher Politiker der NSDAP; Reichsführer SS (seit 1929) und Chef der Deutschen Polizei (ab 1934), zudem ab 1943 Reichsinnenminister, seit 1944 Befehlshaber des Ersatzheeres. Er beging nach der Gefangennahme durch die Alliierten 1945 Suizid.

[22] Theodor Heuss (1884–1963), deutscher liberaler Politiker, Journalist und Politikwissenschaftler; 1948 Mitbegründer der FDP, deren Vorsitzender er bis 1949 war; von 1949 bis 1959 der erste Bundespräsident der Bundesrepublik Deutschland.

[23] Gustav Heinemann (1899–1976), deutscher Politiker (erst CDU, später SPD); von 1969 bis 1974 dritter Bundespräsident der Bundesrepublik Deutschland.

[24] Kurt Tucholsky (1890–1935), deutscher Schriftsteller und Journalist.

[25] Max Brod (1884–1968), deutschsprachiger Schriftsteller, Theater- und Musikkritiker.

[26] Aldous Huxley (1894–1963), britischer, in die USA ausgewanderter Schriftsteller. Die Erstausgabe seines Buches „Brave New World" erschien in London 1932. Die

– wieder hierher zurückgekommen sind), mehr heil sein sollte, wäre ein unre-
alistisches Verlangen. Nein, uns steckt noch der Schrecken der dreissiger und
der vierziger Jahre in den Gliedern und uns erfüllen stetig Befürchtungen um
den Staat Israel, der für viele Juden allerorts zu einer zweiten Heimat geworden ist.

Dass überhaupt noch und wieder Juden in Deutschland leben, ist eine Chance
für dieses Land, welche Spanien nach 1492[27] jahrhundertelang versagt blieb.
Eine solche Chance ist eine Bewährungsprobe für beide, für diejenigen, dem
sie gewährt wird und für denjenigen, der sie anbietet. 1985 und 1995 kann eine
neue Generation von Deutschen und Juden aufs Neue fragen, wie beide die
Bewährungsprobe bestanden haben.

---

deutsche Ausgabe trägt den Titel „Schöne neue Welt", Frankfurt am Main 2013, frühere
Titel: Welt – Wohin (1932) bzw. Wackere neue Welt (1950).
[27] Durch das Ausweisungsedikt (Alhambra-Edikt) der katholischen Könige Isabella
von Kastilien und Ferdinand von Aragonien wurden die Juden Spaniens 1492 entweder
zur Konversion gezwungen oder ins Exil vertrieben.

ANHANG

Danksagung

Ein Buchprojekt wie dieses schuldet vielen Beteiligten Dank. Die Herausgeber sind froh, dass das Stadtarchiv der Landeshauptstadt München dazu beiträgt, die jüdische Geschichte der bayerischen Metropole zu dokumentieren und zu rekonstruieren. Einen besonderen Anteil an dieser Arbeit hat bereits seit vielen Jahren Brigitte Schmidt. Von den unschätzbar wertvollen Ergebnissen ihres Engagements hat unser Unternehmen in erheblichem Umfang profitiert. Unverzichtbar war auch die Unterstützung von Margret Szymanski-Schikora, die mit viel Sensibilität die Übersetzung der englischen Texte besorgt hat. Das Feedback von Monika Müller und Raphael Rauch hat uns insbesondere in der Endphase unseres Editionsprojektes wichtige Anregungen gegeben und dazu beigetragen, das Manuskript in seine endgültige Form zu bringen. Vielen Dank dafür.

Robert Bierschneider (Staatsarchiv München), Frank Mecklenburg und Michael Simonson (Leo Baeck Institute, New York), Klaus Lankheit (Institut für Zeitgeschichte, München), Paul Brader (United States Holocaust Memorial Museum, Washington D.C.) und Heike Weller (Wiley VCH-Verlag, Weinheim) haben unbürokratisch über Urheber- und Abdruckrechte entschieden. Für ihren Beitrag zur Realisierung dieses Projekts sagen wir vielen Dank!

Die meisten Verfasser der hier veröffentlichten autobiographischen Texte sind nicht mehr unter uns. Ihre Texte haben wir so übernommen, wie sie hinterlassen wurden. Mit Ruth Meros konnten wir ihre Erinnerungen aktualisieren. Nicholas Hartmann, Mark Nathan Uhlfelder und Gabrielle Gern haben uns als Nachkommen wertvolle Unterstützung geleistet. Das Umschlagfoto wurde uns von Hilda Yohalem, einer ehemaligen Münchnerin, überlassen. Avital Ben-Chorin hat die beiden Gedichte ihres verstorbenen Mannes Schalom Ben-Chorin zur Verfügung gestellt. Ihnen allen gilt unser besonderer Dank.

Die technische und verlegerische Verwirklichung lag, wie schon so oft, in den bewährten Händen von Maximilian Strnad. Von Verlagsseite hat Julia Brauch unser Vorhaben mit langem Atem und freundlicher Hartnäckigkeit begleitet. Beiden herzlichen Dank für ihre Geduld und Mitwirkung.

Für Ira Jolles von der Cahnman Foundation New York war dieses Buch seit den Anfängen der „Studien zur Jüdischen Geschichte und Kultur in Bayern" ein Wunschprojekt. Wir freuen uns, dass wir diesen Wunsch jetzt endlich erfüllen können.

Andreas Heusler
Andrea Sinn

Abkürzungen

A.D.I.V.A.	Vereinigung zur Verteidigung der Interessen der Opfer der Achse
B.A.	Bachelor, akademischer Grad (erste Stufe eines gestuften Studiums an einer Hochschule)
BDM	Bund Deutscher Mädel
BJJ	Bund Deutsch-Jüdischer Jugend
DAF	Deutsche Arbeitsfront
FDJ	Freie Deutsche Jugend
FRCS	Fellowship of the Royal College of Surgeons
Gestapo	Geheime Staatspolizei
GI	Bezeichnung für US-amerikanische Soldaten
G.s.D.	Gott sei Dank
HIAS	Hebrew Immigrant Aid Society
HNO	Hals-Nasen-Ohren
IKG	Israelitische Kultusgemeinde
Joint	American Jewish Joint Distribution Committee, auch AJJDC oder JDC
JRA	Jewish Relief Association
KZ	Konzentrationslager
nat.-soz.	nationalsozialistisch(e)
Nat.-Soz.	Nationalsozialismus
Nazi	Nationalsozialist
NL	Nachlass
NSDAP	Nationalsozialistische Deutsche Arbeiterpartei
OCCWC	Office of the US Chief of Counsel for War Crimes
RGBl.	Regierungsblatt
R.F.A.	République fédérale d'Allemagne (= Bundesrepublik Deutschland)
RjF	Reichsbund jüdischer Frontsoldaten
SA	Sturmabteilung
SS	Schutzstaffel
UdSSR	Union der Sozialistischen Sowjetrepubliken
U.R.O.	United Restitution Organization
USA	Vereinigte Staaten von Amerika
WIZO	Women's International Zionist Organization

Glossar

Affidavit (of Support)
Eidesstattliche Erklärung eines amerikanischen Staatsbürgers, der notfalls bereit war, für den Unterhalt des in die USA Einwandernden aufzukommen, damit dieser der öffentlichen Wohlfahrt der Vereinigten Staaten nicht zur Last falle; Voraussetzung für die Beantragung eines Visums für die Einreise in die USA.

Agudat Jisroel (hebr.)
Bund Israels. 1912 in Kattowitz (Katowice) gegründete nicht-zionistische, konservative Bewegung der thoratreuen, orthodoxen Juden.

Alija(h) (hebr.)
Aufstieg, Hinaufziehen. Jüdische Einwanderung nach Palästina. Die Jugendalija wurde 1933 als Abteilung der Jewish Agency gegründet mit dem Ziel, jüdische Kinder und Jugendliche aus Deutschland zu retten. Nach dem Zweiten Weltkrieg betreute sie Kinder, die überlebt hatten.

Arisierung
Zeitgenössische Bezeichnung für den Vermögensübergang von jüdischen zu „arischen" Eigentümern. Die „Arisierung" war der größte staatlich organisierte Raubzug der Geschichte an einer Bevölkerungsgruppe.

Aschkenasi, Plur. Aschkenasim (hebr.)
Bezeichnung für die mittel- und osteuropäischen Juden und ihre Nachkommen in Mittel- und Osteuropa.

Auschwitz
Von der SS im Jahr 1940 eingerichteter Konzentrations- und Vernichtungslagerkomplex in der Nähe der polnischen Stadt Oświęcim. Nach seriösen Schätzungen wurden hier mehr als 1,1 Millionen Menschen ermordet.

Auswanderungsabgabe
Die Zwangsabgabe für ausreisewillige Juden wurde nach österreichischem Vorbild 1939 im „Altreich" eingeführt. Mit den eingenommenen Mitteln wurde die Arbeit der „Reichsvereinigung der Juden in Deutschland" finanziert.

Bar Mizwa/Mitzwa/Mitzvah (hebr.)
Sohn des Gottesgebotes. Bei der Bar Mizwa-Feier wird ein 13-jähriger und damit gebotspflichtiger männlicher Jude erstmals zur Thoralesung aufgerufen. Der Bar Mizwa-Junge ist ab diesem Zeitpunkt verpflichtet, täglich außer am Sabbat und an Feiertagen die Gebetsriemen anzulegen.

Bat Mizwa/Mitzwa/Mitzvah (hebr.)
Tochter des Gottesgebotes. In Anlehnung an die Bar Mizwa geschaffener Initiationsritus für jüdische Mädchen (vor allem in nichtorthodoxen Gemeinden).

Bet ha-Kneset (hebr.)
Haus der Versammlung. Synagoge.

Betsaal
Kleiner Synagogenraum.

Brith Mila (hebr.)
Beschneidung. Wird durch den Mohel an männlichen Säuglingen am achtem Tag nach der Geburt vollzogen und ist verbunden mit der Namensgebung.

Bergen-Belsen
Von der SS im Jahr 1943 eingerichtetes Konzentrationslager in der Nähe der Stadt Celle.

British Home Office
Britische Einwanderungsbehörde.

Bricha (hebr.)
Flucht. Untergrund- und Rettungsorganisation, die von 1944 bis unmittelbar vor Gründung des Staates Israel Juden aus Ostmitteleuropa die Flucht und die illegale Einreise nach Palästina ermöglichte.

Buchenwald
Das Konzentrationslager Buchenwald, unweit der Stadt Weimar, wurde im Jahr 1937 eingerichtet. Neben politischen Häftlingen waren hier auch Menschen aufgrund rassistischer und religiöser Verfolgung inhaftiert. Zu dem größten KZ auf deutschem Boden gehörte ein annähernd 140 Lager umfassender Gesamtkomplex, in dem etwa 250.000 Menschen inhaftiert waren.

Bund Deutscher Mädel (BDM)
Nationalsozialistische Jugendorganisation für Mädchen im Alter zwischen zehn und achtzehn Jahren; Teil der Hitlerjugend.

Chaluz, Plur. Chaluzim (hebr.)
Pionier. Angehöriger der zionistischen Jugendbewegung.

Chanukka (hebr.)
Weihe. Das jüdische Lichterfest. Das achttägige Fest (25. Kislew-2. Tewet) erinnert an die Wiedereinweihung des zweiten jüdischen Tempels in Jerusalem im Jahr 164 v.d.Z. nach dem Makkabäer-Aufstand. Laut der Überlieferung war aufgrund der Eroberung durch die Syrer nur noch ein Krug geweihtes Öl vorzufinden, um das ewige Licht der Menora zu speisen. Durch ein Wunder habe dieses Öl acht Tage gebrannt, bis neues hergestellt war.

Chasan (hebr.)
Aufseher. Vorbeter in der Synagoge.

Chassid, Plur. Chassidim (hebr.)
Der Fromme. Angehörige einer in Osteuropa seit der Mitte des 18. Jahrhunderts verbreiteten besonderen Form jüdischer Frömmigkeit.

Chassidisch s. Chassid und Chassidismus

Chassidismus (von hebr. Chassid, der Fromme)
Im 18. Jahrhundert gegründete jüdische religiöse Erneuerungsbewegung in Osteuropa, die Mystik und Frömmigkeit mit einer lebensbejahenden Fröhlichkeit verbindet.

Chawerim/Chaverim (hebr.)
„Freunde". Üblicherweise bezeichnen sich die Bewohner/Mitglieder eines Kibbuz (einer auf sozialistischen bzw. genossenschaftlichen Ideen fußenden Gemeinschaftseinrichtung) als „Chawerim".

D-Day
Ausdruck speziell für den 6. Juni 1944, den Beginn der Landung der alliierten Truppen in der Normandie im Zweiten Weltkrieg. Im Englischen wird der Ausdruck generell für den Stichtag militärischer Operationen verwendet.

Dachau
Auf Anweisung des Münchner Polizeipräsidenten Heinrich Himmler im März 1933 eingerichtetes Konzentrationslager am Rand der Stadt Dachau. Das „Modell Dachau" entwickelte sich zum Vorbild für das nationalsozialistische Konzentrationslagersystem.

Diaspora (griech.)
Zerstreuung. Bezeichnung für jüdisches Leben außerhalb Israels seit dem babylonischen Exil im 6. Jahrhundert v.d.Z.

Einwanderungsquote
Die Einwanderung in die USA wurde durch ein 1921 verabschiedetes und 1924 verschärftes Gesetz geregelt. Nach dem hierin festgelegten Quotensystem durften aus einem Land jährlich maximal 3 % der im Jahr 1910 von dort stammenden Einwohner der USA einwandern. Ab 1924 durften nur noch 2 % der 1890 in den USA lebenden jeweiligen Bevölkerung einreisen.

Enemy Alien (engl.)
Feindlicher Ausländer. Bezeichnung im angloamerikanischen Recht für Angehörige eines Staates, mit dem sich das Land, in dem sich diese Person aufhält, in einem Konflikt – nicht zwangsläufig Krieg – befindet.

Erev Rosch ha-Schana (hebr.)
Erster Abend des jüdischen Neujahrsfestes. Siehe Rosch ha-Schana.

Erez Israel (hebr.)
Das Land Israel, das Gelobte Land, Palästina.

Galut (hebr.) s. Diaspora

Gestapo (= Geheime Staatspolizei)
Die Geheime Staatspolizei war die Politische Polizei in der Zeit des Nationalsozialismus und besaß weitreichende Machtbefugnisse bei der Bekämpfung politischer Gegner. Sie wurde in den Nürnberger Prozessen zu einer verbrecherischen Organisation erklärt.

Hachschara (hebr.)
Vorbereitung. Gemeint ist die landwirtschaftliche oder handwerkliche Ausbildung als Vorbereitung zur Emigration, meist in Form von kompakten Schulungen.

Haschomer Hazair (hebr.)
Junge Wächter. Vor dem Ersten Weltkrieg gegründete, älteste jüdische, sozialistisch-zionistische Jugendorganisation, deren Ziele die Auswanderung nach Palästina und die

Gründung von Kibbuzim waren. Die Bewegung war von der Pfadfinderidee beeinflusst und propagierte einen kollektiven Lebensstil.

Hitlerjugend (HJ)
Nationalsozialistische Jugendorganisation, diente der Erfassung und Indoktrinierung junger Menschen. Die Pflichtmitgliedschaft (seit 1939) galt für Zehn- bis Achtzehnjährige.

Hora (hebr.)
Allgemeine Bezeichnung für Kreistänze. In Israel wird der Volkstanz insbesondere zur Melodie von „Hava Nagila" getanzt, wohl erstmals um 1924.

Jeschiwa, Plur. Jeschiwot (hebr.)
Höhere jüdische theologische Lehranstalt (Talmudschule) zur Gelehrten- und Rabbinerausbildung.

Jewish Agency
Offizielle Vertretung der Juden in Palästina vor der Gründung des Staates Israel; gleichzeitig Selbstverwaltungsorgan der palästinensischen Juden.

Joint
American Jewish Joint Distribution Committee (JDC). US-amerikanische Hilfsorganisation, die Juden in Osteuropa bis zum Beginn des Krieges zwischen Deutschland und den USA finanziell und materiell unterstützte. Nach Ende des Zweiten Weltkriegs sandte die Organisation viele Teams in die amerikanische Besatzungszone, um den jüdischen Holocaust-Überlebenden zu helfen.

Jom Kippur, auch Yom Kippur (hebr.)
Tag der Sühne. Versöhnungstag, gefeiert am 10. Tischri, strenger Fast- und Bußtag, höchster jüdischer Feiertag. Mit ihm enden die zehn Tage der Reue und Umkehr, die am Neujahrstag, an Rosch ha-Schana, beginnen.

Jom Tov (hebr.)
Guter Tag, Festtag, Feiertag. Bezeichnung für die jüdischen Feiertage, an denen keine Arbeit verrichtet werden darf: Rosch ha-Schana, Jom Kippur, die erste(n) Tage von Sukkot, Schmini Azeret, Simchat Tora, die ersten und letzten Tage von Pessach, und Schawuot.

Judenabgabe s. Judenkontribution

Judenhaus
Gemeint sind Immobilien (Häuser und Wohnungen), meist in jüdischem Eigentum, in die jüdische Männer, Frauen und Kinder nach der Entmietung seit 1939 von Amts wegen eingewiesen wurden.

Judenkontribution
Den jüdischen Deutschen nach der „Reichskristallnacht" vom NS-Regime auferlegte Zwangsabgabe. Mit dieser offiziell bezeichneten „Sühneleistung" sollten die Juden die durch die Novemberpogrome entstandenen Schäden „wiedergutmachen".

Jüdische Volksschule
Die Jüdische Volksschule befand sich in der Herzog-Rudolf-Straße in unmittelbarer Nachbarschaft der orthodoxen Synagoge Ohel Jakob.

Jugendalija(h) s. Alija(h)

Kantor
Gemeindebeamter, moderne Bezeichnung des Vorsängers und Vorbeters in der Synagoge (s. Chasan).

Kibbu(t)z, Plur. Kibbu(t)zim (hebr.)
Sammlung, Versammlung, Kommune. Ländliche Kollektivsiedlung in Israel mit gemeinsamem Eigentum. Das erste Kibbuz wurde 1909/1910 gegründet.

Kindertransport
Hilfsaktion der britischen Regierung nach der „Reichskristallnacht" vom November 1938 zur Rettung jüdischer Kinder aus Deutschland. Mehr als 10.000 Kinder – vor allem aus Deutschland und Österreich – konnten so in Sicherheit gebracht werden.

kosher/koscher (hebr.)
Recht, tauglich. Den rabbinischen Ritualvorschriften entsprechend (z.B. koschere Speisen).

Kristallnacht
Reichsweit durchgeführtes, gewaltsames Vorgehen der Nationalsozialisten gegen jüdische Einrichtungen und Privateigentum um den 9./10. November 1938.

Lift (auch Liftvan)
Container, in denen das Umzugsgut von Auswanderern gelagert wurde.

Mauthausen
Das Konzentrationslager Mauthausen in der Nähe von Linz wurde im August 1938 eingerichtet. Etwa 100.000 Häftlinge wurden in dem Lager und seinen Nebenlagern ermordet.

Mohel (hebr.)
Vollzieher der Brith Mila.

Moschav, Plur. Moschavim (hebr.)
Siedlung, Dorf. Genossenschaftlich organisierte Siedlungsform in Israel, in der sich Güter sowohl in Kollektiv- als auch in Privateigentum befinden. Das erste Moschav wurde 1921 gegründet.

Ner Tamid (hebr.)
Ewiges Licht. Vor dem Thoravorhang aufgehängtes „immerwährendes Licht".

Nürnberger Gesetze
Am 15. September 1935 traten die Nürnberger Gesetze in Kraft. In diesen Rassengesetzen wurde festgelegt, wer Jude war. Diese Gesetze verboten ferner die Eheschließungen zwischen Juden und „Ariern".

„Ostjuden"
Bezeichnung der Juden in bzw. aus den osteuropäischen Ländern, insbesondere aus Russland, der Ukraine, dem Baltikum, Polen, Rumänien, Ungarn.

Pessach(fest)/Pessahfest (hebr.)
Vorüberschreiten. Frühlingsfest, eines der drei Wallfahrtsfeste, zur Erinnerung an den Auszug aus Ägypten vor rund 3.300 Jahren, wird am 14.-21. Nissan gefeiert.

Präparandenschule (lat.)
Präparand, Vorzubereitender. Vom 18. bis ins frühe 20. Jahrhundert hinein die untere Stufe der Volksschullehrerausbildung.

Purim (hebr.)
Lose. Fastnachtähnliches Freudenfest, erinnert an die Errettung der jüdisch-persischen Diaspora im 6. Jahrhundert v.d.Z. vor dem Anschlag des Großwesirs Haman (Esther-Erzählung), wird am 14. Adar gefeiert.

Quote(nsystem) s. Einwanderungsquote

Rabbiner (hebr.)
Rabbi = Mein Lehrer. Religiös und akademisch ausgebildeter sowie ordinierter Gelehrter, der als Gemeindeangestellter das religiöse Haupt einer Gemeinde darstellt; Richter in religiösen und rituellen Fragen; hat keine priesterliche Funktion.

Rebbe, Plur. Rebbes (jidd.)
Rabbiner in chassidischen Gemeinden.

Reichsfluchtsteuer
Vom 8. Dezember 1931 an mussten alle Auswanderer bei Aufgabe des inländischen Wohnsitzes, deren Vermögen 200.000 RM oder deren Jahreseinkommen 20.000 RM überstieg, 25 % des Vermögens als Reichsfluchtsteuer zahlen. 1934 wurde die Freigrenze auf 50.000 RM herabgesetzt.

Reichskristallnacht s. Kristallnacht

Rosch ha-Schana/Rosch Haschana (hebr.)
Anfang des Jahres. Das jüdische Neujahrsfest findet im September oder Anfang Oktober des gregorianischen Kalenders statt; markiert den Beginn einer zehntägigen Bußzeit.

Rosh HaYeshiva (hebr.)
Titel für den Dekan einer Jeschiwa.

SA (= Sturmabteilung)
Die Sturmabteilung war eine paramilitärische Kampforganisation der NSDAP, die von 1921 bis zum Verbot 1945 existierte. Nach der Ausschaltung der Führung im Röhm-Putsch Mitte 1934 verlor die Organisation stark an Bedeutung.

Sabbat/Schabbat (hebr.)
Ruhetag. Siebter Wochentag (Arbeitsruhe), dauert von Freitagabend bis Samstagabend.

Sachsenhausen
Das Konzentrationslager Sachsenhausen, unweit der Reichshauptstadt Berlin, wurde im Jahr 1936 eingerichtet. Neben der Inhaftierung von politisch missliebigen Personen und Menschen, die aus rassistischen und/oder sozialen Gründen verfolgt wurden,

diente Sachsenhausen auch als Ausbildungslager für SS-Angehörige und angehende KZ-Kommandanten und SS-Wachmannschaften.

Schoa (hebr.)
Hebräisches Wort für „Unheil" oder „große Katastrophe"; bezeichnet den nationalsozialistischen Völkermord an den Juden.

Schulchan Aruch (hebr.)
Gedeckter Tisch. Als Schulchan Aruch wird eine von Josef Karo (Toledo-Zfath) verfasste Zusammenfassung religiöser Vorschriften (Halachot) des Judentums bezeichnet.

Schtetl (jidd.)
Ansiedlung. Bezeichnung für jüdische Gemeinden in Osteuropa.

Schti(e)bel (jidd.)
Stube. („Ostjüdische") Betstube.

Seder (hebr.)
Ordnung. Mit dem Seder beginnt das jüdische Pessach-Fest. Er erinnert im Zusammensein im Kreis der Familie und einem gemeinsamen, ritualisierten Festmahl an den Auszug der Juden aus Ägypten.

Sefer Thora (hebr.)
Buch der Thora. Thorarolle.

Sephardi, Plur. Sephardim (hebr.)
Bezeichnung für die Juden und ihre Nachkommen, die bis zu ihrer Vertreibung 1492 und 1513 auf der Iberischen Halbinsel gelebt haben.

Shoa (hebr.) s. Schoa

SS (= Schutzstaffel)
Die Schutzstaffel war eine paramilitärische Organisation der NSDAP, die von 1925 bis zum Verbot 1945 existierte. Sie übte im Dritten Reich die Kontrolle über das Polizeiwesen aus und war seit 1934 für den Betrieb der Konzentrationslager verantwortlich.

Synagoge
Ort der Versammlung, des Lernens und des Gottesdienstes im Judentum.

Talmud (hebr.)
Belehrung. Zusammenfassung der Lehren und Überlieferungen des nachbiblischen Judentums.

Theresienstadt
Von den nationalsozialistischen Besatzern 1941 eingerichtetes Konzentrationslager für Juden auf dem Gebiet des „Protektorats Böhmen und Mähren". Nach aktuellen Schätzungen waren dort mehr als 140.000 Männer, Frauen und Kinder interniert. Die meisten wurden in Vernichtungslager deportiert; etwa 33.000 Menschen verloren in Theresienstadt ihr Leben.

Tora/Torah/Thora (hebr.)
Lehre. Der Pentateuch (fünf Bücher Mose – Genesis, Exodus, Levitikus, Numeri, Deu-

teronomium), vom Sofer (Thoraschreiber) auf eine Thorarolle (Sefer Thora) aus Perga-
ment geschrieben und auf zwei Stäbe aufgerollt, durch die Mappa (Band) zusammenge-
halten und in einen Thoramantel gehüllt. Die Stäbe sind mit Rimmonim (Granatäpfeln)
bzw. einem Keter Thora (Thorakrone) bestückt. Darüber wird auf der Vorderseite des
Thoramantels der Tas (Schild) und der Jad (Zeiger) als Lesehilfe gehängt.

Ulpan, Plur. Ulpanim (hebr.)
Unterricht. Intensiver Hebräischkurs; für Neueinwanderer nach Israel wichtiger Grund-
stein zur Erlernung der Sprache und zur Integration in die israelische Gesellschaft.

Wiedergutmachung
Begriff für die juristische Auseinandersetzung in Deutschland mit dem Unrecht des
NS-Regimes und für die staatlichen Bemühungen um materielle Kompensation dieses
Unrechts.

Yad Vashem (hebr.)
Die israelische „Gedenkstätte der Märtyrer und Helden des Staates Israel im Holocaust"
wurde im Jahr 1953 in Jerusalem gegründet. Yad Vashem versteht sich als nationale
Gedenkstätte, als Museum, als Archiv und als Forschungsinstitut.

Yeshiva (hebr.) s. Jeschiwa.

Yom Kippur (hebr.) s. Jom Kippur.

Zertifikat
Um die Einwanderung von Juden nach Palästina zu beschränken, gab die britische
Mandatsregierung Zertifikate aus. Die Empfänger mussten über Kapital oder eine Qua-
lifikation verfügen, die im Land gebraucht wurde.

Zionismus
Ende des 19. Jahrhunderts entstandene nationaljüdische Bewegung, die auf die Schaffung eines jüdischen Nationalstaates in Palästina abzielt.

Quellenkommentar

Schalom Ben-Chorin, Sehnsucht nach München. Zwei Gedichte
Entnommen von: Schalom Ben-Chorin, Gedichte, München 2007, S. 13
(München), S. 49 (Traumgeographie).
© Avital Ben-Chorin, Jerusalem.

Friedrich Bilski, Ein Facit meiner 61 Jahre
StadtAM, Judaica Memoiren 23.
Maschinenschriftliches Manuskript, 152 Seiten. Erhalten von Dr. Renate Jäckle;
    Original im Leo Baeck Institute, New York (Memoir Collection: ME 261.MM10).
© Friedrich Bilski/Stadtarchiv München/Leo Baeck Institute.
Auswahl: S. 107–122.

Fred Bissinger, Die Klauen des Hakenkreuzes ziehen sich zu
StadtAM, Judaica Memoiren 24.
Im Original: The Jaws of the Swastika Tighten, Juni 1997. Unveröffentlichter Compu-
    terausdruck, 9 Seiten.
Übersetzung aus dem Englischen von Margret Szymanski-Schikora, München 2014.
© Fred Bissinger/Stadtarchiv München.
Auswahl: Vollständiger Abdruck mit einzelnen Auslassungen.

Erika Gabai, Mein Leben. Eine verbotene Geschichte
StadtAM, Judaica Memoiren 17.
Im Original: My Life – A Forbidden Story, 157 maschinenschriftliche Seiten.
Übersetzung aus dem Englischen von Margret Szymanski-Schikora, München 2014.
© Erika Gabai/Stadtarchiv München.
Auszug aus dem Manuskript.

Ernst D. Gern, Memorien
StadtAM, Judaica Memoiren 47.
Maschinenschriftliches Manuskript, 49 Seiten. Das Manuskript wurde dem Stadtarchiv
    im Jahr 2009 von Frau Gabrielle Gern, der Tochter des Verfassers, überlassen.
© Dr. Ernst D. Gern, Gabrielle Gern/Stadtarchiv München.
Auswahl: S. 21–39 (mit Auslassungen).

Jo Ann Glickman, Meine Geschichte
StadtAM, Judaica Memoiren 12.
Im englischen Original: My Story, undatiert. Ausdruck, 21 Seiten, eingebunden in: Let-
    ters From The Ashes, written and compiled by Jo Ann Glickman, Ausdruck, gebun-
    den, ca. 200 Seiten.
Übersetzung aus dem Englischen von Margret Szymanski-Schikora, München 2014.
© Jo Ann Glickman/United States Holocaust Memorial Museum, Washington D.C.,
    USA/Stadtarchiv München.
Auswahl: S. 1–4, 11–21.

**Charlotte Haas Schueller, Tossed By The Storms Of History. Experiences Of A
Survivor**
StadtAM, Judaica Memoiren 27.
Maschinenschriftliches Manuskript, 110 Seiten. Das Manuskript wurde dem Stadtarchiv
    von der Verfasserin bei einem München-Besuch im Jahr 2004 überlassen.

© Charlotte Haas Schueller/Stadtarchiv München.
Auswahl: S. 36–59 (mit Auslassungen).

Gerhard J. Haas, Lebenserfahrungen. Odyssee eines Naturwissenschaftlers
StadtAM, Judaica Memoiren 13.
Erschienen im Selbstverlag 1995, 50 Seiten.
Übersetzung aus dem Englischen von Margret Szymanski-Schikora, München 2014.
© Gerhard J. Haas.
Auswahl: Auszug mit einzelnen Auslassungen.

Erich Hartmann, Münchener Jahre
StadtAM, Judaica Memoiren 15.
Niedergeschrieben in Deutsch, 1997.
Word-Datei, 13 Seiten.
© Erich Hartmann.
Auswahl: kompletter Abdruck mit zwei Auslassungen.

François J. Herzfelder, Une Longue Marche. Souvenirs et Réflexions (Ma Longue Marche, Paris, 1976)
StadtAM, Judaica Memoiren 6.
Überlassen von Frau Miriam Schmidt, Computerausdruck, 8 Seiten.
© François J. Herzfelder/Stadtarchiv München.
Auswahl: S. 2, 5, 7–8.

Ernest B. Hofeller, München, 1933–1938
StadtAM, Judaica Memoiren 16.
Im englischen Original: Munich, 1933–1938, verfasst Ende der 1990er Jahre. Ausdruck, 98 Seiten.
Übersetzung aus dem Englischen von Margret Szymanski-Schikora, München 2014.
© Ernest B. Hofeller/Stadtarchiv München.
Auswahl: S. 32–37; 56–58; 64–70; 83–84; 90–96 (mit einzelnen Auslassungen).

Hermann L. Klugmann, Mein Leben in Deutschland vor dem 30. Januar 1933
StadtAM, Judaica Memoiren 30.
Unveröffentlichtes Schreibmaschinenmanuskript, verfasst im Rahmen eines wissenschaftlichen Preisausschreibens der Harvard University (Kopie). Originalmanuskript im Besitz der Harvard University. Kopie dem Stadtarchiv München überlassen von Frau Ursula Blömer, Carl von Ossietzky-Universität, Oldenburg, im November 1998, 81 Seiten zuzügl. Beilagen.
© Harvard University, Cambridge (USA).
Auswahl: S. 17–29. Einzelne im Text erwähnte Personennamen wurden anonymisiert.

Hans Lamm, Juden – 30 Jahre danach
StadtAM, NL Lamm 326.
Schreibmaschinenmanuskript für den gleichnamigen, 1975 in der Tribüne veröffentlichten Aufsatz. 5 Seiten.
© Hans Lamm/Stadtarchiv München.

Ruth Meros, Protestiert habe ich erst später, in meinen Träumen
Dieser Text ist eine von Ruth Meros im März 2015 überarbeitete Fassung ihrer Lebenserinnerungen aus dem Jahr 1995 (abgedruckt in: Jüdisches Leben in München. Lese-

buch zur Geschichte des Münchner Alltags, herausgegeben von der Landeshauptstadt München, München 1995, S. 11–21).
© Ruth Meros.

Hanns Peter Merzbacher, Erinnerungen
StadtAM, Judaica Memoiren 32.
Verfasst 1996. Ausdruck, gebunden, 92 Seiten mit Fotos und Dokumenten.
© Hanns Peter Merzbacher/Stadtarchiv München.
Auswahl: S. 39–75.

Jackie Renka, Erinnerungen an die Kindheit in München und die Emigrationsjahre
StadtAM, Judaica Memoiren 46.
Undatiertes Schreibmaschinenmanuskript, Kopie, 7 Seiten.
© Jackie Renka/Institut für Zeitgeschichte, München (Archiv, Ms 326).
Auswahl: S. 1–5.

Friedrich Gustav A. Reuß, Erinnerungen
StadtAM, Judaica Memoiren 26.
Friedrich Gustav Adolf Reuß, Dunkel war ueber Deutschland. Schreibmaschinenmanu-
skript, verfasst im Rahmen eines wissenschaftlichen Preisausschreibens der Harvard
University (Microfilmkopie). Originalmanuskript im Besitz der Harvard University. 62
Seiten. Veröffentlicht von Ursula Blömer und Sylke Bartmann (Hg.), „Dunkel war ueber
Deutschland. Im Westen war ein letzter Widerschein von Licht". Autobiographische
Erinnerungen von Friedrich Gustav Adolf Reuß mit einem Nachwort von Frederick
Joseph Reuss, Oldenburg 2001, 176 S., Ill. (Oldenburgische Beiträge zu jüdischen Stu-
dien, 9).
© Harvard University, Cambridge (USA).
Auswahl: S. 53–62 (mit Auslassungen).

Peter E. Roland, Ein erfülltes Leben. Ein HNO-Chirurg erinnert sich
StadtAM, Judaica Memoiren 2.
Im englischen Original: A Full Life. An ENT Surgeon Remembers, 1995. Druckschrift
im Selbstverlag, 126 Seiten.
Übersetzung aus dem Englischen von Margret Szymanski-Schikora, München 2014.
© Peter E. Roland/Stadtarchiv München.
Auswahl: S. 13–17, 19–20, 23–30 (in Auswahl), 40.

Pesach Schindler, Eine jüdische Kindheit in Nazi-Deutschland
StadtAM, Judaica Memoiren 36.
Im Original Englisch. Erinnerungen gewidmet seinen Eltern, Alexander Moshe Schind-
ler und Esther Stiel Zwickler Schindler.
Computerausdruck, 25 Seiten.
Übersetzung aus dem Englischen von Margret Szymanski-Schikora, München 2014.
© Pesach Schindler/Stadtarchiv München.
Auswahl: Vollständiger Abdruck mit einzelnen Auslassungen.

H. Peter Sinclair, Eine Familien Geschichte unserer Zeit – Die 1930er Jahre und später
StadtAM, Judaica Memoiren 28.
Verfasst in Englisch und Deutsch, Dezember 1997. Ausdruck, 6 Seiten.
© H. Peter Sinclair/Stadtarchiv München.
Auswahl: S. 1–6 mit vereinzelten Auslassungen.

Karl Stern, Die Feuerwolke
Auszug aus: Karl Stern, Die Feuerwolke, Salzburg 1954, S. 219–227 (ursprünglich: „The Pillar of Fire. A Personal Story of a Spiritual Voyage from Judaism to Catholicism", London, 1951).
Trotz intensiver Bemühungen konnte der Rechteinhaber des Textes nicht ermittelt werden.

Harry Uhlfelder, Lebenserinnerungen
StadtAM, Judaica Memoiren 20.
Im Original: Memoirs of the Life of Harry Uhlfelder, undatiert.
Unveröffentlichter Computerausdruck mit 8 s/w Fotografien, 8 Seiten.
Übersetzung aus dem Englischen von Margret Szymanski-Schikora, München 2014.
© Harry Uhlfelder/Stadtarchiv München.
Auswahl: Vollständiger Abdruck mit einzelnen Auslassungen.

John Richard White, Erinnerungen
StadtAM, Judaica Memoiren 8.
Niedergeschrieben in Deutsch und Englisch, 2002–2004. Überlassen von John Richard White, San Francisco, September 2009. Schreibmaschinenmanuskript, 28 Seiten.
© John Richard White/Stadtarchiv München.
Auswahl: S. 2–8; 16–17; 28.

Richard M. L. Willstätter, Aus meinem Leben
Auszug aus der Autobiographie von Richard Willstätter, Aus meinem Leben. Von Arbeit, Muße und Freunden, Basel 1949, 453 Seiten.
Auswahl: S. 401–407.
© Wiley-VCH Verlag GmbH & Co KG aA, Weinheim

Agnes Mathilde Wolf, Notes from an Extinct Species – CHAVERIM
StadtAM, Judaica Memoiren 10.
Agnes M. Weiler Wolf, Vol. I: Notes From An Extinct Species – Vol. II: Chaverim, 30. Juni 1993. Ausdruck, gebunden, 284 Seiten.
© Agnes M. Weiler Wolf/Stadtarchiv München.
Auswahl: Band I, S. 263–279; Band II, S. 1–5 (mit einzelnen Auslassungen).

Auswahlbibliographie

Ahlheim, Hannah, „Deutsche, kauft nicht bei Juden!" Antisemitismus und politischer Boykott in Deutschland 1924 bis 1935, Göttingen 2011.

Armbrüster, Georg/Kohlstruck, Michael/Mühlberger, Sonja (Hg.), Exil Shanghai, 1938–1947. Jüdisches Leben in der Emigration, Teetz 2000.

Asper, Helmut G., Fritz Kortners Rückkehr und sein Film Der Ruf, in: Ders. (Hg.), Wenn wir von gestern reden, sprechen wir über heute und morgen. Festschrift für Marta Mierendorff zum 80. Geburtstag, Berlin 1991, 287–300.

Barkai, Avraham, German Interests in the Haavara-Transfer Agreement 1933–1939, in: Leo Baeck Institute Yearbook 35 (1990), 245–266.

Bartmann, Sylke/Blömer, Ursula, Einleitung, in: Dies. (Hg.), „Dunkel war ueber Deutschland. Im Westen war ein letzter Widerschein von Licht". Autobiographische Erinnerungen von Friedrich Gustav Adolf Reuß mit einem Nachwort von Frederick Joseph Reuss, Oldenburg 2001, 18–22.

Bauer, Richard/Brenner, Michael (Hg.), Jüdisches München. Vom Mittelalter bis zur Gegenwart, München 2006.

Baumann, Angelika/Heusler, Andreas (Hg.), München arisiert. Entrechtung und Enteignung der Juden in der NS-Zeit, München 2004.

Ben-Chorin, Schalom, Jugend an der Isar, München 1974.

Benz, Wolfgang, Das Exil der kleinen Leute. Alltagserfahrungen deutscher Juden in der Emigration, München 1991.

Benz, Wolfgang u. a. (Hg.), Die Kindertransporte 1938/39. Rettung und Integration, Frankfurt am Main 2003.

Berghahn, Marion, Continental Britons. German-Jewish Refugees from Nazi Germany, Oxford u. a. 1988.

Bergmann, Werner, „Wir haben sie nicht gerufen." Reaktionen auf jüdische Remigranten in der Bevölkerung und Öffentlichkeit der frühen Bundesrepublik, in: Irmela von der Lühe/Axel Schildt/Stefanie Schüler-Springorum (Hg.), „Auch in Deutschland waren wir nicht wirklich zu Hause." Jüdische Remigration nach 1945, Göttingen 2008, 19–39.

Beth ha-Knesseth. Zur Geschichte der Münchner Synagogen, ihrer Rabbiner und Kantoren. Mit Beiträgen von Elisabeth Angermair, Andreas Heusler, Eva Ohlen, Brigitte Schmidt, Tobias Weger, München 1999.

Bird, John C., Control of Enemy Alien Civilians in Great Britain, 1914–1918, New York u. a. 1986.

Blömer, Ursula, Rekonstruktion der Familiengeschichte, in: Sylke Bartmann/Ursula Blömer, Einleitung, in: Dies. (Hg.), „Dunkel war ueber Deutschland. Im Westen war ein letzter Widerschein von Licht". Autobiographische Erinnerungen von Friedrich Gustav Adolf Reuß mit einem Nachwort von Frederick Joseph Reuss, Oldenburg 2001, 97–126.

Bokovy, Douglas/Meining, Stefan (Hg.), Versagte Heimat. Jüdisches Leben in Münchens Isarvorstadt 1914–1945, München 1994.

Cahnman, Werner J., The Decline of the Munich Jewish Community, 1933–1938, in: Jewish Social Studies, Vol. III (July 1941), 285–300.

Cahnmann, Werner J., The Life of Clementine Kraemer, in: Leo Baeck Institute Yearbook 9 (1964), 267–292.

Cahnmann, Werner J., Die Juden in München 1918–1943, in: Zeitschrift für Bayerische Landesgeschichte 1979, 403–467.

Cesarani, David/Kushner, Tony (Hg.), The Internment of Aliens in Twentieth Century Britain, London 1993.

Curio, Claudia, Verfolgung, Flucht, Rettung. Die Kindertransporte 1938/39 nach England, Berlin 2005.

Embacher, Helga, Die USA als Aufnahmeland von jüdischen Verfolgten des NS-Regimes und Holocaustüberlebenden, in: „Nach Amerika nämlich!" Jüdische Migrationen in die Amerikas im 19. und 20. Jahrhundert. Herausgegeben von Ulla Kriebernegg u.a. Göttingen 2012, 111–134.

Essner, Cornelia, Die ‚Nürnberger Gesetze' oder Die Verwaltung des Rassenwahns 1933–1945, Paderborn 2002.

Franke, Julia, Paris – eine neue Heimat? Jüdische Emigranten aus Deutschland, 1933–1939, Berlin 2000.

Geis, Jael, „Ja, man muß seinen Feinden verzeihen, aber nicht früher, als bis sie gehenkt werden". Gedanken zur Rache für die Vernichtung der europäischen Juden im unmittelbaren Nachkriegsdeutschland, in: Menora. Jahrbuch für deutsch-jüdische Geschichte 9 (1998), 155–180.

Geis, Jael, Übrig sein – Leben „danach". Juden deutscher Herkunft in der britischen und amerikanischen Zone Deutschlands 1945–1949, Berlin 2000.

Geller, Jay Howard, Jews in Post-Holocaust Germany, 1945–1953, Cambridge 2005.

Geschichtswerkstatt Neuhausen (Hg.), Spuren jüdischen Lebens in Neuhausen. Antisemitismus und seine Folgen, München 1995.

Goldner, Franz, Flucht in die Schweiz. Die neutrale Schweiz und die österreichische Emigration 1938–1945, Wien 1983.

Göpfert, Rebekka, Der jüdische Kindertransport von Deutschland nach England 1938/39. Geschichte und Erinnerung, Frankfurt am Main/New York 1999.

Grenville, Anthony, Jewish Refugees from Germany and Austria in Britain, 1933–1970. Their Image in AJR Information, London 2010.

Grinberg, Léon/Grinberg, Rebeca, Psychoanalyse der Migration und des Exils, München/Wien 1990.

Hajak, Stefanie/Zarusky, Jürgen (Hg.), München und der Nationalsozialismus. Menschen. Orte. Strukturen, Berlin 2008.

Hanf Noren, Catherine, The Camera of My Family. The 100-year album of a German Jewish family (Wallach), New York 1976.

Hanke, Peter, Zur Geschichte der Juden in München zwischen 1933 und 1945, München 1967.

Heim, Susanne, International refugee policy and Jewish immigration under the shadow of National Socialism, in: Frank Caestecker/Bob Moore (Hg.), Refugees from Nazi Germany and the Liberal European States, New York 2010, 17–47.

Heusler, Andreas/Weger, Tobias, „Kristallnacht". Gewalt gegen die Münchner Juden im November 1938, München 1998.

Heusler, Andreas, Fahrt in den Tod. Der Mord an den Münchner Juden in Kaunas (Litauen) am 25. November 1941, in: Stadtarchiv München (Hg.), „... verzogen, unbekannt wohin". Die erste Deportation von Münchner Juden im November 1941. Mit Beiträgen von Elisabeth Angermair, Andreas Heusler, Al Koppel, Zürich 2000, 13–24.

Heusler, Andreas, Das Braune Haus. Wie München zur „Hauptstadt der Bewegung" wurde, München 2008.

Heusler, Andreas, Lion Feuchtwanger. Münchner – Emigrant – Weltbürger, St. Pölten 2014.

Heydt, Maria von der, Möglichkeiten und Grenzen der Auswanderung von „jüdischen Mischlingen" 1938–1941, in: Susanne Heim/Beate Meyer/Francis R. Nicosia (Hg.), „Wer bleibt, opfert seine Jahre, vielleicht sein Leben". Deutsche Juden 1938–1941, Göttingen 2010, 77–95.

Hockerts, Hans Günter, Anwälte der Verfolgten. Die United Restitution Organization, in: Constantin Goschler/Ludolf Herbst (Hg.), Wiedergutmachung in der BRD, München 1989, 249–271.

Hockerts, Hans Günter, Wiedergutmachung in Deutschland. Eine historische Bilanz 1945–2000, in: Vierteljahrshefte für Zeitgeschichte 49 (2001), 167–214.

Hodes, Joseph, From India to Israel. Identity, Immigration, and the Struggle for Religious Equality, Kingston, ON 2014.

Jüdisches Leben in München. Lesebuch zur Geschichte des Münchner Alltags (Geschichtswettbewerb 1993/94), herausgegeben von der Landeshauptstadt München, München 1995.

Kauders, Anthony/Lewinsky, Tamar, Neuanfang mit Zweifeln (1945–1970), in: Richard Bauer/Michael Brenner (Hg.), Jüdisches München. Vom Mittelalter bis zur Gegenwart, München 2006, 185–208.

Krauss, Marita, Heimkehr in ein fremdes Land. Geschichte der Remigration nach 1945, München 2001.

Lamm, Hans (Hg.), Vergangene Tage. Jüdische Kultur in München, München 1982.

Lavsky, Hagit, The Impact of 1938 on German-Jewish Emigration and adaption in Palestine, Britain and the USA, in: Susanne Heim/Beate Meyer/Francis R. Nicosia (Hg.), „Wer bleibt, opfert seine Jahre, vielleicht sein Leben". Deutsche Juden 1938–1941, Göttingen 2010, 207–225.

Lehmann, Hans Georg, Rückkehr nach Deutschland? Motive, Hindernisse und Wege von Remigranten, in: Claus-Dieter Krohn/Patrik von zur Mühlen (Hg.), Rückkehr und Aufbau nach 1945. Deutsche Remigranten im öffentlichen Leben Nachkriegsdeutschlands, Marburg 1997, 39–70.

Lesser, Jeffrey, Welcoming the Undesirables. Brazil and the Jewish Question, Berkeley 1995.

Lissner, Cordula, Den Fluchtweg zurückgehen. Remigration nach Nordrhein und Westfalen 1945–1955, Essen 2006.

London, Louise, Whitehall and the Jews, 1933–1948. British Immigration Policy, Jewish Refugees, and the Holocaust, Cambridge u. a. 2000.

Lühe, Irmela von der/Schildt, Axel/Schüler-Springorum, Stefanie, Einleitung, in: Dies. (Hg.), „Auch in Deutschland waren wir nicht wirklich zu Hause". Jüdische Remigration nach 1945, Göttingen 2008, 9–18.

Maas, Lieselotte, Handbuch der deutschen Exilpresse 1933–1945, 4 Bde., Frankfurt am Main 1976/1978/1981/1990.

Macek, Ilse (Hg.), ausgegrenzt – entrechtet – deportiert. Schwabing und Schwabinger Schicksale 1933 bis 1945, München 2008.

Maòr, Harry, Über den Wiederaufbau der jüdischen Gemeinden in Deutschland seit 1945, Diss., Mainz 1961.

Marrus, Michael, The Unwanted. European Refugees in the Twentieth Century, New York u.a. 1985.

Meier, Axel, Die Jugend-Alija in Deutschland 1932 bis 1941, in: Gudrun Maierhof/ Chana Schütz/Hermann Simon (Hg.), Aus Kindern wurden Briefe. Die Rettung jüdischer Kinder aus Nazi-Deutschland, Berlin 2004, 71–94.

Mendel, Meron, The Policy for the Past in West Germany and Israel. The Case of Jewish Remigration, in: Leo Baeck Institute Yearbook 49 (2004), 121–136.

Neumeyer, Alfred, Lichter und Schatten. Eine Jugend in Deutschland, München 1967.

Ophir, Baruch Z./Wiesemann, Falk (Hg.), Die jüdischen Gemeinden in Bayern 1918–1945. Geschichte und Zerstörung, München/Wien 1979.

Picard, Jacques, Die Schweiz und die Juden, 1933–1945. Schweizerischer Antisemitismus, jüdische Abwehr und internationale Migrations- und Flüchtlingspolitik, Zürich 1994.

Quack, Sibylle, Changing Gender Roles and Emigration. The Example of German Jewish Women and Their Emigration to the United States, 1933–1945, in: Dirk Hoerder/Jörg Nagler (Hg.), People in Transit. German Migrations in Comparative Perspective, 1820–1930, Washington, DC: German Historical Institute; Cambridge: Cambridge University Press, 1995, 379–397.

Richarz, Monika, Juden in der Bundesrepublik Deutschland und in der Deutschen Demokratischen Republik seit 1945, in: Micha Brumlik, u. a. (Hg.), Jüdisches Leben in Deutschland seit 1945, Frankfurt am Main 1988, 13–30.

Röder, Werner/Strauss, Herbert A., Biographisches Handbuch der deutschsprachigen Emigration nach 1933, 3 Bde., München u. a. 1980–1983.

Roland, Joan G., The Jewish Communities of India. Identity in a Colonial Era, New Brunswick 1998.

Sattler, Dieter, An unsere Emigranten. Ein Ruf des „anderen Deutschland" über die Grenzen, 14. Mai 1947, in: Jost Hermand/Wigand Lange (Hg.), „Wollt Ihr Thomas Mann wiederhaben?" Deutschland und die Emigranten, Hamburg 1999, 63–67.

Schoßig, Bernhard (Hg.), Ins Licht gerückt. Jüdische Lebenswege im Münchner Westen. Eine Spurensuche in Pasing, Obermenzing und Aubing, München 2008.

Selig, Wolfram, Richard Seligmann. Ein jüdisches Schicksal. Zur Geschichte der Judenverfolgung in München während des Dritten Reiches, München 1983.

Selig, Wolfram, Synagogen und jüdische Friedhöfe in München, München 1988.

Selig, Wolfram, „Arisierung" in München. Die Vernichtung jüdischer Existenz 1937–1939, Berlin 2004.

Shafir, Shlomo, Der Jüdische Weltkongress und sein Verhältnis zu Nachkriegsdeutschland (1945–1967), in: Menora. Jahrbuch für deutsch-jüdische Geschichte 3 (1992), 210–237.

Sinn, Andrea, Rückkehr aus dem Exil. Über die Aufnahme jüdischer Remigranten in München, in: Irmela von der Lühe/Axel Schildt/Stefanie Schüler-Springorum (Hg.), „Auch in Deutschland waren wir nicht wirklich zu Hause": Jüdische Remigration nach 1945, Göttingen 2008, 101–120.

Sinn, Andrea, „Und ich lebe wieder an der Isar". Exil und Rückkehr des Münchner Juden Hans Lamm, München 2008.

Specht, Heike, Zerbrechlicher Erfolg (1918–1933), in: Richard Bauer/Michael Brenner (Hg.), Jüdisches München. Vom Mittelalter bis zur Gegenwart, München 2006, 137–160.

Stadtarchiv München (Hg.), „… verzogen, unbekannt wohin". Die erste Deportation von Münchner Juden im November 1941. Mit Beiträgen von Elisabeth Angermair, Andreas Heusler, Al Koppel, Zürich 2000.

Stadtarchiv München (Hg.), „Ich lebe! Das ist ein Wunder". Schicksal einer Münchner Familie während des Holocaust, München 2001.

Stern, Frank, The Historic Triangle. Occupiers, Germans and Jews in Postwar Germany, in: Tel Aviver Jahrbuch für die deutsche Geschichte 19 (1990), 47–76.

Stern, Frank, Jews in the Minds of Germans in the Postwar Period, Bloomington 1993.

Stern, Karl, Die Feuerwolke, Salzburg 1954 (ursprünglich: „The Pillar of Fire. A Personal Story of a Spiritual Voyage from Judaism to Catholicism", London, 1951).

Straus, Rahel, Wir lebten in Deutschland. Erinnerungen einer deutschen Jüdin 1880 bis 1933, Stuttgart 1961.

Strauss, Herbert A., Introductions. Jews in German History. Persecution, Emigration, Acculturation, in: Ders./Werner Röder (Hg.), International Biographical Dictionary of Central European Emigres 1933–1945, Vol. II/Part 1 (A–K): The Arts, Sciences, and Literature, München u. a. 1983, XI–XXVI.

Strnad, Maximilian, Zwischenstation „Judensiedlung". Verfolgung und Deportation der jüdischen Münchner 1941–1945, München 2011.

Susemihl, Geneviève, „Wir bauen auf". Deutsch-jüdische Frauen in der amerikanischen Emigration, in: „Nach Amerika nämlich!" Jüdische Migrationen in die Amerikas im 19. und 20. Jahrhundert. Herausgegeben von Ulla Kriebernegg u.a. Göttingen 2012, 157–180.

Webster, Ronald D., Jüdische Rückkehrer in der BRD nach 1945. Ihre Motive, ihre Erfahrungen, in: Aschkenas 5/1 (1995), 47–77.

Wetzel, Juliane, Jüdisches Leben in München 1945–1951. Durchgangsstation oder Wiederaufbau, München 1987.

Wilhelm, Hermann, Die Schüleins. Aufstieg, Enteignung und Flucht, Norderstedt 2000.

Willstätter, Richard, Aus meinem Leben. Von Arbeit, Muße und Freunden, Weinheim/Bergstraße 1949.

Wingenroth, Carl D., Das Jahrhundert der Flüchtlinge, in: Außenpolitik 10 (1959), 491–499.

Winstel, Tobias, Über die Bedeutung der Wiedergutmachung im Leben der jüdischen NS-Verfolgten. Erfahrungsgeschichtliche Annäherungen, in: Hans Günter Hockerts/Christiane Kuller (Hg.), Nach der Verfolgung. Wiedergutmachung nationalsozialistischen Unrechts in Deutschland?, Göttingen 2003, 199–227.

Winstel, Tobias, Verhandelte Gerechtigkeit. Rückerstattung und Entschädigung für jüdische NS-Opfer in Bayern und Westdeutschland, München 2006.

Zur Mühlen, Patrik von, Fluchtweg Spanien-Portugal. Die deutsche Emigration und der Exodus aus Europa 1933–1945, Bonn 1992.

Zur Mühlen, Patrik von, Exil in Brasilien. Die deutschsprachige Emigration 1933–1945, in: Klaus-Dieter Lehmann (Hg.), Exil in Brasilien. Die deutschsprachige Emigration, 1933–1945, Leipzig 1994, 11–24.

Zur Mühlen, Patrik von, Rückkehr unerwünscht? Die Deutschen und ihre Emigranten, in: Carl Amery/Werner von Bergen (Hg.), Denken im Zwiespalt. Über den Verrat von Intellektuellen im 20. Jahrhundert, Frankfurt am Main 1996, 127–139.

Bildnachweis

Personenregister

Ortsregister

USA 4, 10, 11, 13, 14, 15, 16, 24, 28,
32, 34, 36, 37, 38, 39, 46, 49, 50, 58,
62, 64, 67, 68, 72, 80, 83, 84, 85, 88,
89, 90, 91, 95, 96, 97, 100, 104, 106,
107, 110, 111, 116, 120, 122, 123,
126, 127, 129, 131, 139, 142, 143,
154, 176, 177, 178, 182, 183, 186,
189, 192, 193, 198, 199, 200, 201,
202, 203, 207, 233, 238, 254, 255,
257, 260, 261, 262, 278, 282, 290,
291, 306, 311, 313

Valdivia 134, 149, 151, 152
Valparaiso 146, 148, 153
Venedig 166, 168, 170
Versailles 30, 282
Vevey, Schweiz 186, 190
Victoria 261
Vierwaldstätter See 183
Vogesen 266

Walsertal 284
Warschau 107, 311
Washington 59, 110, 123, 192, 193
Wauwiler Moos 303, 304
Weiden 230
Wien 58, 159, 266
Wiesbaden 88, 228, 231
Wiesenbronn 24, 34
Winnebago (Lake) 205
Winterthur 115
Wisconsin 198, 207
Wittenberg 78
Witzwil 304
Württemberg 11
Würzburg 24, 80, 122, 139

Zürich 24, 28, 60, 66, 68, 88, 99, 114,
120, 196, 296, 300, 302, 303, 304
Zürich-See 190
Zweibrücken 49